Erfolgsfaktor Studienbegleitung

STUDIEN ZUR PÄDAGOGIK, ANDRAGOGIK UND GERONTAGOGIK

Herausgegeben von Franz Pöggeler

Band 46

PETER LANG
Frankfurt am Main · Berlin · Bern · Bruxelles · New York · Wien

Marianne
Genenger-Stricker

Erfolgsfaktor Studienbegleitung

Zur Funktion institutioneller Betreuung
und Beratung Studierender am Beispiel
eines Part-time-Studiengangs
für Familienfrauen

PETER LANG
Europäischer Verlag der Wissenschaften

Die Deutsche Bibliothek - CIP-Einheitsaufnahme

Genenger-Stricker, Marianne:
Erfolgsfaktor Studienbegleitung : zur Funktion institutioneller Betreuung und Beratung Studierender am Beispiel eines Parttime-Studiengangs für Familienfrauen / Marianne Genenger-Stricker. - Frankfurt am Main ; Berlin ; Bern ; Bruxelles ; New York ; Wien : Lang, 2000
 (Studien zur Pädagogik, Andragogik und Gerontagogik ; Bd. 46)
Zugl.: Aachen, Techn. Hochsch., Diss., 1999
ISBN 3-631-35826-1

Gedruckt auf alterungsbeständigem,
säurefreiem Papier.

D 82
ISSN 0934-3695
ISBN 3-631-35826-1
© Peter Lang GmbH
Europäischer Verlag der Wissenschaften
Frankfurt am Main 2000
Alle Rechte vorbehalten.

Das Werk einschließlich aller seiner Teile ist urheberrechtlich geschützt. Jede Verwertung außerhalb der engen Grenzen des Urheberrechtsgesetzes ist ohne Zustimmung des Verlages unzulässig und strafbar. Das gilt insbesondere für Vervielfältigungen, Übersetzungen, Mikroverfilmungen und die Einspeicherung und Verarbeitung in elektronischen Systemen.

Printed in Germany 1 3 4 5 6 7

Vorwort des Herausgebers:

Ein Modell zur Integration von Familienfrauen in Beruf und Gesellschaft

Immer noch wird die Tätigkeit von Familienfrauen in der öffentlichen Meinung unterschätzt - trotz hehrer Beteuerungen der Politiker, dass Gleichberechtigung von Frauen erreicht sei. Wenn die Leistungen, die eine Familienfrau nicht nur für ihre Familie, sondern auch für Gesellschaft und Staat aufbringt, in Geldwert aufgerechnet werden, kommt eine für viele Zeitgenossen unerwartet hohe Summe zustande. Nach wie vor wird für regulär gehalten und als selbstverständlich vorausgesetzt, dass Familienfrauen ihre Tätigkeit kostenlos ausüben und sich mit der traditionellen Nichtanerkennung dieser Tätigkeit als Beruf abfinden, wodurch ein Zustand großer Ungerechtigkeit von den Betroffenen mehr oder weniger kritisch akzeptiert wird. Es grenzt an Zynismus, wenn unterstellt wird, die ideellen Werte der Tätigkeit als Familienfrau könnten das Ausbleiben angemessener Honorierung der Tätigkeit kompensieren. Diejenigen Frauen, die einstweilen nicht mit einer Überwindung des Übels rechnen, ziehen daraus nicht selten die Konsequenz, sich nicht für die Rolle der Familienfrau, für Ehe, Partnerschaft und Mutterschaft zu entscheiden.
Die vorliegende Untersuchung ist ein überzeugender Beleg dafür, dass mit dem Ja zur Tätigkeit als Familienfrau nicht automatisch der Verzicht auf Berufstätigkeit verbunden sein muss, auch nicht der Verzicht auf allgemeine bzw. berufliche Weiterbildung mit dem Ziel zusätzlicher Qualifizierung. Der große Erkenntnisgewinn vorliegender Untersuchung liegt darin, dass die Autorin am Beispiel eines für Familienfrauen besonders geeigneten Studienganges im Berufsfeld Soziale Arbeit erläutert, wie ein solches Studium anzulegen ist, wie günstige Voraussetzungen für dieses Studium geschaffen werden und das gesellschaftliche Engagement von Familienfrauen gestärkt werden kann. Über den rein fachlich-wissenschaftlichen Ertrag hinaus erhält die Untersuchung von Marianne Genenger-Stricker einen hohen politischen Wert: Das hier erläuterte und evaluierte Modellprojekt, zweimal durchgeführt an der Katholischen Fachhochschule Nordrhein - Westfalen, wurde in Absprache mit der Bund-Länder-Kommission für Bildungsplanung und anderen politischen Instanzen realisiert. Weil sich der neue Studiengang für Familienfrauen als Erfolg erwiesen hat, ist zu erwarten, dass er nach Abschluss der Erprobungsphase generell an den Fachhochschulen für Sozialarbeit und

Sozialpädagogik zur Dauereinrichtung wird, - für viele Frauen eine neue Zukunftsperspektive. Besonders glaubwürdig für die hochschulpolitischen Entscheidungsinstanzen ist das Ergebnis des Modellprojekts, weil es empirisch fundiert worden ist, besonders durch Befragung der Studienteilnehmerinnen. Zwar war die Zahl der Studienteilnehmerinnen und Befragten nicht sonderlich groß, aber vermutlich wären die Antworten auf die gestellten Fragen ziemlich die gleichen, wenn noch eine größere Anzahl von Teilnehmerinnen befragt worden wäre. Etwa die Antworten zu Fragen, die sich auf den Verlauf und den Erfolg des Studiums beziehen, implizieren auch kritische Meinungen in Richtung auf Optimierung der Voraussetzungen des Studiums und dessen Methode. Das soziale Umfeld, in dem ein solches Spezialstudium für Familienfrauen stattfindet, ist mindestens ebenso wichtig wie die individuelle Studienmotivation. Im Grunde waren an dem Modellstudium auch die Ehepartner und Kinder der Familienfrauen „beteiligt", denn der Lernprozess machte ja vor den Familien nicht Halt; die Zustimmung der Familienangehörigen zum Studium der Familienfrauen war für diese ein Impuls zum Durchhalten selbst in kürzeren oder längeren Lernkrisen.

Ausschlaggebend für den Erfolg war (und wird auch in Zukunft sein), dass die am Modell beteiligten Dozenten und Studienbegleiter sich um die Studierenden intensiv bemüht haben und es in diesem Studiengang nicht zu einer pseudowissenschaftlichen Anonymität kommen ließen. Neu war dabei die Rolle der Studienbegleiter: Ein bleibender Erfolg der vorliegenden Arbeit ist darin zu sehen, dass hier ein (wohl erstmaliger) Versuch zur Konkretisierung der Rolle der Studienbegleiter/innen unternommen wird. Zu dieser Rolle gibt es zwar einige Parallelen, z. B. das Tutorialsystem in britischen und amerikanischen, hier und da auch in deutschen Hochschulen, doch werden hier Studienbegleitern manche Aufgaben zugedacht, die über die traditionellen von Tutoren hinausgehen. Die Studienbegleitung darf sich nicht - wie hier gezeigt wird - auf Studienberatung in Fachfragen oder Methoden beziehen, sondern hat auch mit Psycho-Beratung und -Therapie, mit Krisenhilfe, Klärung zwischenmenschlicher Konflikte im Studienbetrieb, mit Motivation und Affirmation zu tun. Natürlich tangiert die Rolle der Studienbegleiter auch die von Supervisoren, ist aber doch mit ihr nicht identisch. Studienbegleitung muss mehr sein als eine Begleiterscheinung der üblichen Dozententätigkeit, darf auch nicht den Charakter des nur Zusätzlichen erhalten, auf das man eventuell verzichten kann. Vielmehr plädiert die Autorin dafür, dass - wenn eben möglich - Studienbegleitung als neue, eigene Aufgabe wahrzunehmen ist. Dafür muss ja gerade ein Studium der Sozialen Ar-

beit geeignet sein, in dem das Sensibilisieren aller Beteiligten für individuelle Probleme unerlässlich ist.
Sicherlich kann die Frage, wie eine für Soziale Arbeit akademisch qualifizierte Familienfrau nach dem Examen beruflich weiterarbeiten will, nur individuell gelöst werden, sei es haupt- oder ehrenamtlich, voll- oder teilzeitig. Die durch das neue Studium erlangte Qualifikation amortisiert sich aber nicht nur beruflich, sondern auch persönlich: Die Familienfrau, die dieses neue Studium erfolgreich abgeschlossen hat, erhält dadurch in der Gesellschaft neue Kompetenz mit gesteigertem Selbstbewusstsein.
Zu erwarten ist, dass Frauen, die dieses Studium absolviert haben, sich in Zukunft politisch für die Aufwertung des Leitbildes „Familienfrau" einsetzen werden, auch für die politische Solidarisierung der Familienfrauen.
Leitbild und Ethos der Familienfrau sind in dieser Untersuchung so deutlich dargestellt worden, dass es in der Familien- und Gesellschaftspolitik der Zukunft nicht mehr statthaft sein dürfte, romantisch oder wehleidig auf dem Leitbild „Hausfrau" zu verharren. An den Terminus „Familienfrau" wird sich die öffentliche Meinungsbildung und auch die Rechtssprache erst noch gewöhnen müssen, und dazu wird geraume Zeit erforderlich sein. Pejorative Begriffe wie „Nur-Hausfrau" oder „Nur-Mutter" sind zu Anachronismen geworden, die den Verzicht auf Weiterbildung und Berufstätigkeit signalisieren sollten.
Da mit dem neuen Studium für Familienfrauen neue Qualifikationen und Kompetenzen vermittelt werden, sind sozialpolitische und juristische Entscheidungen fällig: Wenn Familienfrauen einstweilen noch oft abverlangt wird, ihre Familientätigkeit kostenneutral auszuüben, wird man ihnen nicht zumuten können, dass sie für ihr Studium zur Weiterqualifizierung und zur Reintegration in Beruf und Gesellschaft auch noch hohe Kosten selbst zu tragen haben. Eine Anwartschaft auf kostenfreies Studium sowie zusätzliche finanzielle Hilfen (z. B. zur Kinderbetreuung während der täglichen oder wöchentlichen Studienzeiten) stehen studierenden Familienfrauen schon allein deshalb zu, weil das, was sie in ihren Familien für Kindererziehung und Familienpflege leisten, nicht nur der eigenen Familie, sondern der gesamten Gesellschaft vielfältig zugute kommt. Anders formuliert: Der neue Studiengang für Familienfrauen ist mehr als nur deren Privatsache, sondern liegt im öffentlichen Interesse.
Die Einführung des Studienganges in den dafür geeigneten Fachhochschulen muss die Ministerien für Familien- und Sozialpolitik als Pflichtaufgabe genau so beschäftigen wie die Hochschulministerien, natürlich auch die für die Gleichstellung von Frauen zuständigen Ministerien.

Es ist verwunderlich, dass die Familienministerien bisher die Förderung von Familienfrauen durch Studium fast gar nicht bedacht, geschweige denn dafür neue Konzepte in der Art des hier beschriebenen zur Diskussion gestellt haben. Und: Verwunderlich ist auch, dass hochschulpolitische Modelle der Frauenpolitik fast gar nicht die besondere Situation von Familienfrauen berücksichtigt haben.

Es klingt geradezu futuristisch (oder für manche Realpolitiker auch utopisch und unrealistisch), die Studienförderung für Familienfrauen auf eine andere, im Grunde genau so belangreiche Frage zu lenken: Wie steht es mit der familienspezifischen Weiterbildung von Familien**vätern**? Gelegentliche Erörterungen über die Rolle des „Hausmannes" geraten häufig ebenso kleinkariert wie die über die „Hausfrau". Erfreulich ist, dass in vielen Familien, zumal mit jungen Ehepartnern, der Mann und Vater in der Familie mehr engagiert und beschäftigt ist als früher und immer mehr junge Väter sich für Familientätigkeit angemessen qualifizieren möchten. Wenn ihnen Erziehungsurlaub genau so zukommen soll wie Frauen, sind gleiche Qualifikationen unumgänglich. Es wird zwar in absehbarer Frist keinen Studiengang für Familienväter geben, - möglich ist aber schon jetzt mehr Qualifizierung von Vätern in Familientätigkeit innerhalb der Familienbildungsstätten und anderer Einrichtungen der Familien-, Eltern- und Männerbildung. Ein weiterer Begleiteffekt von mehr Qualifizierung auch von Männern für Familientätigkeit wird folgender sein: Je mehr Männer in der Familie ein Betätigungsfeld sehen, umso mehr bekommen sie Respekt vor dem Aufwand an Leistung und Können, der hier erforderlich ist, und umso mehr werden sie in Staat und Gesellschaft nicht nur mehr ideelle, sondern auch materielle Hilfe für die Familie anmahnen.

Viele Frauen haben nach Heirat und Familiengründung ihre Berufsausbildung bzw. -tätigkeit unterbrochen, und zwar nicht selten in der Hoffnung, nach Beendigung der aktiven Mutterphase durch neue Weiterbildung und Berufstätigkeit ihrem Leben einen neuen Sinn zu geben. Zumindest den Hochschulen ist dieses Lebensmuster lange fremd geblieben, - studierende Familienfrauen von vierzig und mehr Jahren gelten bis heute im Studienbetrieb als Ausnahmen, nicht als normale Studierende. Dabei machen sich Hochschullehrer und -politiker nicht genug bewusst, dass dieser neue Typ von Studierenden viel Lebenserfahrung in das Studium einbringt. Das Studium kann so effizienter werden wie das von jungen Studierenden, die soeben ihre allgemeine Schulbildung abgeschlossen haben und das gesellschaftliche bzw. berufliche Leben erst schemenhaft kennen. Ein durch lange Vorerfahrung angereichertes Studium ist im Grunde ideal, weil dadurch Theorien auf ihre Glaubwür-

digkeit gründlicher befragt werden können, als wenn man sich in der Gesellschaft noch nicht länger hat bewähren können.
Betrachtet man Familientätigkeit als Erstberuf, bedeutet er für die Absolventen eines Frauenstudiums eine ideale Vorbereitung zu einem Zweitberuf in der Sozialen Arbeit. Ein solcher Zweitberuf wird in der Regel mit Bedacht (manchmal sogar aus echtem Charisma) gewählt.
Vermutlich wird es - wenn Studiengänge wie der in diesem Buch beschriebene - vermehrt eingeführt werden, zu dem Einwand kommen, das Studium beginne hier in einer Lebensphase, in der man dafür zu alt sei. Obendrein mag bezweifelt werden, ob ein Studiengang wie der für Familienfrauen sich für die weitere Lebensspanne noch amortisiere. Ein handfester Beweis für die Unrichtigkeit dieser Vermutung ist die Tatsache, dass nach einem Studienabschluss zur Zeit der Lebensmitte noch mindestens zwei bis drei Jahrzehnte bevorstehen, in denen man voll verantwortlich tätig sein kann. Zumal die Absolventinnen des Studienganges Soziale Arbeit sind besonders dafür prädestiniert, nach dem Ende ihrer hauptberuflichen Tätigkeit ehrenamtlich weiter zu wirken.
Für Familienfrauen, die zur Zeit der Lebensmitte ein neues Studium absolvieren, beginnt nach der aktiven Mutterphase ihr „zweites Leben". Ihnen dazu eine Chance zu bieten, ist nicht nur moralische Pflicht des Staates, sondern bringt ihm Nutzen.

Univ.-Prof. Dr. phil. Dr. h. c. Franz Pöggeler

Inhaltsverzeichnis

	Vorwort des Herausgebers	5
	Inhaltsverzeichnis	11
	Abkürzungen	15
	Vorwort	17
1.	Einleitung	19
2.	Aktuelle Studiensituation	23
2.1.	Allgemeine Studiensituation	23
2.2.	Studienbedingungen/-vorstellungen von Studierenden mit Kindern	35
	Exkurs: Rahmenbedingungen für Studierende mit Kindern in der ehemaligen DDR	51
2.3.	Wie wird auf diese Entwicklung reagiert bzw. wie wäre zu reagieren?	54
3.	**Besonderheiten im Hinblick auf den Fachbereich Sozialarbeit/Sozialpädagogik (Sozialwesen) und im Hinblick auf die Adressatengruppe "Familienfrauen"**	65
3.1	Besonderheiten im Hinblick auf den Fachbereich Sozialarbeit/Sozialpädagogik (Sozialwesen)	65
3.1.1.	Das praktische Feld der Sozialen Arbeit	66
3.1.2.	Die Professionalisierung der Sozialen Arbeit	70
3.1.3.	Die Ausbildung für Soziale Arbeit	74
3.1.3.1.	Theorie-Praxis-Verzahnung	76
3.1.3.2.	Vielfalt der Fächer – Frage der Integration	80
3.1.3.3.	Zusammenarbeit zwischen Hauptamtlichen und Ehrenamtlichen	84
3.1.4.	Zum sozialen Bild der Studierenden im Fachbereich Sozialarbeit/Sozialpädagogik (Sozialwesen)	87

3.2.	Besonderheiten im Hinblick auf die Adressatengruppe "Familienfrauen"...	92
3.2.1.	Zur Situation von Familienfrauen als studentische Adressatengruppe...	94
3.2.2.	Qualifikationen von Familienfrauen, ihre Anerkennung und Nutzung in der Weiterbildung...	102
3.2.2.1.	Qualifikationen im weiblichen Lebenszusammenhang...	103
3.2.2.2.	Familienqualifikationen...	105
3.2.2.3.	Schlüsselqualifikationen...	109
3.2.2.4.	Daseinskompetenzen...	111
3.2.2.5.	Qualifikationskombinationen...	113
3.2.3.	Zum Beispiel: Frauenstudiengang an der KFH NW...	116
3.2.4.	Frauen und Soziale Arbeit...	129
4.	**Welchen Beitrag kann ein Studienbegleiter / eine Studienbegleiterin zur Verbesserung und Unterstützung im Rahmen von Studiengängen für bestimmte Zielgruppen leisten?**...	**139**
4.1.	Aufgaben von Studienbegleitung...	139
4.1.1.	Aufgaben der Studienbegleiterin in den Frauenstudiengängen an der KFH NW...	140
4.1.2.	Ergebnisse einer Befragung der Studentinnen und Lehrkräfte, die am Modellprojekt teilnahmen...	143
4.1.2.1.	Vorstellung der Befragung...	143
4.1.2.2.	Ergebnisse der Befragung der Studentinnen und der Befragung der Lehrkräfte...	149
4.1.3.	Erwartungen der Studentinnen des zweiten Frauenstudiengangs an der KFH NW...	188

4.2.	Systematisierung der Tätigkeiten von Studienbegleitung nach inhaltlichen Aufgabenfeldern	189
4.3.	Überschneidungen und Grenzen der Funktion von Studienbegleitung gegenüber Möglichkeiten und Funktionen von Supervision, (Psycho-)Therapie, Studienberatung und der Förderung der Gleichberechtigung von Frauen und Männern an Hochschulen	198
4.3.1.	Supervision	199
4.3.2.	(Psycho-)Therapie	201
4.3.3.	Studienberatung	203
4.3.3.1.	Allgemeine oder zentrale Studienberatung	206
4.3.3.2	Psychologische/Psychotherapeutische Beratung	207
4.3.3.3.	Fachberatung	209
4.3.3.4.	Studentische Studienberatung	210
4.3.4.	Förderung der Gleichberechtigung von Frauen und Männern	211
4.4.	Auswertung vergleichbarer Modelle	211
4.4.1.	Tutorenmodelle	212
4.4.1.1.	Tutorenmodelle aus dem anglo-amerikanischen Bereich	212
4.4.1.2.	Tutorenmodelle an deutschen Hochschulen	214
4.4.2.	Beratungsangebote für spezifische Zielgruppen im deutschen Hochschulsystem Beispiel: Behinderte Studierende	223
4.4.3.	Unterstützungsstrukturen in anderen Frauenprojekten der Aus- und Weiterbildung	230
4.5.	Entwicklung eines Standardtyps von Studienbegleitung	237
4.5.1.	Inhaltlicher Ansatz von Studienbegleitung	238
4.5.2.	Zur Einordnung in das System Hochschule	252
4.5.3.	Erfassung von Kompetenzstrukturen bzw. Entwicklung eines Qualifikationsprofils	257

5.	**Transfermöglichkeiten**	261
5.1.	Perspektiven von Studienbegleitung für andere Fachbereiche/Studienrichtungen	261
5.2.	Perspektiven von Studienbegleitung für studentische Adressatengruppen mit ähnlichen biographischen Merkmalen	264
5.3.	Vorschläge für die Übertragbarkeit des Modells der Studienbegleitung in Part-time-Studiengänge	274
5.4.	Überlegungen zur Übertragbarkeit des Modells der Studienbegleitung in Regelstudiengänge	276
5.5.	Empfehlung für die Studienorganisation und Hochschulreform	277
6.	**Schlußwort**	281
7.	**Anhang**	283
8.	**Literaturangaben**	291

Abkürzungen

AHD	Arbeitsgemeinschaft für Hochschuldidaktik
BAföG	Bundesausbildungsförderungsgesetz
bmb+f	Bundesministerium für Bildung, Wissenschaft, Forschung und Technologie
BMFJ	Bundesministerium für Frauen und Jugend
DJI	Deutsches Jugendinstitut
DSW	Deutsches Studentenwerk
FH	Fachhochschule
FHG	Fachhochschulgesetz
FU	Freie Universität
HRG	Hochschulrahmengesetz
HRK	Hochschulrektorenkonferenz
HIS	Hochschul-Informations-System GmbH
KAB	Katholische Arbeitnehmerbewegung
KBE	Katholische Bundesarbeitsgemeinschaft für Erwachsenenbildung
kfd	Katholische Frauengemeinschaft Deutschlands
KFH NW	Katholische Fachhochschule Nordrhein-Westfalen
KMK	Kultusministerkonferenz
NRW/NW	Nordrhein-Westfalen
SS	Sommersemester
WS	Wintersemester
WRK	Westdeutsche Rektorenkonferenz (heute: Hochschulrektorenkonferenz)

Vorwort

Die vorliegende Arbeit blickt auf eine lange Entstehungsgeschichte zurück. Sie begann 1991 mit meinem Einstieg als Studienbegleiterin in den Modellversuch des Landes Nordrhein-Westfalen an der Katholischen Fachhochschule NW: „Studiengang zur Ausbildung von Frauen zur Diplom-Sozialarbeiterin neben der Familientätigkeit". Dieser Modellversuch wurde 1994 erfolgreich mit einem Fachsymposium in Köln abgeschlossen. Zu diesem Zeitpunkt war die Frage einer Fortführung des Studiengangs noch ungeklärt. Angeregt durch die Projektleiterin, Frau Prof. Dr. Teresa Bock, und durch die wissenschaftliche Begleiterin, Frau Prof. Dr. Anneliese Mannzmann, begann ich, den Modellversuch unter dem Gesichtspunkt der Funktion der Studienbegleitung zu analysieren. Im Oktober 1995 konnte ich die daraus gewonnenen neuen Erfahrungen und Anforderungen für das herauszuarbeitende Berufsbild in der Praxis erproben, als die Katholische Fachhochschule NW, Abteilung Aachen, einen weiteren Frauenstudiengang auf der Basis des Modellversuchs startete. Die Arbeit an der nun fertiggestellten Dissertation war somit in den letzten Jahren begleitet durch eine ständige Praxisreflexion und Weiterentwicklung der Aufgaben von Studienbegleitung. Diese Verbindung von Praxis und theoretischer Auseinandersetzung trug dazu bei, daß ich bis zuletzt gerne an dieser Dissertation gearbeitet habe.

Ich danke allen, die mich in dieser Zeit durch ihre kritisch-produktiven Anmerkungen und ihr lebendiges Interesse am Fortgang der Arbeit unterstützten und ermutigten. Danken möchte ich vor allem den Studentinnen und Lehrkräften, die meine Arbeit begleitet haben und durch ihre Beteiligung an der Befragung den empirischen Teil der Dissertation ermöglichten.
Wichtige Hinweise und Anregungen gaben mit insbesondere Frau Prof. Dr. Barbara Krause und Herr Prof. Dr. Dr. Franz Pöggeler, die wesentlich zur vorliegenden (Schluß-)Fassung beitrugen.

Danke sagen möchte ich auch meinem Mann, Stephan Stricker, der mir Freiraum zum Arbeiten verschaffte und mit Engagement den Fortgang der Dissertation begleitete. Dafür, daß die letzten Jahre nicht nur Arbeitsjahre waren, sorgten nicht zuletzt unsere Kinder Johannes und Miriam, die für schöne Ablenkungen sorgten.

Marianne Genenger-Stricker

1. Einleitung

Ziel der Arbeit ist die Entwicklung eines neuen Berufsprofils für die Studienbegleitung insbesondere von Gruppen mit ähnlichen biographischen Merkmalen. Diese Gruppen, zu denen beispielsweise Familienfrauen, behinderte Menschen, Ausländer/innen oder Aussiedler/innen zählen, haben besondere Bedürfnisse, die in einem Studium zu berücksichtigen sind. Hintergrund des Projektes „Studienbegleitung" sind aktuelle Bemühungen zur Studienzeitverkürzung und Verbesserung der Lehre sowie um eine Effektivierung des Studiums.[1] Das Projekt selbst verfolgt allerdings nicht quantitativ bestimmte Ziele durch restriktive und regulative Maßnahmen, sondern ist auf die Verbesserung der Studienqualität durch eine Förderung der Studierenden gerichtet. Grundlage sind ein Modellprojekt der Bund-Länder-Kommission für Bildungsplanung und Forschungsförderung zur "Ausbildung von Frauen zur Diplom-Sozialarbeiterin neben der Familientätigkeit" (1990-94), das von der Katholischen Fachhochschule Nordrhein-Westfalen (KFH NW) in Kooperation mit der Katholischen Frauengemeinschaft Deutschlands (kfd) durchgeführt wurde, sowie die fortführenden Frauenstudiengänge an der Abteilung Aachen der KFH NW seit 1995.

Ausgehend von Erfahrungen der genannten Frauenstudiengänge an der KFH NW wird die Perspektive einer beruflichen Spezialisierung erarbeitet mit dem Ziel, einer Gruppe von Studierwilligen/-fähigen über eine Zwischeninstanz zwischen Dozent/in und Student/in zum Erfolg zu verhelfen, und zwar nicht nur formal mit Blick auf den Studienabschluß, sondern auch im Hinblick auf die Persönlichkeitsentwicklung. Dies bedeutet, daß innerhalb eines Studiengesamtverlaufs nicht nur der erreichte Notendurchschnitt von Bedeutung ist, sondern auch die Vermittlung von Studienzielen wie Berufsidentität und die Konturierung eines künftigen Berufsbildes, die Transferierung von in anderen Lebensab-

---

[1] Vgl. die aktuelle Diskussion zum neuen Hochschulrahmengesetz (HRG), das am 18. Juni 1998 vom Bundestag verabschiedet und am 20. August 1998 vom Bundespräsidenten unterzeichnet wurde. Das HRG verfolgt das Ziel einer Reform der Hochschulen und einer Verbesserung ihrer Attraktivität und Konkurrenzfähigkeit im internationalen Vergleich. Durch Deregulierung, durch Leistungsorientierung und durch die Schaffung von Leistungsanreizen u.a. sollen Wettbewerb und Differenzierung ermöglicht werden. Uneinigkeit besteht vor allem in der Frage der Studiengebühren.

schnitten erworbenen Qualifikationen ins Studium, die Einbindung der Studienbemühungen in berufsethische, persönlichkeitsbildende und kompetenzerweiternde Dimensionen auf der Basis von Selbstwahrnehmung und Bewußtwerdung dessen, was das Studium als Lebensabschnitt für die prototypische und die individuelle Biographie bedeutet.[2]
Mit der Studienbegleitung soll eine Zielgruppenorientierung des Studiums angestrebt werden, die die Hochschul- und Berufssozialisation positiv beeinflußt, vorhandene Ressourcen nutzbar macht und die Studienorganisation optimiert.

Untersuchungen von studienbegleitenden Unterstützungsstrukturen liegen bisher nicht vor. Mit dieser Arbeit wird erstmalig eine Systematik der Funktionen von Studienbegleitung vorgelegt. Die Erfassung erfolgte mit Methoden der empirischen Sozialforschung. Es wurde eine Befragung aller am Modellprojekt beteiligten Studentinnen und Lehrkräfte durchgeführt. Diese Befragung, die als repräsentativ bezeichnet werden kann, dient als Grundlage für die Systematisierung und Bewertung der Tätigkeiten von Studienbegleitung nach inhaltlichen Aufgabenfeldern.

Im ersten Teil der Untersuchung wird zunächst die aktuelle Studiensituation, die u.a. durch lange Studienzeiten und Isolation gekennzeichnet ist, beschrieben. Es werden insbesondere die Studienbedingungen/-vorstellungen für und von Studierenden mit Kindern betrachtet.
In einem kurzen Exkurs wird thesenartig auf die besonderen Rahmenbedingungen für Studierende mit Kindern in der ehemaligen DDR eingegangen.
Vor diesem Hintergrund der Beschreibung des Ist-Zustandes werden Konsequenzen aufgeführt, wie auf diese Entwicklung aktuell reagiert wird bzw. zu reagieren wäre.

In einem nächsten Schritt werden Besonderheiten sowohl im Hinblick auf den Fachbereich Sozialarbeit/Sozialpädagogik (Sozialwesen) als auch im Hinblick auf die Adressatengruppe "Familienfrauen" beschrieben. Dabei wird davon ausgegangen, daß die in der Familienarbeit gemachten Erfahrungen und Kenntnisse für die Ausbildung zur Sozialarbeiterin genutzt, vertieft, erweitert und weitergeführt werden können. Familienfrauen bringen wichtige Voraussetzungen für eine berufliche Tätigkeit in Arbeitsfeldern der Sozialarbeit mit. In diesem Zusammenhang stellt sich auch die Frage, inwieweit berufliche Anforderungen der Sozialpädago-

---

2 vgl. Huber, 1991:417-441 u. Kohli, 1991:303-317

gik/Sozialarbeit bestimmte Funktionen von einer Studienbegleitung verlangen, besonders wenn es sich um Adressatengruppen wie Familienfrauen u.a. handelt.

Angesichts der Dauer des Studiums, hoher Abbruchquoten und angesichts der Isoliertheit der einzelnen Studierenden wird die Notwendigkeit einer vermittelnden Funktion herausgestellt. Der Schwerpunkt der Arbeit konzentriert sich im folgenden auf die Frage, welchen Beitrag eine Studienbegleitung zur Verbesserung und Unterstützung im Rahmen von Studiengängen für bestimmte Zielgruppen leisten kann. Dabei wird von der eigenen Tätigkeit als Studienbegleiterin im Modellprojekt der Bund-Länder-Kommission zur "Ausbildung von Frauen zur Diplom-Sozialarbeiterin neben der Familientätigkeit" (1990-94) sowie in den fortführenden Frauenstudiengängen an der Katholischen Fachhochschule Nordrhein-Westfalen, Abteilung Aachen, ausgegangen. Die Frauenstudiengänge an der KFH NW werden unter dem Gesichtspunkt der Funktion der Studienbegleitung analysiert, und die neuen Erfahrungen und Anforderungen, die sich aus dieser Analyse ergeben, werden auf das herauszuarbeitende Berufsbild hin neu gewichtet. Die im Modellprojekt zugrunde gelegte Stellenbeschreibung wird ergänzt durch eine repräsentative Befragung der Studentinnen und Lehrenden, die am Projekt teilnahmen.

Die Bestandsaufnahme gliedert sich nach drei inhaltlichen Aufgabenfeldern: Aufgaben im Hinblick auf Studentinnen, Lehrkräfte und Administration. Die verschiedenen Tätigkeiten der Studienbegleitung werden systematisiert sowie Überschneidungen und Grenzen gegenüber Möglichkeiten und Funktionen von Supervision, Therapie und (Fach-) Studienberatung diskutiert mit dem Ziel der Verdeutlichung des Qualifikationsniveaus.

In einem weiteren Schritt werden vergleichbare Modelle aus dem angloamerikanischen Bereich, Beratungsangebote für spezifische Zielgruppen im deutschen Hochschulsystem und Unterstützungsstrukturen in anderen Frauenprojekten im Rahmen der Aus- und Weiterbildung systematisch ausgewertet.

Die genannten Schritte führen schließlich zur Entwicklung eines Standardtyps von Studienbegleitung. Die Erfassung von Kompetenzstrukturen beinhaltet neben der Darstellung formaler Voraussetzungen die Beschreibung der geforderten inhaltlichen Qualifikationen und der persönlichen Rollenanforderungen. Darüber hinaus wird die Frage nach der Ansiedlung des neu zu entwickelnden Berufsbildes im (Fach-) Hochschulsystem und nach der Abgrenzung zu anderen Beratungsfunktionen gestellt. Ziel und Aufbau einer neuen Beratungsstruktur für Studienbegleitung muß in Kooperation mit den zentralen Beratungsstellen und dezentralen Beratungsinstanzen der Fächer erfolgen. Diese Aufgabenstellung für Beratung/Begleitung in der Institution verbindet Kompetenzförderung mit Strategien der Organisationsentwicklung.[3] Beratung/Begleitung wird als besondere Ressource am Schnittpunkt von Person und Institution in der Funktion einer flankierenden Unterstützung der Ausbildung eingesetzt.

In einem letzten Abschnitt sollen Transfermöglichkeiten, d.h. die Übertragung von inhaltlichen und organisatorischen Grundelementen für andere Zielgruppen, diskutiert werden. Auf der Basis des „Erfolgsfaktors" Studienbegleitung bei der akademischen Ausbildung von Familienfrauen zu Sozialarbeiterinnen werden Perspektiven für die institutionalisierte Betreuung und Beratung weiterer Gruppen mit besonderen Bedürfnissen entwickelt.

In einem abschließenden Ausblick wird erörtert, inwieweit einzelne Elemente des Modells der Studienbegleitung grundsätzlich Eingang in Regelstudiengänge finden können. Mit der Ausdehnung des Konzeptes der Studienbegleitung auf andere Studiengänge und Zielgruppen ist gleichzeitig eine Erweiterung und Fortschreibung des entwickelten Berufsprofils verbunden. Es sollen Empfehlungen für die Studienorganisation und Hochschulreform ausgesprochen werden.

---

3 vgl. Comelli, 1985

2. Aktuelle Studiensituation

Ein kurzer Überblick über die aktuelle Studiensituation bezieht sich hauptsächlich auf die Ergebnisse der 15. Sozialerhebung des Deutschen Studentenwerkes zum sozialen Bild der Studentenschaft in der Bundesrepublik Deutschland, die in einem Vorbericht im Sommer 1998 veröffentlicht wurden. In einem zweiten Schritt ist dann auf die besondere Situation von Frauen mit Kindern einzugehen, bevor im Punkt 3 dieses Kapitels die Frage gestellt wird, wie auf die beschriebene Situation reagiert wird bzw. wie zu reagieren wäre. Hier wird dann auch das System Studienbegleitung als eine Möglichkeit der Studienreform benannt.

2.1. Allgemeine Studiensituation

Die Hochschulen stehen heute vor vielfältigen quantitativen und qualitativen Herausforderungen. Die Notwendigkeit von grundlegenden Reformen der Hochschulen ist allgemein anerkannt. Eine Novellierung des Hochschulrahmengesetzes ist vom Bundestag im ersten Halbjahr 1998 verabschiedet worden.

Um die genannten Herausforderungen besser beurteilen zu können, ist im folgenden schlaglichtartig die Situation der Studierenden aufzuzeigen, und zwar mit Bezug auf die Ergebnisse der 15. Sozialerhebung des Deutschen Studentenwerks (DSW), die in 1996/97 von der HIS Hochschul-Informations-System GmbH (HIS) durchgeführt wurde.[4] Sie gilt als die umfassendste Darstellung der sozialen und wirtschaftlichen Lebensbedingungen der Studentenschaft in der Bundesrepublik Deutschland und der Veränderungen der Studienbedingungen sowie als Entscheidungshilfe für sozial- und hochschulpolitische Maßnahmen.

Entwicklung der Studierendenzahlen
In den alten Bundesländern haben im Jahre 1996 von allen 18- bis 21jährigen Deutschen 33 Prozent ein Studium an einer Hochschule in Deutschland aufgenommen; in den neuen Ländern waren es 25 Prozent.

---

4 vgl. Bundesministerium für Bildung, Wissenschaft, Forschung und Technologie, 1998: Das soziale Bild der Studentenschaft in der Bundesrepublik Deutschland. Vorbericht zur 15. Sozialerhebung des Deutschen Studentenwerks.

Der deutliche Anstieg der Studierendenzahl erreichte 1995 mit 1.807.300 Studierenden seinen Höhepunkt. Seitdem zeichnet sich ein leichter Abstieg ab (WS 96/97: 1.793.945). Noch deutlicher werden diese Trends in der Entwicklung der Zahlen der Studienanfänger/innen: Hier wurde der Gipfel bereits Anfang der 90er Jahre erreicht. Seit 1991 zeichnet sich ein Rückgang bis zum Jahre 1995 ab. Er wird jetzt langsam ausgebremst. 1996 und 1997 stabilisierten sich die Zahlen der Studienanfänger/innen auf einem noch immer hohen Niveau von 256.000. Dies deutet darauf hin, daß der Rückgang der Gesamtzahl der Studierenden mit Zeitverzögerung auch sehr bald ausläuft. Für die nächsten zehn Jahre ist sogar eher wieder ein Anstieg zu erwarten.

Im Gegensatz zur Entwicklung der Zahlen in anderen Bildungsbereichen werden die Veränderungen der Zahlen der Studienanfänger/innen und Studierenden kaum durch Veränderungen in der Bevölkerungsentwicklung bestimmt. Der Anstieg der tatsächlichen Zahlen der Studienanfänger/innen erklärt sich aus anderen Effekten, die unter dem Begriff "soziale Komponenten" zusammengefaßt werden können. Der Umfang dieser "sozialen Komponenten" wurde in den Vorausschätzungen der Bildungsforscher/innen und -politiker/innen unterschätzt. Die Vorstellung, daß der "Bildungsberg" durch die geburtenschwachen Jahrgänge der letzten 10 Jahre abgebaut werden könne, bestätigte sich nicht, da gleichzeitig die Bildungsbeteiligung zunahm.

Der Einfluß der "sozialen Komponenten" auf die Entwicklung der Studierendenzahlen macht deutlich, wie wichtig die genaue Analyse des Hochschulsystems ist. Hierzu zählt auch das veränderte Bildungsverhalten bestimmter gesellschaftlicher Gruppe wie beispielsweise von Familienfrauen.[5] Von besonderem Interesse ist hier die Frage nach sozialgruppenspezifischen Selektionsprozessen. Entsprechende Untersuchungsergebnisse stehen noch aus.

Die Veränderungen der Studierenden- und Studienanfänger/-innenzahlen sind verbunden mit der Altersstruktur. Wie die Alterspyramide zeigt, nahmen die Anteile der Studierenden, die älter sind als 27, zu (siehe Abb.1).

Zu berücksichtigen ist hier allerdings der Umstand, daß an den Fachhochschulen 70% der Studienanfänger/innen bereits eine abgeschlossene Berufsausbildung haben und das Hochschuleintrittsalter in dieser

---

[5] s. Pkt. 3.2.

Gruppe entsprechend hoch liegt. Eine weitere Gruppe mit hohem Hochschuleintrittsalter sind studierende Eltern.

Abbildung 1:
Altersstruktur der Studierenden 1994 und 1997 (Altersklassen in %)[6]

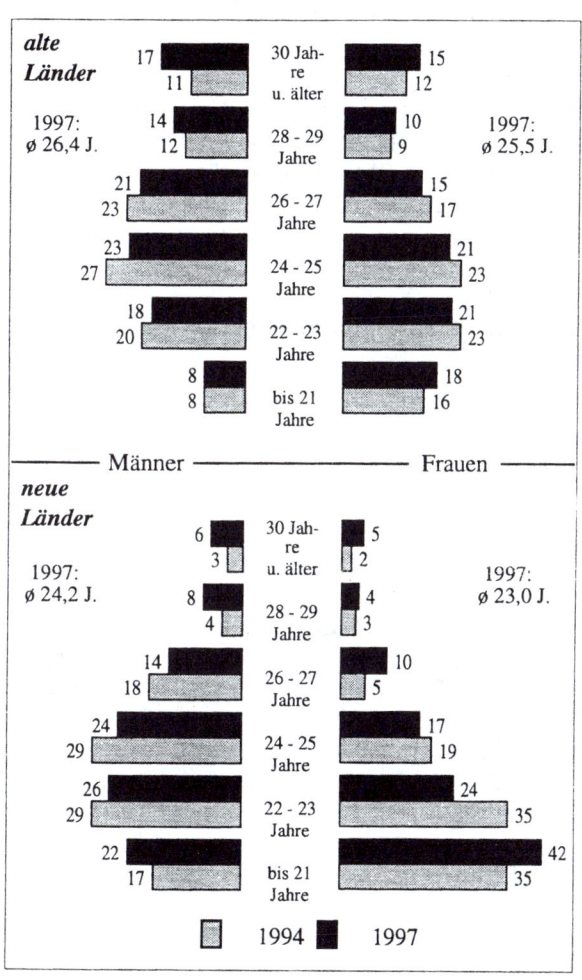

---

6 DSW/HIS 15. Sozialerhebung, 1998:4

Geschlecht
Der Anteil der Frauen unter den Studierenden hat in den letzten Jahren zugenommen. Lagen die Studienanfängerquoten 1985 für Frauen und Männer weit auseinander (1985: m = 23%; w = 16%), so haben sie sich bis 1996 erhöht und angenähert (1996: m = 35%; w = 31%). An Universitäten nahmen sogar - erstmals 1995 - mehr Frauen als Männer ein Studium auf (23% der 18- bis 21jährigen Frauen, aber nur 21% der Männer gleichen Alters). Dies gilt allerdings nicht für den Bereich der Fachhochschulen (m = 14%; w = 8%).

Geschlechtsspezifische Unterschiede in der Fächerwahl von Studentinnen und Studenten sind auffallend. In der Abbildung 2 werden die Anteile der Studentinnen an allen Studierenden für die verschiedenen Fächergruppen differenzierter dargestellt.

Abbildung 2:
Anteil der Studentinnen an allen Studierenden nach Fächergruppe in %[7]

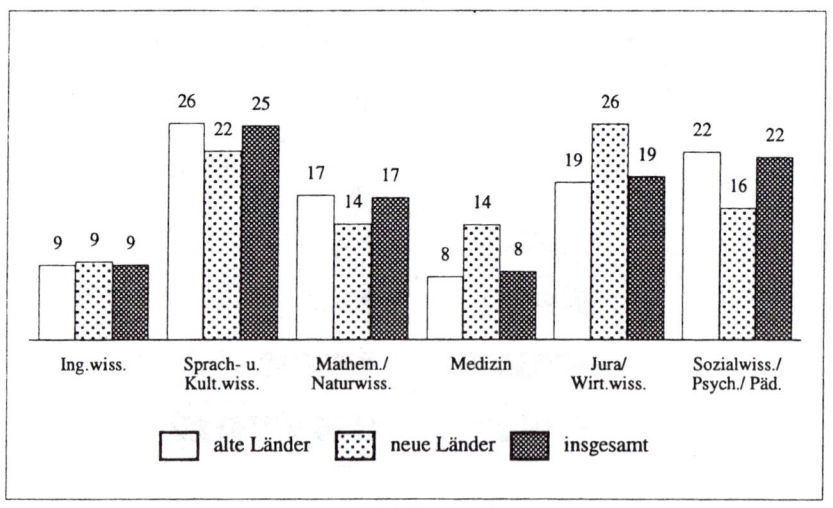

---

[7] DSW/HIS 14. Sozialerhebung, 1995:86

Eindeutig von Frauen präferiert sind die Sprach- und Kulturwissenschaften sowie die Sozialwissenschaften. Der Anteil der Studentinnen in diesen beiden Fächergruppen an allen Studierenden ist mit 25% bzw. 22% gemessen an dem allgemeinen Anteil von 17% bzw. 13% überproportional hoch. Eher zurückhaltend sind Frauen bei der Entscheidung für ein ingenieur- oder naturwissenschaftliches Studium. Der Anteil der Studentinnen beträgt in den Ingenieurwissenschaften nur 9% (insgesamt: 22%) und in den mathematisch-naturwissenschaftlichen Fächern 17% (insgesamt: 20%).
Interessant ist auch, daß in den naturwissenschaftlichen Fächern Langzeitstudierende wesentlich seltener sind als bei den Studierenden der sozial- und geisteswissenschaftlichen Fächer.[8]

Studienverlauf
Zur Beschreibung des Studienverlaufs werden vier Faktoren herausgegriffen, die sich als problematisch für die Studierenden selbst und für die Hochschule erweisen: Studiengangswechsel, Studienunterbrechung, Studiendauer, Studienorganisation.

Studiengangswechsel
Ein Studiengangswechsel bedeutet, daß entweder das ursprünglich angestrebte Studienfach oder/und die Abschlußart gewechselt wurden. Aus der Abbildung 3 lassen sich die Anteile der Studiengangswechsler/innen an allen Studierenden erkennen.

Da die hier dargestellten Quoten aus den Querschnittsdaten der Sozialerhebung errechnet wurden, liegen die Anteile tendenziell etwas niedriger als die tatsächlichen Wechselquoten. Dies ergibt sich daraus, daß Teile der Studierenden, die sich zum Befragungszeitpunkt in den niedrigen Semestern befinden, noch einen Wechsel vornehmen werden.

In den alten Ländern wechseln die Studierenden etwas häufiger als in den neuen ihr Studienfach. 1994 liegt die Wechselquote in den alten Ländern noch bei 20%, in den neuen Ländern ist sie auf 14% angestiegen (1991: 9%).

---

8 Die Daten zur Fächerpräferenz beziehen sich auf die 14. Sozialerhebung. Entsprechende Daten der 15. Sozialerhebung sind noch nicht veröffentlicht.

Abbildung 3:
Anteil der Studiengangwechsler/innen an Universitäten und Hochschulen nach Fächergruppen[9]

Fächergruppe	alte Länder			neue Länder			insg.
	Uni	FH	insg.	Uni	FH	insg.	insg.
Ingenieurwiss.	11	14	13	8	12	9	13
Sprach- u. Kulturwiss.	34	21	33	30	16	29	33
Mathematik / Naturwiss.	17	15	17	10	9	10	17
Medizin	16	-	16	5	-	5	14
Jura / Wirtschaftswiss.	15	13	15	13	18	14	15
Sozialwiss. / Psych. / Päd.	30	14	27	20	9	18	26
insg.	21	14	20	14	13	14	19

Studienunterbrechung
Die Unterbrechung des Studiums hat mehr noch als der Studiengangswechsel einen wesentlichen Einfluß auf die Verlängerung des Studiums. Ähnlich wie die Studiengangswechselquoten liegen die hier dargestellten Studienunterbrechungsquoten niedriger als die tatsächlich anzunehmenden Quoten, da bei einer Querschnittserhebung diejenigen, die ihr Studium zur Zeit der Befragung unterbrochen haben, nicht enthalten sind.

Insgesamt unterbricht jeder/jede 9. Studierende in der Bundesrepublik das Studium. In den alten Ländern liegt der Anteil der Studienunterbrecher/innen mit 9,7% ähnlich hoch wie 1991.

Geschlechtsspezifische Unterschiede in der Häufigkeit der Studienunterbrechung sind nur in den alten Ländern zu bemerken: gegenüber den rund 11% Studentinnen, die eine zeitweise Unterbrechung des Studiums vollzogen haben, sind es lediglich 9% der Studenten.
Überdurchschnittlich häufig kommen Studienfachwechsel oder Studienunterbrechung bei Studierenden mit hoher Erwerbsbelastung vor.
Die unterschiedliche Häufigkeit und Dauer der Studienunterbrechungen von Studentinnen und Studenten (s.o.) zeigen sich ebenfalls in der ab-

---
[9] DSW/HIS 14. Sozialerhebung, 1995: 89

weichenden Motivlage für diese Entscheidung. Studentinnen unterbrechen zwar ähnlich häufig wie Studenten ihr Studium, weil sie andere Erfahrungen sammeln möchten, aber ein häufigerer Grund für die Studienunterbrechung ist für sie eine Schwangerschaft bzw. die Erziehung der Kinder (19%). Aufgrund der Kindererziehung sehen sich hingegen nur 4 Prozent der Studenten genötigt, ihr Studium zeitweise zu unterbrechen.

Studiendauer
Eine Studie der Hochschul-Informations-System GmbH (HIS) ergab[10], daß beinahe die Hälfte der deutschen Hochschulabsolventen und –absolventinnen die geplante Studiendauer überschreitet. Empirische Basis der Studie bildet eine von der HIS durchgeführte Befragung einer bundesweit repräsentativen Stichprobe von Hochschulabsolventen/-absolventinnen des Prüfungsjahrgangs 1992/93. Wer neben dem Studium erwerbstätig ist, eine geringe individuelle Leistungsfähigkeit mitbringt und Kinder hat, braucht in der Regel mehr Semester bis zum Studienabschluß. Studienzeitverkürzend wirkt sich dagegen eine vor Studienbeginn abgeschlossene Berufsausbildung aus.
Die Exmatrikulierten-Studie aus Nordrhein-Westfalen[11] liefert dazu folgende repräsentative Daten: In Nordrhein-Westfalen wird im Durchschnitt 15 Semester studiert, um zu einem Abschluß zu kommen. Dann sind die Absolventen und Absolventinnen im Durchschnitt 30 Jahre alt.

Aus sozio-ökonomischer Betrachtung kommen Hinweise, daß finanzielle und/oder familiäre Gründe dazu führen, daß Studierende sich nicht mehr voll dem Studium widmen können.

Studienorganisation
In verschiedenen wissenschaftlichen Untersuchungen[12] zur Situation von Studierenden erfahren die Studienorganisation und die Orientierungssituation schärfste studentische Kritik. Kaum ein Punkt wird stärker kritisiert. Dies ist nicht nur bei den Studienanfängern/-anfängerinnen der Fall, die Kritik bleibt das ganze Studium über bestehen. Die Exmatrikulierten-Studie in Nordrhein-Westfalen[13] vom Wintersemester 1992/93 macht beispielsweise deutlich, daß u.a. Mängel in der Lehre und in der

---

10 Leszczensky/Ostertag, 1994:142
11 vgl. Ministerium für Wissenschaft und Forschung, 1994
12 vgl. Sozialerhebungen des DSW von 1992,1995,1998, Exmatrikulierten-Studie für das Land NRW, 1994, Bayerische Hochschulforschung, 1994 etc.
13 vgl. Ministerium für Wissenschaft und Forschung, 1994

Betreuung durch die Lehrenden häufig Ursache für einen Hochschulwechsel sind. Auch die mangelnde Überschaubarkeit der Studienanforderungen ist ein Problem. Nur 50% der Studierenden beurteilen ihren eigenen Studiengang als übersichtlich und schaffbar in der Regelstudienzeit. Nur ein Drittel empfindet Klarheit über die Prüfungsanforderungen und nur ein weiteres Drittel empfindet Lehrinhalte am Ausbildungsziel orientiert. Aus studentischer Sicht fehlen vor allem Ansprechpartner/innen, Einführungen und Hilfestellungen zur Gestaltung des eigenen Studiums. Die Exmatrikulierten-Studie zeigt auch auf, daß nur 13 % zu Studienbeginn halbwegs gut über ihr Studium informiert waren oder sich gut informiert fühlten. Ein weiterer wichtiger Punkt der Kritik ist, daß sich das Verhältnis zwischen Lehrkräften und Studierenden selten durch eine gute Atmosphäre und regelmäßige Kontakte auszeichnet. Die Gesprächsbereitschaft der Lehrkräfte ist - aus welchen Gründen auch immer - zu gering. Nur ein Drittel der Studierenden sagt, die Lehrkräfte seien aufgeschlossen für studentische Fragen. Allerdings scheinen sich die Studierenden mit den problematischen Studienverhältnissen zu arrangieren. Der Preis dafür ist dann aber häufig ein uneffektives Studium, der Verlust von Studienzeit und ein enormer Kraftaufwand für alltägliche organisatorische Dinge.

Dies macht deutlich, daß die vorhandenen Formen der Studienberatung und -begleitung unzureichend sind und ergänzt werden müssen.

Studienfinanzierung
Die Mehrheit der Studierenden bestreitet den Lebensunterhalt mit Einnahmen aus mehreren Finanzquellen: Elternhaus, eigener Verdienst, staatliche Förderung. In welchem Umfang die einzelnen Finanzierungsquellen im statistischen Durchschnitt an den monatlichen Gesamteinnahmen der Studierenden beteiligt sind, geht aus der Abbildung 4 hervor.

In den alten Bundesländern werden danach von den Eltern 49% des Gesamtbudgets der Studierenden bereitgestellt. Deutlich erhöht hat sich im Zeitraum 1994 -1997 der Anteil des eigenen Verdienstes der Studierenden: Lag der Selbstfinanzierungsanteil 1994 bei 28% der gesamten monatlichen Einnahmen, so stieg er zwischenzeitlich auf 31%. Umgekehrt hat sich im Vergleichszeitraum der Anteil der durch das Bundesausbildungsförderungsgesetz (BAföG) bereitgestellten Mittel an den monatlichen Einnahmen entwickelt: Er ist von 13% auf 10% gefallen.

Abbildung 4:
Finanzierungsstruktur – Zusammensetzung der monatlichen Einnahmen nach Finanzierungsquellen[14]

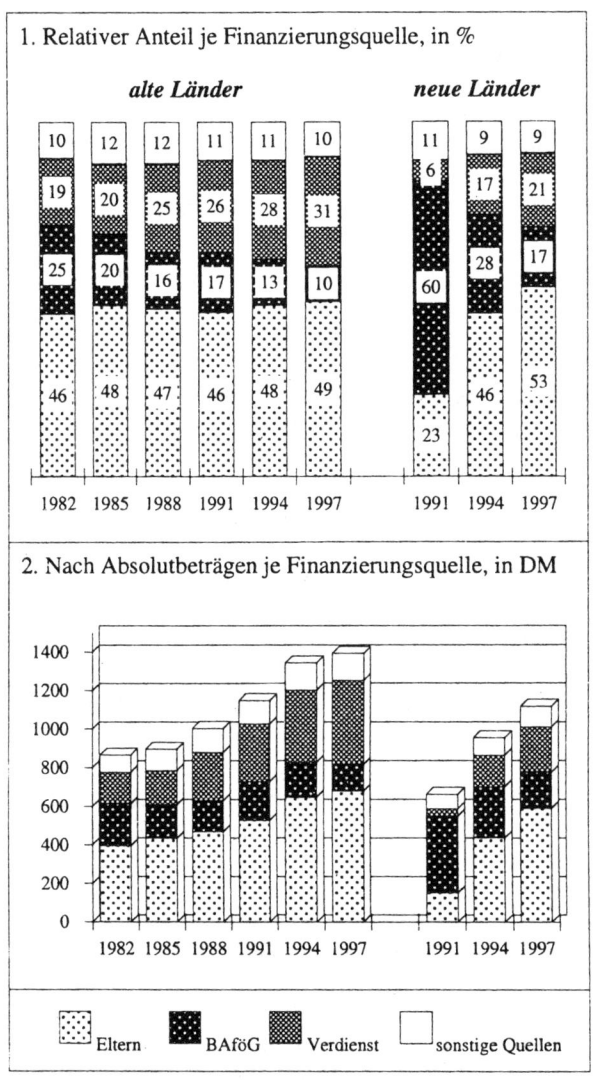

[14] DSW/HIS 15. Sozialerhebung, 1998:14

Wesentlich deutlicher hat sich im Zeitraum 1994 -1997 die Zusammensetzung des Einnahmebudgets in den neuen Ländern verändert. Der Anteil der von den Eltern bereitgestellten Mittel an den monatlichen Einnahmen ist von 46% auf 53% gestiegen. Gestiegen ist ebenfalls der durch eigenen Verdienst der Studierenden gedeckte Anteil: von 17% auf 21%. Der Anteil der BAföG-Mittel ist entsprechen zurückgegangen.

Studentische Erwerbstätigkeit
Die Entwicklung studentischer Erwerbstätigkeit wird zunächst als ein bildungs- und sozialpolitisches Problem dargestellt, bevor in einem zweiten Unterpunkt eine Situationsbeschreibung vorgenommen wird.

- Studentische Erwerbstätigkeit - ein bildungs- und sozialpolitisches Problem
Die Rahmenbedingungen für ein ordnungsgemäßes Studium gehen implizit davon aus, daß "eingeschriebene" Studierende sich voll der Ausbildung widmen. Dieses akademische Selbstverständnis bedeutet im Umkehrschluß, daß studentische Erwerbstätigkeit allenfalls als Randerscheinung studentischen Lebens zu gelten hat. Sie scheint nicht regelungsbedürftig zu sein. Insofern finden sich weder in den Hochschulgesetzen, noch in den Studienordnungen der Hochschulen klare Abgrenzungen des Studiums gegenüber der Erwerbstätigkeit. Eine bildungspolitische Auseinandersetzung mit dem Problem der studentischen Erwerbstätigkeit ist aber dringend geboten, da im studentischen Alltag Erwerbstätigkeit schon längst eine faktische Größe ist, welche sich massiv auf die Ausbildung auswirkt.
Studentische Erwerbstätigkeit ist aber nicht nur Gegenstand bildungspolitischer Diskussionen, sondern auch einbezogen in die gesamtgesellschaftliche Diskussion um geringfügige Beschäftigung, Flexibilisierung des Arbeitsmarktes und rentenversicherungsfreie Arbeit. Die volkswirtschaftliche Bedeutung studentischer Erwerbstätigkeit im Arbeitsmarkt muß geklärt werden.

Die Auswirkungen auf das Studium betreffen zwei grundlegende Bereiche: die Studienfinanzierung und die zeitliche Gestaltung des Studiums.

- Studentische Erwerbstätigkeit als Realität
Die rückläufige Entwicklung der staatlichen Förderung hat dazu geführt, daß die Erwerbstätigkeit im System der Studienfinanzierung eine noch höhere Bedeutung für den Lebensunterhalt der Studierenden erhält. Angesichts der Realität studentischer Erwerbstätigkeit werden folglich die

bestehenden Studien- und Finanzierungsregelungen zur Diskussion gestellt. Bei solchen Überlegungen wird aber meist die Vielschichtigkeit des Phänomens studentischer Erwerbstätigkeit übersehen. So sind gesamtgesellschaftliche Einflüsse wie zunehmende Konsumorientierung kaum beeinflußbar und meist auch nicht umkehrbar. Zu klären ist die curriculare Funktion von studentischer Erwerbstätigkeit. Die immer wieder an Hochschulausbildung gerichtete Forderung nach Praxisbezug und Schulung von sogenannten Sekundärtugenden muß möglicherweise auch im Zusammenhang mit studentischer Erwerbstätigkeit neu erörtert werden. Die Frage führt weiter zum Problem der Eingliederung von Hochschulabsolventen und -absolventinnen in das Beschäftigungssystem. Trägt studienbegleitende Erwerbstätigkeit zum reibungslosen Übergang in die Berufstätigkeit bei oder ist sie der Anfang unterqualifizierter Beschäftigung? Auch dieser Aspekt kann zu einer neuen Sicht zum Nebeneinander von Studium und Job führen.

Zwei Drittel aller Studierenden sind in irgendeiner Form erwerbstätig. Dies gilt sowohl für Studierende an Fachhochschulen wie an Universitäten. Im Vergleich zu 1994 ist damit die Quote studentischer Erwerbstätigkeit nochmals um sechs Prozentpunkte gestiegen. Sowohl im Hinblick auf das Selbstverständnis der Studierenden als auch bezüglich der zeitlichen Konkurrenz von Erwerbstätigkeit und Studium ist bedeutungsvoll, daß nicht nur in den Semesterferien gejobbt wird, sondern in gleich hohem Umfang auch während des Semesters. 1997 ist der Anteil jobbender Studierender auch im Semester nicht niedriger als in der vorlesungsfreien Zeit (65% für Deutschland insgesamt). Von der 60 Prozentmarke trennen die Studierenden der neuen Bundesländer mittlerweile auch nur noch wenige Prozentpunkte, und es steht zu vermuten, daß sie die Studierenden in den alten Bundesländern bis zur Jahrtausendwende eingeholt haben.

Studentische Erwerbstätigkeit ist inzwischen so sehr verbreitet, daß der jobbende Student fast ein Normalfall ist. Allerdings weisen die unterschiedlichen Grade der Erwerbsintensität darauf hin, daß sich hinter dieser allgemeinen Feststellung Unterschiede verbergen, welche das allgemeine Bild relativieren. Im extremen Fall gibt es auf der einen Seite Studierende, die weder jobben wollen, noch auf Verdienste angewiesen sind. Auf der anderen Seite gibt es erwerbstätige Studierende, die in konfliktreicher Doppelrolle ihr Studium durch einen Job fast vollständig selbst finanzieren müssen. Inwieweit sich studentische Erwerbstätigkeit nachteilig auf das Studium auswirkt, hängt entscheidend davon ab, in welchem Umfang jemand erwerbstätig ist.

Die Häufigkeit studentischer Erwerbstätigkeit ist in sehr starkem Maße vom Alter der Studierenden beeinflußt: Von den jungen Studierenden (bis 21jährige) sind weniger als die Hälfte erwerbstätig, von den älteren Studierenden (28 Jahre und älter) sind es drei Viertel.

Die Faktoren Erwerbsbelastung, Studienaufwand und Alter der Studierenden beeinflussen sich wechselseitig: Eine hohe Erwerbsbelastung verringert tendenziell die Zeit für das Studium, verlängert damit die Studiendauer und erhöht das Durchschnittsalter der Studierenden. Je älter aber Studierende sind, desto größer sind tendenziell auch ihre materiellen Ansprüche und desto eher werden sie zu ihrer Befriedigung eine Erwerbstätigkeit in Kauf nehmen. Mit zunehmendem Alter bzw. zunehmender Semesterzahl (Förderungshöchstdauer) sinkt zudem die elterliche und staatliche Alimentierungsbereitschaft, und es erhöht sich die Notwendigkeit der Erwerbstätigkeit.

Studentische Erwerbstätigkeit dient u.a. auch als Berufsvorbereitung. In zwei von drei Stellenanzeigen wird mehrjährige Berufserfahrung verlangt. So nimmt es nicht Wunder, daß Studierende versuchen, noch vor Abschluß des Studiums Berufserfahrungen zu erwerben bzw. Kontakte zu potentiellen Arbeitgebern zu knüpfen. Immerhin 43% der erwerbstätigen Studierenden im Erststudium arbeiten (auch), um praktische Erfahrungen zu sammeln, die ihnen im späteren Beruf von Nutzen sein können; 30% arbeiten, um Kontakte für eine mögliche spätere Beschäftigung zu knüpfen.

Identifikation mit der Hochschule

In der soziologischen Diskussion wird unter dem Stichwort „Pluralität" argumentiert, daß überhaupt nicht mehr von einem einheitlichen Studententyp ausgegangen werden kann. Unterschiedliche Studienstrategien führen demnach zu unterschiedlich intensiver Wahrnehmung von Studienangeboten. Aus dieser Sicht wird der wahlweise Abrufcharakter des Lehrangebotes betont.

Wird die Hochschule noch voll als Mittelpunkt der Lebensbezüge empfunden, so handelt es sich in der Regel um klassische Vollzeitstudierende ohne größere Belastung durch finanzielle Zwänge oder familiäre Obliegenheiten.

Unabhängig davon, wodurch ein Teilzeitstudium bedingt ist, führt es dazu, daß die Hochschule in der subjektiven Wahrnehmung eher zur Nebensache wird. Aus den verschiedenen Ergebnissen der Zeitbudgetanalyse der Sozialerhebung wird deutlich, daß es primär außerhochschulische Einflüsse sind, welche diese Entwicklung vorantreiben. Das Hochschulsystem scheint weder in der einen Richtung (Erhöhung der Verbindlichkeit) noch in der anderen Richtung (Anpassung des Studienangebotes) auf diese Entwicklung einzugehen.

2.2. Studienbedingungen/-vorstellungen von Studierenden mit Kindern

Die Zielgruppe der Studierenden mit Kindern ist in der gesamten hochschulpolitischen Diskussion - zumindest in den alten Bundesländern - lange vernachlässigt worden.[15] Die Hochschulen haben sich auf Studierende mit Kindern nicht eingestellt und deren spezifischen Probleme nicht wahrgenommen. Studierende mit Kindern stellen eine Minderheit dar, deren Interessen und Bedürfnisse nicht beachtet werden, wie z.B. eine Befragung Studierender mit Kindern an der Universität Dortmund Ende der 80er Jahre zeigte.[16]

Erst mit der Sonderauswertung der 13. Sozialerhebung des Deutschen Studentenwerks in 1991 sind Studierende mit Kindern im Hochschulbereich zunehmend in den Blickpunkt des Interesses gerückt. Die Frage der Vereinbarkeit von Kindererziehung und Studium gehört heute zu den Themen, welche die politische und wissenschaftliche Diskussion beschäftigen.

Die Frage, unter welchen Bedingungen Frauen mit Kindern studieren, ist als Herausforderung an die Hochschule zu verstehen, ihre Struktur und ihr Selbstverständnis zu überdenken und auf die Lebenspraxis der Studierenden auszurichten.

Studierende mit Kindern sind eine relativ kleine, sozialpolitisch aber bedeutsame Gruppe innerhalb der Studierenden. Nach den Ergebnissen

---
15 vgl. Laermann, 1994
16 vgl. Großmann, 1989:155f

der 15. Sozialerhebung des Deutschen Studentenwerkes liegt der Anteil der Studierenden mit Kind bei ca. sieben Prozent. In den alten Bundesländern sind dies sieben, in den neuen sechs Prozent. Studierende mit Kindern finden sich häufiger unter Studentinnen als unter Studenten. 7,4% der Studentinnen haben Kinder und 6,5% der Studenten. In absoluten Zahlen sind dies etwa 58.000 studierende Mütter und 69.000 studierende Väter.

Im folgenden werden zunächst einige Charakteristika der Studierenden mit Kindern aufgeführt, dann die Betreuungssituation von Kindern Studierender beschrieben bzw. die Betreuungswünsche der studierenden Eltern erläutert, um dann die Auswirkungen auf das Studium zu verdeutlichen.

Einige Charakteristika der Studierenden mit Kindern
Die im folgenden aufgeführten Charakteristika beziehen sich auf Alter, Lebensform, Erwerbstätigkeit und Wohnsituation der studierenden Eltern bzw. auf das Alter und die Anzahl der Kinder.
Die zu beobachtende Pluralisierung der Haushalts- und Familienformen in unserer Gesellschaft spiegelt sich auch in der Gruppe der studierenden Mütter wider. Neben der auf einer Ehe beruhenden Gemeinschaft von Eltern und ihren Kindern sind nichteheliche Lebensgemeinschaften, Alleinerziehende, Getrenntlebende und Stieffamilien vertreten.

Die Zahl der Alleinerziehenden nimmt zu.
Während 1982 nur vier Prozent der Studierenden mit Kindern ohne Partner lebten, hat sich diese Zahl bis 1991 fast vervierfacht (14% der Studierenden mit Kindern). Diese Zahlen machen deutlich, daß diese Gruppe nicht länger als Minderheit oder Randgruppe im Hochschulbereich bezeichnet werden kann. Zählt man die verwitweten und geschiedenen Studierenden zur Gruppe der Alleinerziehenden hinzu, so ist heute mehr als jeder fünfte Studierende mit Kind alleinerziehend (22%), bei den studierenden Müttern fast jede dritte (28%). Umgekehrt ist nur noch die Hälfte der studierenden Mütter verheiratet (54% gegenüber 76% in 1982). Da der Anteil Studierender mit Kindern seit 1982 mit sechs bis acht Prozent konstant geblieben ist, haben die Veränderungen in den Partnerbeziehungen keinen Einfluß genommen auf den Wunsch und die Bereitschaft, Kinder zu haben.

Studierende Mütter, die in fester Partnerschaft leben, haben überwiegend Partner, die voll erwerbstätig sind.

Rund zwei Drittel der Partner der studierenden Mütter (62%), die in fester Partnerschaft leben (verheiratet, ledig mit fester Partnerschaft), sind voll erwerbstätig. Umgekehrt hat nur ein Fünftel (20%) der studierenden Väter eine Partnerin, die voll erwerbstätig ist. Dies deutet auch bei Studierenden auf die klassische Rollen- und Arbeitsteilung zwischen Männern und Frauen hin.

Abbildung 5:
Studierende in fester Partnerbeziehung nach Tätigkeit der Partnerin/des Partners, Geschlecht und Elternschaft[17]

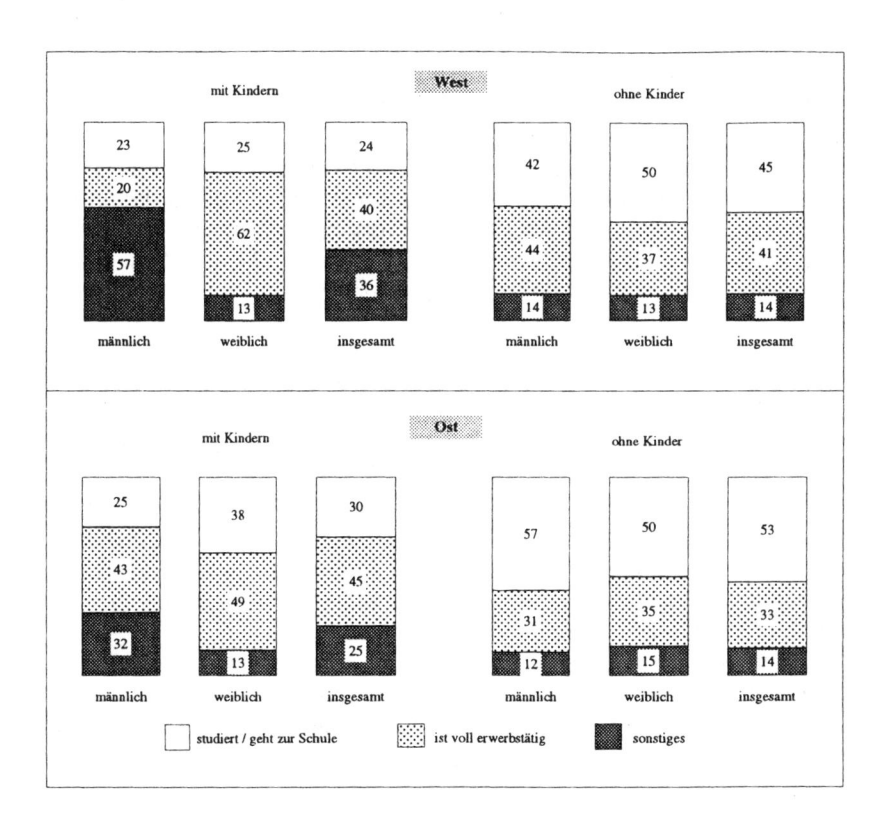

---

17 HIS/DSW: Sonderauswertung der 13. Sozialerhebung, 1993:12

Studierende mit Kindern sind älter.
Der Anteil der Studierenden mit Kindern nimmt mit steigendem Alter zu. Studierende mit Kindern sind überwiegend älter als 28 Jahre. Dies gilt insbesondere für studierende Mütter. Dies wird damit erklärt, daß von dieser Gruppe ein größerer Teil vorher berufstätig war (22% der studierenden Mütter) und viele zuvor im Haushalt tätig gewesen sind (6% der studierenden Mütter). Sie haben nach mehrjähriger Berufs- und Familientätigkeit ein Studium aufgenommen und streben danach eine höhere Qualifikation an. Dies bedingt ein höheres Alter bereits zu Beginn des Studiums.[18]

Studierende mit Kindern sind auf Wohnungen des privaten Wohnungsmarktes angewiesen.
Während von den Studierenden mit Kindern insgesamt 84% (Studentinnen: 87%) in einer Wohnung leben, sind es von den Studierenden ohne Kinder nur 32% (Studentinnen: 36%).
Es liegt auf der Hand, daß Studierende mit Kindern aus Sorge für das Kind auf Wohnungen des privaten Wohnungsmarktes angewiesen sind, zumal ein entsprechendes Angebot an Wohnheimen niedrig ist. Der monatliche Mietpreis von Studierenden mit Kindern (521,-- DM) liegt dementsprechend um vieles höher als bei Studierenden ohne Kind (340,-- DM).

Studierende mit Kindern wohnen vom Hochschulstandort deutlich weiter entfernt und sind mehr auf einen PKW angewiesen.
Studierende mit Kindern wohnen im Durchschnitt 21,8 km vom Hochschulort entfernt gegenüber 13,7 km bei Studierenden ohne Kind. Dies wird im Sonderbericht über die 13. Sozialerhebung damit erklärt, daß kindgerechte preiswerte Wohnungen mit Grünflächen und Stellplätzen in unmittelbarer Hochschulnähe weniger anzutreffen sind. Solche Wohnbedingungen befinden sich eher in Wohngebieten am Stadtrand bzw. außerhalb der urbanen Gebiete. Dies sind aber auch Gebiete, die mit öffentlichen Verkehrsmitteln weniger günstig erschlossen sind. Entsprechend sind Studierende mit Kindern wohnlagebedingt stärker auf die Benutzung des Pkws angewiesen (43% der Studierenden mit Kindern fahren mit dem PKW zur Hochschule gegenüber 31% der Studierenden ohne Kinder).

---

18 Zu berücksichtigen ist allerdings auch, daß das Heiratsalter stetig steigt und sich damit auch der Zeitpunkt des ersten Kindes verschiebt. Vgl. Bundesministerium für Familie, Senioren, Frauen und Jugend, 1998:84-87

Studierende Eltern haben in der Regel nur ein Kind im Kleinkindalter.
Die Mehrzahl der studierenden Eltern an deutschen Hochschulen hat Kinder im Krippenalter bis einschließlich zwei Jahren. Die Mehrzahl der an westdeutschen Hochschulen Studierenden mit Kindern hat nur ein Kind. Aber immerhin ein knappes Viertel muß Leben und Studium mit zwei Kindern organisieren. Demgegenüber hat an den ostdeutschen Hochschulen ein insgesamt sehr viel geringerer Prozentsatz der studierenden Eltern zwei oder mehr Kinder zu versorgen.

Betreuung von Kindern Studierender
Die Kinderbetreuung ist der wesentliche Faktor dafür, wie Kinder und Studium in Einklang gebracht werden können.
Grundsätzlich können im Hinblick auf die Art der Betreuung zwei unterschiedliche Modelle benannt werden:

- Betreuung im häuslichen Umfeld
- Betreuung in öffentlichen oder privat geförderten Einrichtungen

Die Inanspruchnahme dieser Modelle variiert dabei zwischen Ost- und Westdeutschland - sicher auch bedingt durch unterschiedliche gesellschaftspolitische Voraussetzungen - auffallend. Während in Westdeutschland das erste Modell vorherrscht, ist die institutionalisierte Kinderbetreuung in Ostdeutschland wesentlich stärker ausgeprägt.

Nach der 13. Sozialerhebung lassen zwei Drittel der Studierenden (64%) ihre Kinder individuell betreuen (Partner, Großmutter) bzw. betreuen sie selbst (9% der Studierenden mit Kindern - 15% der studierenden Mütter und 3% der studierenden Väter). Nur 19% der Studierenden haben ihre Kinder in einer Betreuungseinrichtung wie Krippe, Krabbelstube, Kindergarten oder Hort untergebracht (25% der studierenden Mütter). Während studierende Väter ihre Kinder vorwiegend (69%) durch ihre Ehefrau oder ihre Partnerin betreuen lassen, können studierende Mütter deutlich weniger (nur 13%) auf eine Betreuung durch ihren Ehemann oder ihren Partner zurückgreifen. Sie sind auf privat organisierte Betreuungsformen wie Betreuung:

- durch die Großmutter (17% der studierenden Mütter gegenüber 7% der studierenden Väter),
- durch Tagesmütter (13% gegenüber 4%) und
- durch privat organisierte Babygruppen (20% gegenüber 0%)

deutlich mehr angewiesen. Sie nehmen auch die institutionellen Betreuungseinrichtungen wie Krippen und Krabbelstuben (6% gegenüber 4%), Kindergärten (17% gegenüber 7%) und Kinderhorte (2% gegenüber 1%) in weitaus größerem Umfang in Anspruch.

Dies macht deutlich, daß studierende Mütter in der Regel ein höheres Maß an Betreuungsorganisation zu leisten haben. Sie wenden auch deutlich mehr Zeit für die Betreuung ihrer Kinder auf. Während von den studentischen Müttern werktags 60% über sieben Stunden täglich an Betreuungszeit aufbringen, sind es bei den studierenden Vätern lediglich elf Prozent. Die Hauptbetreuungslast wird also in den weitaus meisten Fällen von den Frauen getragen.

Dieser tatsächlichen Situation steht ein starker Wunsch nach Veränderung gegenüber: In Westdeutschland äußerten 34% der Studierenden mit Kindern ihre Unzufriedenheit über die jetzige Form der Betreuung (Ost: 19%).

Ein besonders kritisches Feld der Kinderbetreuung ist der Hochschulbereich selbst. Nur bei 7% (Ost: 14%) der Betreuungseinrichtungen der Kinder von Studierenden sind die Hochschule bzw. das Studentenwerk die Träger. Demgegenüber steht die Kommune mit 40% (Ost: 79%).

Dieser Tatsache entspricht eine andere: nur 6% (Ost: 21%) der Studierenden mit Kindern haben sich erfolgreich um einen Betreuungsplatz im Hochschulbereich bemüht, 14% (Ost: 3%) haben den Versuch unternommen und keinen Platz gefunden, 6% (Ost: 1%) stehen auf der Warteliste.

74% (Ost: 75%) geben an, eine andere Lösung - außerhalb der Hochschule - zu bevorzugen. Daraus kann jedoch nicht geschlossen werden, daß es einer möglichen Betreuung an den Hochschulen allgemein an Akzeptanz fehlte bzw. es keinen Handlungsbedarf gäbe. Es scheint sich eher um eine Form der Resignation zu handeln, denn 90% (Ost: 64%) aller Befragten wünschen sich eine Verbesserung des Betreuungsangebotes an den Hochschulen.

Der Wunsch nach einer anderen Betreuung wird in der 13. Sozialerhebung von 50% der studierenden Mütter und 36% der studierenden Väter geäußert.

Abbildung 6:
Studierende mit Kindern nach Zufriedenheit mit der derzeitigen und Wunsch nach einer anderen Betreuungsform und nach Geschlecht[19]

	West			Ost		
	männlich	weiblich	insgesamt	männlich	weiblich	insgesamt
Zufriedenheit:						
- eher zufrieden	71	61	66	84	77	81
- mittel	18	22	20	13	16	15
- eher unzufrieden	11	17	14	3	6	4
Wunsch nach anderer Betreuung	36	50	43	29	36	32

Aus diesen Ergebnissen der 13. Sozialerhebung läßt sich für die alten Bundesländer wie folgt ein ungedeckter Bedarf errechnen:
Von den studierenden Müttern (58.000) wünschen sich, wie oben bereits erwähnt, 50% eine andere als die derzeitige Form der Betreuung für ihre Kinder, von den studierenden Vätern (69.000) 36%. Dies ergibt - jeweils nur ein Kind bei den Studierenden mit Kindern unterstellt - eine Zahl von 53.840 Kindern (29.000 Kinder von Studentinnen und 24.840 Kinder von Studenten), für die eine andere Betreuung gewünscht wird. Von den Studierenden, die eine andere Betreuung wünschen, suchen 18% einen Platz in einer Tageseinrichtung für Kinder unter drei Jahren und 8% einen Platz in einem Kindergarten.[20] Dementsprechend ergibt sich eine ungedeckte Nachfrage von mindestens 9.691 Plätzen in Tageseinrichtungen für Kinder unter drei Jahren und mindestens 4.307 Plätzen in Kindergärten. Diese Schätzung liegt eher am unteren Rand des Bedarfs, da zur Vereinfachung davon ausgegangen wurde, daß studierende Väter bzw. studierende Mütter jeweils nur ein Kind unterzubringen wünschen. Geht man davon aus, daß für einen Platz in einer Krippe oder Krabbelstube bei Neubau 40.000,- DM[21] an Investitionsmitteln aufzubringen sind und für einen Platz in einem Kindergarten 20.000,-- DM[22], so ergibt sich zur Deckung des oben angegebenen Bedarfs von 13.998 Plätzen in Krippen, Krabbelstuben und Kindergärten ein Investitionsvolumen in Hö-

---

19 HIS/DSW: Sonderauswertung der 13. Sozialerhebung, 1993:24
20 Die anderen Studierenden mit Kindern, die eine andere Art der Betreuung wünschen, würden dies gern selbst übernehmen bzw. würden eine Betreuung durch Ehefrau/-mann bzw. Partner/in bevorzugen. Vgl. Kahle, 1993:25
21 Landesdurchschnittssätze in Nordrhein-Westfalen
22 dito

he von 387.640.000,-- DM für Krippen und Krabbelstuben, 86.140.000, -- DM für Kindergärten.

Auf der Grundlage der oben angegebenen Annahmen des ungedeckten Bedarfs[23] ergibt sich zur Deckung des Bedarf für die laufenden Betriebskosten eine Summe von 240.185.290, -- DM pro Jahr.[24] Diese Summe macht deutlich, daß es sich um einen Problemkomplex außerordentlichen finanziellen Ausmaßes handelt. Dies läßt sich nicht in kurzer Zeit bewältigen. Trotzdem sollte man sich der sozialen Verantwortung gegenüber Studierenden mit Kindern stellen und schrittweise versuchen - auch mit billigeren Zwischenlösungen (Anmietung von Räumen, Betreuung mit Selbstbeteiligung) – weiterzukommen, vor allem wenn man sich die Folgen für Studierende mit Kindern vor Augen führt. Schließlich drükken die oben angegebenen Zahlen auch Leistungen Studierender mit Kindern aus, die diese für die Gesellschaft erbringen.

Auswirkungen auf die Studierenden mit Kindern
Die in den vorhergehenden Abschnitten nur skizzenhaft aufgezeigten Spezifika von Studierenden mit Kindern und den Problemen der Betreuung ergeben, daß Studierende mit Kindern vielfältigen zusätzlichen Belastungen gegenüber Studierenden ohne Kinder ausgesetzt sind. Dies gilt, wie es auch die Betreuungssituation zum Ausdruck bringt, insbesondere für studierende Mütter.

Es sind insbesondere Auswirkungen im Hinblick auf höhere Ausgaben, vermehrte Erwerbstätigkeit sowie im Hinblick auf einen veränderten Studienverlauf festzustellen:

1. Höhere Ausgaben
Wie nicht anders zu erwarten, sind Studierende mit Kindern weitaus höheren finanziellen Belastungen ausgesetzt als ihre Kommilitonen und Kommilitoninnen.
Die 13. Sozialerhebung hat ermittelt, daß ein nicht verheirateter Studierender, der außerhalb des Elternhauses lebt und seinen ersten Studienabschluß anstrebt (als Normalstudent bezeichnet) mit Kindern durch-

---

23 Zum ungedeckten Bedarf: 9691 Plätze in Tageseinrichtungen für Kinder unter drei Jahren und 4.307 Plätze in Kindergärten mit durchschnittlichen Betriebskosten je Jahr von 6.850,-- DM pro Kindergartenplatz und 21.740,-- DM für einen Platz für Kinder unter drei Jahren. (Landesdurchschnittskosten 1993 in NRW)
24 Dieser Betrag errechnet sich aus 210.682.340,-- DM für Kinder unter drei Jahren und 29.502.950,-- DM für Kindergartenkinder.

schnittlich 250,-- DM mehr ausgibt als ein Normalstudierender ohne Kinder, wobei Studentinnen mit Kindern höhere Ausgaben von 315,-- angeben und Studenten mit Kindern höhere Ausgaben von 149,-- DM. Bei Verheirateten mit Kindern betragen die Mehrausgaben gegenüber Verheirateten ohne Kinder durchschnittlich 229,-- DM.[25] Diese erhöhten Ausgaben ergeben sich u.a. aus zusätzlichen Betreuungskosten[26] sowie Mehraufwendungen für Wohnung, Verkehr und Lebensunterhalt.

2. Mehr Erwerbsarbeit

Da diese zusätzlichen Belastungen nur zum Teil durch staatliche und private Unterstützungsleistungen aufgefangen werden, erstaunt es nicht, daß ein sehr großer Anteil der Studierenden mit Kindern einer Erwerbstätigkeit neben dem Studium nachgeht. Entsprechend dem klassischen Rollenverständnis - das sich auch unter Studierenden zeigt - sind 72% der Väter mit bzw. 82% der Väter ohne Partnerin erwerbstätig und sind 50% der Mütter mit bzw. 58% der Mütter ohne Partner erwerbstätig.

Studierende mit Kindern im Erststudium wenden nach der 13. Sozialerhebung durchschnittlich auch mehr Zeit für Erwerbstätigkeit auf als Studierende ohne Kinder: 8 Stunden/Woche gegenüber 6,6 Stunden/Woche bei Studierenden ohne Kinder. Hierbei fällt die hohe Quote Erwerbstätiger bei den Studenten mit Kindern gegenüber Studenten ohne Kinder ins Auge: 10,1 Stunden/Woche gegenüber 6,5 Stunden/Woche. Studentinnen mit Kindern sind zwar durchschnittlich in etwas geringerem Umfang erwerbstätig als Studentinnen ohne Kinder: 6 Stunden/Woche gegenüber 6,6 Stunden/Woche der Studentinnen ohne Kinder, weisen aber doch - trotz ihrer Betreuungslast durch ihre Kinder - ein ähnlich hohes Maß an Erwerbstätigkeit auf. Deutlicher kommt die Inanspruchnahme durch Erwerbstätigkeit zum Ausdruck bei Studierenden, die einer andauernden bzw. ständigen Erwerbstätigkeit neben dem Studium nachgehen. Hierbei weisen Studierende mit Kindern deutlich höhere Quoten auf als Studierende ohne Kinder. Von den Studierenden mit Kindern gehen 30% einer ständigen Erwerbsarbeit nach, gegenüber 17% der Studierenden ohne Kinder. Besonders hoch ist diese Quote bei studierenden Vätern: 37% gegenüber 17% der Studenten ohne Kinder. Aber auch studentische Mütter sind in größerem Ausmaß ständig erwerbstätig als Studentinnen ohne Kinder: 24% gegenüber 18% der Studentinnen ohne Kinder.

---

25 Der Mehrbedarf liegt bei verheirateten Studentinnen bei 255,-- DM und bei verheirateten Studenten bei 211,-- DM.

26 Im Westen liegen die zusätzlichen Betreuungskosten bei 82,-- DM und im Osten bei 70,-- DM.

Diese Relationen kommen für diese Gruppe auch im Umfang der Erwerbstätigkeit zum Ausdruck. Während Studierende mit Kindern (mit ständiger Erwerbstätigkeit) 15,4 Stunden/Woche Erwerbsarbeit leisten, sind es bei den vergleichbaren Studierenden ohne Kinder 12,2 Stunden/Woche. Auch hier ist festzustellen, daß vor allem Studenten mit Kindern in größerem Umfang Zeit für Erwerbsarbeit neben dem Studium aufwenden: 16,7 Stunden/Woche gegenüber 12,7 Stunden/Woche bei Studenten ohne Kinder. Aber auch ständig erwerbstätige Studentinnen mit Kindern wenden mit 13,8 Stunden/Woche mehr Zeit für die Erwerbstätigkeit auf als vergleichbare Studentinnen ohne Kinder (11,7 Stunden/Woche).

Auch die Motive für die Erwerbstätigkeit sind bei Studierenden mit Kindern bzw. bei kinderlosen Studierenden unterschiedlich. Während Studierende ohne Kinder einer Erwerbstätigkeit neben dem Studium in erster Linie deshalb nachgehen, um sich etwas leisten zu können, stehen demgegenüber bei erwerbstätigen Studierenden mit Kindern zwei Aspekte im Vordergrund: Häufiger als ihre kinderlosen Kommilitonen und Kommilitoninnen ist der eigene Verdienst zur Deckung der monatlich anfallenden Ausgaben unbedingt notwendig. Darüber hinaus gehen immerhin zwei Drittel der studierenden Eltern einer Erwerbstätigkeit nach, um andere (Partner/in, Kinder etc.) mitzufinanzieren.

3. Studienverlauf der Studierenden mit Kindern
Der Studienverlauf von Studierenden mit Kindern ist gekennzeichnet durch weniger Zeit für das Studium, häufigeren Studienwechsel und längere Studienunterbrechungen, veränderte Studienfachpräferenzen sowie häufigeres Erwägen eines Studienabbruchs.

Weniger Zeit für das Studium
Ein erstes Indiz für die Auswirkungen der zusätzlichen Belastungen und der daraus resultierenden Schwierigkeiten bei der Organisation des Studiums für studentische Eltern ist die Tatsache, daß 48% der ehemaligen BAföG-Empfänger/innen mit Kindern die Förderung verloren haben, weil sie die Förderungshöchstdauer überschritten haben, während dies nur bei 43% der Leistungsempfänger/innen ohne Kinder der Fall ist.

Die Belastungen durch Erwerbsarbeit, Haushalt und Kinderbetreuung führen zu Einschränkungen im Studium und damit zu Studienzeitverlängerungen. Die stärkere zeitliche Inanspruchnahme durch die Kinderbetreuung macht sich auch im Hinblick auf das Studienpensum bemerkbar.

So geben Studierende mit Kindern häufig an, ihren Lehrveranstaltungen sowie ihrem Selbststudium nicht in dem gewünschten Umfang nachgehen zu können.[27]

In der Gruppe der Teilzeitstudierenden mit geringer Erwerbsbelastung finden sich dreifach überrepräsentiert studierende Mütter (siehe Abb. 7). Bei diesen Teilzeitstudierenden tritt zu der Erwerbsbelastung die zeitliche Belastung durch die Kinderbetreuung. Das hauptsächlich durch den Kinderbetreuungsaufwand bedingte Teilzeitstudium ergibt sich weitgehend unabhängig vom Grad der finanziellen Absicherung.[28]

Aber auch innerhalb des regulären Studiums machen sich die Belastungen bemerkbar. Wie nicht anders zu erwarten, reduzieren sich notgedrungen die zeitlichen Ressourcen, die für die Durchführung der Studienbemühungen zur Verfügung stehen. Weit über die Hälfte der Studierenden mit Kindern geben an, "ihr Studium reduziert" zu haben, sowohl bei den Pflicht- als auch bei den Wahlpflicht- und sonstigen Veranstaltungen (siehe Abb. 8).

Bei zusätzlicher Betreuungsarbeit für Kinder und mehr Erwerbstätigkeit kann es nicht ausbleiben, daß die Zeit für Lehrveranstaltungen und Selbststudium bei Studierenden mit Kindern niedriger sein muß als bei Studierenden ohne Kinder. So wenden Studierende mit Kindern (17,3 Stunden/Woche) 2,5 Stunden weniger für Lehrveranstaltungen auf als Studierende ohne Kinder (19,8 Stunden/Woche). Hierbei ist der Zeitaufwand für Lehrveranstaltungen bei Studentinnen mit Kindern mit 16,6 Stunden/Woche um 3,1 Stunden deutlich niedriger als bei Studentinnen ohne Kinder mit 19,5 Stunden/Woche. Bei Studenten mit Kindern (18,2 Stunden/Woche) ist die Differenz zu Studenten ohne Kinder (19,9 Stunden/Woche) deutlich geringer. Ähnliche Differenzen ergeben sich für den Zeitaufwand zum Selbststudium. Studentinnen mit Kindern (14,8 Stunden/Woche) bringen gegenüber Studentinnen ohne Kinder (18,3 Stunden/Woche) 3,6 Stunden weniger Zeit auf und Studenten mit Kindern (17,7 Stunden/Woche) gegenüber Studenten ohne Kinder (18,4 Stunden/Woche) 0,7 Stunden weniger. Diese Relationen verdeutlichen, daß

---

27 HIS: Symposium zur Familienorientierung des Bildungssystems am 4.10.94 in Hannover, insb. Ergebnisse aus dem Forum 2.
28 vgl. 14. Sozialerhebung, 1995:145

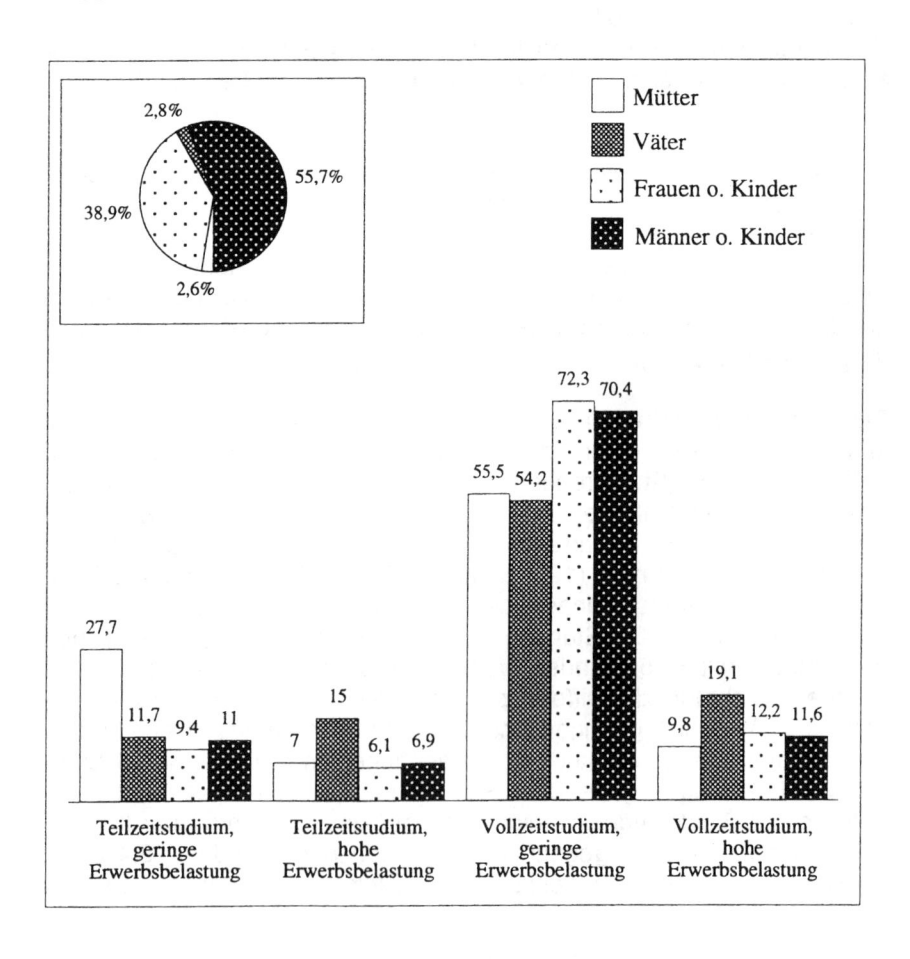

insbesondere Studentinnen mit Kindern weniger Zeit für Lehrveranstaltungen und Selbststudium aufbringen können. Dies deckt sich mit dem größeren Betreuungsaufwand durch ihre Kinder.

Abbildung 7:
Studien- und Erwerbstypen nach Geschlecht und Vorhandensein von Kindern[29]

Mütter
Väter
Frauen o. Kinder
Männer o. Kinder

Pie chart: 2,8%; 55,7%; 2,6%; 38,9%

Teilzeitstudium, geringe Erwerbsbelastung: 27,7; 11,7; 9,4; 11
Teilzeitstudium, hohe Erwerbsbelastung: 7; 15; 6,1; 6,9
Vollzeitstudium, geringe Erwerbsbelastung: 55,5; 54,2; 72,3; 70,4
Vollzeitstudium, hohe Erwerbsbelastung: 9,8; 19,1; 12,2; 11,6

---

29 DSW/HIS 14. Sozialerhebung, 1995:146

Abbildung 8:
Zeitliche Inanspruchnahme durch Lehrveranstaltungen, Selbststudium und Erwerbstätigkeit
Studierende im Erststudium in Stunden/Woche[30]

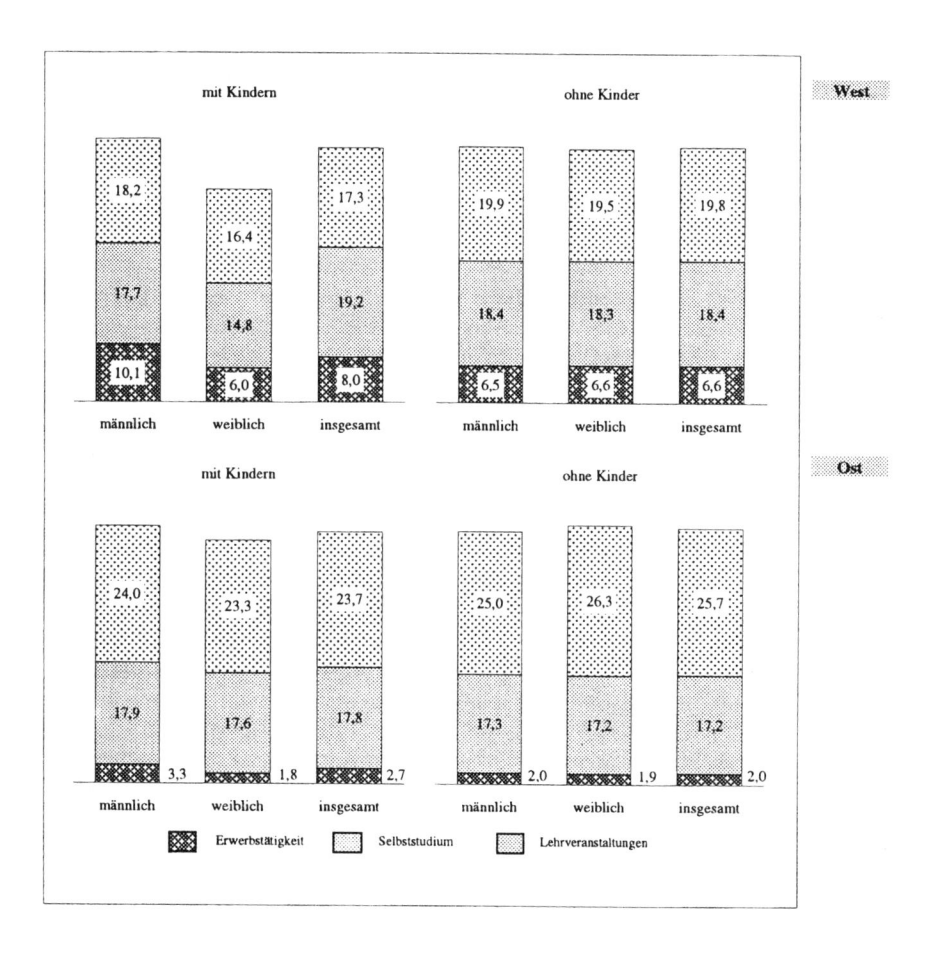

West	mit Kindern			ohne Kinder		
	männlich	weiblich	insgesamt	männlich	weiblich	insgesamt
Lehrveranstaltungen	18,2	16,4	17,3	19,9	19,5	19,8
Selbststudium	17,7	14,8	19,2	18,4	18,3	18,4
Erwerbstätigkeit	10,1	6,0	8,0	6,5	6,6	6,6

Ost	mit Kindern			ohne Kinder		
	männlich	weiblich	insgesamt	männlich	weiblich	insgesamt
Lehrveranstaltungen	24,0	23,3	23,7	25,0	26,3	25,7
Selbststudium	17,9	17,6	17,8	17,3	17,2	17,2
Erwerbstätigkeit	3,3	1,8	2,7	2,0	1,9	2,0

Studierende Mütter teilen mit hoher Disziplin ihre Zeit und Kraft auf Studium, Kindererziehung, Haushalt und häufig auch auf Erwerbstätigkeit auf. Angesichts dieser Mehrfachbelastung machen sie einschneidende

---

30 HIS/DSW: Sonderauswertung der 13. Sozialerhebung, 1993:82

Abstriche bei allen Aktivitäten, die nicht unmittelbar mit dem Fachstudium oder der eigenen Familie zu tun haben.[31]

Häufigerer Studienwechsel sowie häufigere und längere Studienunterbrechungen
Die 13. Sozialerhebung stellt fest, daß die Inanspruchnahme durch Kinder zu einem häufigeren Studienwechsel sowie zu häufigeren und längeren Studienunterbrechungen führt. So haben von den Studentinnen mit Kindern 29% das Studienfach gegenüber 22% der Studentinnen ohne Kind gewechselt und von den Studenten mit Kindern 23% gegenüber 17% der Studenten ohne Kinder.

Dabei ist zu berücksichtigen, daß Studierende mit Kindern sowieso schon weniger häufig Studienfächer mit straff organisiertem Studium aufnehmen, wie z.B. Ingenieurwissenschaften, Mathematik/Naturwissenschaften und Jura/Wirtschaftswissenschaften. Besonders kraß ist dies bei Studentinnen mit Kindern festzustellen. So studieren von den Studentinnen mit Kindern 5% Ingenieurwissenschaften gegenüber 8% der Studentinnen ohne Kind, 12% Mathematik/Naturwissenschaften gegenüber 19% der Studentinnen ohne Kind, 10% Jura/Wirtschaftswissenschaften gegenüber 20% der Studentinnen ohne Kind. Bei den Studenten sind diese Unterschiede geringer. So studieren von den Studenten mit Kindern 25% Ingenieurwissenschaften gegenüber 30% der Studenten ohne Kinder, 19% Mathematik/Naturwissenschaften gegenüber 23% der Studenten ohne Kinder, 16% Jura/Wirtschaftswissenschaften gegenüber 24% der Studenten ohne Kinder. Umgekehrt studieren Studierende mit Kindern häufiger Studienfächer, die mehr selbstbestimmten Freiraum lassen, und zwar Soziologie, Psychologie und Pädagogik sowie Sprach- und Kulturwissenschaften. Dies gilt insbesondere für studentische Mütter. Von den Studentinnen mit Kindern studieren 36% Soziologie, Psychologie, Pädagogik gegenüber 18% der Studentinnen ohne Kinder. Von den Studenten mit Kindern studieren 15% Soziologie, Psychologie, Pädagogik gegenüber 6% der Studenten ohne Kind, 15% Sprach- und Kulturwissenschaften gegenüber 10% der Studenten ohne Kind.

Auch im Hinblick auf Studienunterbrechungen zeigen sich Unterschiede zwischen Studierenden mit Kindern bzw. kinderlosen Studenten und Studentinnen. Von den Studentinnen mit Kind haben 34% das Studium

---

31 vgl. Bau-van der Straeten, 1990:20

unterbrochen gegenüber 7% der Studentinnen ohne Kinder und von den Studenten mit Kindern 18% gegenüber 8% der Studenten ohne Kinder. Studentinnen unterbrechen zwar ähnlich häufig wie Studenten ihr Studium, weil sie andere Erfahrungen sammeln möchten, aber ein häufigerer Grund für die Studienunterbrechung ist für sie eine Schwangerschaft bzw. die Erziehung der Kinder (19%). Aufgrund der Kindererziehung sehen sich hingegen nur 4% der Studenten genötigt, ihr Studium zeitweise zu unterbrechen.[32]

In den neuen Ländern ist eine zeitweilige Unterbrechung des Studiums bislang wenig üblich gewesen. Dementsprechend liegt der Anteil der Studienunterbrecher/innen an ostdeutschen Hochschulen niedriger als im Westen, wobei allerdings auch hier der entsprechende Anteil unter den Studenteneltern um ein Vielfaches höher liegt als unter den Studierenden ohne Kinder (18% vs. 2%).

Häufigeres Erwägen des Studienabbruches
Studierende mit Kindern haben auch häufiger einen Studienabbruch erwogen als Studierende ohne Kinder. So haben von den Studentinnen mit Kindern 30% einen Studienabbruch erwogen gegenüber 23% der Studentinnen ohne Kinder und von den Studenten mit Kindern 24% gegenüber 21% der Studenten ohne Kinder.
Leider liegen keine verläßlichen Zahlen zum Studienabbruch für Studierende mit Kindern vor.[33]

Dennoch bleibt zu betonen: Trotz all dieser Schwierigkeiten hat nur ein Viertel aller studierenden Eltern jemals einen Studienabbruch erwogen. Der weitaus größte Teil versucht, die Probleme organisatorisch zu überwinden, entweder durch eine Streckung des Studiums (35%) oder durch Schwerpunktsetzung und Konzentration auf das Wesentliche (40%).

Resümierend läßt sich feststellen, daß sich der Studienverlauf von Studierenden mit Kindern weniger gradlinig gestaltet als der ihrer kinderlosen Kommilitonen und Kommilitoninnen; dies gilt sowohl im Hinblick auf den Wechsel des Studiengangs als auch für einen erwogenen Studien-

---

32 vgl. 14. Sozialerhebung, 1995:92
33 Aussagen über definitiv erfolgte Studienabbrüche können nicht gemacht werden, da sich alle Erhebungen nur auf Studierende beziehen und die Studienabbrecher/innen somit aus dem Corpus verschwinden. Es ist allerdings davon auszugehen, daß insbesondere Studentinnen mit Kindern häufiger ihr Studium aufgeben.

abbruch sowie insbesondere für eine zeitweilige Unterbrechung des Studiums. Das Studium studierender Mütter ist dabei - zumindest in bezug auf einen möglichen Studienabbruch sowie -unterbrechungen - häufiger Friktionen unterworfen als das der Studenten mit Kindern (34% aller Studentinnen mit Kindern unterbrechen ihr Studium, während dies nur 18% der studentischen Väter tun).

Damit spiegelt sich an den Hochschulen ein traditionelles Rollenmuster wider, das den Studentinnen in stärkerem Maße die Verantwortlichkeit für die Erziehung der Kinder, den Studenten hingegen die "Ernährerrolle" zuweist; ein Muster, dessen Folgen sich als nachteilig für die Studentinnen erweisen.

Auch die Oldenburger Studien von Marion Göhler[34] kommen zu dem Ergebnis, daß die Situation der studierenden Mütter an der Universität durch hohen Streß und chronischen Zeitmangel gekennzeichnet ist. Die Mehrzahl der Mütter muß mit großem physischen und psychischen Aufwand die vielfältigen, komplexen und oft widersprüchlichen Anforderungen durch Familie, Haushalt und Studium bewältigen, um den "Spagat" zwischen "Küche und Hörsaal" zu schaffen.

Die Ergebnisse bisheriger Untersuchungen[35] über die Lage studierender Mütter an Universitäten und Fachhochschulen stellen übereinstimmend folgende Bereiche als belastend heraus:
- Kinderbetreuung
- finanzielle Situation
- Wohnsituation
- Studienorganisation
- Bestimmungen der Studien- und Prüfungsordnungen.

Die Untersuchung studierender Mütter an Freiburger Fachhochschulen für Sozialwesen[36] ließ weitere Schwerpunkte der Belastung erkennen, die durch unbefriedigende Regelungen in oben genannten Bereichen hervorgerufen werden:

- die Absolvierung von Praxissemestern
- die Integration der studierenden Eltern in die Studentenschaft
- die körperliche und seelische Gesundheit

---

34 vgl. Göhler, 1989
35 vgl. Kahle, 1993; Göhler/Scholz, 1989; Schön/Frankenberg/Tewes-Karimi, 1990; Keul, 1992; Panzacchi-Loimeier, 1991; Zipf, 1992
36 vgl. Löckenhoff, 1994

Fricke/Grauer[37] stellen bei der Gruppe studierender Mütter eine mangelhafte „Integration in den Wissenbetrieb" fest: 28,4% der Befragten geben an „nie", 52% „selten" Kontakt zu den hauptamtlich Lehrenden zu haben, lediglich eine Minderheit von 2,8% pflegt dauerhaften Kontakt, 16,8% bestätigen, manchmal in Austausch mit den Professoren und Professorinnen zu stehen.

Es ist davon auszugehen, daß bisher nur ein Teil der Familienfrauen, die von ihren Fähigkeiten her zu einem Studium in der Lage wären, tatsächlich auch ein Hochschulstudium aufnimmt.

Anders war die Situation in der ehemaligen DDR.

EXKURS:

Rahmenbedingungen für Studierende mit Kindern in der ehemaligen DDR

In den achtziger Jahren war die Studienzeit in Ostdeutschland zunehmend auch die Zeit der Eheschließung und Familiengründung. Günstige Bedingungen in Internaten, ausreichende Krippenplätze und sehr viel gegenseitige Hilfe in den Seminargruppen, die jetzt abgeschafft wurden, unterstützten das.[38]
Viele Studentinnen wollten auf diese Weise spätere Unterbrechungen der Berufstätigkeit vermeiden. Nach Ergebnissen der Studentenforschung heirateten während der achtziger Jahre im Verlauf des Studiums ca. 45 Prozent der Studentinnen, und jede Dritte wurde in diesem Bildungszeitraum Mutter - unterschiedlich nach Fachrichtungen. Während in Westdeutschland im Durchschnitt über 35% der Studienabbrecherinnen Mütter sind, war im Osten Deutschlands nur jede zwölfte Exmatrikulation eine Folge der Unvereinbarkeit von Studium und Kind.[39] Das Studium galt als der vorteilhafteste Zeitraum für eine Heirat und die Realisierung eines Kinderwunsches. Die Gründe für diese frühe Familiengründung lagen nicht nur in den bereits erwähnten günstigen institutio-

---

37 vgl. Fricke/Grauer, 1994:89
38 Dabei darf nicht vergessen werden, daß dies natürlich nur für diejenigen galt, die überhaupt studieren durften.
39 Bathke, 1991:91

nellen Rahmenbedingungen der Kinderbetreuung, sondern auch in der hohen gesellschaftlichen Akzeptanz dieses Verhaltens.

Vor diesem Hintergrund lassen sich folgende Thesen zum Thema „Kinderbetreuung und Hochschule in der ehemaligen DDR" aufführen:[40]

1.
Die Problematik „Studium und Kind" muß im Kontext der gesamten gesellschaftlichen Entwicklung gesehen werden. In diesem Zusammenhang wurden in der DDR sowohl die Geburtenförderung als auch der Studienabschluß möglichst ohne Studienunterbrechung als einheitlich zu förderndes gesellschaftliches Ziel und Anliegen angestrebt.

2.
Auf diese Weise wurde im Laufe der 70er und der 80er Jahre das Studium für einen Teil der Studentenschaft regelrecht zu einer Phase der Eheschließung und der Familiengründung. Mitte der 80er Jahre hatten am Ende des Studiums 43% der männlichen und 33% der weiblichen Studierenden schon Kinder. Rund die Hälfte der Studierenden war bei Abschluß des Studiums verheiratet.

3.
Möglich war diese hohe Kinderquote unter Studierenden durch eine Reihe von Fördermaßnahmen: durch Bevorzugung bei der Unterbringung am Studienort; durch finanzielle Absicherung; durch das Bestehen von Kinderbetreuungseinrichtungen; durch die Förderung von seiten der Hochschullehrer/innen - z.B. in Form von Sonderstudienplänen - sowie durch die Hilfe innerhalb der Seminargruppen.

4.
Ein weiterer wichtiger Aspekt, der die Entscheidung für ein Kind während des Studiums erleichtert haben dürfte, war der gesicherte Arbeitsplatz nach dem Examen.

5.
Am Beispiel der DDR wird deutlich, daß die Vereinbarkeit von Studium und Familie/Kind nur mit einem großen Komplex von Maßnahmen wirklich gewährleistet werden kann. Die Möglichkeit der Vereinbarkeit ist immer verbunden mit der gesamten familiären Situation in der Gesellschaft.

---

40 Heublein, 1994

Die Bedingungen für eine akademische Bildung für Frauen mit Kindern in den neuen Ländern hat eine für die Betroffenen problematische Entwicklung genommen. Die ehemaligen Vergünstigungen bzw. besonderen Förderungsmöglichkeiten für Studentinnen mit Kindern zur Vereinbarkeit von Bildungs- und Familienaufgaben sind weggefallen. Heute ist ein Studium mit Kind kaum noch möglich, weil die nötigen Rahmenbedingungen dazu fehlen.[41]

Allerdings sind Auswirkungen des DDR-Systems bis heute feststellbar:

So zeigt die 13. Sozialerhebung, daß fast die Hälfte der Studierenden mit Kindern (47%) in den neuen Bundesländern in einem Wohnheim lebt. In der ehemaligen DDR ist dies die übliche Wohnform für Studierende mit Kindern gewesen.

Das Durchschnittsalter der Studierenden in den neuen Bundesländer hat sich, wie die 14. Sozialerhebung zeigt, erhöht. Vor diesem Hintergrund ist der dennoch sinkende Anteil der Verheirateten bemerkenswert und scheint ein Hinweis auf eine Umorientierung der Studierenden in den neuen Ländern in bezug auf ihre Lebensentwürfe zu sein. Hierzu beigetragen haben wohl hauptsächlich die veränderten äußeren Bedingungen eines Hochschulstudiums in den neuen Ländern.
Das Heiratsalter ist in den neuen Ländern auch 1994 noch auffallend niedriger als in den alten Ländern. Fast ein Fünftel der verheirateten Studierenden in den neuen Ländern ist jünger als 23 Jahre. In den alten Ländern sind nur fünf Prozent der Verheirateten so jung. Hier ist die Mehrheit der Verheirateten älter als 28 Jahre.

Zum Abschluß dieses Unterkapitels ist pointiert festzustellen, daß die Ausführungen zu den Studienbedingungen und -vorstellungen von studierenden Eltern unterstreichen, daß Studium und Familie bzw. Familie und Studium zwei an sich widersprechende Lebenskonzepte darstellen:[42]

1.
Normative Erwartungen an Jugendlichkeit, soziale Kompetenz u.a.m., formale Regulierungen wie beispielsweise Altersgrenzen und konkrete Widersprüchlichkeiten in den Anforderungsprofilen bedingen, daß Fami-

---
41 vgl. Bertram, 1993
42 vgl. auch Metz-Göckel, 1994

lie und Studium zwei strukturell widersprüchliche Lebensbereiche für beide Geschlechter geworden sind.

2.
Lebenskonzepte sind maßgeblich an die Struktur der geschlechtlichen Arbeitsteilung gebunden. Allerdings gibt es im Zuge der Modernisierung vielfältige Ausdifferenzierungen und Angleichungen zwischen den Geschlechtern und ihren Lebenskonzepten und Familienformen.

3.
Die Phasenfolge erst Studium dann Familie - eine der gesellschaftlichen Vorgaben unserer westdeutschen Kultur - bedeutet eine massive Begrenzung der beruflichen Entfaltungsmöglichkeiten von Frauen. Dennoch gab es auch, wie das Beispiel DDR zeigte, andere Varianten.

4.
Studiengänge, die das Familienleben begleiten, gibt es zwar vereinzelt, doch sind sie in aller Regel eher als Kontakt- und Weiterbildungsstudium anerkannt.

Im nächsten Abschnitt werden eine Reihe von Maßnahmen benannt, mit denen heute auf die allgemeine Studiensituation bzw. auf die Situation von Studierenden mit Kindern reagiert wird. Es wird dann die Frage gestellt, welche Reaktionen notwendig wären. In diesem Zusammenhang wird auch das Modell der Studienbegleitung aus dem Modellprojekt zur Ausbildung von Frauen zur Diplomsozialarbeiterin neben der Familientätigkeit aufgeführt.

2.3. Wie wird auf diese Entwicklung reagiert bzw. wie wäre zu reagieren?

Im Juni 1998 ist vom Bundestag ein neues Hochschulrahmengesetz (HRG) verabschiedet worden, das im August 1998 vom Bundespräsidenten unterzeichnet wurde. Danach sollen die Hochschulen nicht mehr pauschal, sondern stärker nach ihren Leistungen in Forschung und Lehre finanziert, die Regelstudienzeiten verkürzt, in allen Studiengängen Zwischenprüfungen eingeführt, neue Abschlüsse[43] installiert und die

---

43 Bachelor und Master

Nachteile für Wissenschaftlerinnen beseitigt werden. Trotz solcher richtiger Punkte ist die Reform umstritten. Viele Studierende sehen sie als "technokratisch" an, das heißt, die Frage der Studieninhalte wird genauso ausgeklammert wie die nach der Lebens- und Arbeitssituation der Studierenden und die Frage danach, warum so viele so lange studieren und nebenbei arbeiten (müssen). Die Mängel verwundern nicht, sind die Studierenden und ihre Verbände in die Beratung zum neuen HRG doch kaum einbezogen worden.

Zahlreiche Maßnahmen wie Eingangsprüfungen, stramme Regelstudienzeiten, Credit-Point-System, Master Degree, Freischuß-Regelung, Leistungskontrollen, Studiengebühren sind in vielen Ländergesetzen schon vorgesehen und werden bereits praktiziert - leider ohne den gewünschten Erfolg. Die meisten Vorschläge zielen lediglich auf eine verkürzte Studienzeit. Kurze Studienzeiten sind aber kein Wert an sich. Sicherlich sind die Hochschulen im Hinblick auf den sorgsamen Umgang mit der Lebenszeit der Studierenden und den von den steuerzahlenden Bürgern und Bürgerinnen zur Verfügung gestellten Mitteln gehalten, ihr Leistungsangebot in der Lehre so zu gestalten, daß das Studium in der Regelstudienzeit tatsächlich studierbar ist. Aber die Gründe für die langen Studienzeiten sind sehr unterschiedlich. Die heutigen Studienberechtigten sind in ihrer Vorbildung deutlich heterogener als die Studienanfänger der 70er Jahre. Für viele Studenten und Studentinnen ist ihr Studium nicht mehr nur eine Übergangsphase, sondern ein Lebensabschnitt, der neben der Ausbildung erste Berufserfahrung und nicht selten auch Familie umfaßt. Die derzeitigen Reformanstrengungen aber verhalten sich zu dieser Lebensgestaltung antizyklisch, wenn sie die Studienzeiten streng kontrollieren wollen. Dem gewandelten Lebensmodell muß Rechnung getragen und eine freiere Studiengestaltung ermöglicht werden. Hier soll keineswegs für längere Studienzeiten plädiert werden. Regelstudienzeiten und gestraffte Studiengänge sind durchaus sinnvoll, v.a. für bestimmte studentische Zielgruppen. Es geht vielmehr darum, durch „geschmeidige" Regeln zwar das Regelstudium vorzugeben, nicht aber die Lebenszeit zu diktieren, in der es absolviert werden muß.

Die unbefriedigende Studiensituation, insbesondere auch das stetige Anwachsen der Studiendauer, hat viele Ursachen, die in den allgemeinen sozialen und kulturellen Verhältnissen bzw. Rahmenbedingungen des Studiums zu suchen sind, aber auch in der Situation der Hochschulen und ihrer Organisation des Studiums.

Es wurden einzelne Programme entwickelt, wie beispielsweise der „Uni-Kompaß", die an verschiedenen Hochschulen durchgeführt werden, um die Studiensituation zu verbessern. Ziele der Programme sind:

- die Verbesserung der Orientierung der Studienanfänger/innen im Sinne wachsender Selbständigkeit,
- die Integration der Studienanfänger/innen in die Hochschule sowohl in fachlicher als auch in sozialer Hinsicht,
- eine höhere Effektivität des Studienbeginns, zum einen im Sinne einer frühzeitigen Überprüfung der Studienmotivation und Studienfachentscheidung, zum anderen im Interesse einer Studienzeitverkürzung,
- Synergieeffekte durch Bündelung und Abstimmung bereits existierender Informations-, Orientierungs- und Beratungsangebote.

Um diese Ziele zu erreichen und die Wirksamkeit der Einzelprogramme zu ergänzen und zu fördern, fehlt allerdings eine Gesamtkonzeption, die die Reformbemühungen integriert und eine personelle und strukturelle Verankerung beinhaltet.

Was bedeutet dies nun im Hinblick auf die besondere Situation von Studierenden mit Kindern?

Die Hochschule ist als akademische Ausbildungsstätte in ihrer Struktur und in ihrem Selbstverständnis auf den „Normalstudenten"/die „Normalstudentin" ausgerichtet, der/die neben den Studienverpflichtungen keine weiteren sozialen, familiären oder gesellschaftlichen Aufgaben hat (oder haben sollte). Diese „Normalstudierenden" aber sind - mit zunehmender Tendenz - eine Fiktion. Viele müssen oder wollen neben ihrem Studium anderen Verpflichtungen nachkommen (z.B. durch Job ihre materielle Existenz sichern, vergl. Kapitel 2.1.), und die Studentin mit Kind ist (nur) ein besonders krasses Beispiel für solche Abweichungen vom „Normalstudierenden".
Die Hochschulen sollten die Fiktion der „Normalstudierenden", die Anfang 20 sind und sich voll dem Studium widmen können, aufgeben und für die unterschiedlichen Gruppen Studierender differenzierte Angebote entwickeln.
In einem Staat, der in seinem Grundgesetz Wertentscheidungen für die Familie trifft, muß es für Frauen und Männer möglich sein, sich auf ein Leben mit Kindern einzulassen, ohne dadurch mit einem Verzicht der beruflichen Arbeit, Qualifizierung oder persönlichen Entwicklung "bestraft"

zu werden. Während des Studiums Kinder zu haben, sollte schließlich genauso möglich sein wie unter anderen Lebensumständen.

Die Hochschulen müßten stärker als bislang begreifen, daß sie selbst einen größeren Beitrag leisten könnten und als öffentliche Institutionen auch leisten sollten, um Frauen beim Ausstieg aus der "Normalbiographie" zu helfen und um damit den traditionellen Gegensatz zwischen Familie, Ausbildung und Beruf aufzuweichen. Es ist nicht akzeptabel, daß für Frauen mit hoher schulischer Qualifikation der Wunsch, Studium und Familie miteinander zu verbinden, nur eine theoretische Option bleiben soll, der an den praktischen Hindernissen und an den Restriktionen des normativen Umfeldes zu scheitern droht.
Bildungspolitik und Hochschulen sind aufgefordert, über Verbesserungen der Studiensituation ernsthaft nachzudenken und ihrer besonderen Verpflichtung gegenüber dieser noch weitgehend vergessenen Personengruppe nachzukommen.

Hochschulen müssen sich zunehmend auf ältere Jahrgänge einstellen und zunehmend berufs- und tätigkeitsbegleitende Studiengänge anbieten. Im Hochschulbereich hat es zwar immer wieder ältere Studierende oder Mütter mit Kindern gegeben, "aber sie werden unter der Rubrik Alter oder Familienstand oder persönliche Verhältnisse weder hochschuldidaktisch noch studienorganisatorisch oder gar inhaltlich besonders berücksichtigt"[44]. Die Offenheit der Hochschule für Veränderungen der Lebenssituation der Studierenden durch Berücksichtigung familiärer und beruflicher Gebundenheiten bei der Studiengestaltung erfordert studienorganisatorisches wie curriculares Umdenken. "Das verbal-kognitiv ausgelegte System nimmt auf sozial-personale oder psycho-physische Merkmale als solche kaum Rücksicht."[45]

Die Ausführungen unter Punkt 2.2 zeigen, daß Studierende mit Kindern vielfältigen Benachteiligungen ausgesetzt und gegenüber Studierenden ohne Kinder zeitlich außerordentlich beansprucht sind. Wie aufgezeigt, trifft dies insbesondere für studierende Mütter zu. Da Studierende mit Kindern keine homogene Gruppe sind, müssen unterschiedliche Ansätze und Lösungen gefunden werden, dieser Gruppe zu helfen, um Studium und Kinder miteinander in Einklang zu bringen.

---

44 Mannzmann, 1994:1
45 Ebd.

Das Deutsche Studentenwerk und die Hochschulrektorenkonferenz haben Hochschulen und Länder wiederholt aufgefordert, alle Maßnahmen zu ergreifen, die Studierenden mit Kindern ein Studium ermöglichen bzw. erleichtern. Auch beim Fachsymposium zum Modellstudiengang zur "Ausbildung von Frauen zur Diplom-Sozialarbeiterin neben der Familientätigkeit"[46] sowie beim Symposium zur Familienorientierung des Bildungssystems[47] wurden viele Vorschläge gemacht, die hier gekürzt und systematisiert wiedergegeben werden. Die Mehrzahl dieser Verbesserungsvorschläge zielt auf die Betreuung kleinerer Kinder innerhalb und außerhalb der Hochschule. Ein weiterer Forderungskatalog zielt zum einen auf eine stärkere Berücksichtigung der Bedürfnisse studentischer Eltern in der Studienorganisation und zum anderen auf Veränderungen der Studien- und Prüfungsordnungen. Ein vierter wichtiger Bereich in den Veränderungsvorschlägen betrifft die notwendige Verbesserung der finanziellen Situation Studierender mit Kindern. Im fünften geht es um die verbesserte Wohnsituation und im sechsten Forderungsbereich schließlich um eine Optimierung der Beratung und Begleitung von Studierenden mit Kindern. Zu den geforderten familienfreundlichen und bedürfnisorientierten Maßnahmen gehören im einzelnen:

1.
Verbesserung der Kinderbetreuungsmöglichkeiten durch:

- den bedarfsgerechten Ausbau von Kindertagesstätten (hochschulnah, flexible Öffnungszeiten, ganztägige Betreuung, Schwerpunkt im Krippenbereich, große Mitsprachemöglichkeiten der Eltern, Einrichtung von bedarfsorientierten Spiel- bzw. Betreuungsangeboten); diese Kindertagestätten könnten institutionell an die Hochschulen oder die Studentenwerke angebunden werden;
- die Einrichtung von Still- und Wickelräumen sowie Aufenthaltsräumen für Kinder und studierende Eltern in den Gebäuden der Hochschulen und Studentenwerke;
- eine stärkere Unterstützung von Elterninitiativen;
- die stärkere finanzielle Unterstützung zur Deckung der Kosten für die Kinderbetreuung;
- die Durchführung von Modellprojekten zur Errichtung von kinder- und studiengerechten Betreuungseinrichtungen.

---

46 Fachsymposium „Studieren mit Kindern" am 27.5.1994 in Köln
47 Symposium: Familienorientierung des Bildungssystems am 4.10.1994 in Hannover

Die Verbesserung und der Ausbau der Betreuungsmöglichkeiten für Kinder müssen einhergehen mit der Erhöhung der Akzeptanz von familienergänzender Betreuung.

2.
Stärkere Berücksichtigung der Bedürfnisse studentischer Eltern in der Studienorganisation durch:

- die weitestgehende Verlegung der Pflichtveranstaltungen in den Vormittag;
- Flexibilität bei der zeitlichen Gestaltung von Praxisphasen, z.B. Angebot von Halbtagspraktika;
- Vorgabe eines für Studierende realisierbaren, flexiblen Zeitmanagements zwecks Vereinbarkeit ihrer Ehe-, Familien- und Studienverpflichtungen in Theorie und Praxis;[48]
- Angebote von Kompakt- bzw. Teilzeitstudiengängen;
- Wiedereinstiegshilfen ins Studium nach einer Babypause;
- eine weitestgehende Synchronisierung der Ferienanfangszeiten mit den Semesterferien;
- flexible Öffnungszeiten aller Universitätseinrichtungen.

3.
Verbesserung der Studien- und Prüfungsordnungen durch:

- die Gewährleistung terminlicher Flexibilität in den Prüfungsordnungen;

---

[48] So gewährt das Land Baden-Württemberg der katholischen Fachhochschule Freiburg die Möglichkeit zu erproben, wie das Fachhochschulstudium für studierende Elternteile, entsprechend ihrer familiären Belastung, gestreckt werden kann. Seit dem Wintersemester 1997/98 können Studentinnen, die schwanger sind, oder Studierende, denen die Erziehung ihrer Kinder im Alter von bis zu zwölf Jahren obliegt, das neue Angebot wahrnehmen. Auf Antrag können sie Lehrveranstaltungen sowie Studien- und Prüfungsleistungen zweier aufeinander folgender Studiensemester auf vier aufeinander folgende Studiensemester verteilen. Dieses gestreckte Vollzeitstudium ist ein Novum in der Fachhochschullandschaft. Es soll vor allem studierenden Müttern in den Studiengängen des Sozialwesens entgegenkommen. Erfahrungen mit diesem Modell sind abzuwarten. Die Studentinnen in den Kompakt-Studiengängen an der KHF NW sprechen sich demgegenüber mehrheitlich für einen straffen Studiengang aus, um in möglichst kurzer Studienzeit zu einem qualifizierten Abschluß zu kommen. Letztere Einstellung zeigt sich auch im Verhalten von Studierenden, die vor Studienbeginn eine Berufsausbildung abgeschlossen haben.

- die Gewährleistung von Fristen des Mutterschutzgesetzes bei der Unterbrechung von Prüfungsverfahren auf Antrag der Betroffenen;
- die Gewährung einer ausreichenden Zahl von Urlaubssemestern wegen Geburt und Kinderbetreuung.[49]

4.
Verbesserung der finanziellen Absicherung studentischer Eltern, insbesondere alleinerziehender Studierender und studentischer Paare durch:

- eine flexiblere Regelung für die Verlängerung der Förderungshöchstdauer nach dem BAföG wegen Schwangerschaft und der Erziehung von Kleinkindern (Verlängerung der Regelstudienzeit);
- Absicherung des durch die Kinder entstehenden finanziellen Mehrbedarfs;
- finanzielle Absicherung studentischer Eltern in Urlaubssemestern;
- Gewährung von Sozialdarlehen durch die Hochschule.

5.
Verbesserung der Wohnsituation von Studierenden mit Kindern durch:

- ihre besondere Berücksichtigung beim Wohnheimneubau und bei der Wohnheimmodernisierung;
- die bevorzugte Berücksichtigung bei der Vergabe von Sozialwohnungen.

6.
Verbesserung der Beratung von Studierenden mit Kindern durch:

- die flächendeckende Einrichtung bzw. den Ausbau und die Optimierung von (Sozial-)Beratungsstellen bei allen Studentenwerken;
- die Vereinfachung von Antragsverfahren für Sozialleistungen bei verschiedenen Behörden (z.B. über die Sozialberatungsstellen);
- das Sich-Vertrautmachen mit den besonderen Problemen von studierenden Eltern in den Studienberatungsstellen;
- Verbesserung des Verständnisses der Probleme Studierender mit Kindern: stärkere Sensibilisierung für die Alltagsprobleme der Mütter und Väter bei allen Gruppen in der Hochschule.

---

49 Einheitliche Regelungen sind in den Immatrikulationsordnungen zu treffen.

Im Modellprojekt zur "Ausbildung von Frauen zur Diplom-Sozialarbei neben der Familientätigkeit" wurden weitere Möglichkeiten erprobt, Frauen mit Kindern ein Studium erleichtern. Neben der Studienorganisation mit den Elementen der Präsenzphasen, der regionalen Studiengruppen, dem Eigenstudium und der begleiteten Praxisphasen schaffte die homogene Gruppenzusammensetzung (Frauen mit Kindern zwischen 30 und 45 Jahren) gute Voraussetzungen zur persönlichen Stabilisierung und zu gegenseitiger Unterstützung. Diese stützende Funktion zeigte sich auch im fachlichen Bereich. Anders als häufig im Regelstudium verlief Lernen hier als Gruppenprozeß nicht nur themen- bzw. veranstaltungsbegrenzt und allein abhängig von der persönlichen Initiative der Studierenden; Lernen geschah vielmehr durch die geplante Studienorganisation installiert, im "mitnehmenden" und anregenden, über die engeren Lernbelange hinaus stützenden Medium eines über die gesamte Studienzeit reichenden Gruppenbezuges. Isolation und Allein-gelassen-Sein im Studium - keine seltenen Phänomene im heutigen Hochschulalltag - sind in diesem Studium kaum denkbar. Mit anderen Worten: Die das Frauenstudium kennzeichnende Befähigung zur Bedürfnisreflexion und Lernbedarfsartikulation wurde durch die institutionalisierte regelmäßige Reflexion des gemeinsamen Lernprozesses wie vor allem durch den stabilen Kontext eines kooperativen, gruppenmotivierten und -kontrollierten Lernens wesentlich bedingt und gefördert. Die Lerngruppen ermöglichten eine Vernetzung der Kompetenzen der Studentinnen, sie dienten aber auch der Behebung von individuellen Lernschwächen und Lücken. Die Entwicklung von stützenden Gruppenstrukturen und ebenso kontinuierlichen Auswertungs- und Mitgestaltungsmöglichkeiten hatte ohne Zweifel einen Aktivierungs- und Solidarisierungseffekt und ermutigte zur Artikulation und Durchsetzung des Eigeninteresses an Inhalt und Qualität der Ausbildung. Auch in privaten Problemsituationen gab es individuelle Hilfestellung und Beratung.[50]

Produktivität und Studienmotivation im Modellprojekt wurden daneben vor allem auch durch die intensivierte Studienbegleitung erhöht. Eine sozialpädagogische Betreuung und kontinuierliche Studienbegleitung wurde während des gesamten Studienverlauf durch eine Fachkraft gewährleistet, die mitverantwortlich war für:

- die Förderung informeller und den Ausbau formeller Unterstützungssysteme für die studierenden Familienfrauen;

---

50 vgl. Krause/Genenger-Stricker, 1994:27

- die Förderung von Lerngruppen (s.o.) bzw. Schaffung von Rahmenbedingungen zur Erprobung selbstorganisierter Kooperationsorte und -formen;
- Bereitstellung von Studienangeboten, die im selbstevaluativen und kritisch-reflektiven Sinne genutzt werden können;
- die Unterstützung des Lernprozesses sowohl organisatorisch durch die genannten Lerngruppenbildungen, aber auch inhaltlich durch verschiedene Formen des Erfahrungsaustausches (Reflexionsphasen, Supervision, Beratungsgespräche);
- die Förderung des Erwerbs von Schlüsselqualifikationen;
- die Schaffung von Möglichkeiten zur Partizipation an der Durchführung und Weiterentwicklung des Studiengangs durch die Studierenden;
- die Förderung des Kontaktes zwischen Studierenden und Lehrenden mit dem Ziel einer Integration in den Hochschulbetrieb;
- einen intensiven Austausch mit den Lehrenden zur Fortentwicklung des Studiengangs;
- die Förderung des Prozesses der Identitätsfindung[51] und Rollenübernahme an der Hochschule;
- die Einbeziehung kreativer Lehr-/Lernformen, in denen biographische Selbstreflexion und Perspektiverweiterung gefördert werden,
- sowie die Berücksichtigung frauenspezifischer Themen.[52]

---

51 Der vom Individuum beeinflußbare Anteil an der Identitätsfindung wird unter anderem von Erikson im Rahmen der Gewichtung des Identitätsbegriffes in der psychoanalytischen Ich-Theorie wie folgt angedeutet: „Der Begriff ‚Identität' drückt (also) insofern eine wechselseitige Beziehung aus, als er sowohl ein dauerndes inneres Sich-selbst-gleich-sein wie ein dauerndes Teilhaben an bestimmten gruppenspezifischen Charakterzügen umfaßt". (Erikson, 1970:124) Die Identitätsfindung, die Erikson weitgehend als eine individuelle Ich-Leistung verstanden wissen will, und zwar phasenspezifisch, hat in sozialpsychologischer und soziologischer Perspektive noch eine wesentliche Dimension, die insbesondere von Gofman, Strauss und Winch herausgearbeitet wurde: Die Dimension des sozialen Kontextes, das heißt, der in diesen Kontexten geltenden Perspektiven, mit Hilfe derer Menschen identifiziert und klassifiziert werden, und die eine entscheidende Bezugsbasis für das Selbstverständnis von Individuen darstellen. Unter Berücksichtigung dieser Dimension ist die Frage der Identitätsfindung nicht nur im Bezugsrahmen des Individuums zu diskutieren, und Identitätsprobleme sind nicht nur mit Hilfe personenbezogener pädagogischer oder individual-psychologischer Techniken zu lösen, sondern die Gestaltung des sozialen Kontextes und der geltenden Perspektiven – hier der Hochschule und der zukünftigen Berufspraxis – wird von wesentlicher Bedeutung sein.

52 vgl. Bock/Genenger-Stricker, 1994:36

Während in den 70er Jahren die damals breit diskutierten gesellschafts- und bildungspolitischen Reformziele in erster Linie mit den Begriffen "Aktivierung der Bildungsreserven" und "Chancengleichheit" gekennzeichnet waren, werden die Ziele in der Bildungspolitik heutzutage anders akzentuiert: Es geht vor allem, so scheint es, um die Durchsetzung der Studienstrukturreform im Sinne der Verkürzung von Studienzeiten und um die Erhöhung der Studienerfolgsquoten. Beides wird in erster Linie durch die Verringerung des Studienfachwechsels und des Studienabbruchs sowie durch die Beschleunigung des Studiums zu erreichen versucht. Dagegen ist grundsätzlich nichts einzuwenden, wenn darüber nicht der Aspekt der Chancengleichheit vergessen wird, das heißt: die Berücksichtigung des besonderen Beratungs- und Begleitungsbedarfs von spezifischen studentischen Zielgruppen in unserem Hochschulsystem. Das bedeutet, daß das bildungspolitische Dogma: „gleiche Bildungschancen für alle" Konsequenzen haben muß.

Bevor im vierten Kapitel das Modell der Studienbegleitung als eine Antwort auf die Frage nach Studienreform, die ihren Fokus auf die zielgerichtete Förderung spezifischer Gruppen von Studierenden ausrichtet, beleuchtet wird, werden im folgenden zwei zentrale Kontexte des Modells beschrieben, und zwar den Fachbereich Sozialarbeit / Sozialpädagogik (Sozialwesen) und die Zielgruppe Familienfrauen. Beide Faktoren: Studienfach und Zielgruppe sind entscheidend für die Entwicklung differenzierter Konzepte von Studienbegleitung.

Alle Berichte über den Modellstudiengang zur „Ausbildung von Frauen zur Diplom-Sozialarbeiterin" können über die KFH NW, Abt. Aachen, Robert-Schuman-Str. 25, 52066 Aachen bezogen werden.

3. Besonderheiten im Hinblick auf den Fachbereich Sozialarbeit/Sozialpädagogik (Sozialwesen) und im Hinblick auf die Adressatengruppe „Familienfrauen"

In diesem Kapital sind zwei Aspekte näher zu beleuchten, die den Kontext bilden für das Verständnis von Studienbegleitung in den benannten Frauenstudiengängen an der KFH NW. Zum einen das Fach, hier Sozialarbeit/Sozialpädagogik bzw. Soziale Arbeit, zum anderen die Zielgruppe, hier Frauen mit Kindern. Für die Aufgaben eines Studienbegleiters/ einer Studienbegleiterin ist es unerläßlich, beide Aspekte gründlich zu analysieren und in der jeweils zu entwickelnden Konzeption des konkreten Aufgabenbereiches zu berücksichtigen.
In diesem Zusammenhang ist auch die Frage von Interesse, inwieweit berufliche Anforderungen der Sozialarbeit/Sozialpädagogik bestimmte Funktionen von Studienbegleitung bedingen, besonders wenn es sich um Adressatengruppen wie Familienfrauen handelt.

3.1. Besonderheiten im Hinblick auf den Fachbereich Sozialarbeit/Sozialpädagogik (Sozialwesen)

Bei der Bearbeitung dieses ersten Aspektes wird so vorgegangen, daß zunächst das praktische Feld der Sozialen Arbeit[53] mit seinen geschichtlichen Bezügen und den Differenzierungen in Sozialpädagogik und Sozialarbeit beschrieben, dann auf Bemühungen um eine Professionalisierung der Sozialen Arbeit eingegangen und schließlich die Ausbildung der Sozialen Arbeit mit einzelnen Spezifika thematisiert wird: Integration von Theorie und Praxis, von verschiedenen Disziplinen und das Zusammenspiel von Hauptamtlichkeit und Ehrenamtlichkeit.[54]
Der erste Punkt dieses Kapitels endet mit einem kurzen Überblick über das soziale Bild der Studierenden im Fachbereich Sozialwesen.

---

53 Unter „Sozialer Arbeit" werden im folgenden Sozialarbeit und Sozialpädagogik zusammengefaßt.
54 Das Spezifikum der Rolle von Frauen in der Sozialen Arbeit wird im zweiten Punkt des Kapitels aufgegriffen.

3.1.1. Das praktische Feld der Sozialen Arbeit

Die Soziale Arbeit ist gekennzeichnet durch ein weites Tätigkeitsfeld, das traditionell in Sozialpädagogik und Sozialarbeit differenziert wurde. Schon im Entstehen des Berufsfeldes der Sozialen Arbeit trat die Sozialpädagogik als Reaktion auf die Komplexität der gesellschaftlichen Lebens- und Erziehungsverhältnisse spätestens seit den 20er Jahren als eigener pädagogischer Arbeitsbereich neben Familie und Schule auf den Plan. Als „dritte" Erziehungsinstanz hatte sich Sozialpädagogik im Zuge der pädagogischen Thematisierung und Bearbeitung von sozialen Problemen[55] oder durch den eher zuweilen enggeführten dyadischen pädagogischen Bezug im Bildungs- und Erziehungswesen institutionell verortet. Im Gegensatz dazu entwickelte sich die Sozialarbeit historisch gesehen zunächst eher auf nicht-pädagogischen Traditionslinien im Rahmen der Behandlung der „sozialen Frage", etwa durch organisierte Wohltätigkeit im 19. Jahrhundert wie die Armenfürsorge[56], die sich weniger auf die einzelne Versorgung armer Kinder und Jugendlicher als auf allgemeine "Maßregeln für genugtuende Volksbildungs- und Volkserziehungsanstalten"[57] richtete.

Die auch zuweilen noch übliche Differenzierung zwischen Sozialarbeit und Sozialpädagogik zeigt de facto allerdings deutliche Überschneidungen. Von der historischen Ausgangslage abgesehen war und ist auf der einen Seite die Sozialpädagogik nicht nur pädagogisch orientiert, und auf der anderen Seite waren und sind in der Sozialarbeit die Grenzen zur Sozialpädagogik fließend[58]: Während beispielsweise in den USA in den Anfängen der sich professionalisierenden Sozialarbeit ökonomische, politische, kulturelle und auch ethnische Gesichtspunkte eine zentrale Rolle spielten, kam es in den 20er Jahren nicht zuletzt angesichts der Konzentration auf die Methode „Casework" zu einer Begrenzung und Verengung dieses fachlichen Anspruchs der Sozialarbeit. Hinzu kam, daß Teile der in der Sozialarbeit vorherrschenden Fürsorgetheorien[59] ebenfalls mit einer weitgehend soziologieabstinenten Konzentration auf das

---

55 z.B. Erziehung zur Arbeit, Erziehung zur selbständigen Lebensführung etwa durch bestimmte Formen von jugendlichen Erziehungsgemeinschaften
56 z. B. materielle Ressourcenunterstützung, materielle Hilfe in ökonomischer, sozialpolitischer und versicherungsrechtlicher Perspektive
57 Klunker, 1918
58 Thiersch, 1994:136
59 etwa Alice Salomon, Sidney Wronsky u.a.

Individuum sowie der Grundierung der „geistigen Mütterlichkeit" in der Sichtweise von sozialen Problemen beispielsweise sehr stark von Eduard Spranger inspiriert und damit genuin pädagogisch und gerade nicht - wie etwa bei den Fürsorgetheoretikern Scherpner; Mennicke und Klimker - jenseits eines normativen Wissenschaftsverständnisses (der Caritaswissenschaft und der evangelischen Lehre der Diakonie) wirklichkeitswissenschaftlich und soziologisch-empirisch orientiert waren. So gesehen hatte auch die Sozialarbeit zumindest nach dem 1. Weltkrieg ihre - häufig vernachlässigten oder sogar vergessenen - pädagogischen Bezugspunkte[60]. Und selbst der von den Fürsorgetheoretikern aufgegriffene - und aus dem Mittelalter stammende - Begriff der Fürsorge wurde im zeitgeschichtlichen Zusammenhang mit anderen Begriffen wie Armenpflege, Wohlfahrt, Wohlfahrtspflege oder Soziale Arbeit quasi deckungsgleich verwendet und wies Erziehungsdimensionen auf.[61]

Aber auch in der Sozialpädagogik rückten schon in den 20er Jahren sozialpädagogische Vorstellungen und Theoriemodelle etwa eines Paul Natorps und Aloys Fischers in den Vordergrund, die mehr waren als nur pädagogische Präventionen und Notmaßnahmen für den einzelnen und eine stärkere sozialwissenschaftliche Einbettung und Perspektivität verlangten.[62] Sozialpädagogik verwurzelte sich auch in der weitverzweigten pädagogischen Tradition von Francke, Salzmann, Pestalozzi, Fröbel, Wichern, Natorp, Fischer, Nohl, Bernfeld u.v.a. Der sozialpädagogische Aufgabenbereich umfaßte zunächst in der Regel auf die Jugendhilfe[63] beschränkte, kompensatorisch unterstützende "Hilfs-, Erziehungs- und Bildungsangebote für Kinder, Jugendliche und deren Familien" in ihren zumeist belasteten oder gar verelendeten Lebensfeldern und -verhältnissen.[64] Mittlerweile haben sich nicht zuletzt vor dem Hintergrund der Aufweichung traditioneller Sozialbeziehungen und Lebensverhältnisse sowie der alltäglichen, informellen Unterstützungsnetzwerke schon seit einigen Jahrzehnten vor allem auch die präventiven, prospektiven resp. prophylaktischen Aufgaben der Sozialpädagogik weit über die Jugendhilfe hinaus ausdifferenziert und ausgeweitet und umfassen nicht nur Kindheit und Jugend, sondern die gesamte Lebensspanne. Darüber hinaus werden sozialpädagogisch unterstützende Aufgaben wichtig, die

---

60 vgl. Konrad, 1993
61 „Fürsorge als Erziehung Unwirtschaftlicher", Klumker, 1918; Fürsorge ist die „Kunst der Menschenbehandlung", Scherpner, 1974:21
62 vgl. Niemeyer, 1992:451
63 Dies gilt auch für die aus der Sozialarbeit stammende Jugendfürsorge.
64 Thiersch, 1994:134

Ressourcen, Räume und Strukturen bereitstellen, um die (Wieder) Erlangung einer autonomen Lebenspraxis der Adressaten und Adressatinnen zu ermöglichen.

Zumeist wird heute wie selbstverständlich davon ausgegangen, daß die skizzierte historische Differenzbestimmung von Sozialpädagogik und Sozialarbeit weiterhin insbesondere auch aus inhaltlichen und empirischen Gründen fortgeschrieben werden kann. Diese Unterschiede werden sowohl sozialarbeits- als auch sozialpädagogikspezifisch geltend gemacht - allerdings je nach Standort mit jeweils unterschiedlichen Subordinationen. Eine andere weit verbreitete These, daß die etwa in Ausbildungszusammenhängen nach wir vor bestehenden Differenzen zwischen Sozialarbeit und Sozialpädagogik mittlerweile real-empirisch durch institutionelle Zuordnungen der Berufsfelder weitgehend eingeebnet seien, wird jenseits von Ober- und Unterordnung in pragmatischer Absicht unterstützt. Da heute die Aufgabenfelder von Sozialpädagogik und Sozialarbeit als abgegrenzte Felder beruflichen Handelns nicht mehr eindeutig identifizierbar sind,[65] werde ich diese in meinen Ausführung zusammengefaßt als „Soziale Arbeit" bezeichnen. Soziale Arbeit im hier verstandenen Sinne richtet ihre Aufmerksamkeit auf individuelle Lebenslagen. Diese Lebenslagen werden als Prozeß und Ergebnis wechselseitiger Beziehungen zwischen Menschen und ihrer Umwelt wahrgenommen.[66]

Die Soziale Arbeit ist auf dem Weg, ein voll funktionsfähiges Teilsystem der modernen Gesellschaft zu werden. Dies zeigt sich an der zunehmenden gesellschaftlichen Relevanz, die diesem Tätigkeitsfeld zugeschrieben wird und läßt sich an der Ausweitung der Arbeitsfelder und heterogenen Tätigkeiten ablesen. Vor dem Hintergrund gesellschaftlicher Strukturverschiebungen und veränderter sozialer Problemlagen, die hier nicht im einzelnen dargestellt werden können,[67] scheinen sich für die Soziale Arbeit bezüglich der „Hilfen zur Lebensbewältigung" bzw. der „Unterstützung selbständiger und gelingender Lebensführung" ganz neue Aufgaben zu entwickeln. Zweifellos kann der Eindruck gewonnen werden, daß gesellschaftliche Phänomene und Problemlagen in (post)modernen Industrie- und Dienstleistungsgesellschaften unseren Typs wie „sekundäre" Individualisierungsschübe mit erhöhter Wahloption

---

65 vgl. Mollenhauer, 1994
66 vgl. Bock/Genenger-Stricker, 1994:22
67 vgl. hierzu v.a. Dewe/Ferchhoff/Peters/Stüwe, 1986; Dewe/Ferchhoff, 1987; Dewe/Ferchhoff/Radtke, 1992; Rauschenbach, 1992

und zugleich erhöhter Krisenanfälligkeit des einzelnen, Entstrukturierung von sogenannten „Normalbiographien und –arbeitsverhältnissen", Aufweichung von Traditionen, Ligaturen und lebensweltlichen Bezügen, Werteverschiebungen, Pluralisierung, Differenzierung und Individualisierung von Lebensformen und -milieus, Erweiterung und Pluralität von „Normalitätsstandards" usw. den gesellschaftlichen Stellenwert der Aufgaben und Interventionen der Sozialen Arbeit erhöhen. Der Sozialen Arbeit am Ende des 20. Jahrhunderts geht es sowohl traditionell um im engeren Sinne pädagogische Anliegen des Lernens, der Erziehung, Beratung, Rehabilitation und der Bildung als auch um die Unterstützung von Menschen aller Altersstufen, die in Lebensschwierigkeiten geraten (Exklusion aus anderen gesellschaftlichen Teilbereichen). Damit sind Fragen der sozialen und gesellschaftlichen Voraussetzungen des (sozial) pädagogischen Umgangs, des Bezugs und der Intervention thematisiert, also alltags- resp. lebensweltorientierte Maxime und Fragen der gesellschaftlichen Umbruchsituation und des sozialen Wandels sowie der (risiko)gesellschaftlichen Modernisierung bezogen auf die heutigen Lebenslagen und Lebensmilieus.[68] So gesehen findet im Zusammenhang der gesellschaftsstrukturellen Aufweichung, Bedrohung und Gefährdung des Sozialen eine schon seit zwei Jahrzehnten zu beobachtende handlungsbezogene „Ausweitung der traditionellen geisteswissenschaftlich-hermeneutischen Interpretation" des Pädagogischen in der Sozialen Arbeit oder der phänomenologischen Redefinition der Disziplin etwa im Medium von bestimmten Lesarten der Alltags- resp. Lebensweltorientierung statt. Es hat eine „Repädagogisierung" der Sozialen Arbeit vornehmlich in der Nomenklatur der Sozialpädagogik stattgefunden,[69] die gleichzeitig die geisteswissenschaftliche und auch die phänomenologische pädagogische Engführung transzendiert. Dagegen wird paradoxerweise bis heute in Teilbereichen der Sozialarbeit die konträre Forderung einer „Entpädagogisierung" aufgestellt.[70] Die damit angedeuteten Differenzierungsbestrebungen einiger Fachvertreter/innen zwischen den beiden Strängen der Sozialen Arbeit können an dieser Stelle nicht weiter verfolgt werden. Konstatiert werden kann allerdings, daß in beiden Dimensionen der Sozialen Arbeit die Berufstätigkeit selbstverständlich nicht auf face-to-face Interaktionen beschränkt ist, sondern in diesen die Bedingungen und der Kontext der historischen, gesellschaftlichen und subjektiven Ebene des erzieherischen Handelns mit aufgegriffen werden.

---

68 vgl. Rauschenbach, 1992; Haupert, 1995
69 vgl. Mollenhauer, 1988; Fatke/Hornstein, 1987:589; Prange, 1991:114f; Kraimer, 1994:31
70 vgl. Mühlum, 1994; Wendt, 1989

Wenn zusammenfassend in den Blick genommen wird, was sozialarbeiterische bzw. sozialpädagogische Fachkräfte in ihrer Berufspraxis tatsächlich tun, dann erweist sich allerdings der Versuch einer klaren Definition der Sozialen Arbeit als nahezu unmöglich. Sozialarbeiterischen und sozialpädagogischen Fachkräften fallen Organisations- und Managementaufgaben ebenso zu wie solche der psychosozialen Beratung, sie überprüfen und vermitteln Rechtsansprüche auf sozialstaatliche Leistungen, sie betreiben Einzelfallhilfe, Gruppenpädagogik und Gemeinwesenarbeit, initiieren als „Quasi-Lehrer/innen" in außerschulischen Bildungsangeboten Lernprozesse, treten in Kinderheimen in die Rolle der professionellen Bezugsperson ein, etc. In der Folge ist es sowohl unmöglich, das Arbeitsfeld institutionell eindeutig zu bestimmen, als auch dasjenige Wissen und Können klar zu konturieren, das Sozialarbeiter/innen und Sozialpädagogen bzw. Sozialpädagoginnen in der Berufspraxis tatsächlich benötigen.[71]

Die hier angedeutete Vielgestaltigkeit der Inhalte Sozialer Arbeit macht das professionelle Handeln für die in diesem Gesellschaftsbereich Tätigen nicht gerade einfach und erfordert eine besondere professionelle Ausbildung. Mit dem Problem der vielfältigen Aufgabenstellungen wird praktisch durch ein hohes Maß an interner Spezialisierung umgegangen, die bereits im Studium beginnt. Basis solcher Spezialisierung ist ein interdisziplinäres sozial- und humanwissenschaftliches Grundwissen, das im Studium erworben wird und die Sozialarbeiter/innen bzw. die Sozialpädagogen und Sozialpädagoginnen - im Unterschied zu Soziologen und Soziologinnen bzw. Psychologen und Psychologinnen - als der helfenden Praxis verpflichtete „menschenwissenschaftliche Generalisten" kennzeichnet.

3.1.2. Die Professionalisierung der Sozialen Arbeit

Wie die klassischen Professionen der Medizin, Rechtswissenschaften und Seelsorge befaßt sich auch die Soziale Arbeit auf der Grundlage von Wissenschaft(-wissen) „typischerweise" mit der „Bewältigung" kritischer Lebensereignisse sowie den Problemen und Gefährdungen der menschlichen Lebensführung. Das Grundwissen der Sozialen Arbeit muß nicht nur Zusammenhänge zwischen gesellschaftlichen Lebensbedingungen

---

71 vgl. Scherr, 1996

und individuellen bzw. kollektiven Formen der Lebensbewältigung unter Leitbegriffen wie: Sozialisation, Biographie, soziale Ungleichheit der Ressourcenausstattung, soziale Ausgrenzung, strukturelle Diskriminierung, Devianz, Netzwerkorientierung usw. einbeziehen, sondern auch die Diskussion um gegenwärtige gesellschaftliche Wandlungsprozesse. Die sich rapide verändernden Lebensbedingungen und Lebensformen bedingen Wandlungen im Feld der personenbezogenen Dienstleistungen, einschließlich einer zunehmenden Differenzierung des Handlungsfeldes Sozialer Arbeit. Vor diesem Hintergrund ist eine reflexive Professionalisierung erforderlich: Sozialarbeiterische und sozialpädagogische Fachkräfte müssen in der Lage sein, ihr berufliches Handeln im Kontext gesellschaftlicher Veränderungsdynamiken zu denken sowie Veränderungen im Handlungsfeld zu erforschen, d.h. Praxisforschung zu betreiben. Notwendig ist eine Auseinandersetzung mit den ethisch-normativen Dimensionen des professionellen Handelns und seinen immanenten Widersprüchen (z.B. doppeltes Mandat) sowie eine fallbezogene Selbstreflexion, insbesondere in Bezug auf die Dimensionen Nähe und Distanz, Persönlichkeit und Fachlichkeit.[72]

Es ist erforderlich, die Frage nach der Gemeinsamkeit dessen, was Soziale Arbeit genannt wird, auf einer relativ abstrakt-generellen Ebene zu beantworten. Und wenn man die Ebene einer von der konkreten Vielfalt des praktischen Berufshandelns abstrahierenden Reflexion betritt, dann stellt sich die Frage nach der zentralen Problemstellung, von der entsprechende Theoriebildung ausgehen kann. Gerade diesbezüglich unterscheiden sich die in der gegenwärtigen Dimension konkurrierenden Überlegungen.
Während Vertreter/innen einer genuin-eigenständigen Sozialarbeitswissenschaft das Bezugsproblem einer Theorie und Praxis Sozialer Arbeit vor allem in der unzureichenden Ausstattung von einzelnen und Gruppen mit materiellen, kulturellen und sozialen Ressourcen sehen[73] und in der Folge die sozialpädagogische Seite der Erziehung, Bildung und Sozialisation von Kindern und Jugendlichen implizit oder explizit für disziplinär rückständig erklären, rücken Vertreter/innen der Sozialpädagogik das Problem beschädigter Subjektivität und zu ermöglichender Bildungsprozesse in Richtung auf eine selbstbewußtere und selbstbestimmtere Lebenspraxis in den Vordergrund.[74] In solchen Konturierungen kehren auf

---
72 vgl. Dewe u.a., 1995
73 vgl. Staub-Bernasconi, 1995; Wendt, 1994
74 vgl. Winkler, 1988; Dewe/Scherr, 1992; Hamburger, 1995

einer recht abstrakten Reflexionsebene die institutionellen Akzentuierungen einer ausdifferenzierten Praxis wieder. Denn die Frage, woran es Einzelnen und Gruppen in modernen Gesellschaften mangelt und wie ihnen zu helfen ist, kann mit dem Blick auf verschiedene Handlungsfelder bzw. Lebenslagen jeweils (situations)spezifisch, also für das weite Feld der Sozialen Arbeit gerade nicht eindeutig beantwortet werden.

Ähnlich unklar und strittig ist nach wie vor die Frage, an welcher wissenschaftlichen Leitdisziplin sich die Theorie und die Ausbildung für die Soziale Arbeit orientieren sollen. Diesbezüglich sind folgende Lesarten ausformuliert worden:[75]

1.
Soziale Arbeit ist im Sinne der Sozialpädagogik vornehmlich erziehungswissenschaftlich grundiert. Die grundlegenden sozialpädagogischen Leitbegriffe und Elemente sind demnach Erziehen, Bilden, Beraten und Lernen.

2.
Soziale Arbeit als Sozialpädagogik ist als „Pädagogik des Sozialen" die eigentliche, weil umfassendste Pädagogik, so bereits Natorp.[76] Also ist sie die Leitdisziplin der Pädagogik, während die anderen Bindestrichpädagogiken nur Derivate der Sozialpädagogik sein sollen.

3.
Soziale Arbeit als Sozialpädagogik ist eine Bindestrichpädagogik wie Kultur-, Erwachsenen-, Berufs-, Schul- und Freizeitpädagogik, aber auch wie die Allgemeine Pädagogik.

4.
Soziale Arbeit ist Sozialarbeit jenseits der Pädagogik und im Lichte der Tradition einer entpädagogisierenden Fürsorgewissenschaft zu betrachten; von daher liegt eine sozialpolitische, vielleicht auch sozialwissenschaftliche Leitorientierung nahe.

---

75 vgl. dazu Thiersch/Rauschenbach, 1984; Vahsen, 1992; Sünker, 1995; Thiersch/ Grunwald, 1995; Dewe u.a., 1996
76 vgl. Natorp, 1907

5.
Soziale Arbeit soll im Zuge der Sozialarbeitswissenschaft aus dem Status einer Subdisziplin entlassen und auf die eigene Füße gestellt werden.[77] Fremdinduzierungen und -orientierungen sollen gemieden werden. Die anderen, nicht genuin sozialarbeiterischen wissenschaftlichen Disziplinen, die bestenfalls ergänzend und integrationsbezogen als Begründungen und Bezugspunkte mit herangezogen werden, müssen durch das Nadelöhr der Sozialen Arbeit fokussiert werden. Sozialarbeitswissenschaft wünscht sich einen eigenständigen Gegenstandsbereich, eine eigene wissenschaftlich systematisierte Forschungslogik mit eigener Evaluationspraxis[78], eine eigene nicht abgeleitete disziplinäre Identität im Rahmen einer - eng an den Fragestellungen der konkreten Berufspraxis orientierten - eigenkontrollierten wissenschaftlichen Fachdisziplin. Die meisten Aufgabenstellungen der Sozialen Arbeit im modernen Sozialstaat lassen sich, so wird argumentiert, nicht mehr allein pädagogisch bearbeiten, geschweige denn lösen; die abnehmenden pädagogischen Aufgaben werden vor allem durch ökonomische, sozialpolitische, sozialrechtliche, sozialplanerische und sozialverwalterische Aspekte überlagert.[79]

Im Unterschied zu den skizzierten Positionen soll hier für eine offenere Anlage einer Theorie Sozialer Arbeit plädiert werden. Theoriebildung und Forschung der Sozialen Arbeit kann dann perspektivisch als ausdifferenzierte wissenschaftliche Disziplin mit eigener kognitiver Identität verstanden werden, der ein reflexives Wissenschaftsverständnis zugrundeliegt und die sich nicht nur als „Ausbildungswissenschaft", sondern durchaus als eigenständige theoretische Auseinandersetzung mit der Genese und Entwicklung sozialer Problemlagen sowie den Formen ihrer professio-

---

77 vgl. kritisch Merten, 1996
78 Evaluationspraxis wird zumeist als anwendungsbezogene Praxisforschung charakterisiert.
79 Was angesichts der zunehmenden globalen Verursachung weltweiter sozialer Probleme wie Arbeitslosigkeit, Verarmung, Hunger und Obdachlosigkeit, Migration und Flucht, Wirtschaftskriminalität und Drogenabhängigkeit, Gewalt an Frauen und ethnischen Angehörigen, Kinder- und Frauenprostitution, Krieg und Folter u.v.m. nach wie vor fehlt, ist ein theoretischer Bezugsrahmen, der die Struktur und Dynamik einer sich konstituierenden Weltgesellschaft mit der genannten Problemrealität in Zusammenhang bringt. Eine solche systemische Theorie des Menschen, seiner Bedürfnisse, der Natur und der Gesellschaft müßte nicht nur die Frage nach der ökologischen Verträglichkeit beantworten können, sondern auch diejenige der psychischen, sozialen und kulturellen, kurz der Menschenverträglichkeit sozialer Systeme. Vgl. Staub-Bernasconi, 1994

nellen Bearbeitung befaßt. Vor diesem Hintergrund ist es auch realistisch, davon auszugehen, daß Soziale Arbeit als ein personenbezogener Dienstleistungsberuf aufgefaßt und als ein solcher sozialwissenschaftlich analysiert werden kann, für den gilt, daß die Entwicklung der Felder der beruflichen Praxis bzw. das berufliche Handeln theoretisch betrachtet und kommentiert, aber - aufgrund der nicht aufhebbaren Differenz von Disziplin und Profession - nicht primär seitens der Theorie gesteuert werden kann.

3.1.3. Die Ausbildung für Soziale Arbeit

Soziale Arbeit hat im Vergleich mit anderen - auch älteren - Professionen ein überdurchschnittliches Spektrum von Problemen und sozialen Systemen, in die sie direkt oder indirekt einbezogen ist. Ich möchte an dieser Stelle zunächst einige Charakteristika des Berufes Sozialarbeit/Sozialpädagogik benennen, die die Ausbildung bzw. Studienordnungen ganz wesentlich bestimmen. Sie liegen vor allem:

- in der Vielfalt der einzelnen Berufe bzw. Berufsfelder: erforderlich ist daher eine geeignete Kombination generalisierender und spezialisierender Aspekte des Studiums;
- in der Vielfalt theoretischer Hintergründe der Probleme und der Hilfeansätze: sie machen nicht nur eine relativ breite Anlage des Studiums notwendig, sondern zugleich auch eine Integration der Wissensgebiete;
- in der praktischen Umsetzung theoretischer Ansätze jeweils eigenständiger, per se nicht am Studienziel orientierter Wissenschaften: sie erfordern eine spezifische Übung in der Theorie-Praxis-Verknüpfung;
- in der Abwägung individueller und genereller Aspekte der Probleme und damit auch der Hilfe: letztere ist mit einer deduktiven Wissensverarbeitung nicht zu bewältigen, sondern setzt induktive Lernprozesse voraus;
- in der Stabilität der Persönlichkeit der Helfer/innen: sie macht eine Berücksichtigung persönlichkeitsentwickelnder und -stabilisierender Aspekte im Studium erforderlich;
- in den Widersprüchen zwischen „Helfen" und der „Organisation des Helfens": sie haben vielfach eine Verunsicherung der Professionalität von Sozialarbeit/Sozialpädagogik zur Folge und erfordern schon im Studium Angebote zur Unterstützung professioneller Identität.

- im Zusammenspiel von hauptamtlich und ehrenamtlich Tätigen in der Sozialen Arbeit: hier sind Nutzung und Weiterentwicklung vorhandener Erfahrungen und die Reflexion der unterschiedlichen Rollen gefordert.

Im Studium sollen die Studierenden nun wissenschaftliche Grundlagen und fachbezogene Fertigkeiten in Sozialer Arbeit erwerben. Diese Ziele werden in den entsprechenden Studienordnungen mit Handlungskompetenz umschrieben.
Handlungskompetenz erfordert Sachkompetenz, Selbstkompetenz und Sozialkompetenz:[80]

Sachkompetenz umfaßt die Befähigung zum Verstehen und Anwenden:

- fachwissenschaftlicher Grundlagen,
- berufsfeldspezifischer Grundlagen und
- berufspraktischer Grundlagen.

Selbstkompetenz umfaßt:

- die Befähigung zur Selbstreflexion und zu kontrolliertem Einsatz der eigenen Person;
- die Befähigung zur adäquaten Nutzung theoretischer Erkenntnisse zur Lösung praktischer Probleme;
- die Befähigung zur realistischen Einschätzung von Situationen, zum Erkennen der Möglichkeiten und Notwendigkeiten von Veränderungen und Innovationen sowie zur Einordnung beruflicher Erfahrungen in gesellschaftliche Zusammenhänge;
- die Befähigung zur Darstellung des beruflichen Handelns gegenüber Adressaten bzw. Adressatinnen, Institutionen und Öffentlichkeit.

Sozialkompetenz umfaßt:

- die Befähigung zur Aufnahme und Gestaltung kreativer Kräfte von einzelnen, Gruppen und Gemeinwesen;
- die Anerkennung und Verwirklichung berufsethischer Normen wie Solidarität mit und Vertretung von schwächeren und benachteiligten Gliedern der Gesellschaft oder die Bereitschaft, für die Verbesserung menschlicher Lebensbedingungen einzutreten;

---

80 s. Rahmenstudienordnung der KFH NW vom 20.10.1997

- die Befähigung, aktiv die als notwendig erkannten Veränderungen und Innovationen zu bewirken.

In der Spanne des Spektrums von sozialen Problemen und Systemen einerseits und den zu erwerbenden Kompetenzen andererseits werden im folgenden drei Spezifika in der Ausbildung der Sozialen Arbeit herausgegriffen: Theorie-Praxis-Verzahnung, Vielfalt der Einzeldisziplinen und das Zusammenspiel von hauptamtlich und ehrenamtlich Tätigen in der Sozialen Arbeit.

3.1.3.1. Theorie-Praxis-Verzahnung

Praxisorientierung ist das Gütezeichen eines Studiengangs Sozialwesen an Fachhochschulen. Mit ihrer Praxisorientierung profilieren sich die Fachhochschulen generell im derzeitigen Konkurrenzkampf mit den Universitäten. Die Anstellungsträger der Absolventen und Absolventinnen achten aufmerksam darauf, daß die Orientierung an der Praxis im Studium eingehalten wird.
Die Praxisorientierung des Fachhochschulstudiums wird von niemandem bestritten, sie gilt als Selbstverständlichkeit.[81]

Die Berufspraxis von sozialarbeiterischen bzw. sozialpädagogischen Fachkräften ist vielfältig und differiert in einem breiten Spektrum. Sie sind tätig bei der Sozialpädagogischen Familienhilfe, in der Erwachsenenbildung, in der Sozialpsychiatrie, in der Jugendarbeit, in Kinderheimen, als Streetworker oder als Bewährungshelfer/innen, um nur einige Beispiele zu nennen.
Es wäre allerdings ein Mißverständnis, wenn daraus gefolgert würde, das Studium orientiere sich an der Praxis, die in den Berufsfeldern geschieht. Dem ist zu erwidern: Das Studium kann nur für eine generelle

---

[81] Die Praxisorientierung ist immer wieder als die spezifische Stärke der Fachhochschulen herausgestellt worden. So resümiert der Wissenschaftsrat in seinen Empfehlungen zur Entwicklung der Fachhochschulen in den 90er Jahren, daß die Hochschulgesetze der Länder den Lehrauftrag der Fachhochschulen mit verschiedenen Begriffen präzisieren. Die Lehre wird als anwendungsbezogen, praxisnah oder praxisbezogen bezeichnet. Die Verknüpfung von Wissenschaft und Praxis in der Lehre, die vom Gesetzgeber betont wird, wird als ein herausragendes Merkmal der Fachhochschule, die ihr ein eigenständiges Profil gibt, beschrieben. Vgl. Wissenschaftsrat, 1991

Berufspraxis qualifizieren, die erheblich breiter aufgefächert ist als das, was in einem spezifischen Berufsfeld getan wird. Das ist vor allem deshalb wichtig, weil von der Sozialen Arbeit erwartet wird, daß sie ständig neue Antworten auf veränderte Herausforderungen findet. Das Studium soll auch dazu befähigen, das, was jeweils in den Berufsfeldern geschieht, kritisch zu sehen und innovativ an der Weiterentwicklung der derzeitigen Praxis mitzuwirken.

Um in den differierenden Berufsfeldern eigenverantwortlich und begründet handeln zu können, müssen die Studierenden eine Wahrnehmungs-, Deutungs- und eine Handlungskompetenz entwickeln, und zwar durch eigene Praxis und deren Reflexion. Diese dreifache Kompetenz ist Teil der generellen Berufskompetenz.

Durch die Konstruktion eines mehrdimensionalen Bildes von Praxis mit Hilfe verschiedener Wissenschaften entsteht im Studium eine reflektierte Professionalität, die nicht wie mit „Scheuklappen" auf die je spezifische, begrenzte Praxis in einem Handlungsfeld fixiert ist.

An dieser Stelle ist noch ein Hinweis angebracht, der über das geläufige Praxisverständnis hinausgeht: Praxis geschieht innerhalb der Hochschule auch insofern, als die Lehrenden und Studierenden jenen Prozeß des gemeinsamen Arbeitens miteinander gestalten. D.h. wie das Reden und Zuhören, das Diskutieren und Kritisieren eine Gestalt gewinnt, wie dabei die bisherigen Lebenserfahrungen und Wahrnehmungen berücksichtigt werden, wie ehrlich und genau, wie aufmerksam und auf einander bezogen gearbeitet wird, wie Störungen der Arbeitsbeziehungen wahrgenommen und bearbeitet werden, so daß die Beteiligten sich bei dieser Arbeit verändern können, ist als Praxis an der Hochschule zu verstehen.

Die Studienpraxis bietet Zeit zur gründlichen Analyse der Verhältnisse, zum Auswerten der bisherigen Erfahrungen im Berufsfeld wie auch in der eigenen Lebenspraxis der Studierenden. Sie bietet Zeit für die Reflexion der eigenen Lern- und Handlungsblockaden, der eigenen Stärken, für die Beobachtung und Veränderung des Lernprozesses in der Studiengruppe.

Hinzu kommt die Kooperation der Lehrenden und Studierenden bei der Entwicklung von Studienkonzepten und nicht zuletzt an der Leitung der Hochschule.

In diesem Zusammenhang wird immer wieder die Frage nach der praktischen Relevanz des an der Hochschule vermittelten Wissens in den Berufsfeldern der Sozialen Arbeit gestellt. Die komplexe Handlungsstruktur und die prinzipiell ungewisse Interaktionsdynamik einer Situation erlauben es nicht, daß das wissenschaftliche Disziplin- und Forschungswissen problemlos und unilinear „angewendet" werden kann. Deshalb kommen für die in der Sozialen Arbeit Tätigen noch ganz andere (namentlich unbestimmte) nicht vollends standardisierbare, pragmatische und eher subjektive Komponenten im methodisch-professionellen Umgang mit Ungewißheit zum Zuge: Intention, Urteilsfähigkeit, Risikofreudigkeit und Verantwortungsübernahme.[82] Denn (angehende) sozialpädagogische und sozialarbeiterische Fachkräfte müssen mit Ungewißheiten souverän umgehen und unter Umständen auch ohne wissenschaftlich abgesicherte Erkenntnisse entscheiden. Sie können ihr Handeln nicht aufschieben, nur weil kein unstreitbarer Beweis der Richtigkeit der „Diagnose" oder der methodischen Bearbeitung und Behandlung vorhanden ist.[83] Das bedeutet, daß die in face to face Situationen zwischen den (angehenden) sozialpädagogischen/sozialarbeiterischen Fachkräften und den Betroffenen ablaufende kurative, wiederherstellende und vermittelnde professionelle Arbeit grundlegend nicht technologisch gelöst werden kann. Dies gilt vor allem dann, wenn Demokratie vorausgesetzt wird und die Klienten und Klientinnen nicht durch aufgenötigte Lösungen entmündigt werden. Professionelles Handeln kann dann die Klientenprobleme auch nicht primär kausaladäquat im Sinne von Ableitungen, Rezeptologien etc. bearbeiten und versuchen, quasi „einzig richtige" Problemlösungen bereitzustellen. Denn für moderne Professionen ist die "Kategorie der Vermittlung" ihrer Sachthematiken[84] und das Verstehen dieser von den Klienten und Klientinnen zentral.

Wenn dies aber überhaupt nicht intendiert ist und die Probleme von den professionell Tätigen technologisch gelöst werden, können weder Strukturänderung noch Strukturaufbau oder Identitätserhaltung der Personen erzielt werden.[85] Professionell Tätige im hier verstandenen Sinne bearbeiten ihre Probleme eher sinnadäquat in der Form von Sinnauslegung etc. und versuchen, statt Problemlösungen Problemdeutungen anzubieten. Professionelles Handeln zeichnet sich in diesem Sinne nicht

---

82 Stichweh, 1994:296
83 Freidson, 1975:142; Dewe/Ferchhoff, 1987:162
84 vgl. Stichweh, 1992
85 Ebd.

durch "Technologieorientierung und dogmatische Regelbefolgung"[86] aus, sondern durch ein Fallverstehen, für das wissenschaftliche Kenntnis allerdings ein notwendiges Element darstellt. Ergänzt werden muß dies durch Erfahrungswissen und hermeneutische Methodik für den Fall.

In der Sozialen Arbeit wurde allerdings bis in die jüngere Vergangenheit meistens unhinterfragt die Praxisrelevanz der sozialwissenschaftlichen Theoriebildung von vornherein linear unterstellt. Sozialarbeitswissenschaft wurde und wird konstitutiv mit implizitem Handlungsbezug in eigensinniger Perspektive als „praktische Theorie", als Handlungswissenschaft gesehen. Die Bezugnahme auf die Praxis ist qua sozialtechnischer Handlungssteuerung quasi wesensgemäß. Ihr Selbstverständnis als Handlungswissenschaft liegt zumeist darin begründet, daß sie verwendungsorientiert meint, rationalitäts-, vernunft- oder erfolgsbezogen im Dienste, im Sinne bzw. in der Verantwortung zwecks Verbesserung der Praxis zu wirken. Die zentrale Vorstellung bzw. Ausgangsüberzeugung ist die, daß Praxis durch Wissenschaft nicht nur angeleitet, sondern auch verbessert und schließlich auf das Rationalitätsniveau der Wissenschaft selbst gehoben werden könne. Die kognitive Überlegenheit von Theorie gegenüber dem praktischen Handlungswissen wird dabei unterstellt. Wer in diesem Sinne von Praxis spricht, denkt zumeist aus der wissenschaftlich-disziplinären Perspektive an Handlungsanleitung und bevormundet so gesehen die Praxis.[87]

Im Rahmen einer solchen wissenschaftszentrierten Sichtweise gibt es keinen „Rationalitätsbruch" zwischen wissenschaftlichen und außerwissenschaftlichen Handlungszusammenhängen, und Praxis besitzt keine - von der Disziplin systematisch unterschiedene - eigenständige Rationalität.[88]
Wissenschaftliches Wissen ist aber nur eine Komponente sozialpädagogischen/sozialarbeiterischen Handelns. Hinzu kommen beruflich habituelles Erfahrungswissen und die persönliche Identität des Handelnden. Die Praxis der Sozialen Arbeit nutzt das sozialwissenschaftliche (Theorie)Wissen in gewisser Weise autonom. Der praktische Umgang erfolgt im Sinne einer „Eigenlogik der Praxis" und kann nicht vom Wissenschaftssystem gelenkt, gesteuert und präjudiziert werden. Damit entfällt auch die häufig unterstellte „Überlegenheit" des theoretisch-disziplinären,

---

86 Ferchhoff/Kurtz, 1998:23
87 Auf der anderen Seite werden solche disziplinär angeleiteten Gebrauchsanweisungen von der Praxis auch nachgefragt, zuweilen sogar gewünscht.
88 vgl. Bonß, 1994:95

wissenschaftlich gewonnenen Wissens gegenüber dem berufspraktischen und dem Alltagswissen. An dieser Problematik wird allerdings - analytisch betrachtet - eine qualitative dreigliedrige Differenz zwischen disziplinärem, wissenschaftlichem Wissen, berufspraktischem, professionellem Handlungswissen und Alltagswissen sichtbar. Die Frage ist, wie dieses Verständnis des Theorie-Praxis-Bezuges in der Ausbildung vermittelt wird.

Zunächst ist zu klären, welche Rolle die verschiedenen Einzeldisziplinen spielen bzw. wie eine Integration erfolgen kann.

3.1.3.2. Vielfalt der Fächer - Frage der Integration

Die geltenden Studien- und Prüfungsordnungen sollen den Studierenden ermöglichen, "wissenschaftlich begründete Handlungsfähigkeiten für ihre spätere Berufspraxis zu erwerben"; sie sollen sie "befähigen, individuelle und gesellschaftliche Probleme zu analysieren und zu ihrer Lösung die grundlegenden Handlungsarten der Sozialarbeit und Sozialpädagogik einzusetzen. Das Studium soll die kommunikativen und schöpferischen Fähigkeiten des Studenten entwickeln...".[89] Damit sind ganz eindeutig und überwiegend fächerübergreifende berufliche Grundbefähigungen und -fertigkeiten angesprochen.[90]

Diese manifesten Studienziele bleiben jedoch für die Struktur der Lehrangebote offensichtlich dann folgenlos, wenn Studienorganisation und Prüfungsrecht wie Prüfungsmodalitäten eine ganz andere Realität erzeugen und den zitierten Studienzielen geradezu entgegenstehen. Vor allem mit der durch das geltende Prüfungsrecht begründeten primären Fächerstruktur des Lehrangebotes und der Prüfungen besteht die Gefahr, daß die Studienziele weitgehend aus dem Auge verloren werden, so daß sich ganz andere, organisationsinterne Sekundärziele in den Vordergrund schieben können.

Dieser im Prüfungsrecht wie in der Berufungspraxis gleichermaßen verankerte Widerspruch von Ausbildungsziel und Fachorientierung erlaubt

---

[89] Diplom-Prüfungsordnung für die Studiengänge der Fachrichtung Sozialwesen an Fachhochschulen im Lande Nordrhein-Westfalen vom 25.6.82, § 2 Abs.2
[90] Heute wird auch vielfach von Schlüsselqualifikationen gesprochen.

es der Anbieterseite, ihr Fachdenken zu kultivieren. Das gegenwärtige Studium der Sozialarbeit/Sozialpäda-gogik ist gekennzeichnet durch ein Verharren in einer traditionell fächerzentrierten Anbieterdominanz der Lehrenden. Diese im Zuge der wissenschaftlichen Arbeitsteilung historisch entstandenen Fachdisziplinen sind durch die geltenden Studien- und Prüfungsordnungen additiv in nach Semesterwochenstunden unterschiedlichen Bedeutungsverhältnissen als Hauptträger des Studiums festgelegt. Zwar ist in jedem Fach die Ausrichtung der Lehrinhalte auf die berufliche Anwendbarkeit vorgesehen. Doch legen die Prüfungsbedingungen eine Studienpraxis nahe, die sich mit einer auf das jeweilige Fach begrenzten Anwendungsperspektive bescheidet. Auf diese Weise werden die Studierenden mit (wahlweise) bis zu zehn Fächern konfrontiert, die alle ihre spezifische Anwendungsperspektive für die spätere berufliche Praxis herleiten in der diffusen Erwartung, in der additiven Zusammensetzung dieser Perspektiven ergäbe sich die umfassende Handlungsperspektive der Sozialen Arbeit. Mit der Bemühung darum aber werden die Studierenden weitgehend allein gelassen.

Die beschriebene Struktur dürfte eher Verwirrung stiften als dazu beitragen, die später so dringend erforderliche ganzheitliche berufliche Identität zu entwickeln. Für die berufliche Praxis Sozialer Arbeit ist es nämlich erforderlich, anstehende Probleme jeweils auf mehreren Analyseebenen zu erfassen und zu behandeln. Gerade die Fähigkeit, auf eine Problemkonstellation verschiedene Analyse-Perspektiven in von Situation zu Situation unterschiedlichen Kombinationen zu richten, macht qualifizierte Soziale Arbeit aus. Konkret bedeutet dies z.B., daß persönlichkeitspsychologische, forensische, sozialpsychologische Aspekte so gut wie nie getrennt von sozialpolitischen, rechtlichen oder sozialstrukturellen Rahmenbedingungen analysiert werden dürfen, will man den in der Praxis Sozialer Arbeit vorkommenden komplexen Problemkonstellationen wirklich angemessen gerecht werden.

Es ist also immer von Mischverhältnissen unterschiedlicher Problemebenen auszugehen. Die durch die Prüfungsordnung vorgegebene Fächereinteilung erzeugt künstliche und unangemessene Perspektiven und trennt, was in den beruflichen Problemkonstellationen immer nur auf vertrackte Weise verbunden vorkommt. Statt den Umgang mit komplexen fächerüberschreitenden, ebenenübergreifenden Analysen und Behandlungen zu trainieren, statt den flexiblen Umgang mit Erklärungsansätzen unterschiedlichster Provenienz und Reichweite zu praktizieren, wird gerade dieses Kernstück sozialarbeiterischer/sozialpädagogischer

Fähigkeit eher verhindert, indem in Einzelfächer zerrissen wird, was von der Sache her zusammengehört. Insofern wird durch die prüfungsrechtlich vorgegebene Aufsplitterung des Studiums in Einzelfächer strukturell das Erreichen der ebenfalls dort formulierten angemessenen Studienziele erschwert, wenn nicht unmöglich gemacht.

Die Vernachlässigung berufsbezogener Studienziele wird auch dadurch begünstigt, daß die Überprüfung von Fachkenntnissen leichter möglich ist als die allgemeiner, kommunikativer und schöpferischer Fähigkeiten.

Bild 9:
Übersicht der an der Sozialen Arbeit interessierten wissenschaftlichen Disziplinen:[91]

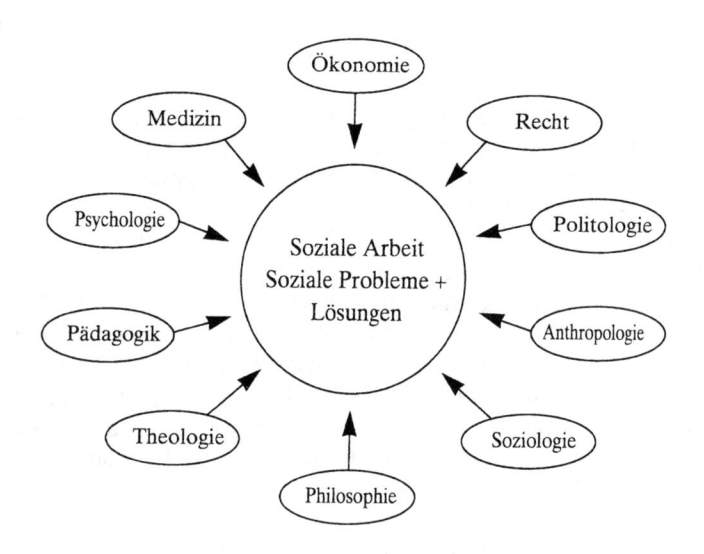

Notwendig wäre eine fächerübergreifende Verknüpfung von Lehrinhalten. Das bedeutet, daß sich die Lehrenden der Bezugswissenschaften als Mitlehrende des Studienschwerpunktes Soziale Arbeit verstehen

---

91 vgl. Rahmenstudienordnung der KFH NW, 1997

müßten. Dazu gehört, daß sie ihre Ursprungswissenschaft auf Soziale Arbeit hin selektieren und fokussieren.

Beispielhaft ist die neue Studienordnung an der KFH NW aufzuführen, die mit dem Wintersemester 97/98 erstmals in Kraft trat. Hier wurde der Versuch unternommen, mit der Einführung eines Studienschwerpunktes „Soziale Arbeit" mit den Fächern „Grundlagen Sozialer Arbeit" und „Konzepte Sozialer Arbeit" eine neue Gewichtung vorzunehmen. Der Gegenstand Sozialer Arbeit bildet den Ausgangspunkt für die Befragung der anderen Disziplinen und der von ihnen entwickelten Theorien. Dieser Ansatz entspricht der heutigen Multidisziplinarität und systemhaften Verflechtung der Probleme und der damit verbundenen projektorientierten Verschränkung der Disziplinen und der Kooperation der betroffenen wissenschaftlichen und praktischen Spezialisten/Spezialistinnen und Generalisten/Generalistinnen. Ein so definierter Gegenstandsbereich Sozialer Arbeit kann ein tragfähiges Fundament sein, um nach integrativen Meta- und Objekttheorien zu fragen. Die theoretische „Kolonialisierung" der Sozialen Arbeit durch Vertreter/innen der Pädagogik, Soziologie, Psychologie, Politologie, Rechtswissenschaften usw. kann von da aus überwunden und damit das Verhältnis zwischen Basiswissenschaften und einer handlungswissenschaftlich orientierten Sozialen Arbeit neu gestaltet werden. Die (angehenden) sozialarbeiterischen/sozialpädagogischen Fachkräfte stellen ihre Fragen, auf die dann die Vertreter/innen antworten. Damit wird das bisherige Verhältnis umgekehrt, nach dem Studierende der Sozialarbeit/Sozialpädagogik fraglos aufzunehmen haben, was Pädagogik, Soziologie, Psychologie, Politologie, Rechtswissenschaften usw. aus ihrer jeweils fachspezifischen Fragestellung ihnen anzubieten haben. Dem innerdisziplinären Gespräch kann das interdisziplinäre Gespräch zur Verbindung der unterschiedlichen Fragen, Erkenntniswege und Erkenntnisse folgen.

Das, was Sozialarbeiter/innen und Sozialpädagogen bzw. Sozialpädagoginnen mit Blick auf die Anforderungen ihrer späteren beruflichen Tätigkeit lernen sollen, gilt es, bereits in der Ausbildung zu praktizieren. "Der Erwerb der Berufsfähigkeit im Studium bedingt einen Abschied vom Denken in bloßen Stoffkatalogen und erfordert den Übergang zum Denken in Kategorien einer breit angelegten Handlungskompetenz. Die jahrzehntelangen Forderungen nach Schlüsselqualifikationen (...) sind als Bedingungen des Studiums endlich einzulösen."[92] Dazu gehört neben

---

92 Arbeitsgemeinschaft Hochschuldidaktik e.V., 1994:5f

Planungs-, Organisations- und Kooperationsfähigkeit sowie Lernbereitschaft die Fähigkeit, die problematischen Erscheinungsformen des sozialen Lebens auf verschiedenen Ebenen interdisziplinär zu analysieren, ihre personellen und strukturellen Hintergründe zu erkennen und kreativ wie kooperativ Handlungsarten zu entwickeln (und später umzusetzen), die geeignet erscheinen, (bekannte) soziale Probleme abzubauen.[93]

Um einem Mißverständnis vorzubeugen: Soziale Arbeit muß auf das Wissen vieler Disziplinen zurückgreifen, um die einzelnen Phänomene, die an der Entstehung sozialer Probleme beteiligt sind, zu klären. Der Vielfältigkeit und der systemhaften Verflechtung menschlichen Lebens, näherhin der sozialen Probleme und ihrer Lösungen, muß eine problemorientierte Verknüpfung unterschiedlichen Wissens und Handelns entsprechen. Die Idee der Fächerintegration darf allerdings nicht dazu führen, daß die Disziplinen verschwinden und zu einem „diffusen Brei in der Lehre gerinnen". Die enge Kooperation mit anderen Wissenschaftsdisziplinen bedeutet, wissenschaftliches Wissen und Arbeitsformen anderer Wissenschaftsdisziplinen systematisch heranzuziehen, aufzubereiten und einzubeziehen. Das Wissen und die Methoden der Einzeldisziplinen sind der jeweilige Bezugsrahmen, nicht das Konglomerat aus vielen Bereichen.

Die Integration des Wissens ist Aufgabe der Studierenden; das Referenzsystem ihres Handelns ergibt sich aus der fachlichen Aufgabenstellung. Handlungssicherheit kann nur entstehen, wenn diese Bezugssysteme klar und eindeutig definiert sind und das Disziplinwissen in den Konturen faßbarer fachlicher Theoreme und Theorien verläuft. Dies stellt eine Voraussetzung dar, ganzheitlich, d.h. mehrdimensional und vernetzt, zu denken und zu handeln.

3.1.3.3. Zusammenarbeit zwischen Hauptamtlichen und Ehrenamtlichen

Ein wesentliches Merkmal vieler sozialer Einrichtungen ist das Zusammenwirken von ehrenamtlich und hauptamtlich Tätigen.[94]

---

93 vgl. auch die Ausführungen zur Theorie-Praxis-Verzahnung im Pkt. 3.1.3.1.
94 In der zweiten Hälfte des 19. Jahrhunderts, dem Beginn der Vorarbeiten zur gesetzlich geregelten Armenfürsorge, finden wir erstmals die Verwendung der Be-

Soziale Angebote und soziale Infrastruktur leben in hohem Maße von ehrenamtlichem Engagement. Quer wie ergänzend zu den Bemühungen hauptamtlicher sozialarbeiterischer und sozialpädagogischer Fachkräfte sind hier alle Formen der spontanen oder professionell unterstützten Laien-, Selbst- und Freiwilligenhilfe zu nennen.
Die Erfahrungen aus ehrenamtlicher Arbeit, die Studierende mitbringen, befähigen in besonderer Weise zur Kooperation zwischen hauptamtlichen und ehrenamtlichen Mitarbeitern und Mitarbeiterinnen.
Es ist deshalb notwendig, diese Erfahrungen aus ehrenamtlicher Tätigkeit im Rahmen der Ausbildung aufzugreifen und in professionelles soziales Handeln einzubringen, um die Studierenden für zukünftige soziale Aufgaben, die die Bündelung professioneller und ehrenamtlicher Arbeit erfordern, zu befähigen.

Ehrenamtliche Arbeit liegt im Interesse der Gesellschaft. Sie ergänzt die hauptberufliche soziale Arbeit im Sinne einer Verstärkung der „kleinen sozialen Netze", sie wendet sich gegen die Bürokratisierung durch die „Vermenschlichung" der Hilfen und trägt zur Demokratisierung der Gesellschaft durch die Teilnahme am Gemeinwesen im Sinne der Übernahme wechselseitiger Hilfen bei. Ambivalent ist, daß die ehrenamtliche Tätigkeit, z.B. in Zeiten knapper Finanzen, Rationalisierungen und Kosteneinsparungen im sozialen Bereich ermöglichen sollen.
So nimmt seit den 90er Jahren die Konkurrenz zwischen professionell Tätigen und der Eigeninitiative von Bürgern/Bürgerinnen, Selbsthilfegruppen und selbstorganisierten Diensten zu. Sozialarbeiterische und sozialpädagogische Fachkräfte müssen hier ihre spezifische Kompetenz zur Lösung sozialer Probleme beweisen.[95]
In vielen Feldern der Sozialen Arbeit werden Professionelle gebraucht, die über Erfahrungen aus ehrenamtlicher Tätigkeit bzw. in Selbsthilfeinitiativen verfügen, weil sie gute Voraussetzungen für neue Formen der Zusammenarbeit professioneller und ehrenamtlicher Mitarbeiter/innen sowie für die Beteiligung von Betroffenen mitbringen.

---

zeichnung „Ehrenamt". Sie meinte, daß bestimmte Personen durch Wahl beispielsweise zu kulturellen und sozialen Tätigkeiten verpflichtet wurden. Die Wahl in diese Ämter wurde als „Ehre" betrachtet. Heute wird unter ehrenamtlicher Tätigkeit im allgemeinen die Dienstleistung ohne Arbeitsvertrag, die grundsätzlich unentgeltlich, freiwillig und mit zeitlicher Begrenzung geleistet wird, verstanden; Erwerbsmotive fehlen. Eine bestimmte berufliche Vorbildung ist in der Regel nicht erforderlich.
95 vgl. Bock, 1993:253-256

Die Tatsache, daß der größte Teil der in unserer Gesellschaft geleisteten ehrenamtlichen Arbeit, d.h. der unentgeltlichen Vernetzungs- und sozialen Unterstützungsarbeit, nach wie vor von Frauen, insbesondere von Familienfrauen, geleistet wird, birgt zum einen die Gefahr der „Ausbeutung" und der Festschreibung von tradierten Rollen, auf der anderen Seite können dieses Engagement und diese Kompetenzen im Rahmen einer sozialen Ausbildung anerkannt und genutzt werden.[96]

Zusammenfassend ist festzuhalten, daß im Studium sozialwissenschaftliches (Theorie)Wissen, das seinerseits zumeist nicht eigenständig ist, sondern aus anderen, flankierenden Fachdisziplinen stammt, verwendet und in Ausbildungswissen transferiert wird. Im Studium werden die wissenschaftlich systematisierten Wissenselemente in (virtuell) berufsqualifizierende umgewandelt. Die zukünftigen Professionellen sollen die Kompetenz zu Angemessenheits- und vor allem zu Differenzurteilen erwerben. Dies bedeutet, sie müssen erstens den Bestand an disziplinärem Wissen kennen, und sie müssen zweitens in der Lage sein, habituell und unter den Bedingungen der Praxis disziplinäres Wissen in ein je besonderes Verhältnis zum je individuellen Fall zu setzen. Für die Produktion disziplinären wissenschaftlichen Wissens folgt daraus, daß sich dieses nicht vordergründig an den Ausbildungs- und (vermeintlichen) Praxisbedürfnissen orientieren darf, sondern - die Differenz zwischen Disziplin und Profession, zwischen Forschung und Handeln aufnehmend und nicht voreilig zuschüttend[97] - an den disziplinären Theorieperspektiven. Dementsprechend geht es darum, daß das disziplinäre Wissen nicht die Vermittlungsleistung der (angehenden) sozialpädagogischen und sozialarbeiterischen Fachkräfte vorwegnimmt, sondern sich als ein eigenständiges Reflexionsangebot zur Verfügung stellt. Das in „lehrbare Form gebrachte" sozialwissenschaftliche Wissen, das spezialisiert auf eine disziplin-konstituierende Problemstellung verpflichtet ist[98], darf in kritisch distanzierter Beobachtung gewonnen werden und deshalb „esoterisch" und handlungsentlastet gegenüber dem sein, was für Praktiker/innen, die unter Handlungszwang und unter Entscheidungsdruck Wissen anwenden (müssen), relevant ist. Im Vergleich dazu stellt die berufliche Praxis eine weitere Transformationsstufe dar. Hier geht es um die häufig mehrfache Relationierung von Ausbildungswissen und der Eigenlogik der Praxis.

---

96 vgl. Pkt. 3.2.
97 vgl. Tenorth, 1994
98 vgl. Stichweh, 1994

Eine zentrale Aufgabe, die im Rahmen der Ausbildung der Sozialen Arbeit geleistet werden muß, ist demzufolge, den Fokus auf die verschiedenen Variationen des professionellen Handelns in der Sozialen Arbeit zu lenken.

3.1.4. Zum sozialen Bild der Studierenden im Fachbereich Sozialarbeit/Sozialpädagogik (Sozialwesen)

Unstrittig haben die Expansion der Hochschulen und die veränderte soziale Rekrutierung zu einer Erosion der studentischen Normalbiographie und zu einer in sich stark differenzierten Studentenschaft geführt.[99] Fricke und Grauer[100] stellen in ihrer Untersuchung zur Hochschulsozialisation im Sozialwesen fest, daß nahezu alle Indikatoren einer veränderten Studentenolle bei den Studierenden des Fachbereichs Sozialwesen besonders ausgeprägt sind. In Folge des kontinuierlich steigenden Studienalters, der häufig vorausgehenden Berufsausbildung und z.T. langjährigen Berufserfahrung, eines starken Trends zu fester Partnerbindung oder Familiengründung und eigener Wohnung mit entsprechendem Konsumbedarf sowie einer studienbegleitenden oder gar studiendominierenden Erwerbstätigkeit stände das Studium nicht mehr unbedingt im Mittelpunkt der Lebensorganisation, gäbe es vielmehr - im besten Falle - ein gleichberechtigtes Nebeneinander von Studium, Erwerbstätigkeit und Familie/Partnerschaft. Daraus würde ein problematisch geringer Studienaufwand, der sich im Studienverlauf noch verstärke und die Studierenden im Mittel als Teilzeitstudierende ausweise, folgen. Nur Minderheiten würden dem Studium das Gewicht einer normalen Berufstätigkeit geben oder darin gar den Mittelpunkt ihres Lebens sehen.

In fast allen demographischen Variablen unterscheiden sich die Studierenden des Fachbereichs Sozialwesen bedeutsam von anderen Fachrichtungen oder von der Verteilung der Merkmale in der gesamten westdeutschen Studentenschaft. Vor allen anderen Merkmalen fällt der große Anteil von Studentinnen ins Auge. Mit 75% dominieren Frauen den Studiengang deutlich. Die Konstanzer Studenten-Erhebungen registrieren

---

99 vgl. Pkt. 2.1.
100 vgl. Fricke/Grauer, 1994

...eit einen seit 1982 von 59% auf 74% steigenden Frauenanteil in ...alfachbereichen der Fachhochschulen.[101]

Aus dem Bundesland Nordrhein-Westfalen liegen folgende Zahlen vor: Im Wintersemester 1995/96 gab es an den Fachhochschulen in Nordrhein-Westfalen im Studienbereich Sozialwesen 14.478 Studierende: 9.771 (67,49%) Frauen und 4.707 (32,51%) Männer. Insgesamt wurden zum Stichtag 1.10.95 225 Lehrende: 166 Männer (73,78%) und 59 (26,22%) Frauen an den Fachhochschulen in Nordrhein-Westfalen im Sozialwesen gezählt.[102]

Diese Verteilung nach Geschlecht spiegelt - zumindest auf der Ebene der Studierenden - die Praxis der Sozialen Arbeit als überwiegend weibliche Domäne wider. Die geschlechtsspezifische Dimension zeigt sich auch in den Motiven zu dieser Ausbildung und in den Orientierungen gegenüber dem angestrebten Beruf.[103]

Eine weitere augenfällige Differenz zu anderen Studiengängen liegt im kontinuierlich steigenden Alter bei Aufnahme des Studiums, das im Mittel erst zu einem Zeitpunkt begonnen wird, an dem die Hochschulausbildung gemeinhin bereits beendet ist. Entsprechend dem höheren Alter und insbesondere dem größeren Anteil älterer Studierender sind in den Studiengängen Sozialarbeit/Sozialpädagogik „erwachsene" Lebensformen besonders ausgeprägt. Durch den späten Studienantritt verfügen die meisten Studierenden nicht nur über erhebliche Berufserfahrungen und damit über eine ausgeprägtere Selbstverständlichkeit eigenen Einkommens, sondern weit überdurchschnittlich über Lebenserfahrungen mit eigenen Familien, mit Kindern und selbständigen Haushalten. Doppelt so viele wie in der Gesamtstudentenschaft sind verheiratet, viele leben mit ihrem Partner/ihrer Partnerin zusammen.[104]

Der Anteil derer, die eigene Kinder haben, liegt nahezu dreimal so hoch wie bei der Gesamtheit der Studierenden. Jede/r 25. Studierende ist geschieden oder verwitwet und hat damit die Erfahrung des Todes des Partners oder des Scheiterns einer Ehe hinter sich.

Diesem Bild „erwachsener" Studierender entspricht auch ein hoher Anteil von Studierenden, die vor dem Studium bereits eine Berufsausbildung

---

101 Fricke/Grauer, 1994:10
102 laut Auskunft des Ministeriums für Wissenschaft und Forschung des Landes NRW vom 4.7.96
103 vgl. Pkt. 3.2.
104 Maier, 1995:34

abgeschlossen haben. Der Anteil derjenigen, die über eine abgeschlossene Berufsausbildung vor dem Studium verfügen, liegt bei den angehenden sozialarbeiterischen/sozialpädagogischen Fachkräften knapp unter 60% und damit dreimal so hoch wie bei Studierenden an Universitäten. An den Hochschulen der (alten) Bundesrepublik ist seit Anfang der 80er Jahre insgesamt eine Zunahme von Studierenden zu verzeichnen, die vor dem Studium eine Berufsausbildung abgeschlossen haben: an den Universitäten von 13% im WS 1983/84 auf 24% im WS 1992/93 und an den Fachhochschulen von 48% auf 68%.[105]

Eine eigene Gruppe - quer zu Bildungs- bzw. Berufskarrieren - bilden an den Studiengängen Sozialarbeit/Sozialpädagogik die Erziehenden, insbesondere die erziehenden Mütter. Das Durchschnittsalter derer, die mit Kind(ern) das Studium beginnen, liegt zwischen 32 und 33 Jahren, die meisten leben zusammen mit ihrem Partner. Während der Anteil der Erziehenden in allen anderen Studiengängen konstant blieb, stieg er in den Studiengängen Sozialarbeit/Sozialpädagogik auf 20% bei der jüngsten Erhebung im Rahmen des Konstanzer Studentensurveys an.[106] Dies entspricht weithin den Ergebnissen der 13. Sozialerhebung, die belegen, daß in gesellschafts- und sozialwissenschaftlichen Studiengängen häufiger Studierende mit Kind(ern) immatrikuliert sind.[107] Die zunehmende Zahl studierender Mütter in den Studiengängen Sozialarbeit/Sozialpädagogik ist ausschließlich dadurch zu erklären, daß immer mehr Frauen mit einem oder mehreren Kindern das Studium der Sozialarbeit/Sozialpädagogik beginnen.

Angesichts der Übereinstimmung der Konstanzer Ergebnisse mit denen anderer Informationssysteme kann mit hoher Sicherheit festgestellt werden, daß in den Studiengängen Sozialarbeit/Sozialpädagogik insgesamt jede fünfte Studentin bereits mit Kind(ern) das Studium beginnt, und daß am Ende des Studiums jede vierte Studentin für ein oder mehrere Kinder sorgt. Auch wenn die Probleme der studierenden Väter unberücksichtigt bleiben, erhalten die Probleme einer Verbindung von Kindererziehung und Studium in diesen Studiengängen ein sehr viel höheres Gewicht als in anderen Studiengängen, in denen zwei Drittel der studierenden Eltern erst im Laufe des Studiums ihr erstes Kind bekommen. Die Doppelbela-

---

105 HIS-Ergebnisspiegel 1993:118-123
106 Datenalmanach 1994:10
107 Kahle, 1993:74f

von Studium und Erziehung erstreckt sich überwiegend über die gesamte Studienzeit.

Damit ändert sich aber das überkommene Bild der studierenden Mütter: Es gibt nicht mehr nur die junge Studentin, die während des Studiums ein Kind bekommt. Daneben tritt die 30- bis 40jährige Frau, die bereits eine erste Berufslaufbahn und/oder eine Familienphase hinter sich hat und sich neu orientiert.[108] Abweichungen vom traditionellen Bild der studierenden Mütter ergeben sich insbesondere durch Zahl und Alter der Kinder: nur 54% der Mütter haben lediglich ein Kind, 31% zwei Kinder und 15% der Frauen haben drei und mehr Kinder. Nicht einmal ein Drittel der Kinder der Studentinnen sind sechs und jünger, über 50% sind zwischen sieben und fünfzehn Jahre alt und immerhin 17% sind bereits älter als fünfzehn - diese Zahl liegt höher als die Zahl der Kinder unter drei Jahren.

Insgesamt ist davon auszugehen, daß die studierenden Mütter ihr Studium sorgfältig planen und mit hoher Disziplin ihre Zeit und Kraft zwischen den verschiedenen Aufgaben verteilen.

Der Soziologe Hondrich hat die "Auch-Studierenden" als dominierenden Typus an den heutigen Hochschulen beschrieben. "Ihr Lebensmittelpunkt ist nicht mehr die Universität, sondern der Arbeitsplatz, die Familie, die Selbsthilfegruppe, die Reise".[109] Hondrich geht davon aus, daß zwei von drei Studierenden diesem Typus angehören. Nach den Untersuchungen der Hochschul-Informations-Systems GmbH (HIS) in Hannover und denen des Konstanzer Studentensurveys ist in allen Studiengängen ein Trend in diese Richtung unverkennbar.

In den Studiengängen Sozialarbeit/Sozialpädagogik ist bereits von den sozialen Rahmenbedingungen her nur ein Drittel der Studierenden in der Lage, ohne Belastung durch Erwerbstätigkeit und/oder Kindererziehung ein Vollzeitstudium zu absolvieren; jede/r vierte Studierende hat durch Kindererziehung oder eine mindestens halbtägige Erwerbsarbeit bereits eine „berufliche" Tätigkeit. Geht man von dem traditionellen Bild des Normalstudierenden aus, der sowohl von der Sorge für den Lebensunterhalt wie von familiären Verpflichtungen freigestellt ist, sich ganz dem

---

108 Wobei es neben diesen „Idealtypen" vielfältige biographische und soziale Situationen von studierenden Müttern gibt.
109 Hondrich, 1994:35

Studium widmen kann und in einem studentischen Milieu lebt, so heben sich die angehenden Sozialarbeiter/innen und Sozialpädagogen bzw. Sozialpädagoginnen in besonderem Maße von „normalen" Studierenden ab.

Abschließend noch einige Beobachtungen zum Studienverlauf. Sowohl innerhalb der Semester-Lehrveranstaltungen als auch und vor allem während der ersten Studiensemester ist eine große Schwundquote von Studierenden festzustellen,[110] die zu einer Selektion führt, deren Gründe sicherlich vielfältig und weitgehend noch unerforscht und unbekannt sind, gewiß aber auch in Orientierungsproblemen und Zielwidersprüchlichkeiten liegen dürften.

Ein Vergleich der Zahlen eingeschriebener Erstsemester-Studenten/ Studentinnen mit der Anzahl aktiv Studierender im und nach dem ersten Studienjahr deutet darauf hin, daß bis zu einem Drittel der Studierenden ihr Studium gar nicht erst aufnehmen oder sehr schnell abbrechen.[111] "Für diesen Selektionsprozeß bei der Inanspruchnahme der Studienangebote, dessen primäre Ursachen in der allgemeinen Tendenz zur Auflösung der traditionellen Studentenrolle liegen dürften (...), der aber auch als Reaktion auf ein deutliches Orientierungsdefizit sowie als Prozeß der Abstimmung über die Qualität der Lehre interpretiert werden müßte, bleibt die Vielfalt der Ursachen im Dunkeln, ist jedoch das Ergebnis offenkundig: Potentielle Kritiker/innen wenden sich ab und bleiben weg, was letztlich (aus Kapazitätsgründen) als Erleichterung allgemein begrüßt wird, jedenfalls keine schreckhaften, selbstkritischen Reaktionen auslöst. Anstatt dies als Herausforderung zu einem Überdenken der traditionellen Studienorganisation von Grund auf wahrzunehmen, ist, wie die deutlichen Informationsdefizite zeigen, eine gründliche Ursachenanalyse bisher keineswegs als dringlich empfunden worden"[112].

So ist es dann nicht weiter verwunderlich, daß eine nach den Erhebungen von Fricke/Grauer[113] anfänglich durchaus "beinahe als enthusiastisch zu bezeichnende Studienmotiviertheit"[114] in den ersten beiden Semestern in aller Regel einer nüchternen, desillusionierten Einstellung

---

110 Diese hohe Schwundquote müßte jeden an der Kosten-Nutzen-Relation orientierten Betrieb aufs höchste alarmieren.
111 vgl. Kähler/Schulte-Altedorneburg, 1995:8
112 Kähler/Schulte-Altedorneburg, 1994:10
113 vgl. Fricke/Grauer, 1994
114 Ebd.:301

weicht, ein beträchtlicher Teil der Studierenden sich durch die Studienordnung unterfordert fühlt und das Augenmerk auf das Ziel konzentriert, gute Noten zu erreichen und das Studium schnell abzuschließen.

Die vom Wissenschaftsministerium Nordrhein-Westfalens beklagten zu langen Studienzeiten sind also keineswegs auf die zu hohen Studien- und Prüfungsanforderungen zurückzuführen, sondern vielmehr dem Umstand zuzuschreiben, daß selbst minimalistische Zeitinvestitionen für das Studium mit den primären studentischen Verpflichtungen außerhalb der Hochschule nur unter Abstrichen zu vereinbaren sind. Insofern zielt eine Hochschulpolitik der „quantitativen" Reduzierung von Studien- und Prüfungsanforderungen zumindest im Sozialwesen an der eigentlichen Studienwirklichkeit deutlich vorbei, müßte der quantitativen jetzt unbedingt eine qualitative Reform durch die Fachbereiche folgen.[115]

3.2 Besonderheiten im Hinblick auf die Adressatengruppe "Familienfrauen"

Die Familientätigkeit wird von vielfältigen Faktoren bestimmt, wie die Abbildung 10 verdeutlicht.

In diesem Kapitel soll aufgezeigt werden, daß die in der Familienarbeit gemachten Erfahrungen und Kenntnisse für die Ausbildung zur Sozialarbeiterin/Sozialpädagogin genutzt werden können. Familienfrauen bringen wichtige Voraussetzungen für eine berufliche Tätigkeit in sozialen Arbeitsfeldern mit.

Zu Beginn des Kapitels ist zunächst die hier gemeinte Adressatengruppe der Familienfrauen, die sich für eine Weiterqualifizierung entschieden haben, näher zu beschreiben. Danach ist auf die Kompetenzen von Familienfrauen, ihre Anerkennung und Nutzung in der Weiterbildung einzugehen und dies beispielhaft an den Frauenstudiengängen an der KFH NW aufzuzeigen. In einem letzten Punkt wird noch einmal kritisch die Frage „Frauen und Soziale Arbeit" diskutiert.

---

115 vgl. Kähler/Schulte-Altedorneburg, 1995:9

Abbildung 10:
Einflußfaktoren auf die Ausgestaltung von Familientätigkeit[116]

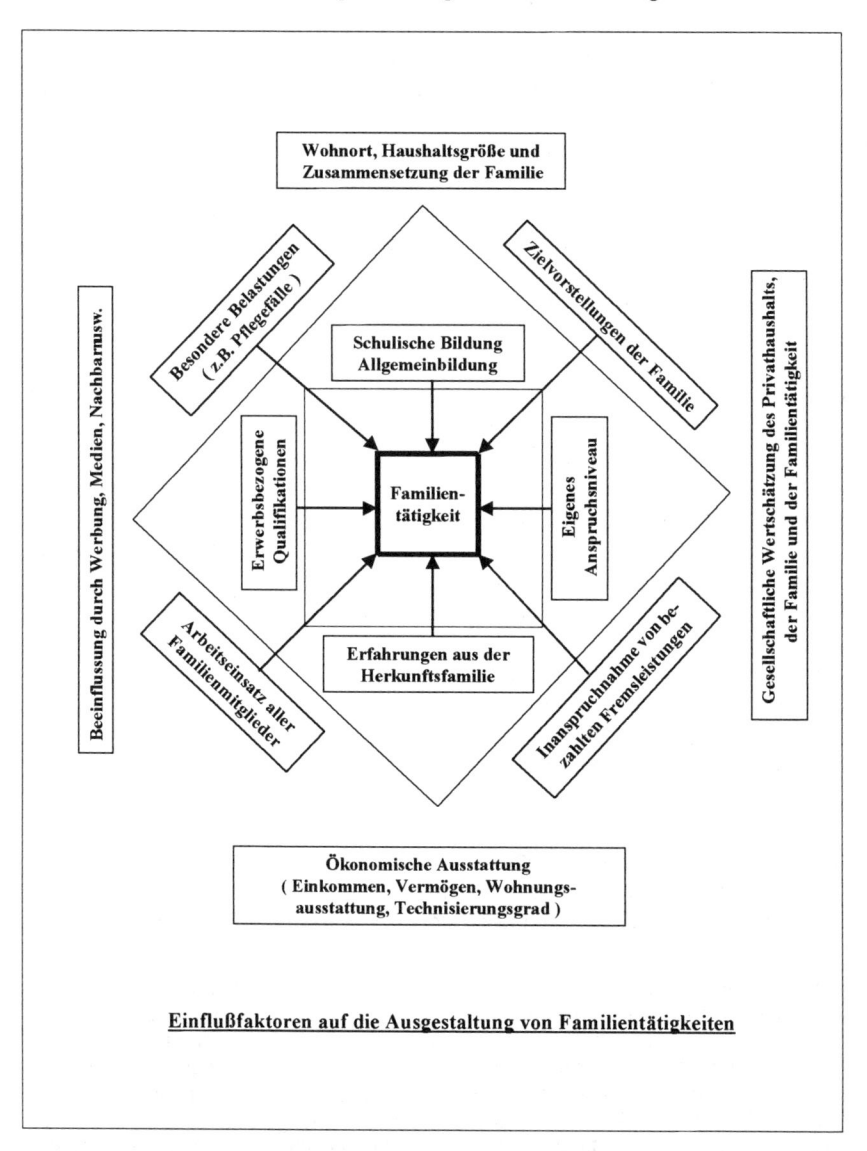

Wohnort, Haushaltsgröße und Zusammensetzung der Familie

Beeinflussung durch Werbung, Medien, Nachbarn usw.

Besondere Belastungen (z.B. Pflegefälle)

Zielvorstellungen der Familie

Gesellschaftliche Wertschätzung des Privathaushalts, der Familie und der Familientätigkeit

Schulische Bildung
Allgemeinbildung

Erwerbsbezogene Qualifikationen

Familientätigkeit

Eigenes Anspruchsniveau

Arbeitseinsatz aller Familienmitglieder

Erfahrungen aus der Herkunftsfamilie

Inanspruchnahme von bezahlten Fremdleistungen

Ökonomische Ausstattung
(Einkommen, Vermögen, Wohnungsausstattung, Technisierungsgrad)

<u>Einflußfaktoren auf die Ausgestaltung von Familientätigkeiten</u>

---

[116] vgl. Institut für Entwicklungsplanung und Strukturforschung Hannover, 1991:16

3.2.1. Zur Situation von Familienfrauen als studentische Adressatengruppe

Die folgenden Aussagen beziehen sich auf Erkenntnisse der Ulmer Frauen Akademie, der Frauenstudiengänge an der KFH NW, einer Befragung der Oldenburger Universität, des Freiburger Modells „Neuer Start ab 35" und der Dortmunder Frauenstudien.

Der Begriff „Familienfrau" wird hier bewußt gewählt. Im Gegensatz zu dem Begriff „Hausfrau" kennzeichnet er den Grund wie den Wirkungsradius „Familie", weswegen Frauen für eine bestimmte, meist längere Phase aus dem Erwerbsleben aussteigen, um sich familiären Aufgaben, vor allem der Kindererziehung zu widmen.

Die Situation von Familienfrauen als studentische Adressatengruppe muß vor dem Hintergrund der veränderten Situation von Frauen in unserer Gesellschaft gesehen werden.[117] Hierzu einige Thesen:

- Frauen fordern auf dem Weg zur Eigenständigkeit immer deutlicher die Möglichkeit ein, eigene Lebensentwürfe zu realisieren. Sie tun dies freiwillig und in dem Gefühl, selbständig das eigene Leben gestalten und den Unterhalt verdienen zu können und zu wollen.

- Viele Frauen wünschen sich heute Kinder, doch möchten sie nicht ausschließlich in der engen Mutter-Kind-Bindung leben, sondern auch berufliche Kontakte pflegen und sich eine eigene Welt, einen eigenen Lebensbereich aufbauen. Dasein für andere genügt ihnen nicht.[118] Das gilt für junge Frauen im Osten und Westen.[119]

- Die gesellschaftlichen Gegebenheiten (hohe Scheidungsquote, Arbeitslosigkeit des Mannes, Verschuldung der Familie) geben keine Sicherheit mehr, daß die Existenzsicherung dauerhaft von einem Ehe-

---

117 Im November 1973 wurde erstmals vom Deutschen Bundestag eine Enquete-Kommission „Frau und Gesellschaft" eingesetzt mit dem Auftrag, ausgehend von der veränderten gesellschaftlichen Situation der Frau, Vorschläge zu unterbreiten, die dem Ziel der rechtlichen und sozialen Gleichberechtigung dienen. Die von der Kommission erarbeiteten Empfehlungen haben zu zahlreichen konkreten Maßnahmen, z.B. die Einführung des Erziehungsgeldes, geführt, die zu einer Verbesserung der Situation der Frau in der Gesellschaft beigetragen haben.
118 vgl. Beck-Gernsheim, 1983:307-340; ähnlich Schön u.a., 1990:54
119 Keddi, Kreil, 1994:17-34

mann übernommen wird: Die traditionelle Kleinfamilie verliert an Verläßlichkeit und Anziehungskraft bei jungen Leuten[120]: Junge Partner leben auf Zeit verheiratet oder unverheiratet miteinander, bekommen Kinder innerhalb oder außerhalb einer Partnerschaft, ziehen die Kinder allein oder mit einem anderen Partner groß.

- Frauen brauchen eine gute Berufsausbildung, um sich und ihren Kindern einen angemessenen Lebensunterhalt zu sichern. Alleinerziehende (geschiedene oder ledige) Mütter mit kleinen Kindern werden oft vom Vater der Kinder nicht ausreichend versorgt. Sie leben an der Armutsgrenze und müssen z.T. Sozialhilfe beantragen, wenn sie ihre Kinder selbst betreuen wollen. Ein Studienabschluß eröffnet ihnen neue Arbeits- und Lebensperspektiven.

- Für Frauen, die sich anschicken, lebenslang für sich und ihr Kind zu sorgen, gibt es schwerlich *den* günstigen Zeitpunkt, um Kinder zu bekommen. Befragte studierende Eltern mit Berufserfahrung sind der Ansicht, daß sich Berufstätigkeit und Kindererziehung weniger gut vereinbaren lassen als Studium und Kindererziehung. Viele der studierenden Mütter entscheiden sich gewollt oder durch die häuslichen Verhältnisse gezwungen zum „sanften" Ausstieg aus der reinen Familienarbeit.

- Bei einer insgesamt höheren Lebenserwartung ist die aktive Familienphase im gesamten Lebenszyklus kürzer geworden.

Familienfrauen, die heute im mittleren Lebensalter stehen und überwiegend eine traditionelle Sozialisation erfuhren - aber auch jüngere Frauen in der Familienphase - sehen sich gegenwärtig mit einem ausgesprochen widersprüchlichen Frauenbild konfrontiert. Einerseits wird gesellschaftspolitisch immer noch das Bild der traditionellen Ehefrau und Mutter propagiert, die eigene Wünsche und Ansprüche zugunsten der Familienmitglieder zurückstellt[121]. Andererseits entwickelte sich in den letzten Jahren ein neues, konkurrierendes Leitbild der selbständigen, berufstätigen und unabhängigen Frau, die ihr Leben aktiv nach eigenen Wünschen und Bedürfnissen gestaltet.
Wie gehen Frauen mit diesem Widerspruch um? Es sind zwei Gruppen zu unterscheiden, die für unsere Fragestellung relevant sind. Zur ersten

---

120 u.a. Beck-Gernsheim, 1998:17ff
121 vgl. Beck-Gernsheim, 1983:307-340

Gruppe gehören Frauen, die zunächst in der Abwägung ihrer Familien- und Berufsplanung der Familie den Vorrang geben und erst zu einem späteren Zeitpunkt ihre beruflichen und bildungsbezogenen Wünsche zu realisieren versuchen. Die zweite Gruppe umfaßt Frauen, die bereits in der Familienphase eine Neuorientierung suchen.

Zunächst zur ersten Gruppe: Frauen, die nach der Familienphase eine Weiterqualifizierung anstreben.
In der Untersuchung von Feser u.a.[122], in der vor allem das Freiburger Modell „Neuer Start ab 35" im Mittelpunkt der Ausführungen steht, heißt es, daß die entwicklungspsychologische Forschung festgestellt hat, daß das vierte und fünfte Lebensjahrzehnt der Frau eine konfliktreiche Zeit ist. Rollenwechsel, Auseinandersetzung zwischen den Generationen, empty nest, Partnerschaftskrisen, Menopause, Sorge um alte Eltern sind kritische Lebensereignisse, die das Auffinden einer neuen Identität und neuer Lebensziele verlangen.
Der Wunsch, eigene berufliche und bildungsbezogene Wünsche zu realisieren, ist insbesondere bei Frauen sehr stark, die über den zweiten und dritten Bildungsweg in ihr Studium gelangen. Sie wagen den erneuten Einstieg in die Berufstätigkeit bzw. in die akademische Berufsausbildung, nachdem die Familiensituation konsolidiert ist und damit Kinder bereits relativ elternunabhängig sind.

Bedingt durch den strukturellen Wandel der Familie und die Veränderung der Hausarbeit sehen sich Frauen in den mittleren Lebensjahren mit veränderten Anforderungen an sie als Ehefrauen und Mütter v.a. älterer Kinder konfrontiert. Jetzt, nach der Phase der „aktiven Mutterschaft", wird der kompetente partnerschaftliche Dialog gefordert, die persönliche Selbständigkeit, u.U. dazu auch die Erwerbstätigkeit, vor allem aber die Bereitschaft, sich weiter zu qualifizieren, um diesen neuen Anforderungen gerecht zu werden[123]. Obwohl immer noch teilzeitlich eingebunden in Mutterpflichten,[124] werden die Frauen jetzt partiell freigesetzt aus den Aufgaben in der Familie. Sie gewinnen Zeit für Besinnung auf eigene Bedürfnisse und Interessen. In dem Spannungsfeld zwischen unterschiedlichen Leitbildern, familiären Erwartungen und Eigeninteressen nimmt das Bedürfnis nach Weiterqualifikation deutlich zu. Die Gruppe von Mittelschichtfrauen am Ende der Familienphase zeigt sich dabei als

---

122 vgl. Feser u.a., 1989
123 vgl. Herlyn/Vogel, 1988
124 Hier kann von einer „flankierenden Mutterschaft" gesprochen werden.

besonders weiterbildungsinteressiert. Sie empfindet und artikuliert persönlichen Bedarf nach neuen Lebensperspektiven in besondere. Weise.

Weiterqualifikation wird gerade für die Frauen im mittleren Lebensalter, die gesellschaftliche sowie auch persönliche Umbrüche erleben, attraktiver und notwendiger denn je. Weiterqualifikation kann für die einzelne Frau unterschiedliche Funktionen haben: Ersatz für Erwerbsarbeit, Qualifizierung für eine Tätigkeit in einem neuen Beruf oder in neuen Aufgaben und Arbeitsfeldern, Nachholen von empfundenen Bildungsdefiziten oder ganz einfach Nutzung von Möglichkeiten zur Persönlichkeitsentwicklung. Die Suche nach neuen beruflichen Möglichkeiten ist wohl auch im Zusammenhang mit der empfundenen Unzufriedenheit mit dem früheren Schulabschluß und der früheren Berufswahl zu sehen[125].

Neben den Frauen der mittleren Altersgruppe, die nach längerer Zentrierung auf die Familienarbeit für sich neue Lebensperspektiven zu gewinnen und neue Formen der Identität aufzubauen suchen, wächst die zweite Gruppe von Frauen, die schon neben ihrer Familienarbeit eine solche Neuorientierung und Möglichkeit der Weiterqualifikation anstreben. Immer mehr Frauen wollen schon während der Familienphase wieder erwerbstätig werden. Die Bedürfnisse dieser Frauen nach Selbstfindung und intellektueller Durchdringung sind noch lange nicht ausgeschöpft. Sie entwickeln ein neues Verständnis von ihren Aufgaben in der Familie, von ihrem Engagement im Lebensraum und auch im Beruf. Viele von ihnen suchen nach Möglichkeiten, diese Aufgaben nicht wie bisher strikt voneinander zu trennen, sondern sie miteinander zu verbinden. Auch hier kann davon ausgegangen werden, daß für viele dieser Frauen Familiengründung und Karriereverwirklichung des Partners zunächst Vorrang vor dem eigenen Studium hatten und erst im Anschluß daran das eigene Studium subjektiv und objektiv möglich erscheint. Als Hauptmotivation für das Studium werden die berufliche Weiterbildung und der Einstieg in ein neues Berufsfeld benannt. Der Erwerb professioneller Arbeitsmethoden hat dabei eine hohe Priorität.[126]

Die jungen Familienfrauen können heute ein recht hohes Bildungsniveau nachweisen. So besitzen z.B. im laufenden Frauenstudiengang an der KFH Aachen 25 von 32 Studentinnen die allgemeine bzw. Fachhoch-

---

125 vgl. Frauenakademie Ulm, 1992
126 Bock/Genenger-Stricker, 1994:17

schulreife.[127] Hier machen sich die Auswirkungen der Bildungsreform in den 70er Jahren bemerkbar.

Für viele hat sich durch die Familienphase und/oder durch ehrenamtliches Engagement die Richtung der Berufswünsche und der Lebensorientierung geändert. Die Spitzenplätze bei den veränderten Berufswünschen nehmen die Bereiche „soziale" und „pflegerische" Berufe ein. Schwerpunkte der Weiterbildungswünsche liegen vor allem auf dem Gebiet der „Humanwissenschaften" (Sozialwissenschaften, Gesellschaftswissenschaften).

Diese Studienwahl stellt einen Reflex auf die Erfahrungen mit den eigenen Kindern bzw. auf Erfahrungen aus ehrenamtlicher Tätigkeit dar. Aus der Lebenspraxis als Mutter bzw. als Ehrenamtliche im sozialen Bereich ergeben sich häufig Anregungen, Interessen und Motivationen für die Wissenschaft der Sozialarbeit/Sozialpädagogik.[128] Die Ergebnisse der Eingangsbefragung im Modellprojekt[129] machen deutlich, daß der Weg der Frauen in das Studium über die reflektierte Familienarbeit - verbunden mit Aufmerksamkeit für Vorgänge im Lebensumkreis - zum ehrenamtlichen Engagement und zum Interesse an sozialen Problemen führte. Diese Frauen suchen aus der Perspektive des sozialen Engagements heraus den Weg zur Professionalität vorrangig in der Sozialen Arbeit. Die Anforderungen, die dabei erlebt wurden, mündeten in dem Wunsch nach einer Ausbildung und einer professionellen Tätigkeit. Es darf aber auch nicht übersehen werden, daß neben dem Wunsch, Kenntnisse und Erfahrungen aus Familienarbeit und Ehrenamt als Instrumente für eine professionelle Tätigkeit zu nutzen, auch die intrinsische Motivation eine Rolle spielte. Immerhin sahen 20% der Teilnehmerinnen des Modellprojektes im Studium auch die Möglichkeit, etwas für sich und ihre persönliche Entwicklung zu tun.

Hinzu kommt, daß Menschen heute – unabhängig von ihrer persönlichen Situation – dem schnellen Wandel der gesellschaftlichen Herausforde-

---

127 Die anderen sieben Studentinnen haben den Zugang zum Studium über die Einstufungsprüfung gemäß § 45 Abs. 2 Fachhochschulgesetz vom 22.6.1984 erhalten.
128 Bock/Genenger-Stricker, 1994:17
129 vgl. Bau-van der Straeten, 1990

rungen nur gewachsen sind, wenn sie lebenslang lernen.[130] F
quenz, die sich daraus ergibt, ist auch „das Überdenken c
und die Neudefinition der Funktionen der Hochschulen im Blick au
notwendige Entwicklung des „lebenslangen Lernens für alle" als der
zentralen Zukunftspriorität für den gesamten Bildungsbereich"[131]. Ein
Kernpunkt, an dem sich die Öffnung der Hochschulen für die sich entwickelnde Lerngesellschaft zu bewähren hat, ist die Überprüfung und Anerkennung der außerhalb der Hochschule erworbenen Kenntnisse und Fähigkeiten.

Zusammenfassend läßt sich feststellen, daß sich viele Frauen aufgrund der gesellschaftlichen Gegebenheiten, also aufgrund von politischen, ökonomischen und ideologischen Strukturen, „im Zwiespalt" befinden zwischen eigenverantwortlichem Handeln und „Dasein für andere", zwischen Weiterqualifikationsinteressen, Selbstverwirklichungswünschen und der realen Notwendigkeit, sich sozial abzusichern. Objektive Arbeitsmarktlage, familiäre Situation und gesellschaftliche Rahmenbedingungen engen immer noch die Realisierung der persönlichen Weiterqualifizierungswünsche ein oder verunmöglichen sie. Es ist davon auszugehen, daß viele Frauen in und am Ende der Familienphase eine Neuorientierung suchen. Der Wunsch nach einer außerfamiliären Aufgabe ist oft - aus vielen Gründen - nicht im Bereich der erlernten Berufstätigkeit realisierbar oder in diese Richtung ausgerichtet. Viele Frauen befinden sich auf der Suche nach einem neuen Betätigungsfeld „zwischen Ehrenamt und Berufstätigkeit", das ihren Interessen entspricht, gesellschaftlich sinnvoll ist und honoriert wird. In diesem Zusammenhang gewinnt die Aufnahme eines Studiums immer größere Bedeutung.

Trotz aller Widersprüche und Konflikte artikulieren Frauen in ihrer Entscheidung für ein Studium Ansprüche auf Lern- und Entwicklungsmöglichkeiten auch für die eigene Person, auf einen Einstieg in qualifizierte Berufsarbeit, auf Selbstbestimmung und Gleichberechtigung, ohne auf ein Leben mit Kindern und die alltägliche Sorge für sie zu verzichten.[132]

---

130 Bereits 1971 hat F. Pöggeler darauf hingewiesen, daß „life-long learning" (education permanente) für jeden Erwachsenen unerläßlich ist. vgl. Pöggeler, 1971:3
131 Dohmen, G., 1996:78. Dohmen bezieht sich hier auf den UNESCO-Bericht: Policy Paper for Change and Development in Higher Education. Paris 1994
132 vgl. Frankenberger/Schön/Tewes-Karimi, 1989:183

Wie stehen nun die Partner/Männer zu diesen Weiterqualifizierungsinteressen ihrer Frauen?

Die Interviews an der Gesamthochschule Essen[133] zeigen, daß die außerhäusliche Erwerbstätigkeit des Mannes durch ihren materiellen Beitrag zur Sicherung des Familienlebens von vorneherein Vorrang und höhere gesellschaftliche Relevanz hat: Die Arbeitszeiten sind meist starr, die Leistungsanforderungen klar strukturiert, der (Tauschwert-)Effekt liegt auf der Hand. Das Studium der Frau hat dagegen aus der Sicht des Mannes eher nachrangige Bedeutung. Dennoch akzeptieren die meisten Männer mit mehr oder weniger großen Einschränkungen, daß ihre Frauen studieren. Sie wünschen sich allerdings, daß sich das Studium im wesentlichen auf die Lücken der Familienarbeit beschränkt und daß das Familienleben dadurch möglichst nicht weiter tangiert wird.

Das Studium sei so zu gestalten, daß der männliche Partner und die Kinder davon weitgehend unberührt, zumindest aber nicht negativ beeinträchtigt werden. Es soll möglichst „alles beim Alten bleiben". Während Studium und Erwerbstätigkeit aus der Sicht der Frau eher gleichberechtigte außerhäusliche Tätigkeiten sind, die eine partnerschaftliche Aufteilung der Hausarbeit und Kindererziehung erfordern, bewerten die dazugehörigen Männer in aller Regel ihre Erwerbsarbeit als relevanter, belastender, bedeutender und nehmen den familiären Bereich als Raum für Erholung wahr. Die Frauen fühlen sich oft von ihren Partnern mit ihren Anforderungen und Problemen - Studium, Haushalt und Kind - alleine gelassen. Diese Erfahrung bewirkt oft eine dramatische Krise, die den Stellenwert dieser Partnerschaft grundsätzlich in Frage stellen kann.

Während die Frauen, solange sie zu Hause waren, ihre Alleinzuständigkeit für Haushalt und Familie meist klaglos akzeptiert haben, bewirkt das Studium mit seinen Anforderungen eine grundsätzliche Veränderung der bisherigen Arbeitsteilung. Die Veränderung wird von den betroffenen Männern entweder von vornherein blockiert oder doch faktisch nicht eingelöst.

Die Diskrepanz zwischen einem Gleichheitsideal, das von den Studentinnen mehr oder weniger nachdrücklich angestrebt bzw. vertreten wird, und den realen Ungleichheiten in den Belastungen durch Haushalt und Kinder schürt immer wieder Partnerschaftskonflikte, -krisen und Tren-

---

133 vgl. Ebd.

nungen. Auf der ohnehin komplizierten Gradwanderung zwischen Studienanforderungen und sogenannten privaten Lebensanforderungen und Interessen ergeben sich durch diese Konflikte erhebliche zusätzliche Belastungen und Schwierigkeiten.

Eine Befragung im Modellprojekt bestätigt diese starken Umorientierungen:
Viele Teilnehmerinnen des Modellprojektes hatten bereits eine längere Familienphase hinter sich und wollten mit dem Studium einen neuen Lebensabschnitt einläuten. Die Ehemänner und die Kinder waren einverstanden. Die Krise entzündete sich dann oft daran, daß eine von den Frauen gewünschte Aufgabenverteilung nicht stattfand oder nicht funktionierte. So hatten die Frauen die Doppelbelastung Studium und Familie/Haushalt zu bewältigen, während die übrigen Familienmitglieder sich so verhielten, als hätte sich für sie nichts Grundlegendes verändert. Die Lage spitzte sich im Einzelfall zu, da die studierenden Frauen neue Inhalte, neue Ideen mitbrachten, die Ehemänner in ihrer Rolle infrage stellten und somit die früher gefundene Balance der Ehe und Familie ins Wanken geriet. Anders ausgedrückt: Die im Studium kennengelernten Ideen führten zu höheren Anforderungen an die Qualität einer Partnerschaft. Es bestand die Gefahr einer ungleichzeitigen Entwicklung der Partner und Partnerinnen.

Die Zerrissenheit ist ein Aspekt der Gratwanderung zwischen Familie und Studium, der alle Studentinnen mit Kindern betrifft. Ihr Sonderstatus bewirkt eine gewisse Distanz zu beiden Welten, denen sie nur zum Teil angehören. Das Kind/die Kinder wie auch das Studium als neuer Bezugspunkt lösen im sozialen Umfeld gravierende Veränderungen aus. Die betreffenden Frauen suchen Kontakte zu Personen, die in ähnlichen Lebenssituationen stecken. Ihre familiale Verantwortung, ihre Haushaltsorganisation, ihre anderen Lebenserfahrungen bewirken oft eine gewisse Distanz zu den „normalen" Studierenden, die zudem sehr viel jünger sind. Obwohl gerade für sie regelmäßiger Austausch und gegenseitige Hilfestellung notwendig und hilfreich wären, müssen sie in bezug auf universitäre Kontakt- und Kommunikationsstrukturen erhebliche Abstriche machen, falls nicht - wie in den Frauenstudiengängen an der KFH NW - unterstützende Strukturen (Gruppe, Studienbegleiterin) vorhanden sind.[134]

---

134 vgl. auch Bock/Genenger-Stricker, 1994:34-36

Alle in der Essener Befragung interviewten Frauen lehnen es ab, ein auf die Familie reduziertes Leben zu führen, sie genießen aber auch ihren Bezug zu Kindern neben dem Studium.

3.2.2. Qualifikationen von Familienfrauen, ihre Anerkennung und Nutzung in der Weiterbildung

Es sind viele unbezahlte Arbeitsstunden, die Frauen in Kindererziehung und Pflege, in Haushalt und Hauswirtschaft, in vielfältige ehrenamtliche Dienste investieren. Es sind gesellschaftlich unbedingt notwendige Leistungen, die Frauen erbringen, denn es geht darum, Menschen langfristig lebens- und arbeitsfähig zu erhalten, es geht um die „physische und psychische Reproduktion". Frauen machen keinen Erziehungs"urlaub", sondern leisten Erziehungsarbeit. In 98% der Fälle, in denen Erziehungszeiten genommen werden, sind es Frauen, die ihre Erwerbstätigkeit unterbrechen oder niederlegen. Über 80% der Pflege, die zu Hause geleistet wird, wird von Frauen übernommen. Nach Schätzungen werden 80% der ehrenamtlichen sozialen Dienste ebenfalls von Frauen erbracht. Dabei geht es um qualifizierte Tätigkeiten, die z.B. in Erziehung und Pflege anfallen. Es sind vielfältige Fähigkeiten, die Frauen in der Familientätigkeit und im Ehrenamt erwerben, z.B. organisatorische, soziale und kommunikative Kompetenzen. Durch die Führung eines Haushalts werden sowohl berufsübergreifende als auch fachliche Kenntnisse und Fertigkeiten erworben. Selbständiges Lernen, sich etwas erarbeiten können, sind Elemente, die in der Konfrontation mit den familialen Pflichten ausgeprägt werden.[135]

Familienfrauen bringen wichtige Voraussetzungen für eine berufliche Tätigkeit in Arbeitsfeldern der Sozialen Arbeit mit. Es wird davon ausgegangen, daß die in der Familienarbeit sowie im sozialen und politischen Engagement und zum Teil auch in der Erwerbstätigkeit gemachten Erfahrungen und Kenntnisse für die Ausbildung zur Sozialarbeiterin/Sozialpädagogin genutzt, vertieft, erweitert und weitergeführt werden können.

Im folgenden wird versucht, die Qualifikationen von Familienfrauen differenzierter zu beschreiben und Modelle zur Analyse und Bewertung solcher Qualifikationen vorzustellen. Ich werde der Frage nachgehen, ob

---

135 vgl. Zierau u.a., 1991

und unter welchen Bedingungen sie beruflich verwertbar sind bzw. für die Ausbildung zur Diplom-Sozialarbeiterin/Sozialpädagogin genutzt werden können. Ich beziehe mich dabei auf Irmhild Kettschau, die die Anerkennung der beruflichen Nutzung von Qualifikationen im weiblichen Lebenszusammenhang speziell für die Frauenarbeit untersuchte.[136]

3.2.2.1. Qualifikationen im weiblichen Lebenszusammen hang

Von Qualifikationen wird meist ausschließlich im beruflichen Zusammenhang gesprochen. Ein solches Verständnis begrenzt und beschränkt den Qualifikationsbegriff auf nur eine Seite des menschlichen Lebens und der gesellschaftlichen Produktion - die der marktvermittelten, berufsförmigen Arbeit. Aufgabenstellungen und Erfahrungen aus dem privaten Leben, aus der Haus- und Familienarbeit und anderen Formen unbezahlter, aber dennoch gesellschaftlich erforderlicher Arbeit bleiben ausgegrenzt. Die Bedeutung der Familienarbeit und des ehrenamtlichen Engagements für die gesellschaftliche Lebensqualität und Wohlfahrt wird heute - zumindest verbal - von niemandem mehr ernstlich bestritten. Frauen erbringen nach Angaben des statistischen Bundesamtes[137] fast doppelt soviel Zeit mit unbezahlter Arbeit wie Männer. Deutlich wird hier, daß es nach wie vor eine geschlechtsspezifische Zuweisung von Arbeiten in unserer Gesellschaft gibt und daß es nach wie vor Bestandteil der weiblichen Lebenspraxis ist, beide Bereiche, Beruf und Familie, im Verlauf des Lebens zu vereinbaren.
Offen blieb allerdings bisher die Frage, welche Konsequenzen aus diesem Tatbestand zu ziehen sind - und auf welchen Gebieten.

Die folgenden Ausführungen konzentrieren sich auf das Thema „Qualifikationen". Die Qualifikationsbilanz beispielsweise der Teilnehmerinnen der Frauenstudiengänge an der KFH NW weist Fähigkeiten und Kenntnisse in unterschiedlichen Bereichen aus. Diese Frauen besitzen schulische Abschlüsse, haben einen Beruf gelernt und ausgeübt, haben sich (in den meisten Fällen) eine Zeitlang überwiegend der Familie gewidmet, haben sich in vielfältiger Weise ehrenamtlich engagiert, sind auf Honorarbasis in sozialarbeiterischen/sozialpädagogischen Feldern tätig

---

136 vgl. Kettschau, 1996
137 Statistisches Bundesamt, 1997:582f

oder arbeiten im Familienbetrieb mit. Ihre aktuelle Qualifikation ausschließlich nach den schulischen und beruflichen Abschlüssen und Erfahrungen bemessen zu wollen, hieße, sie entscheidend zu verkürzen und damit zu verfälschen, hieße aber auch, den gesellschaftlich so wichtigen Bereich jeder Haus- und Familienarbeit wiederum zu negieren bzw. der einzelnen Frau zum Nachteil gereichen zu lassen.
Aufgelistet nach den Lebenszusammenhängen, in denen sie gewonnen wurden, lassen sich folgende Qualifikationsbereiche benennen[138]:

- schulische und berufliche Ausbildungen und Weiterbildungen;
- Berufserfahrungen aus hauptberuflicher und nebenberuflicher Tätigkeit;
- Kenntnisse und Kompetenzen aus der Haus- und Familienarbeit, einschließlich Erziehungs- und Pflegearbeit;
- Kenntnisse und Kompetenzen aus weiterer unbezahlter Arbeit, z.B. aus ehrenamtlichem sozialen und politischen Engagement;
- Kenntnisse und Kompetenzen aus nicht berufsbezogenen Weiterbildungen.

In der Frauenforschung wird von der „doppelten Orientierung" der Frauen und ihrer „doppelten Qualifikation" gesprochen. Damit ist gemeint, daß Frauen sich sowohl auf die Berufstätigkeit und insgesamt auf die Berufswelt mit ihren spezifischen Anforderungen hin ausrichten und hierfür Qualifikationen erwerben als auch auf die Familie und die familiale Sphäre mit ihren in der Regel andersgearteten Ansprüchen, Normen, Werten, Verhaltensanforderungen usw. Frauen sehen in beiden Bereichen für sich verantwortliche, aktive Rollen.
Das gängige Modell, Qualifikationen ausschließlich beruflich zu verstehen, hat dagegen für Frauen sehr problematische Auswirkungen. Bei der Berufsrückkehr bzw. bei neuen Ausbildungen scheint die Familienphase zu einem Nullsummenspiel zu werden; mehr noch, es wird den Frauen eine zweite Rechnung präsentiert für die Familientätigkeit. Bestand der erste Preis, den sie gezahlt haben, aus dem Verlust des eigenen Einkommens und der eigenständigen sozialen Sicherung, so müssen sie jetzt feststellen, daß sich durch die Familienphase ihre Qualifikationen (aus der Sicht des Arbeitsmarktes) nicht nur nicht erweitert haben, sondern abgewertet werden. Um hier Abhilfe zu schaffen, sind in den letzten Jahren verstärkt Modelle entwickelt und diskutiert worden, die es möglich machen sollen, zu einem erweiterten Verständnis von Qualifikationen zu

---

138 vgl. auch Stiegler, 1992

kommen, und das heißt, die Erfahrungen und Kompetenzen aus der Familienarbeit und dem Ehrenamt als beruflich verwertbare Qualifikation zu verstehen.

Ansätze zur Erfassung und Bewertung von Qualifikationen aus dem weiblichen Lebenszusammenhang:
In der Fachdiskussion über die Anerkennung und mögliche berufliche Nutzung von Familienkompetenzen gibt es unterschiedliche Ansätze. Zunächst wird hier auf die „Familienqualifikationen" im engeren Sinne eingegangen, dann die Idee der „Schlüsselqualifikationen" aufgegriffen und schließlich auf den 5. Familienbericht mit seinem Konzept der „Daseinskompetenzen" Bezug genommen. Abschließend wird das Modell der „Qualifikationskombinationen" vorgestellt. Hierbei handelt es sich um einen Versuch, das spezifische Qualifikationsprofil zu beschreiben, wie es bei den Teilnehmerinnen der Frauenstudien in Dortmund aber auch bei den Teilnehmerinnen der Frauenstudiengänge an der KFH NW festgestellt wurde.

3.2.2.2. Familienqualifikationen

In der Diskussion zu den Familienqualifikationen wird generell von den gesellschaftlichen Funktionen und Aufgaben der Familie[139] und des Haushalts ausgegangen[140]:

- die Bestandserhaltung der Gesellschaft und gesellschaftlicher Gruppen durch die Familienbildungs- und Familienentwicklungsprozesse (generative Funktion);
- die Sicherung von Gesundheit und Wohlbefinden, damit auch die Bereitstellung des gesellschaftlichen Arbeitspotentials (Regenerationsfunktion);
- die Sicherung der Kultur des Zusammenlebens durch die Sozialisationsleistungen im alltäglichen Zusammenleben (Sozialisationsfunktion);

---

139 Unter „Familie" soll hier jede private Lebensgemeinschaft verstanden werden, in der gegenseitige Fürsorgebeziehungen bestehen und Versorgungsleistungen erbracht werden.
140 vgl. von Schweitzer, 1993:1-15

- sowie die Erhaltung, Sicherung und Vermehrung der Ressourcen zur Daseinsvorsorge (die ökonomische Funktion).

Die Realisierung dieser Funktionen setzt den Einsatz von Haushaltsressourcen, also der Wohnung, von Sachgütern, Geldmitteln und von Hausarbeit voraus. Für die Hausarbeit geht es dabei um die Integration unterschiedlicher Dimensionen. Als wichtigste sind zu nennen die:

- materiell-technische/sachbezogene Dimension;
- soziale, kulturelle und emotionale Dimension;
- planerische und dispositive Dimension.

Bei der Bewältigung konkreter Haushaltsaufgaben sind diese Dimensionen meist miteinander verbunden. Neben die sachbezogenen Aspekte treten soziale und kulturelle Fragen sowie emotionale Zielsetzungen, und schließlich ist dies alles in eine Zeit-, Arbeits- und Kostenplanung zu integrieren.

Mehr oder weniger bewußt, ausgesprochen und zwischen den Haushaltsangehörigen vereinbart, wird die Haushaltsführung von Zielen bestimmt, die kurz-, mittel oder langfristig sein können. Als mögliche Beispiele seien genannt: umweltbewußte Haushaltsführung, Vermögensbildung, gesundes Leben und Berufserfolg der Kinder. Wichtig daran ist für unseren Zusammenhang, daß sich aus solchen Haushaltszielen qualitative Standards, also Bewertungsmaßstäbe für eine gelungene Haushaltsführung ableiten lassen. Mit Hilfe solcher Standards ist es möglich, Aussagen über den Erfolg und die Qualität der Haushaltsführung zu treffen.

Möglich sind auch Schlußfolgerungen hinsichtlich der erforderlichen Qualifikationen. Es muß ein beschreibbares Wissen - definierbare Fähigkeiten und Fertigkeiten - vorhanden sein, um die Haushaltsführung gelingen zu lassen. Mit dem Einfühlungsvermögen und der „weiblichen Intuition" ist es nicht getan.

Ein Katalog der Familienqualifikationen könnte zum Beispiel so aussehen[141]:

- Kulturtechniken und gesellschaftliches Grundwissen;
- hauswirtschaftliche, materiell-technische Qualifikationen;
- disponierende und organisatorische Qualifikationen;

---

[141] dazu ausführlicher: Kettschau, 1991:141-146; dies., 1993:143-165

- Qualifikationen für Betreuung, Pflege und Versorgung;
- pädagogische und psychosoziale Qualifikationen;
- gestaltende, kreative Qualifikationen.

Es gibt unterschiedliche Ansätze zur Bewertung der Hausarbeit/Familienarbeit, die sich den theoretischen Überlegungen zu den „Familienqualifikationen" zuordnen lassen. Zwei davon sollen hier erwähnt werden.

Ein Ansatzpunkt zur Analyse und Bewertung von Haushaltsleistungen ist die Ermittlung des (geldlichen) Wertes der Hausarbeit in Fällen, in denen die haushaltsführende Person durch jemand anderen zu Schaden gekommen ist. Im Kern der dabei angewandten Bewertungsverfahren steht eine spezifische Untersuchung und Analyse der Leistungen, wie sie in dem konkreten Haushalt erbracht worden sind. Verallgemeinerbare Aussagen über den „Wert der Hausarbeit" werden in diesem Verfahren nicht in erster Linie angestrebt und nur begrenzt gewonnen. Rückschlüsse auf die Qualifikationen, die in dem konkreten Fall für die Haushaltsführung erforderlich waren, sind allerdings durchaus möglich und in manchen der Bewertungsansätzen bereits enthalten.[142]
Eine systematische Diskussion dieses Aspektes steht jedoch noch aus.

Ein zweiter Ansatzpunkt zur Bewertung von Haus- und Familienarbeit zeigt sich in der erstmals 1991/92 durchgeführten Erhebung des Statistischen Bundesamtes über das Zeitbudget der Bevölkerung. Mit Hilfe der Dokumentation von Art und Dauer unbezahlter Aktivitäten soll eine Grundlage für deren rechnerische Bewertung und Einbeziehung in die volkswirtschaftliche Gesamtrechnung geschaffen werden.[143] Impulse für die Qualifikationsdiskussion könnten von der Zeitbudgeterhebung des Statistischen Bundesamtes unter zwei Gesichtspunkten ausgehen: zum einen zeigt sich in der geldlichen Bewertung der in Haushalt und Familie unbezahlt erbrachten Arbeiten auch ein gewisser gesellschaftlicher Wertmaßstab.[144]
Zum anderen schafft die Aufschlüsselung des Umfangs, der Häufigkeit und der Verteilung der Aktivitäten eine empirisch solide Basis für Überlegungen zu den Anforderungsprofilen der Haus- und Familienarbeit und

---

142 vgl. Landau/Deist/Stübler, 1984
143 vgl. Haines, 1990:107-128
144 Dabei kann kritisch darüber diskutiert werden, inwiefern mit der Methode der Zeitbudgeterhebung tatsächlich zutreffende Erkenntnisse insbesondere zur Qualität von Haushaltsleistungen gewonnen werden können.

für qualifikatorische Schlußfolgerungen. Eine solche Chance produktiv zu nutzen, macht jedoch noch weitere Forschungsarbeiten notwendig.

Der Vielfalt von Aufgaben und Tätigkeiten, aus denen sich die Haus- und Familienarbeit zusammensetzt, entsprechen zahlreiche Berufe von unterschiedlicher Spezialisierung, mit unterschiedlichen Ausbildungsgängen: Köchin, Erzieherin, Sozialarbeiterin/Sozialpädagogin, Seelsorgerin, Putzfrau, Hauswirtschafterin, Krankenpflegerin, Ökotrophologin, Kellnerin u.a.m. Möglichkeiten zur beruflichen Verwertung von Hausarbeitsqualifikationen stehen dabei - generell gesagt - im umgekehrten Verhältnis zur qualifikatorischen Wertigkeit und Spezialisierung eines Berufs. Einem Job als Putzfrau oder Kellnerin stehen Jahre der Familienarbeit nicht im Weg, im Gegenteil. Bei der Köchin, Erzieherin, Seelsorgerin, Sozialarbeiterin/Sozialpädagogin dagegen kommt es auf den formalen Abschluß an - Kompetenzen aus der Familienarbeit zählen hier wenig oder gar nicht.[145]

Enge Bezüge scheinen am ehesten zwischen Familienqualifikationen und hauswirtschaftlichen oder familienpflegerischen Berufen zu bestehen. Aber auch hier gibt es keine automatische oder pauschale Anerkennung, sondern es bestehen Möglichkeiten der Ausbildungsverkürzung bzw. der Anrechnung auf geforderte Jahre der Berufspraxis, um zu einer Externenprüfung zugelassen zu werden.[146]

Das kann nicht zufriedenstellen - u.a. weil es sich hier um relativ eng begrenzte, (frauentypische) Berufsfelder handelt, die auch die frauentypischen Nachteile, wie niedrige Bezahlung, unsichere Arbeitsplätze, geringe Aufstiegschancen usw. aufweisen. Das weite Spektrum der Familienqualifikationen und ihre unter Umständen hohe fachliche Qualität finden in diesen spärlichen Möglichkeiten beruflicher Anerkennung keine angemessene Entsprechung.[147]

---

145 Als ein positives Gegenbeispiel kann das Modellprojekt „Von der Familienfrau zur staatlich anerkannten Erzieherin" des Gleichstellungsministeriums in Rheinland-Pfalz genannt werden, das Anfang der 90er Jahre startete.
146 vgl. Zierau, u.a., 1991
147 Positiv zu würdigen ist allerdings die systematische Untersuchung möglicher Anerkennungen der Familienqualifikationen in der beruflichen Aus- und Fortbildung und das Aufweisen von Handlungsbedarfen und Handlungsspielräumen in einem Projekt, das vom Bundesministerium für Frauen und Jugend gefördert wurde. Vgl. Zierau, J. u.a., 1991

3.2.2.3. Schlüsselqualifikationen

Mit dem Konzept der „Schlüsselqualifikationen" scheint ein neuer Weg zur Wertschätzung und beruflichen Erschließung der Familienqualifikationen gefunden zu sein. Der Begriff entstammt der berufssoziologischen Forschung der 70er Jahre. Festgestellt wurde ein immer schnellerer Wandel der beruflichen Anforderungen. Das einmal Gelernte veraltet rasch. Zudem wird berufliche Mobilität wichtiger. Viele Menschen bleiben nicht im einmal erlernten Berufsfeld, vielmehr wechseln sie des öfteren in ihrem Leben die Tätigkeiten oder selbst den Beruf und auch den Einsatzort. Wichtiger als konkrete fachliche Einzelkenntnisse werden jetzt allgemeine Kompetenzen oder überfachliche Qualifikationen, die als „Schlüsselqualifikationen" bezeichnet werden, wie z.B. logisches Denken, Kooperations- und Kommunikationsfähigkeit, Kreativität oder die Fähigkeit, neue Informationen gewinnen und verarbeiten zu können.[148]

Die von der Berufspraxis formulierten Qualifikationsanforderungen verlangen immer deutlicher neben fachlichem Wissen auch kognitive Schlüsselqualifikationen und soziale Kompetenz.[149] Die Arbeitgeber/innen stellen eine Reihe von Mängeln fest. Neben unzureichenden Transferfähigkeiten sehen sie vor allem Defizite im Bereich der sozialen Kompetenz.[150]

Beklagt werden von den Arbeitgebern/-geberinnen die mangelnde Fähigkeit, sich in das soziale Gefüge einer Institution integrieren zu können, die Unsicherheit im menschlichen Umgang mit Kollegen/Kolleginnen und Vorgesetzten, die Unerfahrenheit in der Teamarbeit sowie allgemeine Mängel in der Arbeitskommunikation. Demgegenüber nimmt insbesondere die Entwicklung eigener Lernstrategien und metafachlicher Fähigkeiten bei Arbeitgebern und Arbeitgeberinnen einen hohen Stellenwert ein. Teamfähigkeit, interdisziplinäres Denken, Kommunikationsfähigkeit, Initiative, Engagement, Sozialkompetenz sind nur einige der von Arbeitgebern/-geberinnen nachgefragten Qualifikationen.

---

148 vgl. Mertens, 1974:36-43; vgl. auch Kettschau, 1991:141-164
149 vgl. Konegen-Grenier, 1995:223-228
150 Soziale Kompetenz, d.h. die Fähigkeit, in Gruppen zu arbeiten, die Fähigkeit, ausgleichend und anregend zu wirken, die Fähigkeit, Personalmanagement zu betreiben.

Mit Hilfe dieser Qualifikationen sollen die Berufstätigen in der Lage sein, ein Arbeitsleben lang wechselnde berufliche Anforderungen zu bewältigen.

Zur Nutzung des Konzeptes der Schlüsselqualifikationen für den beruflichen Wiedereinstieg von Frauen in bzw. nach der Familienphase sind vor allem zwei Argumente wichtig:

Die erste Überlegung besagt, wenn berufliches Wissen schneller veraltet, müssen Berufstätige selbst auch immer wieder neu lernen. Eine Unterbrechung von einigen Jahren wegen der Familienarbeit heißt dann vielleicht nur, eine Software-Generation zu überspringen.[151]

Die zweite Argumentationslinie bezieht sich darauf, daß in den Katalogen der Schlüsselqualifikationen viele Fähigkeiten enthalten sind, die auch in der Familienarbeit gefordert werden, wie z.b. Kooperationsfähigkeit, Einfühlungsvermögen, neue Informationen verarbeiten können usw. Hieraus ergeben sich Anknüpfungspunkte für eine „beruflich qualifizierende Einordnung" der Haus- und Familienarbeit.[152]

Eine Stärke dieses Konzeptes liegt in der Dynamik, die so bei der Betrachtung der Familienkompetenzen entsteht. Sie scheinen plötzlich nicht mehr begrenzt, eingeschränkt auf den „engen" Bereich der Familie und des Haushalts, sondern könnten in ganz unterschiedlichen Berufsfeldern zum Einsatz gelangen - verstärkt um die jeweiligen fachlichen Qualifikationen des Arbeitsplatzes.

Die Diskussion zu diesem Ansatz weist auf unterschiedliche Probleme hin. Zum einen bedarf ein Einsatz von Familienqualifikationen als Schlüsselqualifikationen der Akzeptanz auf dem Arbeitsmarkt. Hier gibt es empirisch belegte Hinweise auf eine deutliche Zurückhaltung bei den Personalverantwortlichen. So ergab eine Untersuchung, bei der 100 Berufsrückkehrerinnen, 20 außerbetriebliche und 50 betriebliche Personalchefs befragt wurden, nur eine sehr zurückhaltende Position der meisten Verantwortlichen für Personalfragen (und auch vieler Rückkehrerinnen) zu der Frage, ob die Rückkehrerinnen besondere Qualifikationen in den drei Bereichen:

---

151 vgl. Zimmermann, 1994:29-33
152 vgl. Zierau, 1994:21-28

- organisatorische Dimension;
- soziale Qualifikation und
- Persönlichkeitsentwicklung aufweisen.

Positivere Einschätzungen wiesen dagegen vor allem weibliche Personalverantwortliche und Personalchefs aus kleinen Dienstleistungsbetrieben auf.[153]
Die Autorin selbst führt als Begründung für die überwiegend negativen Urteile der Befragten ein "diffuses und insgesamt wenig differenziertes Verständnis von Familien- und auch Schlüsselqualifikationen an, ihr Qualifikationsbegriff sei ‚inkonsistent' und ‚wenig konturenscharf'. Schließlich seien die Einschätzungen der Personalverantwortlichen aber auch abhängig von ihrem ‚subjektiven Wahrnehmungsvermögen' und ihrer ‚individuellen Bewertung von Familienqualifikationen'"[154].
In der theoretischen Diskussion wird auf der anderen Seite auch darauf hingewiesen, daß Familie und Erwerbswelt sehr unterschiedlich strukturiert sind - mit je spezifischen Verhaltensanforderungen, Kooperations- und Kommunikationsforderungen, Normen, Werten und Zielen usw., so daß eine Übertragung von Erfahrungen und Qualifikationen aus dem einen in den anderen Bereich nicht so ohne weiteres möglich sei.[155]

Eine Schlußfolgerung aus beiden Aspekten könnte sein, den Problemen und Anforderungen des Transfers von Qualifikationen aus der Familie in eine berufliche Anwendung mehr Gewicht beizumessen. So kommt, wie J. Zierau ausführt, der Weiterbildung eine "entscheidende Bedeutung" bei der "Erschließung, Anknüpfung und Ausformung von Familienqualifikationen als ... Schlüsselqualifikationen im beruflichen Verwertungszusammenhang"[156] zu.

3.2.2.4. Daseinskompetenzen

Als ein Beitrag zur positiven Bewußtseinsbildung hinsichtlich der Bedeutung der Familienarbeit für die Gesellschaft ist der 5. Familienbericht zu erwähnen, der im Herbst 1994 der Öffentlichkeit vorgestellt wurde. So

---

153 vgl. Zimmermann, 1994: 29-33
154 Zimmermann, 1994:30
155 vgl. Kettschau, 1991:141-164
156 Zierau, 1994:25

heißt es im Vorwort zum 5. Familienbericht, es sei ein "besonderes Anliegen,...deutlich zu machen, daß das Humanvermögen einer Gesellschaft durch die Leistungen der Familie begründet wird und alle Menschen vom Lebensbeginn bis zum Lebensende sowie die Gesamtheit der gesellschaftlichen Einrichtungen dieser familialen Leistungen bedürfen"[157].

Der Sozialisationsleistung der Familie kommt dabei hohe Bedeutung zu. Arbeitsmotivation, Vertrauensbereitschaft oder Zuverlässigkeit als Basiselemente volkswirtschaftlicher Produktivität werden in der Familie grundgelegt. Ebenso wichtig wie für den Wirtschaftsprozeß sind die in der Familie erworbenen Grundqualifikationen auch für das Funktionieren des demokratischen Gemeinwesens insgesamt wie seiner Teilbereiche, z.B. Schulen und Kirchen.

Im weiteren verfolgt der 5. Familienbericht ein Konzept, nach dem sich Kompetenzen gliedern lassen in „Daseinskompetenzen" auf der einen und „Fachkompetenzen" auf der anderen Seite. Jeder Mensch braucht, so der Familienbericht, beide Arten der Kompetenz, und zwar sowohl für seine Tätigkeiten im Erwerbssektor als auch für eine aktive und verantwortliche Gestaltung des Privatlebens. Unter „Daseinskompetenzen" werden beispielsweise verstanden: Fähigkeiten der sozialen und ethischen Orientierung und Verpflichtung, des Denkens in Zusammenhängen und Erkennens von Wirkungsgefügen, der Zieldiskussion und Entscheidungsfindung, der Eigenverantwortlichkeit, Partnerschaftlichkeit und des Umgangs mit Belastungen und Krisen.
Mit einem solchen dualen Konzept von Daseins- und Fachkompetenzen wird der Versuch gemacht, eine ausschließlich berufsbezogene, funktionale und an Nützlichkeits- und Verwertungsüberlegungen orientierte Sichtweise zu überwinden und gleichermaßen den beruflichen wie den privaten Lebensbereich als Qualifikationsraum in den Blick zu nehmen. Im Fokus dieser Sichtweise steht das Individuum, das innerhalb der Gesellschaft unterschiedliche Rollen ausfüllt und ebenso verschiedenen Anforderungen gerecht wird.

Eine Übertragung der Kompetenzen aus der Familienarbeit in berufliche Zusammenhänge sollte nach Meinung der Autoren und Autorinnen des Familienberichts generell möglich sein. Aktuell gegeben sind Anerkennungen bzw. Anrechnungen überwiegend in hauswirtschaftlichen und

---

157 Bundesministerium für Familie und Senioren, 1994:16

Erziehungsberufen, wobei neben der ausbildungsverkürzenden Wirkung auch eine Anerkennung als Praktikum oder geforderte Berufspraxis möglich ist. Während hierbei eher auf die fachlichen Komponenten der Familienqualifikationen abgehoben wird, bestehen bei den Daseinskompetenzen deutliche Anknüpfungspunkte zu den oben genannten Schlüsselqualifikationen - es sind überfachliche Einstellungen, Verhaltensweisen und Fähigkeiten, die auch in einem beruflichen Arbeitsprozeß sinnvoll eingesetzt werden können. Allerdings bestehen hinsichtlich der Daseinskompetenzen noch weniger gesicherte Wege einer berufsbezogenen Anerkennung als hinsichtlich der Fachqualifikationen aus Familienarbeit. Die Familienberichtskommission fordert daher, Konzepte für die konkrete berufsspezifische Bewertung der durch Familientätigkeit erlangten Qualifikationen zu erarbeiten.

Zusammenfassend weisen alle drei genannten Ansätze Möglichkeiten zu einer verstärkten Anerkennung von Familienqualifikationen für berufliche Zusammenhänge auf. Die unterschiedlichen theoretischen Zugangswege können für die weitere Analyse und Bewertung der Familienqualifikationen fruchtbar sein. Vielversprechend wäre zum Beispiel eine Verknüpfung des eher fachsystematischen Ansatzes einer haushaltswissenschaftlichen Bewertung von Familienqualifikationen mit dem Konzept der Schlüsselqualifikationen - wobei die im Familienbericht im einzelnen aufgeführten „Daseinskompetenzen" als Grundlage für einen erweiterten Katalog an familienbezogenen Schlüsselqualifikationen dienen könnten.
Im Blick auf die Probleme einer beruflichen Anerkennung und Nutzungsmöglichkeit der Familienqualifikationen bleiben noch viele Fragen offen. Neben ihrer detaillierten Analyse und Bewertung ist es weiterhin notwendig, über die Formen und Wege des Transfers solcher Qualifikationen aus der Familie in eine berufliche Anwendung nachzudenken - und auch ihre mit diesem Prozeß verbundene Transformation, also etwa die Umwandlung von privat erworbenen Erfahrungen in ein abstrahiertes Berufswissen, in diese Analyse einzubeziehen.

3.2.2.5. Qualifikationskombinationen

Die drei bisher vorgestellten Ansätze: Familienqualifikationen, Schlüsselqualifikationen, Daseinskompetenzen beziehen sich auf die Familie bzw. den Haushalt und die daraus erwachsenen Erfahrungen und Kompetenzen.

In den Frauenstudiengängen wird demgegenüber die Aufmerksamkeit verstärkt auf die vielfältigen Verknüpfungen von Tätigkeiten gerichtet, die Frauen in dem Bemühen um Vereinbarkeit von Beruf und Familie entwickeln. Bei Aufgabe bzw. Unterbrechung ihrer Erwerbstätigkeit ergänzen diese die Familienarbeit durch Engagements außer Haus. Diese Engagements können im sozialen Bereich liegen, unbezahlt sein und insgesamt „familiennahe" Inhalte und Strukturen aufweisen, es können aber auch berufliche bzw. berufsnahe bezahlte Tätigkeiten sein oder auch politische Aktivitäten, Selbsthilfegruppen u.v.m. Bei allem erwachsen neue Erfahrungen, werden Kenntnisse erworben, Fertigkeiten angeeignet, so daß sich das bisherige Qualifikationsprofil verändert und erweitert. Hierfür wird der Begriff „Qualifikationskombination" verwendet, der sich zunächst einmal auf das Miteinander von schulischen und beruflichen - also „formalen"- Qualifikationen mit solchen Qualifikationen bezieht, die in Familie, Ehrenamt und anderen Tätigkeiten erworben wurden - also „informellen"- Qualifikationen.

Im biographischen Prozeß entsteht so ein vielschichtiges Qualifikationsprofil, das auch vom zunächst erlernten Beruf ganz wegführen kann.[158]

Sinn und Zweck eines solchen Begriffs wie „Qualifikationskombinationen" ist es, die Gesamtheit der zu einem bestimmten Zeitpunkt vorliegenden Erfahrungen, Kenntnisse und Fähigkeiten zu berücksichtigen und deutlich zu machen, daß die gedachte starre Trennlinie zwischen unbezahlter und bezahlter Arbeit der Lebenspraxis der Frauen so nicht bzw. nicht mehr entspricht.

Interesse an einer beruflichen Verwertung von Qualifikationskombinationen haben sowohl Berufsumsteigerinnen als auch Wiedereinsteigerinnen. Beide suchen berufliche Akzeptanz für die Qualifikationen, die sie außerhalb des formal geregelten Ausbildungs- und Berufssystems gewonnen haben. Die Umsteigerinnen haben durch Tätigkeiten im informellen Sektor berufliche Interessen in anderen Bereichen entwickelt als ihre ursprüngliche berufliche Richtung war. Für einen erfolgreichen Zugang in hauptberufliche Tätigkeiten brauchen sie Akzeptanz für dieses in der individuellen Biographie entfaltete Qualifikationsprofil sowie die Bereitschaft seitens der potentiellen Arbeitgeber/innen, Kompetenzen und Persönlichkeit der Frauen aufgabenbezogen einzuschätzen und ihnen eine Chance zu geben.

---

158 vgl. auch Köpper/Steenbuck, 1996

Auch für Wiedereinsteigerinnen kann in dem Konzept der Qualifikationskombinationen eine Möglichkeit liegen, die familienbedingte Berufsunterbrechung nicht als „Minus-Zeit" wahrzunehmen, sondern als Ergänzung und Bereicherung der ehemals erworbenen Formalqualifikationen um die „informellen" Qualifikationen. Wünschenswert wäre in diesem Zusammenhang, wenn Arbeitgeber/innen bei ihren Einstellungsentscheidungen und bei Maßnahmen der Personalentwicklung eher aufgabenbezogene Überlegungen in den Mittelpunkt stellen und sich weniger von formalqualifikatorischen Gesichtspunkten und Schemata leiten lassen würden. Allerdings fehlen bislang noch geregelte und gesicherte Grundlagen für die Anerkennung von Familienqualifikationen. Im Gegenteil: ein relativ starres System von Formalqualifikationen und berufsständischen Zugangsregelungen macht es den Verantwortlichen schwer, innovative Wege zu beschreiten.

Es stellt sich nun die Frage, welche Probleme sich bei der beruflichen Nutzung von Qualifikationen aus dem weiblichen Lebenszusammenhang ergeben.

Qualifikationen aus der Familie haben einen weiten Weg zurückzulegen, wenn sie in der beruflichen Sphäre Wertschätzung finden wollen. Die Überbrückung der Gegensätze beider Lebenswelten - Beruf und Familie - ist bis heute weitgehend Sache der Frauen selbst geblieben. Die "Bewältigung der sich daraus ergebenden Konflikte, Risiken und Paradoxien wird ausschließlich den Rückkehrerinnen zugewiesen"[159], so resümiert es die gemeinsame Untersuchung des Bayerischen Staatsministeriums, des Deutschen Jugendinstituts und der Katholischen Arbeitnehmer Bewegung (KAB) Süddeutschlands zur beruflichen Akzeptanz von Familienqualifikationen. Es zeigen sich folgende Problembereiche:

- Je „informeller", hausarbeitsnäher ein Tätigkeitsbereich ist, desto schwieriger ist eine pauschalisierte *Qualifikationsfeststellung*.[160]
- Die *Bewertung* der erreichten Qualifikationen ist schwierig.
- Es gibt *Transferprobleme*.
- Es fehlt denjenigen, die für Personalentscheidungen zuständig sind, häufig die *Akzeptanz* gegenüber informellen Qualifikationen.

---
159 Zimmermann, 1994:29-33
160 Hierzu der 5. Familienbericht: "... die Wege zum Erwerb von Kompetenzen aus Familienarbeit (sind) nur zu einem geringen Teil schulischer Art. Da es sich eher um (...) Erfahrungslernen handelt, erfordert das Benennen und Messen der Qualifikationen aus Familientätigkeit das Beschreiten neuer Wege." 1994:241

Wenn es um die Frage des Weiterbildungsbedarfs geht, sind nicht nur die Rückkehrerinnen und Umsteigerinnen in den Blick zu nehmen, sondern auch diejenigen, die in Institutionen und Betrieben für die Personalauswahl und Personalführung verantwortlich sind. Die Wertschätzung der Qualifikationen aus dem Lebenszusammenhang und der produktive Umgang damit erfordern auch für diese Personengruppe neues Lernen.

3.2.3. Zum Beispiel: Frauenstudiengang an der KFH NW

Überlegungen, wie positive Ansätze zum Transfer informeller Qualifikationen in Ausbildung und Beruf aussehen können, sollen beispielhaft am Modellprojekt zur „Ausbildung von Frauen zur Diplom-Sozialarbeiterin neben der Familientätigkeit" an der KFH NW (1991-94) dargestellt werden, besteht hier doch in mehrfacher Hinsicht eine besondere Nähe zum weiblichen Lebenszusammenhang und den aus ihm erwachsenen Qualifikationen.

Die Qualifikationen, die Frauen in der Familienarbeit und in ehrenamtlichen Tätigkeiten erwerben und einbringen: pädagogische, psychologische, organisatorische, politische, pflegerische u.a. Fähigkeiten, ohne die vielerorts in Nachbarschaftshilfen, Pfarrgemeinden, Schulpflegschaften, Kindergartenräten, Sozialdiensten, Bürgerinitiativen u.a.m. nichts liefe, werden heute in vielen politischen und gesellschaftlichen Zusammenhängen positiv gewürdigt.
Wenn es aber um den Wiedereinstieg in die Erwerbstätigkeit geht, spielen diese hochgelobten Fähigkeiten oft keine Rolle mehr - dann wird nach anerkannten Berufsabschlüssen gefragt.

Der Modellstudiengang zur „Ausbildung von Frauen zur Diplom-Sozialarbeiterin neben der Familientätigkeit" hat die Frage untersucht, ob Frauen ihre Erfahrungen und Kenntnisse aus Familien-, Berufs- und ehrenamtlicher Arbeit durch ein entsprechend organisiertes Studium der Sozialarbeit so nutzen, vertiefen, erweitern und weiterführen können, daß sie - an denselben Maßstäben gemessen wie die Studierenden eines Regelstudiengangs - die Ausbildung zur Diplom-Sozialarbeiterin erfolgreich absolvieren können.[161]

---

161 vgl. Bock/Genenger-Stricker, 1994

Bevor die Erfahrungen des Modellstudiengangs näher beschrieben werden, sind einige Aspekte aufzulisten, die verdeutlichen, warum Frauen, die sowohl Lebenserfahrungen als auch die geforderten beruflichen Qualifikationen einbringen können, von seiten der Gesellschaft sowie von Verbänden und Institutionen der Sozialen Arbeit besonderes Interesse erfahren (müßten):

- Zuerst ist es ein frauenpolitisches Ziel, die unbezahlte Arbeit der Frauen in Haushalt und Familie, im sozialen Ehrenamt und anderen Bereichen gesellschaftlich sichtbar zu machen und aufzuwerten. Die Anerkennung der dort erworbenen Qualifikationen und die Unterstützung einer Nutzung in Ausbildung und Beruf sind wichtige Konsequenzen.
  Frauen, die während der Familienphase und im Ehrenamt pädagogische, organisatorische und wirtschaftliche Kompetenzen erworben und aufgebaut haben, müßten einen Anspruch auf Förderung haben, damit sie die erworbenen Fähigkeiten im Rahmen einer qualifizierten Tätigkeit einsetzen können und eine entsprechende Anerkennung finden.
  Aus gesellschaftlicher Sicht käme es einer Vergeudung von Ressourcen gleich, wenn die Qualifikationen, die Frauen in der Familienphase oder im Ehrenamt erworben haben, nicht genutzt werden. Wer Chancen für Frauen fördert, schafft auch Chancen für gesamtgesellschaftliche Entwicklung. Eine moderne Gesellschaft, die unterschiedliche Lebens- und Berufskarrieren ausbildet, kommt nicht umhin, die akkumulierten Ressourcen aus den dabei erschlossenen Erfahrungsfeldern zu nutzen.[162]

- Die Mehrzahl der Klienten in der Sozialen Arbeit sind Frauen. Es besteht eine besondere Nähe zur weiblichen Sozialisation und zu geschlechtsspezifischen Lebensaufgaben.
  Die Erziehung von Kindern prägt die Lebenspraxis vieler Klientinnen der Sozialen Arbeit. Frauen, die die damit verbundenen Fragen und

---

162 Wenn politisch allenthalben von der Aufwertung der Familienarbeit und des ehrenamtlichen Engagements gesprochen wird, dient dies in der derzeitigen gesellschaftlichen Situation oft nur der Zurückdrängung von Frauen in den privaten, häuslichen Bereich. Denn den verbalen Äußerungen der Aufwertung steht ein drastischer Abbau der finanziellen Unterstützung entgegen. Diese politische Doppelzüngigkeit gilt es aufzudecken und ein deutliches positives Signal zur Anerkennung der Leistungen, die Frauen in der Gesellschaft durch ehrenamtliches Engagement und Familienarbeit erbringen, zu setzen.

Probleme aus eigener Erfahrung kennen und selbst Antworten gefunden haben, besitzen in dieser Arbeit einen Vorsprung an Glaubwürdigkeit. Es ist zu vermuten, daß sie besonders fähig sind, sich in die Lebenssituation von Klientinnen einzufühlen und bei der Entwicklung von Lösungsmöglichkeiten realistisch und ermutigend zugleich vorgehen können.

- Soziale Arbeit wird auch zukünftig auf selbstbestimmtes und außerberufliches Engagement angewiesen bleiben. Sie darf und wird sich nicht zu 100 Prozent professionalisieren (können). Frauen, die selbst über jahrelange Erfahrungen im sozialen Ehrenamt verfügen, bringen wichtige Voraussetzungen für das Verständnis und Zusammenspiel von ehrenamtlichen und hauptamtlichen Mitarbeitern und Mitarbeiterinnen mit.

- In der Sozialen Arbeit wie übrigens auch in anderen innovativen Arbeitsfeldern erweisen sich Qualitäten und Qualifikationen, die eher aus dem informellen Bereich stammen, wie Engagement, Improvisationsfähigkeit, Flexibilität, „vermischtes Tun"[163] als nützlich und sinnvoll. Mehr noch: in einer wieder ganzheitlicheren Hinwendung zu den Menschen, für die eine Dienstleistung erbracht wird, kann eine neue, eine besondere und eine erfolgreiche Qualität liegen. Frauen, die in der Familie „ganzheitlich", „bedürfnisorientiert", „personenbezogen" gearbeitet haben, werden eine solche Dienstleistungsqualität vielleicht eher realisieren können als Fachkräfte, die ausschließlich auf ihre Ausbildung zurückgreifen können und deren spezialisiertes Fachwissen häufig mit einer engen Begrenzung der „Zuständigkeiten" und der Handlungsmöglichkeiten einhergeht.

- Die Ideen von Frauen, die aus eigener „Betroffenheit" heraus etwas verändern wollen, die für sich und andere eine konkrete Utopie haben, sind immer eine wichtige Kraftquelle. Offenheit gegenüber den Forderungen und Interessen der Frauen, Offenheit gegenüber gesellschaftlichen Wandlungsprozessen, neuen Inhalten und Arbeitsformen bleiben unverzichtbar.

---

163 Mit diesem Begriff beschreiben Ostner und Schmidt-Waldherr eine Besonderheit der Hausarbeit, bei der sich körperliche und geistige Arbeit ebenso miteinander vermischen wie z.B. disponierende und ausführende Anteile. Vgl. Ostner/Schmidt-Waldherr, 1983

Der Modellstudiengang der KFH NW ist ein Beispiel, in dem besondere Zugangsmöglichkeiten, Studienbedingungen und Curricula für Familienfrauen erprobt wurden, die durch Kombinationen von informellen und formalen Qualifikationen ausgewiesen sind.

Von 1990 -1994 hat die KFH NW in Kooperation mit der Katholischen Frauengemeinschaft Deutschlands (kfd) einen Modellstudiengang zur Ausbildung von Frauen zur Diplom-Sozialarbeiterin neben der Familientätigkeit durchgeführt, der von der Bund-Länder-Kommission, dem Bundesministerium für Bildung und Wissenschaft, dem Ministerium für Wissenschaft und Forschung des Landes Nordrhein-Westfalen und der Katholischen Frauengemeinschaft Deutschlands gefördert wurde. Von über 400 Bewerberinnen wurde 40 Frauen in den Modellstudiengang aufgenommen. Zu Beginn des Studiums lag der Altersdurchschnitt bei 41 Jahren. Diese Frauen verfügten über ein hohes Maß an Lebenserfahrung und brachten Kenntnisse aus Familienarbeit, Erwerbstätigkeit und ehrenamtlichem Engagement mit. Die spezifische Lebenssituation von Familienfrauen sollte sowohl bei der inhaltlichen als auch bei der didaktisch-methodischen und organisatorischen Gestaltung berücksichtigt werden.

Es wurde ein „offenes" Curriculum entwickelt mit dem Ziel, die berufsrelevanten Erfahrungen und Fähigkeiten von Frauen aus Familien- und ehrenamtlicher Arbeit ernstzunehmen und die darin ausgeprägten Fertigkeiten und Eigenschaften wie Zeitorganisation, Prioritätensetzung, Verläßlichkeit, Verantwortungsbereitschaft, Weiterbildungswille zu nutzen. Dabei hatte erfahrungsorientiertes Lernen als konzeptionelle Methode Vorrang.

Bei der Struktur des Studiengangs wurden die familiären Aufgaben insofern berücksichtigt, als das Studium als Part-time-Studium durchgeführt wurde, um die Vereinbarkeit von Familie und Studium zu ermöglichen. Die Studienorganisation gliederte sich in Präsenzphasen, Studiengruppen[164] und Eigenstudium[165]

Der Studiengang wurde in der Weise durchgeführt, daß Zugangsvoraussetzungen, Inhalt, Studienumfang, -dauer und -abschluß der Studien-

---

164 Die Studiengruppen organisierten sich jeweils regional.
165 Das Eigenstudium wurde durch Arbeitsmaterialen und methodische Hilfen unterstützt.

und Prüfungsordnung für den grundständigen Studiengang Sozialarbeit entsprachen.

Im Modellprojekt gab es drei Ansätze zur Anerkennung der Erfahrungen aus Familienarbeit und ehrenamtlichem Engagement:

1. Familienarbeit und Ehrenamt als Aufnahmekriterien

Für die Auswahl der Bewerberinnen im Modellprojekt wurden neben der formalen Voraussetzung (Fachhochschulreife) auch Familienarbeit und ehrenamtliche Tätigkeit (Art, Dauer, Umfang, aktueller Institutionenbezug, Fortbildungen) vorausgesetzt.[166]

2. Familienarbeit und Ehrenamt als Ressource für das Studium

Dem Curriculum des Modellstudiengangs lag ein Verständnis von Sozialer Arbeit zugrunde, die ihre Aufmerksamkeit auf individuelle und soziale Lebenslagen richtet. Diese Lebenslagen werden als Prozeß und Ergebnis wechselseitiger Beziehungen zwischen Menschen und ihrer Umwelt verstanden. Dieser Ansatz machte es möglich, die Erfahrungen, die die Studentinnen aus Familienarbeit und ehrenamtlicher Tätigkeit mitbrachten und die damit verbundenen Qualifikationen wie z.B. Organisationsvermögen, Fähigkeiten zu selbständigem und eigenverantwortlichem Handeln, soziale und kommunikative Kompetenzen, Belastbarkeit, Flexibilität sowie Verantwortungsbewußtsein als Ressourcen für die Ausbildung zu nutzen. Es wurden Lehr- und Lernmethoden entwickelt, die dieses Erfahrungswissen und -können ernst nehmen, d.h. die daran anknüpfen, es im Kontext der unterschiedlichen Fächer einordnen, systematisieren, modifizieren und erweitern. Die didaktische Umsetzung bezog sich sowohl auf die Auswahl der Materialien für das angeleitete

---

166 Bewerber/innen, die die Allgemeine bzw. Fachhochschulreife nicht nachweisen können, haben in Nordrhein-Westfalen die Möglichkeit, über eine Einstufungsprüfung zum Studium zugelassen zu werden, wenn sie das 24. Lebensjahr vollendet, eine einschlägige Berufsausbildung abgeschlossen und nach der Berufsausbildung mindestens fünf Jahre beruflich tätig waren. Angestoßen durch das Modellprojekt wurde im Senat der KFH NW beschlossen, in einem gewissen Umfang familiäre und ehrenamtliche Arbeit als einschlägige Berufstätigkeit anzuerkennen. Konkret: bis zur Hälfte der geforderten fünfjährigen Erwerbstätigkeit kann durch Familienerziehungsarbeit in Verbindung mit ehrenamtlichen Tätigkeiten bzw. mit der Teilnahme an Fortbildungsmaßnahmen nachgewiesen werden.

Eigenstudium als auch auf die Gestaltung der Lehrveranstaltungen in den Präsenzphasen. Die Nutzung war dabei abhängig vom jeweiligen Fachgebiet. Während im Fach Recht in der Regel nur geringe Vorerfahrungen vorlagen, waren sie in den Fächern Soziologie, Psychologie, Erziehungswissenschaft und Methoden ein wesentlicher Bestandteil vor allem im Hinblick auf die Überprüfung theoretischer Aussagen. So wurden beispielsweise im Fach Politik kommunalpolitische Entscheidungsabläufe zu familienrelevanten Fragen aufgegriffen und in Soziologie der Zusammenhang von Geschlecht und Gesellschaft thematisiert.

Die Motivation, sich in einem sozialen Beruf zu qualifizieren, entstand bei den Teilnehmerinnen des Modellprojektes aus der Erkenntnis, daß für wirksame Unterstützung Fachwissen, Methoden und berufliche Identifikation unentbehrlich sind. Diese Motivation erleichterte den Zugang zu Wissensgebieten der Sozialen Arbeit. Die Teilnehmerinnen brachten gute Voraussetzungen mit, den Transfer zwischen Theorie und Praxis reflektiert zu vollziehen. Die Lehrkräfte wiesen - im Vergleich zu Studierenden im Regelstudium - auf die höhere Studienmotivation der Familienfrauen hin.

An dieser Stelle folgen noch einige Anmerkungen und Erfahrungen zum Lernprozess[167]:

Die Teilnehmerinnen am Modellprojekt waren außerordentlich leistungsorientiert. Sie wollten sich selbst, ihren Familien, Freunden und der Öffentlichkeit beweisen, daß Familienfrauen erfolgreich studieren können. Eine Befragung[168] aller beteiligten Lehrkräfte, Praxisanleiter/innen und Supervisoren/Supervisorinnen zum Abschluß des Projektes ergab, daß das Alter keine negativen Auswirkungen auf die Lernentwicklung hat. Lernbereitschaft und Engagement werden im Vergleich mit Regelstudierenden eher höher bewertet. Die „Modellfrauen" sind klarer in ihrer Ziel-

---

167 Heute ist in der Bildungsarbeit allgemein anerkannt, daß sich dem Menschen in jeder Entwicklungsphase spezifische Chancen der Lebensgestaltung bieten. F. Pöggeler hat die verschiedenen Entwicklungs- und Bildungsphasen des Erwachsenen untersucht. Er beschreibt die „zweite Erwachsenenphase" (30-44 Jahre) als das „typische Leistungsalter". (vgl. Pöggeler, 1970: 85-91). Dieser „Leistungsgedanke" zeigt sich heute zunehmend auch im Bildungsbereich. (Weiter-)Bildung gewinnt – für Männer und Frauen - zunehmend an Stellenwert mit dem Ziel, den sich ständig verändernden Anforderungen gerecht zu werden.
168 vgl. Genenger-Stricker, 1993

orientierung.[169] Hinzu kommen größere Verbindlichkeit und ein differenzierter Zugang auf soziale und gesellschaftliche Realitäten.[170]/[171]

Zur weiteren Erläuterung noch einige Ergebnisse aus der angegebenen Befragung im Modellprojekt, und zwar aus Sicht der Lehrenden:

- Die Lehrinhalte werden in lebendigen Diskussionen aktiv und interessiert aufgegriffen, vergleichend an die bisherigen eigenen Lebens-, Familien- und Berufserfahrungen herangebracht und wechselseitig kritisch überprüft, z.B. die bisherigen eigenen Wertepositionen in Familie und Beruf im Lichte des Neuerlernten reflektiert. Es wird merklicher als bei den noch mehrheitlich schule-geprägten Studierenden des Regelstudiums im (reicheren) Erfahrungskontext der eigenen Lebenswelt gelernt.

- Infolge der Verzahnung von Theorie und eigener Praxis wird nach der Stimmigkeit resp. Unstimmigkeit theoretischer Konstrukte gefragt. Die Grenzen eines fachperspektivischen Erfassens sozialer Wirklichkeit werden zwangsläufig schnell erfaßt, infrage gestellt und ansatzweise verlassen. Der gebotene Lernstoff wird also relativ unschwer verstanden und vor dem Hintergrund einer ansatzweise übergreifenden Problemsicht in seiner Fachgebundenheit als zu eng und nicht ausreichend erklärungskräftig empfunden.

- Es wird bilanzierend und sehr gezielt nach den Konsequenzen des fachgebundenen Theoriewissens für die eigene Lebenspraxis wie die berufliche Praxis gefragt und kritisch die gewöhnlich hohe Abstrakti-

---

169 In der Studie von Maier (1995:141) signalisieren die studierenden Mütter das höchste Interesse von allen untersuchten Gruppen, nach dem Examen als Sozialarbeiterin/Sozialpädagogin tätig zu werden.
170 Vergleichbare Ergebnisse zeigen sich auch beim zur Zeit laufende Frauenstudiengang an der KFH NW in Aachen. Vgl. Zwischenbericht, Genenger-Stricker/Zwicker-Pelzer, 1998
171 Auch Fricke und Grauer (1994:103f) weisen auf eine höhere subjektive Effizienz des Studiums bei solchen Studierenden hin, die nach oftmals längerer Konzentration auf Familie und Kinder die produktive Differenz zwischen Hochschuldiskurs und Lebensalltag als besonders bereichernd erleben. Die von den Frauen vermutete mangelnde Lern- und Konzentrationsfähigkeit erweist sich als nicht gegeben. Ebenso bestätigen Feser u.a. (1989), daß Frauen im mittleren Lebensalter in der Lage sind, nach einer Förderphase ihre Lebenserfahrung in einen Arbeitsprozeß einzubringen und den erwarteten Leistungen zu entsprechen.

onsebene fachlicher Wissensbestände konstatiert, ohne die Diskussion und das Interesse auf die unmittelbare, instrumentelle Anwendung einzuengen. Viel nachdrücklicher und hartnäckiger als bei den noch schule-geprägten Studierenden wird somit die Nutzen-Frage im Hinblick auf die eigene Praxis gestellt.

- Entsprechend der interessen- und nutzenorientierten Aufnahme der theoretischen Wissensinhalte werden nach dem Einbringen der Grundlagen durch die Lehrenden Fragen, Anregungen und Vorschläge zu daraus erkennbaren weiteren notwendigen Lerninhalten sowie zur Art und Weise der Bearbeitung des Stoffes im Hinblick auf seine Praxisrelevanz vorgebracht. Lassen sich die Lehrenden auf den Diskurs nach der weiteren Gestaltung des Lernens ein, so ist die Lernmotivation hoch und verläuft die Seminareinheit oft deutlich anders als in der Vorkonzeptionierung geplant.

Alle vier Aspekte - das eher lebensweltorientierte Lernen, das tendenziell disziplinüberschreitende Lernen, das mehr bedarfsbestimmte und das auf Wissenserweiterung hin ausgerichtete Lernen - machen die Lehre im Frauenstudiengang zugleich interessanter und schwieriger. Denn: Mit der Tendenz zu erfahrungsorientierter, kritischer und selbständiger Verarbeitung des Gelernten wird die traditionelle Anbieterdominanz der Lehre an den Fachbereichen Sozialwesen infrage gestellt, indem - anders als im gewohnten Studienbetrieb - die Nachfrageinteressen an einer praxisorientierten Stoffauswahl und -behandlung, an der methodisch-didaktischen Qualität der gebotenen Lehrveranstaltungen wie am Ziel der Ausbildung ansatzweise durchaus artikuliert werden.[172]
Die hier skizzierten unterschiedlichen Tendenzen im Studierverhalten sind zum einen auf das gegenüber der Regelstudentenschaft deutlich höhere Durchschnittsalter der „gestandenen" Familienfrauen, auf die damit reicheren Lebens-, Familien- und Berufserfahrungen sowie auf das hohe Durchschnittsniveau der Gruppe hinsichtlich des sozialen Engagements im aktuellen Alltag zurückzuführen.[173]

Auch die Praxisanleiter/innen bestätigten, daß die Teilnehmerinnen des Modellstudiengangs teilweise kritischer waren als Regelstudierende und einen hohen Anspruch an sich selbst im Hinblick auf die Qualität der Aufgabenbewältigung stellten. Vor allem konnten Qualifikationen wie Or-

---
172 vgl. Schulte-Altedorneburg, 1994
173 vgl. auch Mannzmann u.a., 1992

ganisationsfähigkeit, die Fähigkeit und Bereitschaft, selbständig und eigenverantwortlich zu handeln, und nicht zuletzt politische Erfahrungen genutzt und weiterentwickelt werden. Die Praxisanleiter/innen machten deutlich, daß die reflektierten Vorerfahrungen Übertragungsmöglichkeiten auf das berufliche Handeln schafften. Sie vermittelten Kenntnisse und Nähe zu Problemgruppen unserer Gesellschaft und zu Problemen und Möglichkeiten unserer Zeit. Sie erleichterten den Zugang zu den betroffenen Menschen, ermöglichten eine realistische Einschätzung der Hilfsbedürftigkeit, der Hilfsquellen und der Arbeitssituation in den Einrichtungen. Sie begünstigten die Erschließung von Handlungsmöglichkeiten und den Umgang mit Behörden. Der bei Studierenden des Regelstudiums häufig anzutreffende Praxisschock blieb aus.[174] Sowohl die Supervisoren bzw. Supervisorinnen als auch die Praxisberater/innen wiesen auf die höhere Lernmotivation und Arbeitsdisziplin der „Modellfrauen" hin. Die Praxisanleiter/innen betonten die hohe Aufnahmebereitschaft, die Handlungssicherheit und das kritische Reflexionsvermögen.[175]

3. Familienarbeit und Ehrenamt als Voraussetzungen für professionelle Tätigkeit

Die Erfahrungen zeigen, daß eine Nachfrage nach Frauen besteht, die sowohl Lebenserfahrungen und Alltagswissen als auch die geforderten beruflichen Qualifikationen einbringen können. Dies trifft sowohl zu für Einrichtungen und Dienste der freien Wohlfahrtspflege, wie z.B. Familien-, Ehe- und Schwangerschaftskonfliktberatung, die Sozialpädagogische Familienhilfe, Dienste für ältere Menschen als auch für Selbsthilfeinitiativen, z.B. Frauenhäuser, Beschäftigungsinitiativen, die Sozialarbeiterinnen/Sozialpädagoginnen zur professionellen Unterstützung suchen.

Die Kompetenzen, die die Teilnehmerinnen des Modellprojektes aus Familienarbeit und aus ehrenamtlicher Tätigkeit mitbrachten und im Studium weiterentwickelten, decken sich vielfach mit Anforderungen moderner Managementmethoden - auch in der Sozialen Arbeit. Als Stichworte können genannt werden: Planungskompetenz, Beteiligung an institutionellen Prozessen, Budgetverantwortung, Controlling, Führung, Personalentwicklung.

---

174 vgl. Krause/Genenger-Stricker, 1994:25
175 Aufgrund der Rückmeldungen aus der Praxis stellt sich die Frage, inwieweit nicht versucht werden sollte, eine Verrechnung von Vorleistungen in Praktika zu realisieren.

Darüber hinaus schafft ein Potential von Sozialarbeiterinnen/Sozialpädagoginnen, die selbst vielfältige Erfahrungen als ehrenamtliche Mitarbeiterinnen und aus Selbsthilfegruppen einbringen, günstige Voraussetzungen für neue Formen der Zusammenarbeit zwischen professionellen und freiwilligen Mitarbeitern und Mitarbeiterinnen und für die Partizipation der Betroffenen und Beteiligten.

Soziale Angebote und soziale Infrastruktur leben immer noch in hohem Maße von ehrenamtlichem Engagement. Das Erfahrungswissen der darin aktiven (Familien)frauen ist ein wichtiger Beitrag zur Entwicklung einer professionellen Handlungskompetenz. Aufgabenfelder Sozialer Arbeit werden zunehmend komplexer und erfordern eine breite Praxiserfahrung. (Familien)frauen, die Erfahrungen aus ehrenamtlicher Arbeit in professionelles, sozialarbeiterisches/sozialpädagogisches Handeln einbringen, sind gut auf zukünftige Aufgaben vorbereitet, die professionelle und ehrenamtliche Arbeit bündeln.[176]

Wir stehen im Moment in einer deutlichen Umbruchsituation in der Sozialen Arbeit und werden in der Zukunft auf Mitarbeiter/innen angewiesen sein, die Bereitschaft zeigen, sich den neuen Anforderungen zu stellen: Die Bereitschaft, mit knappen finanziellen Ressourcen eine wirkungsvolle Soziale Arbeit zu leisten, sich offensiv und anwaltschaftlich für die Belange der Klienten und Klientinnen einzusetzen, sich mit den Grundlagen des Sozialmanagements vertraut zu machen, die eigene Arbeit in der Öffentlichkeit und Geldgebern gegenüber transparent zu machen, team- und zielorientierte Arbeit zu leisten sowie sich mit neuen Modellen in der Sozialen Arbeit auseinanderzusetzen.
Die Teilnehmerinnen des Modellprojektes brachten durch ihre Vorerfahrungen und Vorkenntnisse sehr gute Voraussetzungen mit, den steigenden Anforderungen an Soziale Arbeit in der Praxis gerecht zu werden.

Demographische Entwicklungen, Wanderungsbewegungen, Wirtschaftskrisen, aber auch die zunehmende Differenzierung der individuellen und sozialen Lebenslagen sowie die Pluralisierung der Lebensformen und Lebensweisen fordern die Soziale Arbeit und damit auch die Ausbildung heraus. Dies spiegelt sich im breiten Spektrum der Erfahrungen, die die Teilnehmerinnen des Modellprojektes aus ihrer Familienarbeit, Er-

---

176 M.E. darf es jedoch nicht um die Professionalisierung des Ehrenamtes als prioritäre Zielsetzung gehen. Das Ehrenamt muß seinen eigenen Stellenwert behalten. Das bedeutet, für die Hochschule muß die Vorbereitung der Studierenden auf die Teilhabe am Erwerbsleben immer die Hauptzielsetzung sein.

werbstätigkeit und aus ehrenamtlichem Engagement mitbrachten. Diese Erfahrungen müssen auch aufgegriffen werden, um sich über Kompetenzen, die sozialarbeiterische und sozialpädagogische Fachkräfte brauchen, wenn sie den Ansprüchen wiederkehrender und neuer Probleme bei knappen Ressourcen gerecht werden wollen, zu verständigen. Es liegt deshalb auch im Interesse von Hochschulen, den tragfähigen Fundus für zukünftiges Handeln in der Sozialen Arbeit zu nutzen.

An dieser Stelle sei eine Teilnehmerin aus dem Modellstudiengang zitiert:

"Wir brachten vielfältige Erfahrungen aus Kindererziehung, Ehe und Partnerschaft, Familienleben, Pflege von Familienangehörigen, Zusammenleben mit behinderten Menschen mit. Belastbarkeit, Beziehungsfähigkeit, Flexibilität, Kreativität, Organisationsvermögen und Verantwortungsbewußtsein sind Schlüsselqualifikationen, die, in der Familienarbeit erworben, für den Beruf der Sozialarbeiterin nutzbar gemacht werden können. Unsere Erfahrungen als Familienfrauen und als Frauen in dieser Gesellschaft sensibilisierten uns vor allem für frauen- und familienspezifische Frage- und Problemstellungen.
Durch unser ehrenamtliches Engagement brachten wir Erfahrung in Tätigkeitsfeldern der Selbsthilfe, der Verbandsarbeit, des Gesundheitswesens sowie aus dem nachbarschaftlichen und gesellschaftlichen Leben mit.
Gleichzeitig verfügten wir alle über Erfahrungen aus Berufsausbildung, Beruf oder Weiterbildung: Lehrberufe, Verwaltungsberufe, soziale Berufe wurden je nach Familienphase und Alter mehrere Jahre ausgeübt.

Ein wichtiger Baustein war die Bereitschaft, über unsere Lebens- und Berufsrollen nachzudenken, uns selbst in Frage zu stellen oder stellen zu lassen. Studieninhalte regten Reflexionen an: Gruppendynamische Prozesse, Infragestellung von Selbstkonzepten führten zu Verunsicherung, Selbsterfahrung und zu Entwicklungen.
Viele von uns ergriffen mit Aufnahme des Studiums die Chance, Lebensabschnitte neu zu organisieren oder langfristige Vorbereitungen dafür zu treffen.[177]

---

177 Das Studium förderte die kritische Einschätzung der Verhältnisse und die reflexive Kompetenz im Hinblick auf das bisherige Rollensystem und erweiterte die Bedürfnisstruktur, so daß der Studienerfolg auch von der Entwicklung eines neuen tragfähigen Selbstkonzeptes mit ausbalancierten Rollenerwartungen abhängig gesehen werden muß.

Bild 11:
„Was brachten wir mit – Was kam hinzu?"[178]

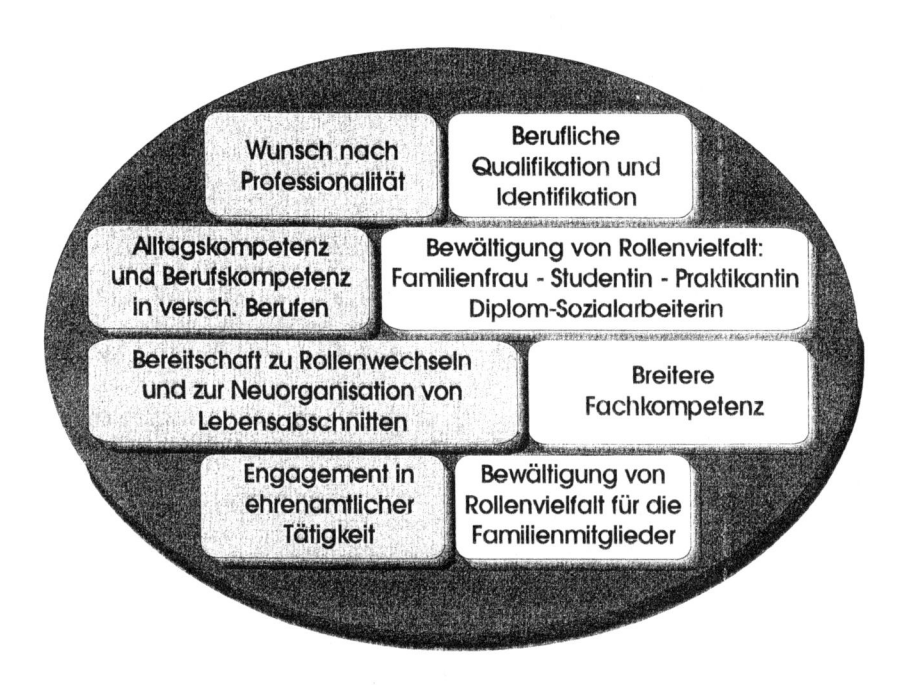

- Wunsch nach Professionalität
- Berufliche Qualifikation und Identifikation
- Alltagskompetenz und Berufskompetenz in versch. Berufen
- Bewältigung von Rollenvielfalt: Familienfrau - Studentin - Praktikantin Diplom-Sozialarbeiterin
- Bereitschaft zu Rollenwechseln und zur Neuorganisation von Lebensabschnitten
- Breitere Fachkompetenz
- Engagement in ehrenamtlicher Tätigkeit
- Bewältigung von Rollenvielfalt für die Familienmitglieder

Das weitgefächerte Angebot der Vorlesungen, die zentralen Studieninhalte der Sozialarbeit, die erworbenen Kompetenzen aus Familientätigkeit und Ehrenamt und die Praxiserfahrungen bildeten eine hervorragende Kombination aus Theorie und Praxis.

Um optimale Bedingungen zu schaffen, sorgten wir für ein geeignetes und gut funktionierendes Netzwerk in unserem sozialen Umfeld. Auch dies ist eine Erfahrung, die uns in der beruflichen Praxis zugute kommen wird.

---

178 Aus dem Beitrag der Studentinnen des Modellstudiengangs zum Fachsymposium „Studieren mit Kindern" 1994 in Köln. Bock/Genenger-Stricker, 1994: ohne Seitenangabe

Die Zukunft wird zeigen, ob die interessante Rollenvielfalt, die während der Studienzeit erprobt wurde und sich sicherlich in Teilbereichen bewährt hat, beibehalten werden kann. In diesem Zusammenhang erscheint es wichtig, auch weiterhin über die Rolle der Frauen in der Gesellschaft nachzudenken und auch künftig an einer Fortentwicklung konstruktiv weiterzuarbeiten."[179]

Der Modellstudiengang hat gezeigt, daß die Nutzung der Vorerfahrungen aus Familie und Ehrenamt das Studium bereichert. Belastbarkeit, Beziehungsfähigkeit, Flexibilität, Kreativität, Organisationstalent, Verantwortungsbewußtsein, die Fähigkeit, selbständig und eigenverantwortlich zu handeln, Lebenserfahrung, politische Erfahrung, soziale und kommunikative Kompetenz, Fähigkeiten aus dem pädagogischen, dem organisatorisch-ökonomischen, dem hauswirtschaftlich-ökologischen oder kommunikativen Erfahrungsbereich, die in der Familienarbeit und im Rahmen ehrenamtlicher Tätigkeiten trainiert wurden, sind Schlüsselqualifikationen, die für den Beruf der Sozialarbeiterin nutzbar gemacht werden können.

Zum Erfolg des Modellstudiengangs - 38 der 40 Frauen erreichten ihr Studienziel mit überdurchschnittlich guten Leistungen - hat darüber hinaus aber auch die von allen Beteiligten insgesamt positiv bewertete inhaltlich-organisatorische Grundstruktur des Frauenstudiums mit ihren Unterstützungssystemen „Gruppe" und „Studienbegleiterin", die ein positives Umfeld für die Reflexion der beruflichen Identitätsentwicklung angehender Sozialarbeiterinnen bot und die auch eine deutliche Herausforderung für den herkömmlichen Studienbetrieb darstellt, beigetragen.

Die spätere Akademisierung von Frauen innerhalb oder nach Abschluß der Familienphase als eigene Lebensspanne ist für die Hochschulen ein neu zu beachtender und bewertender Faktor. Deshalb steht der Modellstudiengang - über die Besonderheit der direkt Beteiligten hinaus - auch für lebenszyklische Veränderungen, denen Einrichtungen des tertiären Bildungsbereichs Rechnung tragen müssen[180]. Es stellt sich die Frage, ob und wie die Angebotsseite angemessen auf die gegebenen Kompetenzen der Adressatengruppe, aber auch auf das erheblich gewandelte Profil heutiger Studenten und Studentinnen im Rahmen von Studienreformbemühungen eingehen kann.

---

179 Janicke, 1994:41ff
180 vgl. Mannzmann u.a., 1994

3.2.4. Frauen und Soziale Arbeit

In diesem Abschnitt des Kapitels ist der Frage nachzugehen, ob mit der sozialarbeiterischen/sozialpädagogischen Ausrichtung der Frauenstudiengänge nicht eine Festschreibung traditioneller Frauenberufe erfolgt. Müßte nicht der Begriff „Mütterlichkeit" gerade im Zusammenhang mit der Sozialen Arbeit unter dem Stichwort „Mütterlichkeit als Beruf" kritisch hinterfragt werden?

Zunächst ein Blick auf die Geschichte der Sozialen Arbeit:

Als Frauen Ende des 19. Jahrhunderts - zuerst ehrenamtlich, dann bezahlt - in sozialpolitische Strategien zur Bewältigung von Armut bewußt „eingefügt" wurden, hat man sich ihrer weiblichen Eigenschaften im sozialen Beruf gezielt und soziallegitimatorisch bedient. Soziale Arbeit entstand als Frauenberuf, nachdem das männliche soziale Ehrenamt uneffektiv und (damit) unattraktiv geworden war. Weitsichtige Sozialadministratoren waren sich klar darüber, daß Frauen zu anderen Frauen einen besseren Kontakt bekommen als die Beamten der Armenverwaltungen. Soweit die ersten Generationen von Frauen jedoch von den Zielen der Frauenbewegung geprägt waren, haben sie versucht, ihre eigenen beruflichen Ansätze zu formulieren und ihre Handlungschancen auch politisch zu nutzen.[181]

Als Profession entstand Sozialarbeit aus der bürgerlichen Frauenbewegung als zunächst rein weibliches Berufsfeld, dem traditionell Frauen zugeschriebene Kompetenzen abgefordert wurden: Emotionalität, Hingabe, Mitgefühl, Verstehen, Opferbereitschaft und Selbstlosigkeit. Ab 1905 wurde mit den Schulen für „Wohlfahrtspflegerinnen" angestrebt, durch soziale Tätigkeit und mit der Betonung der „geistigen und seelischen Mütterlichkeit", des „besonderen Wesens der Frau" Emanzipation und Mitverantwortung in der Gesellschaft zu erreichen. Die Motivation zeugte in erster Linie von einem altruistischen Selbstbild.
Die Gründerinnen der sozialen Frauenschulen legitimierten außerhäusliche Berufstätigkeit als weibliche Lebensmöglichkeit.[182]

---

181 vgl. Walser, 1976:3-12; Simmel, 1979:39-47; dies., 1980; dies., 1981:369-402; Riemann, 1985; Sachße, 1986; Zeller, 1987
182 Für die erste (bürgerliche) Frauenbewegung war mit dem Begriff der Mütterlichkeit die Möglichkeit verbunden, sich einerseits von der Rollenfixierung des „schwachen Weibes" abzugrenzen, andererseits aber auch in die von Männern

Die erste Generation der frauenpolitisch engagierten Frauen in der Sozialen Arbeit war einem Emanzipationsideal verpflichtet, das die Gleichheit der Geschlechter bei „Anerkennung der Wesensverschiedenheit" vertrat, allerdings in der Hoffnung, daß aus dieser durch Unterdrückung deformierten Weiblichkeit bei fortschreitenden Entwicklungs- und Entfaltungsmöglichkeiten ein neuer Frauentyp hervorgehen werde. Wohlfahrtspflege hatte das sozialpolitische Ziel der Humanisierung von Lebensbedingungen besonders von Frauen, Kindern und Jugendlichen. Die Ausbildung an den Sozialen Frauenschulen und die Weiterbildung von erfahrenen Praktikerinnen an der von Alice Salomon gegründeten „Frauenakademie" in Berlin sollten in diesem Sinne frauenbewegte und fachlich hoch qualifizierte Frauen zu Leitungsfunktionen in den Sozialverwaltungen ermutigen.

Erst 1928 wurden Männer offiziell zur Ausbildung als Wohlfahrtspfleger zugelassen. Der Beruf des männlichen Fürsorgers erhielt Impulse von der Jugendbewegung der 20er Jahre. Eine größere Konzentration auf die Erziehung der Jugendlichen als zukünftige Arbeitskräfte war notwendig geworden. Dadurch, daß es sehr viel mehr sozial auffällige Jungen als Mädchen und mehr Jungen- als Mädchenheime gab und allgemein die Meinung herrschte, die Erziehung von Jungen bedürfe einer „starken männlichen Hand", entstand ein Bedarf an männlichen Erziehern, die sich vor allem aus der Jugendbewegung rekrutierten. Gleichwohl blieb die Zahl der Männer sehr gering und spielte zunächst keine Rolle für die Situation des gesamten Berufsstandes, seine Bewertung und gesellschaftliche Stellung.

Mit dem Eindringen von Männern in die Profession während der Weimarer Republik entstand jedoch das Grundmuster der geschlechtsspezifischen Arbeitsteilung in der Sozialen Arbeit.

Dieses Muster verfestigte sich im Nationalsozialismus bei gleichzeitiger Verschiebung des Konzeptes der „geistigen Mütterlichkeit" hin zu einem biologistischen Weiblichkeitsmythos. Der Nationalsozialismus machte den frauenpolitischen Anfängen in der Sozialen Arbeit ein Ende. Nur noch die konservativen Elemente der Weiblichkeitsideologie blieben übrig. In der Sozialen Arbeit gingen die gesellschaftskritischen Elemente unter.

---

bestimmte Berufswelt eigene „weibliche" Eigenschaften positiv einzubringen wie z.B. Empathie, Hilfsbereitschaft und Kommunikationsfähigkeit. Der Begriff wurde argumentativ eingesetzt, um (unverheirateten) Frauen den Beruf der Lehrerin, Ärztin usw. zu eröffnen - gleichsam als soziale Alternative zur Mütterlichkeit in der biologischen Mutterschaft.

"Erst seit wenigen Jahren befassen sich Vertreter der sozialen Arbeit intensiv und offensiv mit der Rolle, die Sozialarbeiter bei der ‚Endlösung der sozialen Frage' gespielt haben. Bislang bestand eine starke Neigung, das Dritte Reich aus der Geschichte sozialer Arbeit schlichtweg auszuklammern, nach der These: Die Entwicklung der Sozialen Arbeit wird in Deutschland durch die Machtübernahme Hitlers 1933 jäh unterbrochen und setzte nach dem Zusammenbruch des Dritten Reiches 1945 wieder neu ein. Hitler hat einen der radikalsten Ansätze, die sich für die Lösung sozialer Probleme überhaupt denken lassen, propagiert und mit tödlicher Konsequenz für viele Millionen Menschen in der Praxis verwirklicht. Hitlers ‚Theorie der Sozialen Arbeit' ist von Fürsorgern und Volkswohlfahrtspflegern praktiziert worden. Um diese Feststellung kommen wir nicht herum. Die gegenwärtigen Euthanasie- und Ausländerdiskussionen zeigen, daß sozialdarwinistische Thesen - wie in Hitlers ‚Mein Kampf' aufgestellt - auch heute populär sind und insofern genug Anlaß besteht, sich mit ihnen zu befassen."[183]

Auch die Nachkriegsgeneration hat offenbar nicht mehr an die frauenbewegten Elemente in der Sozialen Arbeit vor dem Faschismus anknüpfen können. Nach 1945 galt jeglicher "gesonderte oder besondere Blick für Frauen in Theorie, Ausbildung und Praxis Sozialer Arbeit als rückständig."[184] Im Zuge verfassungsmäßig proklamierter Gleichheit setzte eine Tendenz ein, jeden Sondereinsatz für Frauen als rückständig zu denunzieren. "Die geschlechtsneutrale Fachkraft war geboren!"[185]
"Die geschlechtsneutrale Fachkraft fügte sich in die standes- und berufspolitischen Interessen ebenso ein, wie in die politischen Absichten der Demokratisierung und Gleichberechtigung."[186]
Nach 1945 nahm der Anteil der Männer am Beruf zu, was sowohl auf die Erweiterung ihres Aufgabenbereiches in der Verwaltung und als Erzieher insbesondere in Jugendheimen als auch auf die Verbesserungen der sozialen Bedingungen im Beruf zurückgeführt werden kann.[187]

Mit der Umwandlung der Höheren Fachschulen in Fachhochschulen zu Beginn der 70er Jahre setzte gar eine Vermännlichung im Ausbildungs- und Berufssektor ein. Je mehr sich die Wohlfahrtsschulen wissenschaftlichen Inhalten und Erkenntnissen öffneten, desto deutlicher besetzten

---
183 Engelke, 1993:226f
184 Rose, 1992:10
185 Rose, 1992:10
186 Simmel-Joachim, 1992:110
187 vgl. Skiba, 1969:68

Männer das Ausbildungsgeschehen, gleichzeitig nahm auch die Zahl der männlichen Schüler/Studenten zu (Ende der 60er Jahre bereits ein Drittel). Belege hierfür waren einerseits die Verwissenschaftlichung und Politisierung des Studiums und als Folge davon die Statusanhebung der Profession und andererseits eine Vielzahl neuer relevanter bildungs- und sozialpolitischer Praxisfelder.
Diese Tendenz wurde auch von Frauen ausdrücklich begrüßt[188]. Wenn sich auch nach einer kurzen Phase des Anstiegs männlicher Studenten in den Fachbereichen des Sozialwesens (bis auf 40 % nach der Gründungsphase der Hochschulen Mitte der 70er Jahre) das Geschlechterverhältnis anzugleichen schien, so hat es sich doch nach 10 Jahren wiederum auf dem fast magischen Drittel stabilisiert.[189]
Bis heute werden an den seit 1969 eingerichteten Fachhochschulen für Sozialarbeit bzw. Sozialpädagogik bis zu 70% Frauen ausgebildet. Dieses Geschlechterverhältnis in der Ausbildung spiegelt sich jedoch in der beruflichen Karriere (Besetzung leitender Positionen) nicht wider. Während die männlichen Kollegen nach relativ kurzer Zeit in die höheren Besoldungsgruppen des administrativen Apparates aufsteigen, erreichen die Sozialarbeiterinnen die Ebene des „mittleren Managements", etwa als leitende Sozialarbeiterinnen oder Abteilungsleiterinnen, aber so gut wie gar nicht beispielsweise als Dezernentinnen oder als Jugendamtsleiterinnen.
Sie sind in Leitungsfunktionen der Sozialen Arbeit kaum vertreten.
Innerhalb der sozialen Arbeitsfelder ist eine klassische Trennung zwischen Männern und Frauen zu beobachten. In den Bereichen der Erziehung, Bildung, psychosozialen Beratung, der Basis- und „Beziehungs"-arbeit finden sich vorwiegend Frauen. Sie bevorzugen eher die praktische Arbeit vor Ort, den unmittelbaren Kontakt zu den Klienten und Klientinnen, während die männlichen Kollegen eher in den gehobeneren Arbeitsfeldern wie Verwaltung, Finanzierung, Organisation, Sozialplanung, Öffentlichkeitsarbeit tätig werden.[190]

Giesecke ist zuzustimmen, der bereits 1966 schrieb, daß sich im Bereich der Sozialarbeit und Sozialpädagogik "alle Probleme wiederfinden, die überhaupt mit der überlieferten Einteilung in ‚wesenhaft weibliche' und ‚wesenhaft männliche' Tätigkeiten", d.h. allgemein mit geschlechtlicher Arbeitsteilung unter kapitalistischen Produktions- und Reproduktionsbe-

---
188 vgl. Fesel, u.a., 1992:87
189 vgl. Simmel-Joachim, 1992:109
190 vgl. Ehrhardt-Kramer, 1993: 21ff

dingungen zusammenhängen"[191]. Dies gilt auch für die Ebene der Lehrenden.

Das Verhältnis von lehrenden Frauen zu Männern ist etwa umgekehrt proportional zum Anteil der Geschlechter unter den Studierenden.[192]

Im Zuge der Einbindung der Höheren Fachschulen in den Hochschulbereich haben die Männer die bis dahin lehrenden und verantwortlichen Frauen weitgehend abgelöst. Sie übernahmen die Leitungen sowohl von eigenständigen Einrichtungen als auch der Fachbereiche Sozialarbeit/ Sozialpädagogik. Verwissenschaftlichung der Ausbildung bedeutete vielfach Vermännlichung.
Mit steigendem prozentualem Anteil der Männer unter den Lehrenden wurden auch männliche Wissenschaftskonzepte und männliche Politikentwürfe allgemeingültige Maßstäbe zur Beurteilung der Reichweite des Berufs.[193]

Erst mit dem Wiedererstehen der Neuen Frauenbewegung nach 1970 und im Zusammenhang mit wissenschaftlichen Beiträgen der Frauenforschung eröffnete sich eine neue Perspektive, die es heute erlaubt, danach zu fragen, ob der bildungspolitische Zusammenhang dazu beiträgt, daß die Mehrheit der Frauen in der Sozialen Arbeit - die Sozialarbeiterinnen/Sozialpädagoginnen ebenso wie die Klientinnen - als gesellschaftliche Randgruppe wahrgenommen wird.

Die Umkehrung der Ausgangsvoraussetzungen, d.h. von einer großen Zahl von weiblichen Studierenden bleibt später nur eine geringe Zahl, die berufliche Karriere macht, ist hauptsächlich systemimmanent, zum Teil liegt sie aber auch am Selbstverständnis vieler Frauen, das sich von dem der Anfänge der bürgerlichen Frauenbewegung nicht wesentlich unterscheidet. Somit läßt sich die Frage beantworten, warum gerade Frauen besonders motiviert sind zur Ausübung sozialer Berufe: Auf der Basis der geschlechtlichen Arbeitsteilung entsprechen männliche Eigen-

---

191 Giesecke, H., 1966:95
192 Nach Auskunft des Ministeriums für Wissenschaft und Forschung des Landes Nordrhein-Westfalen vom 4. Juli 1996 gab es im Wintersemester 1995/96 an den Fachhochschulen in Nordrhein-Westfalen im Studienbereich Sozialwesen 14.478 Studierende: 9771 Frauen und 4707 Männer. Insgesamt wurden zum Stichtag 1.10.1995 225 Lehrende (166 Männer und 59 Frauen) an den Fachhochschulen in Nordrhein-Westfalen im Fachbereich Sozialwesen gezählt.
193 vgl. Simmel-Joachim, 1992:112

schaften den geforderten Eigenschaften und Fähigkeiten im gesellschaftlichen Bereich der Produktion, weibliche denen im Bereich der Reproduktion (Familie mit subjektiv-informellen Kommunikationsstrukturen). Die von Sozialarbeit und Sozialpädagogik geforderten Eigenschaften und Fähigkeiten fallen mit denen einer weiblichen Persönlichkeitsstruktur zusammen.[194] Diese Verhaltenselemente werden zu einem wesentlichen Teil der geforderten Arbeitsleistung und zu einem zentralen Beurteilungskriterium der Berufsbefähigung.

Der soziale Minderheitenstatus der Frauen auch in der Sozialen Arbeit ist Ausdruck der geschlechtsspezifischen Segregation des Arbeitsmarktes, in dem haus- und familienarbeitsähnliche Berufsvollzüge vorwiegend von Frauen ausgeübt werden, verbunden mit minderem Ansehen, geringer Bezahlung und sozialpolitischer Einflußlosigkeit.[195]

Hinzu kommt, daß Frauen nicht nur in der Ausbildung und der beruflichen Praxis Sozialer Arbeit die Mehrheit stellen, sondern daß sie auch die Mehrheit der Hilfesuchenden bilden.

"Der 'Blick nach vorne' hat zuallererst dem Sachverhalt, daß Soziale Arbeit heute ein mehrheitlich von Frauen ausgeübter Beruf ist, zur Geltung zu verhelfen. Immer noch wird diese Tatsache in Ausbildung und Praxis wenig bewußt bearbeitet und gestaltet: Sowohl die Verwissenschaftlichung des Studiums als auch die in der Praxis geltende Orientierung an methodisch geprägten sozialen Standards tragen das Ihre zur Verschleierung des ungleichen Geschlechtsverhältnisses bei. Erst im vollen Bewußtsein, daß in der Hauptsache ... der Sozialarbeiter eine Frau (ist), lassen sich Bruchstellen und Kontinuitätslinien produktiv gestalten - erst dann kann die Frage nach dem professionellen Profil sozialer Arbeit unter unseren heutigen Bedingungen angemessen gestellt werden, und erst dann kann es gelingen, Hintergründe und Wirkungsweisen im Familienbezug sozialer Arbeit zu erkennen."[196]
Die Kritik richtet sich demnach auf die unreflektierte Übernahme tradierter weiblicher Rollen, auf die kritiklose Hinnahme der Doppelbelastung von Frauen durch Beruf und Familie, auf die einseitige Hinführung zu typischen Frauenberufen, auf das überholte Verständnis sozialen Engagements. Die Ausbildung von Familienfrauen zur Diplom-Sozialarbeiterin

---

194 An dieser Stelle ist auf das Stichwort „Helfersyndrom" hinzuweisen, das diesen Zusammenhang verdeutlicht.
195 vgl. Simmel-Joachim, 1992:110
196 Rose, 1992:11

ist vor diesem Hintergrund nur legitimierbar, wenn eine emanzipatorische Orientierung erfolgt.
Eine politisch-emanzipative Veränderung von Sozialarbeit/Sozialpädagogik ist ohne eine grundlegende Reflexion der geschlechtlichen Arbeitsteilung, der Frauenrolle und der weiblichen Persönlichkeitsstruktur, die in der sozialen Arbeit funktionalisiert und ausgenützt werden, nicht möglich.[197]

Was bedeutet dies nun für die Ausbildung der Sozialen Arbeit, insbesondere auch für sozialarbeiterische/sozialpädagogische Frauenstudiengänge?
Es gilt, "die Lage der Klientinnen wie die der Sozialarbeiterinnen als Resultat der gesellschaftlichen Verhältnisse zu untersuchen, sie als Ensemble ökonomischer, politischer und sozialer Verhältnisse zu betrachten und deutlich zu machen, welchen anderen Platz in der Gesellschaft Frauen haben"[198]. Schließlich ist zu fragen, "wie das reale gesellschaftliche Sein sich auf die Denk- und Handlungsstrukturen auswirkt"[199].

Es besteht die Gefahr, daß sich die Erkenntnis darüber, daß auch in Theorie, Ausbildung und Praxis Sozialer Arbeit ein asymmetrisches Geschlechterverhältnis vorherrscht, normalisiert und sogar institutionalisiert, und zwar überwiegend in Gestalt geduldeter, bestenfalls erwünschter „Frauen"themen. Jedoch wird besagter Erkenntnis verwehrt, als wesentliches, gestaltendes Element für Theoriebildung, Ausbildungskonzepte und Professionalitätsdebatten anerkannt zu werden.

Es reicht nicht aus, auf vermeintlich modische Themen wie „Gewalt gegen Frauen" oder „Probleme des sexuellen Kindesmißbrauchs" in Form von Lehraufträgen einzugehen. Geschlechtsspezifische Zusammenhänge gehören mitten hinein in den obligatorischen Kanon der Ausbildung, lassen Theorien sozialer Devianz oder Sozialpolitik, Recht und vor allem auch Sozialisation in neuem Licht erscheinen.

---

197 Die hier geforderte Reflexion fand im Modellprojekt u.a. im Rahmen von integrierten Lehrveranstaltungen beispielsweise mit folgenden Themen statt: Herrlichkeit und Weiblichkeit - Aspekte geschlechtsspezifischer Differenzierung von „Mutter, Vater, Kind" zu „Lovers und Kids" - Sozialer Wandel von Beziehungsformen: „Gelernte Hilflosigkeit" oder „double bind"? - Zur Situation von Frauenarbeit bzw. Arbeit von Frauen: Hure und Madonna oder „Krankheit Frau"? - Zur Vergesellschaftung des weiblichen Körpers.
198 Fesel, u.a., 1992:115
199 Ebd.

Der Zusammenhang zwischen der notorischen politischen Ohnmacht der Sozialen Arbeit, dem schiefen Bild von der Wirklichkeit der Praxis in der Ausbildung und dem stetigen Ausblenden der weiblichen Mehrheit aus dem öffentlichen Bewußtsein Sozialer Arbeit muß klar analysiert werden.[200]

Und vor allem auch in Frauenstudiengängen muß der weibliche Charakter des Berufs Sozialarbeit/Sozialpädagogik bewußt gemacht und zum Anlaß genommen werden, eine neue selbstkritische Reflexion zu den Inhalten und Bedingungen der Ausbildung einzuleiten. Der Reflexionsprozeß über geschlechtsspezifische Fähigkeiten und strukturelle Beschränkungen muß systematisch zum Bestandteil der Ausbildung gemacht werden. Es geht um Bewußtseinsbildung in einem kritisch-aufklärerischen Sinn.

Die entscheidende Frage, ob und wie die positive Seite der Berufsmotivation gestärkt werden kann, muß in der Ausbildung thematisiert werden, indem die zukünftigen Berufsträgerinnen selbst den Zusammenhang ihrer Berufssituation mit ihrer gesellschaftlichen Rolle als Frau herstellen und den notwendigen Diskurs führen. Es geht darum, die Chancen und Grenzen, die Potentiale und Gefahren der spezifisch „weiblichen" Anteile des Berufs der Sozialarbeiterin/Sozialpädagogin klar zu sehen.[201]

Soziale Arbeit ist eine Kunst, wie schon Alice Salomon gesehen hat. Sie wird überwiegend von Frauen an und mit Frauen ausgeübt. Sie zu verstehen und auf sie vorzubereiten, ist die Aufgabe des Studiums an der Fachhochschule.

Viele Frauen geben während der aktiven Familienphase, vor allem wenn mehrere Kinder zu erziehen und behinderte, pflegebedürftige, kranke Angehörige zu versorgen sind, die Erwerbstätigkeit - zumindest teilweise - auf; sie unterbrechen damit ihre berufliche Karriere. Wenn die Kinder herangewachsen sind, haben diese Frauen noch eine lange Lebensphase vor sich, in der sie wieder erwerbstätig sein möchten. In der Familientätigkeit haben sie pädagogische, soziale und pflegerische Kompetenzen erworben. Aus ehrenamtlichem Engagement in Frauenverbänden,

---

200 vgl. Simmel-Joachim, 1992:110
201 Dies gilt umgekehrt auch für männliche Berufsträger, nämlich Berufsmotivation, -weg und -situation auf dem Hintergrund der geschlechtlichen Arbeitsteilung zu reflektieren und ihre Abweichungen und Übereinstimmungen mit der männlichen Rolle in der Gesellschaft zu überdenken.

sozialen Diensten und Initiativen sowie durch die Mitarbeit in Elternvertretungen und Parteien bringen sie Kenntnisse des Umgangs mit hilfsbedürftigen Menschen, der Gruppen- und Gremienarbeit, der Planung und Organisation von Aufgaben mit. Daraus erwächst vielfach der Wunsch, diese Kompetenzen für eine berufliche Tätigkeit in der Sozial- und Bildungsarbeit zu nutzen. Es liegt auch im gesellschaftlichen Interesse, diese Ressourcen familien- und sozialerfahrener Frauen nicht brach liegen zu lassen und ihnen über den Zugang zu Studienmöglichkeiten, die ihrer Lebenssituation gerecht werden, die Chance zu geben, einen im Bildungssystem anerkannten Hochschulabschluß zu erwerben.

Studentinnen mit Kindern kommt der Verdienst zu, daß sie sich von der vorherrschenden gesellschaftlichen Struktur nicht zu einem reduzierten Leben zwingen lassen, die im Endeffekt Frauen immer noch vor die Entscheidung „entweder" – „oder" stellt. Sie haben die Entscheidung „sowohl" – „als auch" getroffen, und darin liegt ihre Emanzipationschance der Befreiung von der traditionellen weiblichen Normalbiographie.[202]

Gleichzeitig muß aber auch im häuslichen und öffentlichen Bereich mit der Bejahung einer Frauenförderung und der Ermöglichung ihrer Akademisierung über Folgen einer Verselbständigung von Familienfrauen antizipativ nachgedacht und auch durch frauenpolitische Verlautbarungen für mehr partnerschaftliche und rollenvariantere Familienbilder geworben werden. Das Berufsbild der Sozialarbeiterin / Sozialpädagogin hängt eng mit einem redefinierten Familienbild zusammen. Wechselwirkungen müssen im Interesse der Berufsidentität reflektiert werden.

---

202 vgl. Frankenberger, Schön, Teres-Karimi, 1989:202

4. Welchen Beitrag kann ein Studienbegleiter / eine Studienbegleiterin zur Verbesserung und Unterstützung im Rahmen von Studiengängen für bestimmte Zielgruppen leisten?

In diesem Kapitel ist zu überprüfen, welchen Beitrag ein Studienbegleiter/eine Studienbegleiterin zur Unterstützung von studentischen Zielgruppen mit besonderen Bedürfnissen leisten kann. Ausgangslage ist die Aufgabenstellung der Studienbegleiterin in den Frauenstudiengängen an der KFH NW, die zum einen anhand der Stellenbeschreibungen und zum anderen anhand der Ergebnisse einer Befragung der am Modellprojekt beteiligten Studentinnen und Lehrkräfte und drittens anhand der Erwartungen der Teilnehmerinnen des zweiten Frauenstudiengangs an der KFH NW, Abteilung Aachen, beschrieben wird.

In einem zweiten Schritt werden die Erkenntnisse aus der Bestandsaufnahme systematisiert und bewertet. In den folgenden Abschnitten werden dann die Aufgaben eines Studienbegleiters/einer Studienbegleiterin abgegrenzt gegenüber anderen Formen der Unterstützung, und zwar einmal gegenüber Supervision, Therapie, Studienberatung und Aufgaben von Frauenbeauftragten an Hochschulen und zum anderen gegenüber Tutorenmodellen aus dem anglo-amerikanischen Bereich bzw. an deutschen Hochschulen. Ergänzend werden dann Beratungsangebote für behinderte Studenten und Studentinnen als eine Gruppe von Studierenden mit besonderen Bedürfnisse vergleichend vorgestellt sowie Unterstützungsstrukturen in anderen Frauenweiterbildungsprojekten beschrieben.

Die Erkenntnisse aus den aufgeführten Feldern führen schließlich zur Entwicklung eines Standardtyps von Studienbegleitung. Es werden formale Voraussetzungen, inhaltliche Qualifikationen und Verortungsvorschläge im System Hochschule erarbeitet.

4. 1. Aufgaben von Studienbegleitung

Die Bestandsaufnahme erfolgt anhand der Beschreibung der Tätigkeit der Studienbegleiterin im Modellprojekt der Bund-Länder-Kommission für Bildungsplanung und Forschungsförderung zur „Ausbildung von Frauen zur Diplom-Sozialarbeiterin neben der Familientätigkeit" (1990-94) und in den laufenden Frauenstudiengängen an der KFH NW, Abteilung Aachen, sowie anhand einer Befragung der am Modellprojekt beteiligten Studentinnen und Lehrkräfte.

4.1.1. Aufgaben der Studienbegleiterin in den Frauenstudiengängen an der KFH NW

Die Aufgaben der Studienbegleiterin im Modellprojekt zur „Ausbildung von Frauen zur Diplom-Sozialarbeiterin neben der Familientätigkeit" sowie in den „Folgestudiengängen" an der KFH NW werden anhand der Stellenbeschreibungen verdeutlicht und abschließend wird eine vorläufige Zusammenfassung der Funktionen von Studienbegleitung gegeben.

Im Antrag[203] des Modellprojektes zur „Ausbildung von Frauen zur Diplom-Sozialarbeiterin neben der Familientätigkeit" wurden die Aufgaben der Studienbegleiterin wie folgt beschrieben:
„Zu den Aufgaben der Studienbegleiterin gehören Studienberatung und Begleitung der Teilnehmerinnen; Koordination der Praktika, Kooperation mit den Praxisstellen, den PraxisbegleiterInnen und SupervisorInnen; Organisation des Lehrangebotes in den Präsenzphasen; Sorge für die Bereitstellung der Lehrmaterialien und die Erstellung von Literaturlisten nach Absprache mit den DozentInnen, Dokumentation von Lehrmaterialien; Kontakte zum staatlichen Prüfungsamt an der Katholischen Fachhochschule NW."
Die Stelle der Studienbegleiterin wurde für eine Diplom-Pädagogin ausgeschrieben.

In den Frauenstudiengängen an der KFH NW, die auf dem Modellprojekt aufbauen, sind laut Stellenbeschreibung[204] insbesondere folgende Aufgaben wahrzunehmen:

1. Aufgaben der Studienbegleitung:
- die Unterstützung bei persönlichen Studienfragen der Studentinnen durch die Präsenz in den einzelnen Blockphasen;

---

203 unveröffentlichtes Schreiben der KFH NW vom 25.2.88
204 Stellenbeschreibung für die Studienbegleitung im Frauenstudiengang an der KFH NW, Abteilung Aachen, vom 23. 10. 1995

- die Organisation der regionalen Studiengruppen und von koordinierenden Absprachen der Gruppen untereinander, die Gewährleistung der Organisation der Lernaufgaben für die Studiengruppen in Absprache mit den jeweiligen Dozenten und Dozentinnen derjenigen Fächer, die die Lernaufgaben stellen;
- Absprache mit den Dozenten und Dozentinnen im Frauenstudium zwecks der Studienorganisation und ihrer Einsatzplanung;
- die Unterstützung der studentischen Selbstverwaltung: Anregung zur Zusammenarbeit von Teilnehmerinnen des Frauenstudiums und Studierenden der beiden anderen Studiengänge;
- das Mitsorgetragen für den ordnungsgemäßen Verlauf der Präsenzphasen, einschließlich der Bereitstellung der Studienmaterialien sowie der Prüfungsorganisation;
- Mitarbeit bei der Vor- und Nachbereitung der Sitzungen der Lehrenden und des Beirates dieses Studiengangs;
- die Durchführung von Sprechstunden für die Studentinnen;
- die Unterstützung einzelner Studentinnen bei Problemen im Studium;
- Vermittlung zwischen Studentinnen und Lehrenden bei der Abstimmung der jeweiligen Erwartungen.

2. Administrative Aufgaben:

- Aufbau und dauerhafte Unterstützung von Kontakten zu den Institutionen, die für den Frauenstudiengang bedeutsam sind;
- spezielle Kontakte zu Frauenverbänden und frauenrelevanten Institutionen in der Region Aachen und den angrenzenden Ländern mit Prüfung von Frauenprojektforschung und deren Unterstützung durch die EG;
- Entwicklung weiterer Möglichkeiten zur Sponsorengewinnung;
- administrative Vorklärung der einzelnen Studienblöcke;
- Prüfung der Präsenzbibliothek;
- Mitsorge für den ordnungsgemäßen Verlauf der Praktika einschließlich der Praxisbegleitung und der Supervision;
- Beteiligung bei der Planung und gegebenenfalls Durchführung von Gottesdiensten, Festen und Feiern.

3. Lehrtätigkeit:

- Lehrangebote (z.B. TBH, Lernbereichsstudium, Wahlstudium);
- Betreuung von Diplomarbeiten als Zweitprüferin.

4. Praktikumsberatung:

- Vorbereitung der Praxiskontakte für integrierte Praktika und Lernprojekte (dazu sind geeignete Institutionen zu motivieren und innovative Strategien zu entwickeln);
- Vorbereitung, Begleitung und Auswertung der Vollzeitpraktika.

5. Wissenschaftliche Begleitung:

- Die wissenschaftliche Aufarbeitung der Studienmaterialien als Vorlage für die Koordinatorin und die Lehrenden im Frauenstudium;
- Mitarbeit bei der Erneuerung des Curriculums auf dem Hintergrund des Studiengangs Pflegepädagogik und des Modellstudiums für Frauen;
- Mitarbeit bei der Erstellung der Lernprojekte, der Praktika und deren Organisation;
- Beschaffung und Auswahl der Studienmaterialien aus dem Modellprojekt und deren Prüfung;
- Erstellung von Vorlagen für die Presse- und Öffentlichkeitsarbeit der Koordinatorin;
- Dokumentation der wissenschaftlichen Forschung und Evaluation im Hinblick auf Frauenstudien im Hochschulbereich;
- Prüfung der Präsenzbibliothek (Anregung spezieller Literatur, die im Frauenstudium bereitgestellt werden müßte);
- Mitarbeit bei der Vorbereitung und Durchführung der evaluativen Maßnahmen im Rahmen des Forschungsvorhabens.

Auch hier wurde die Stelle für eine Diplom-Pädagogin eingerichtet.

Die Aufgaben- und Stellenbeschreibungen für die Studienbegleiterin in den Frauenstudiengängen an der KFH NW weisen noch viele Unzulänglichkeiten auf. Erforderlich sind eine Überprüfung sowie weitere Präzisierungs- und Systematisierungsschritte, wie sie in den folgenden Punkten des Kapitels vorgesehen sind.

In einer ersten Zusammenfassung können allerdings schon jetzt folgende Funktionen einer Studienbegleiterin festgehalten werden:

- Informieren
- Beraten
- Begleiten

- Motivieren
- Unterstützen
- Orientierung geben
- Vermitteln
- Koordinieren
- Kooperieren
- Organisieren
- Dokumentieren
- Kontakte aufbauen und pflegen
- Stabilisieren.

Bereits hier ein kurzer Hinweis darauf, daß diese Funktionen starke Überschneidungen mit den Aufgaben von sozialarbeiterischen und sozialpädagogischen Fachkräften aufweisen.

4.1.2. Ergebnisse einer Befragung der Studentinnen und Lehrkräfte, die am Modellprojekt teilnahmen

4.1.2.1. Vorstellung der Befragung

Die Befragung der am Modellprojekt beteiligten Studentinnen und Lehrkräfte wurde mit dem Ziel durchgeführt, die Reflexion der eigenen Erfahrungen als Studienbegleiterin im Modellprojekt um die Einschätzung der Betroffenen zu ergänzen und damit zu vergleichen.
Der entwickelte Fragebogen wurde zunächst mit Hilfe von zwei Studentinnen und zwei Lehrkräften justiert, bevor die endgültige Fassung im Mai 1996 an die 40 Teilnehmerinnen des Modellprojektes sowie an insgesamt 38 Lehrkräfte verschickt wurde. Zu berücksichtigen ist, daß zu den 40 Studentinnen auch zwei Frauen zählen, die nach dem dritten Semester das Studium abgebrochen haben, sowie eine Studentin, die nach Studienabschluß zurück in ihr Heimatland Korea ging. Im letzteren Fall ist fraglich, ob der Fragebogen die ausländische Studentin erreicht hat.
Bei den Lehrkräften ist zu berücksichtigen, daß einige von ihnen den Wohnort bzw. die Hochschule gewechselt haben und einige zwischenzeitlich in den Ruhestand getreten sind. Auch ist zu vermuten, daß es

zwischen haupt- und nebenamtlich Lehrenden Unterschiede in der Identifikation und Auseinandersetzung mit dem KFH-Modellprojekt gibt.

Nachdem bis Ende Juni 1996 sowohl bei den Studentinnen als auch bei den Lehrenden ein Rücklauf von über 70 % verzeichnet werden konnte, wurde Anfang Juli ein Erinnerungsschreiben verfaßt, das sich - da die Befragung anonym durchgeführt wurde - erneut an alle Studentinnen und Lehrkräfte richtete.

Ende August 1996 wurde die Befragung dann mit insgesamt 34 Rückmeldungen (85%) bei den Studentinnen und 32 Antworten (84,2%) bei den Lehrkräften abgeschlossen.

Zur Population der befragten Studentinnen

Der Altersdurchschnitt der 40 Teilnehmerinnen des Modellprojekts lag zu Beginn des Studiums (1990) bei 41 Jahren. Zu diesem Zeitpunkt waren bis auf die koreanische Studentin alle anderen verheiratet.
Mit einer durchschnittlichen Kinderzahl von 2,4 Kindern wurde der bundesweite Mittelwert von 1,3 Kindern deutlich überschritten. 29 Frauen hatten zu Studienbeginn Kinder unter 12 Jahren zu versorgen, davon 15 Frauen auch Kinder im Vorschulalter.

Für die Aufnahme in den Modellstudiengang galten die gleichen Voraussetzungen wie für den Zugang in das Regelstudium. Die Hälfte der Studentinnen hatte den Zugang zum Studium über die allgemeine bzw. Fachhochschulreife erlangt, die andere Hälfte über eine Einstufungsprüfung. [205]

Alle Studentinnen übten vor Studienaufnahme in einem Umfang von durchschnittlich acht Stunden pro Woche eine oder mehrere ehrenamtliche Tätigkeiten aus, insbesondere in den Bereichen Elternarbeit im Kindergarten bzw. in der Schule, Kinder- und Jugendarbeit, seelsorgerische Tätigkeiten, Frauen- und Familienarbeit. Auch während des Studiums blieben 2/3 der Frauen weiterhin ehrenamtlich tätig, wobei sich die durchschnittliche Stundenzahl allerdings halbierte.
Die zweite Brücke zum Modellstudiengang stellten Berufsausbildung und Erwerbstätigkeit dar. 85% der Frauen hatten eine Berufsausbildung abgeschlossen, bei 50% von ihnen hatte sie einen Bezug zu Arbeitsfeldern

---

[205] Einstufungsprüfung gemäß § 45 Abs. 2 FHG vom 22.6.84 / Einstufungsprüfungsordnung der KFH NW vom 6.12.85.

der Sozialen Arbeit (z.B. Erzieherin, Krankenpflegerin, Altenpflegerin). 92,5% der Frauen waren im Durchschnitt neun Jahre erwerbstätig. Zum Zeitpunkt der Studienaufnahme waren 19 Frauen erwerbstätig, vorwiegend in Teilzeit. Die damit verbundene dreifache Anforderung in Familie, Studium und Beruf führte vor allem im Hauptstudium zu erheblichen Belastungen, die nur mit Unterstützung von Angehörigen und durch stark reduzierte Freizeitaktivitäten zu bewältigen waren.

Die Studentinnen hatten ein breites Spektrum an Fortbildungen für die berufliche und ehrenamtliche Tätigkeit absolviert.

Zu den persönlichen Daten der Studentinnen, die den Fragebogen beantwortet haben[206], können folgende Angaben gemacht werden:

Das Durchschnittsalter der 34 Studentinnen, die den Fragebogen beantwortet haben, betrug zum Zeitpunkt der Aufnahme des Studiums 41,79 Jahre. 18 Frauen (53%) konnten die allgemeine bzw. Fachhochschulreife nachweisen gegenüber 16 Frauen (47%), die eine Einstufungsprüfung ablegen mußten. Die Frauen hatten im Durchschnitt 2,47 Kinder.
Die Kinder wurden während des Studiums in der Regel (in 26 von 34 Fällen) gemeinsam von Mutter und Vater betreut. In fünf Fällen lag die Hauptverantwortung bei der Mutter, in einem einzigen Fall beim Vater und in zwei Fällen bei den Großeltern. Das heißt, daß - zumindest in der Kinderbetreuung - eine partnerschaftliche Aufgabenteilung wahrgenommen wurde.

Die Angaben zur Person, die mit dem Fragebogen abgefragt wurden, machen deutlich, daß mit sehr kleinen Abweichungen die Gruppe der Studentinnen, die den Fragebogen beantwortet hat, mit der Gesamtpopulation vergleichbar ist und damit von verwertbaren Ergebnissen ausgegangen werden kann. Die Befragung kann als repräsentativ bezeichnet werden.

Zur Population der Lehrkräfte

Am Modellprojekt waren insgesamt 49 Lehrkräfte beteiligt. Für die Befragung wurden nur die ausgewählt, die mehr als eine Seminareinheit innerhalb des 6-semestrigen Studiums übernommen hatten. Nur so konnte davon ausgegangen werden, daß genügend Erfahrungen in der Zusam-

---

206 vgl. Fragen zur Person, s. Anlage

menarbeit mit der Studienbegleiterin vorlagen, um ihre Aufgaben einschätzen und bewerten zu können. Es blieben demnach 39 Lehrkräfte, von denen eine zwischenzeitlich verstorben ist, so daß der Fragebogen an 38 Personen verschickt wurde. Bei den Lehrkräften ist zu unterscheiden zwischen haupt- und nebenamtlich Lehrenden. Von den 12 Lehrkräften, die hauptamtlich an der KFH NW tätig sind bzw. waren, haben alle geantwortet, und von den 26 Lehrbeauftragten haben 20 den Fragebogen zurückgeschickt.

Damit liegt der Rücklauf bei insgesamt 32 Fragebögen.

Die befragen Lehrkräfte waren mehrheitlich (58%) weiblich: 22 von 38. Der höhere Anteil von Frauen war mit der Perspektive „Modellernen von Frau zu Frau" gezielt angestrebt worden.[207] Es sollten frauenspezifische Lern-Lehrprozesse gefördert werden.

Das durchschnittliche Alter der Lehrkräfte, die geantwortet haben, lag zu Beginn des Projektes bei 50 Jahren.[208]

In der Studienordnung des Studiengangs Sozialarbeit an der KFH NW, die auch für das Modellprojekt grundlegend war, sind folgende Fächer vorgeschrieben:

- Sozialarbeitswissenschaften
- Methoden der Sozialarbeit
- Psychologie (einschließlich Methoden empirischer Sozialforschung)
- Soziologie
- Politik
- Sozialmedizin
- Techniken beruflichen Handelns
- Theologie/Sozialphilosophie
- Rechtswissenschaften
- Verwaltung und Organisation
- Erziehungswissenschaft und Medienpädagogik

---

207 vgl. Mannzmann u.a., 1994:22-28
208 Das relativ hohe Durchschnittsalter hängt mit der Tatsache zusammen, daß der Modellstudiengang von einer erfolgreichen Pionierin der Sozialarbeit initiiert wurde und diese eine Reihe von Kollegen und Kolleginnen für die Mitarbeit gewinnen konnte, die sich bereits in einem Projektstudium für ausländische Sozialarbeiter/innen mit ihren fachlichen und organisatorischen Kompetenzen bewährt hatten.

Hinzu kommt das Schwerpunktstudium im Hauptstudium, das berufsfeldspezifische Grundlagen im Hinblick auf Institutionen, Adressaten/Adressatinnen und Arbeitsformen vermittelt.

Lehrkräfte aus allen Fachgebieten haben auf den Fragebogen geantwortet. Die Lehrtätigkeit erstreckte sich im Durchschnitt über mehr als drei Semester. Fünf Lehrkräfte haben sogar über die gesamte Dauer von sechs Semestern gelehrt und somit gute Kenntnisse über das Modellprojekt mit seinen Implikationen gewinnen können bzw. dieses auch entscheidend geprägt.

Auch bei der Gruppe der Lehrenden kann von verwertbaren Ergebnissen ausgegangen werden.

Zu den Fragestellungen des Fragebogens[209]

Bei den ersten vier Fragen des Fragebogens geht es darum zu klären, wie die Aufgaben einer Studienbegleiterin bewertet werden. Die ersten drei Fragen sind auf dem Hintergrund der Erfahrungen aus dem Modellprojekt nach drei Feldern gegliedert:[210]

1. Aufgaben in Bezug auf Beratung, Begleitung und Unterstützung der Studentinnen;
2. Aufgaben im Hinblick auf die Lehrkräfte sowie im Hinblick auf die Vermittlung zwischen den Studentinnen und den Lehrkräften bzw. den Gremien;
3. Aufgaben im Hinblick auf koordinierende und administrative Aufgaben.

Zu diesen drei Feldern wurden Items formuliert, die einzelne Aufgabenstellungen konkretisieren.

Die vierte Frage, die offen formuliert wurde, ist als Ergänzungsfrage zu verstehen. Hier können die Studentinnen und Lehrkräfte wesentliche Aufgabenstellungen, die ihrer Meinung nach in den drei genannten Feldern nicht berücksichtigt werden, benennen.

---

209 s. Anlage
210 vgl. Pkt. 4.1.1.

Die fünfte Frage, die sich ausschließlich an die Studentinnen richtet, fragt nach der Bedeutung der Unterstützung durch die Studienbegleiterin in den verschiedenen Phasen des Studiums. Es soll überprüft werden, ob sich der Bedarf an Beratung und Begleitung in den einzelnen Studienphasen unterschiedlich gewichtet.

In der sechsten Frage geht es um die inhaltlich/fachlichen sowie persönlichen Fähigkeiten, die eine Studienbegleiterin mitbringen muß, um den Anforderungen gerecht zu werden. Es ist davon auszugehen, daß neben fachlichen auch persönliche Rollenanforderungen erfüllt werden müssen.

Im siebten Komplex der Erhebung wird die Frage nach der Übertragbarkeit des Modells der Studienbegleitung auf Regelstudiengänge gestellt: Kann Studienbegleitung dazu beitragen, daß die spezifische Situation von Familienfrauen auch in Regelstudiengängen bewußt wahrgenommen und berücksichtigt wird?

Mit der achten Frage werden die Studentinnen und Lehrkräfte gebeten, aufgrund ihrer Erfahrungen im Modellprojekt Aspekte für eine Fortschreibung des Konzeptes einer Studienbegleiterin zu benennen. Erwartet werden neue Anforderungen und Schwerpunkte für das herauszuarbeitende Berufsbild eines Studienbegleiters/einer Studienbegleiterin.

In der neunten Frage wird nach der Bedeutung der persönlichen Situation der Studienbegleiterin gefragt. Die Antworten können Anhaltspunkte für die Einschätzung einer personen- bzw. persönlichkeitsorientierten Wirkungsforschung im Rahmen der Förderung von (Familien-)Frauen liefern.

In der abschließenden zehnten Frage geht es um die Ansiedlung der Stelle im Hochschulsystem. Es wird danach gefragt, wessen Interessen die Studienbegleiterin vorrangig vertreten soll. Ist es möglich, Studienbegleitung als Ressource am Schnittpunkt von Person und Institution einzusetzen?

4.1.2.2. Ergebnisse der Befragung der Studentinnen und der Befragung der Lehrkräfte

I.Frage:
Wie bewerten Sie die verschiedenen Aufgaben einer Studienbegleiterin in Bezug auf Beratung, Begleitung und Unterstützung der Studentinnen?

Alle 18 aufgeführten Aufgabenstellungen erhielten von den Studentinnen auf einer Skala von 1-5[211] einen durchschnittlichen Wert zwischen 3,06 und 4,44. Bei den Lehrkräften schwankte die Bewertung zwischen 2,82 und 4,71. Das heißt, alle Items erhielten einen Zustimmungswert, der über dem Mittelwert liegt, so daß davon auszugehen ist, daß alle aufgeführten Aufgabenstellungen von Relevanz sind für die Stellenbeschreibung einer Studienbegleiterin (siehe Abb.12).

Während von den Lehrkräften das Item „Die Studienbegleiterin ermutigt die Studentinnen, sich den Herausforderungen des Studiums - bis zum Abschluß - zu stellen." die höchste Priorität erhielt, wurde von den Studentinnen das Item „Die Studienbegleiterin sucht Kontakte zu den Studentinnen auf der informellen Ebene, um eine gemeinsame Arbeitsbasis zu schaffen." am häufigsten angekreuzt. Von den Lehrkräften erhält dieses Item die zweitniedrigste Punktzahl (siehe Abb.13).

Bei der Bestimmung der zweiten Priorität wechseln die Ebenen. Bei den Studentinnen geraten funktionale Aufgaben stärker in den Blick, während von seiten der Lehrkräfte die Emotional- und Sozialebene betont wird (siehe Abb.14).

Bei den Lehrkräften erhält das Item „Die Studienbegleiterin fördert ein akzeptierendes Gruppenklima und konstruktive Gruppenprozesse" die zweithöchste Punktzahl, auf seiten der Studentinnen ist es das Item „Die Studienbegleiterin berät die Studentinnen bei der Planung und Gestaltung des Studiums und der Prüfungen einschließlich Diplomarbeit an den drei Lernorten Hochschule - Familie – Praxis" gefolgt von dem ersten Item „Die Studienbegleiterin ermutigt die Studentinnen, sich den Herausforderungen des Studiums ... zu stellen".

---

211 5 = trifft voll und ganz zu; 1 = trifft überhaupt nicht zu

Abbildung 12

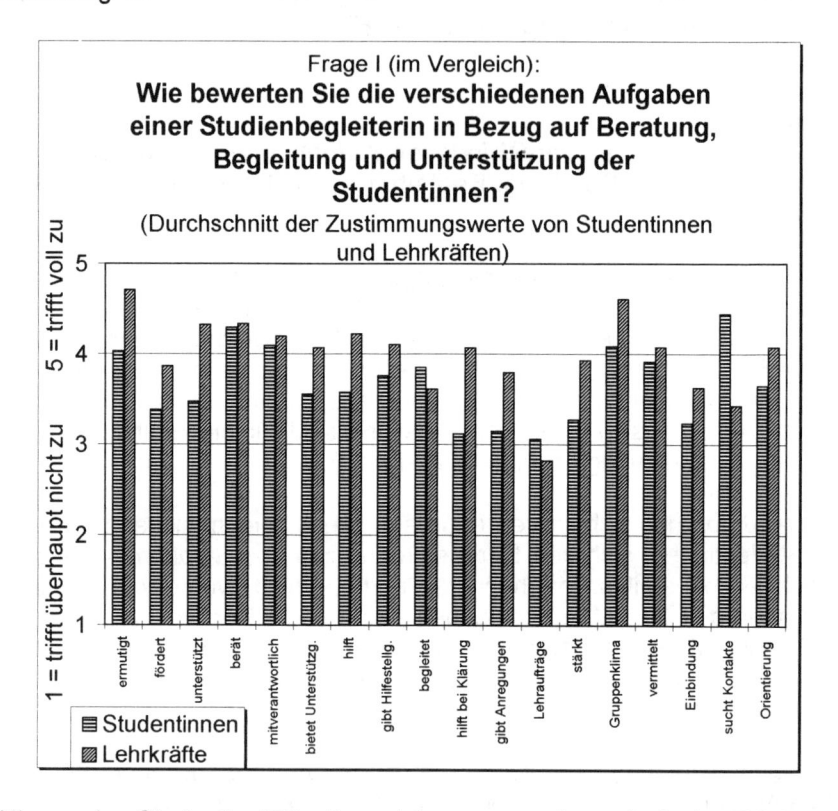

Frage I (im Vergleich):
Wie bewerten Sie die verschiedenen Aufgaben einer Studienbegleiterin in Bezug auf Beratung, Begleitung und Unterstützung der Studentinnen?
(Durchschnitt der Zustimmungswerte von Studentinnen und Lehrkräften)

y-Achse: 1 = trifft überhaupt nicht zu ... 5 = trifft voll zu

Kategorien: ermutigt, fördert, unterstützt, berät, mitverantwortlich, bietet Unterstützg., hilft, gibt Hilfestellg., begleitet, hilft bei Klärung, gibt Anregungen, Lehraufträge, stärkt, Gruppenklima, vermittelt, Einbindung, sucht Kontakte, Orientierung

■ Studentinnen
▨ Lehrkräfte

Hierzu eine Studentin: *"Für die meisten von uns lag schulische Erfahrung lange Zeit zurück. Zum Gelingen eines guten Einstiegs und der Bewältigung des Studiums hat die Studienbegleiterin in hohem Maße beigetragen. Selbstvertrauen, Lernorganisation und Zeitmanagement waren aufzubauen."*

Der hohe Stellenwert, den gruppendynamische Fragen erfahren - bei der Befragung der Studentinnen liegt das entsprechende Item (punktgleich mit Item 1) auf Rang 3 - entspricht den Ergebnissen des Modellprojekts, nach denen die Gruppe zu den wirksamsten Faktoren für den Erfolg des Studiums zählte.[212]

---

[212] vgl. Bock/Genenger-Stricker, 1994:34

Eine Studentin unterstreicht dies mit folgender Aussage: *"Die Homogenität der Frauen förderte den Zusammenhalt, die gegenseitige Unterstützung und gegenseitige Stabilisierung. Sie war von entscheidender Bedeutung für den Studienerfolg und für die Zeiteinhaltung. Verstärkt wurde diese Stabilisierung durch eine Studienbegleiterin, die Gruppenprozesse und individuelle Entwicklungsprozesse förderte."*

In der Rangliste der Lehrkräfte folgen dann wiederum Items, die der funktionalen Ebene zuzurechnen sind:

Rang 3:
Die Studienbegleiterin berät die Studentinnen bei der Planung und Gestaltung des Studiums und der Prüfungen einschließlich Diplomarbeit an den drei Lernorten Hochschule - Familie - Praxis.

Rang 4:
Die Studienbegleiterin unterstützt die Entwicklung von Arbeitshaltungen.

Rang 5:
Die Studienbegleiterin hilft bei individuellen Lern- und Arbeitsschwierigkeiten.

Rang 6:
Die Studienbegleiterin ist mitverantwortlich für die Begleitung und Auswertung von Praktikumserfahrungen.

Bei den Studentinnen folgt auf Rang 5 zunächst auch ein Item der funktionalen Ebene „Die Studienbegleiterin ermutigt die Studentinnen, sich den Herausforderungen des Studiums - bis zum Abschluß - zu stellen." (siehe Abb. 14), dann aber wieder (auf Rang 6) ein Item, das sich auf das Emotional- und Sozialverhalten bezieht: „Die Studienbegleiterin vermittelt innerhalb der Studiengruppe bei gegensätzlich Interessen". Interessant ist, daß diese Aufgabe der Interessensvermittlung von den hauptamtlich Lehrenden (Mittelwert = 4.38) höher bewertet wurde als von den nebenamtlichen Lehrkräften (Mittelwert = 3.38).

Abbildung 13

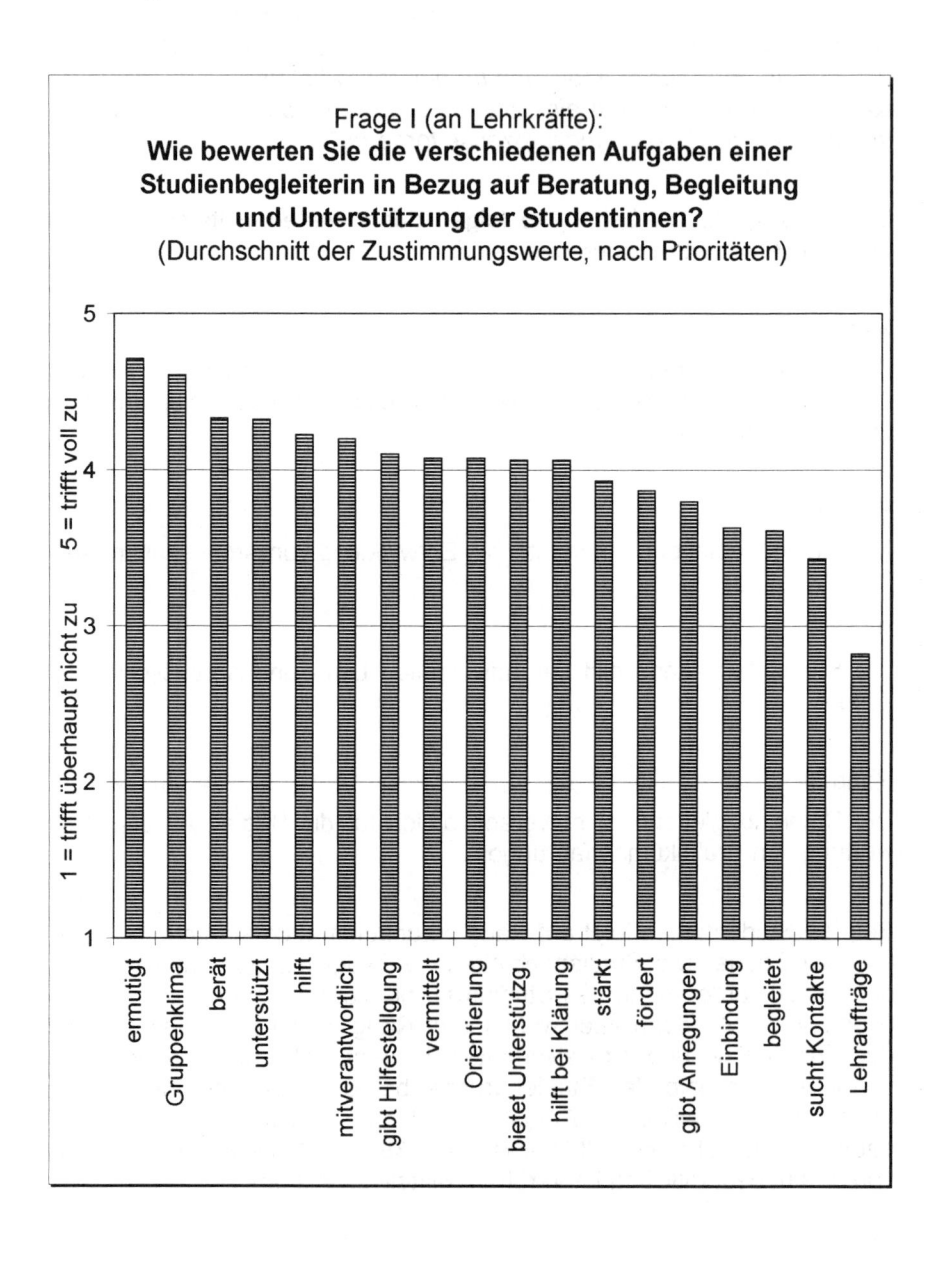

Frage I (an Lehrkräfte):
Wie bewerten Sie die verschiedenen Aufgaben einer Studienbegleiterin in Bezug auf Beratung, Begleitung und Unterstützung der Studentinnen?
(Durchschnitt der Zustimmungswerte, nach Prioritäten)

1 = trifft überhaupt nicht zu   5 = trifft voll zu

ermutigt — Gruppenklima — berät — unterstützt — hilft — mitverantwortlich — gibt Hilfestellung — vermittelt — Orientierung — bietet Unterstützg. — hilft bei Klärung — stärkt — fördert — gibt Anregungen — Einbindung — begleitet — sucht Kontakte — Lehraufträge

Betrachten wir nun die Items, die die geringste Punktzahl erhalten haben, so muß nochmals hervorgehoben werden, daß alle Items einen Wert erhielten, der über dem Mittelwert liegt, und somit Bedeutung für die Aufgabenstellung einer Studienbegleiterin haben. Die Aufgabe mit dem niedrigsten Durchschnittswert sowohl von seiten der Studentinnen als auch von seiten der Lehrkräfte beinhaltet die Übernahme von Lehraufträgen. Diese Aufgabenbeschreibung ist die einzige, die direkt in das Feld der Lehrtätigkeit eingreift.

Eine Studentin macht zu diesem Item folgende Randbemerkung: *"Ergibt aber Rollenkonflikt, da Benotung - Beurteilung nicht losgelöst von der ‚Person' abgegeben werden kann; Studentinnen bekommen Schwierigkeiten in ihrer 'Offenbarung'."*

Die mit der Lehrtätigkeit verbundene bewertende Funktion könnte das Vertrauensverhältnis stören. Bei der Studienbegleiterin selbst führt es unter Umständen zu Rollenkonflikten. Die später zu beschreibende vermittelnde Funktion könnte in diesem Fall nicht oder nur schwer wahrgenommen werden.[213/214]

Ebenso wie die informelle Kontaktsuche der Studienbegleiterin zu den Studentinnen von den Lehrkräften niedrig eingestuft wird (s.o.), erhält auch das Item „Die Studienbegleiterin begleitet und unterstützt die Studentinnen während schwieriger Phasen aufgrund von Problemen, die über das Studium hinausgehen" nur den 16. von insgesamt 18 Rängen bei den Lehrkräften (siehe Abb. 14). Auf den Plätzen 13, 14 und 15 liegen Items, die die Entwicklung der Persönlichkeitsstruktur betreffen:

Rang 13:
Die Studienbegleiterin fördert das Selbstbewußtsein und die Entwicklung psychischer Stabilität.
Rang 14:
Die Studienbegleiterin gibt Anregungen zur Auseinandersetzung mit der Frauenrolle.

---

213 vgl. Antworten zur zehnten Frage
214 Das Konzept der Frauenakademie Ulm sieht demgegenüber vor, daß die pädagogischen Mitarbeiterinnen auch Dozentinnenfunktionen wahrnehmen. Die Lehrtätigkeit ermögliche zum einen einen intensiven Kontakt mit den Teilnehmerinnen und auf der anderen Seite Erkenntnisse über die Anforderungen an die Lehrenden sowie über geeignete Lehr- und Lernformen für die Zielgruppe des Frauenweiterbildungsprojektes. Vgl. auch Pkt. 4.4.3.

Abbildung 14

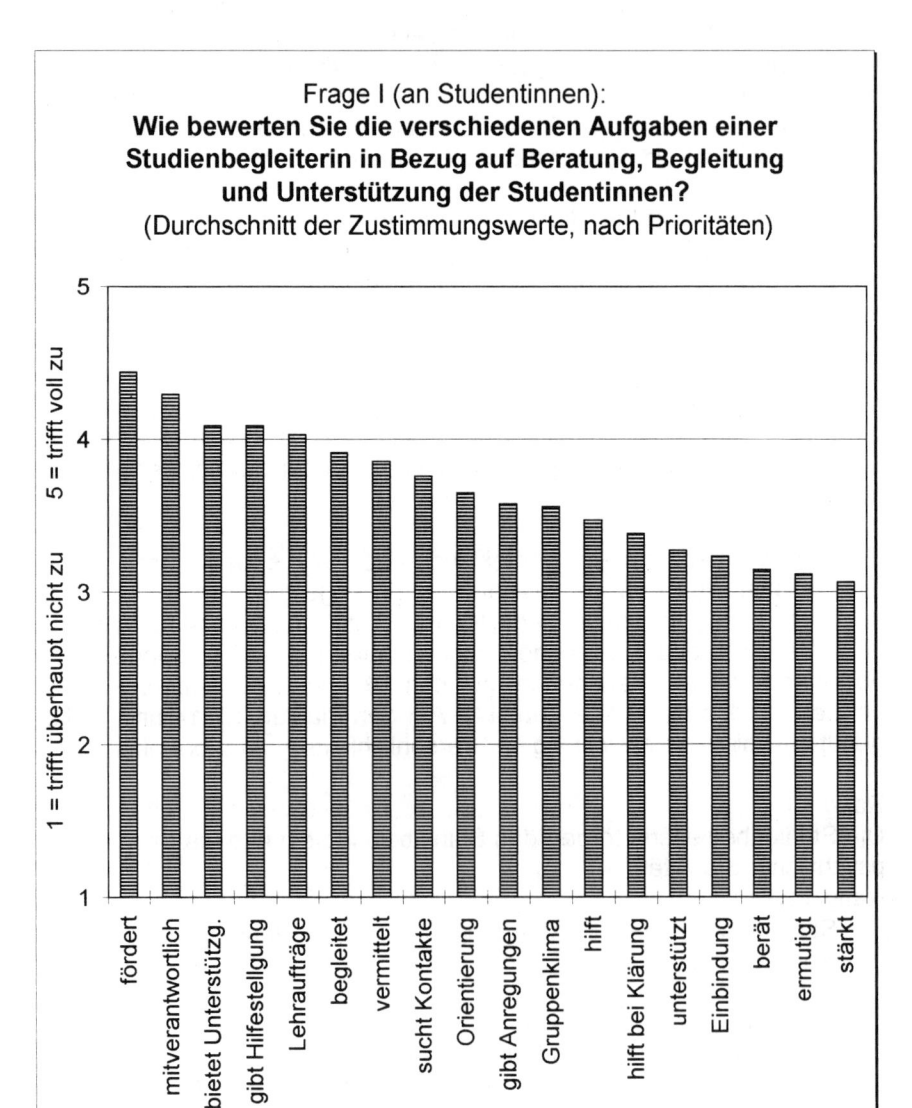

Frage I (an Studentinnen):
Wie bewerten Sie die verschiedenen Aufgaben einer Studienbegleiterin in Bezug auf Beratung, Begleitung und Unterstützung der Studentinnen?
(Durchschnitt der Zustimmungswerte, nach Prioritäten)

1 = trifft überhaupt nicht zu
5 = trifft voll zu

Aufgabe	Wert
fördert	4,45
mitverantwortlich	4,3
bietet Unterstützg.	4,1
gibt Hilfestellung	4,1
Lehraufträge	4,05
begleitet	3,9
vermittelt	3,85
sucht Kontakte	3,75
Orientierung	3,65
gibt Anregungen	3,6
Gruppenklima	3,55
hilft	3,45
hilft bei Klärung	3,4
unterstützt	3,25
Einbindung	3,25
berät	3,15
ermutigt	3,1
stärkt	3,05

Rang 15:
Die Studienbegleiterin fördert die Einbindung der Studienbemühungen in berufsethische, persönlichkeitsbildende und kompetenzerweiternde Dimensionen.

Bei den Studentinnen sind folgende Items auf den hinteren Rängen zu finden:

Rang 17:
Die Studienbegleiterin hilft bei der Klärung von Identitätsfragen, die sich aus den neuen Rollenerwartungen für die Studentinnen ergeben.[215]
Rang 16:
Die Studienbegleiterin gibt Anregungen zur Auseinandersetzung mit der Frauenrolle.
Rang 15:
Die Studienbegleiterin fördert die Einbindung der Studienbemühungen in berufsethische, persönlichkeitsbildende und kompetenzerweiternde Dimensionen. (vgl. Lehrkräfte)
Rang 13:
Die Studienbegleiterin fördert das Selbstbewußtsein und die Entwicklung psychischer Stabilität.
(vgl. Lehrkräfte)

Auch hier wurde die Studienbegleiterin als hilfreich empfunden[216]: *"Mit Unterstützung der Studienbegleiterin konnten Familienprobleme, Rollenkonflikte und Gruppenkonflikte reflektiert, gemildert oder gelöst werden"*, so eine Teilnehmerin des Modellstudiengangs.

Auf Rang 14 (bei den Lehrkräften Rang 12) liegt bei den Studentinnen das Item „Die Studienbegleiterin stärkt die Studentinnen in ihren Fähigkeiten und Fertigkeiten berufspraktischer Art."

---

215 Bei diesem Item, das bei den Lehrenden Rang 11 einnimmt, fällt auf, daß es von den Lehrenden, die zum Zeitpunkt der Befragung älter als 50 Jahre waren, höher bewertet wurde als von den jüngeren Lehrkräften. Der Mittelwert bei den über 50-Jährigen beträgt 4,35 im Vergleich zu 3,25 bei den unter 50-Jährigen.
216 Bereits in der Eingangsbefragung wurde deutlich, daß bei den Teilnehmerinnen des Modellprojektes neben einer dominanten instrumentellen Studienauffassung auch der „intrinsische" Nutzen des Studiums im Blick ist. Immerhin 43% der Studentinnen gaben an, im Studium ebenfalls die Möglichkeit zur Persönlichkeitsentwicklung zu sehen. Vgl. Bau-van der Straeten, 1990:31 (Eingangsbefragung)

Bei den mittleren Rängen überwiegen sowohl bei den Studentinnen als auch bei den Lehrkräften Aufgabenstellungen, die das Studium bzw. die berufliche Orientierung betreffen.

Der Vergleich der Antworten von Studierenden und Lehrkräften macht deutlich, daß die Lehrkräfte insgesamt stärker die Förderung funktionaler Aspekte im Blick haben, während die Studentinnen stärker die Bedeutung emotionaler und gruppendynamischer Prozesse betonen. Die Lehrkräfte haben also primär die Ebene des formalen Erfolgs mit der Zielsetzung des Studienabschlusses vor Augen, während die Studentinnen zunächst die Notwendigkeit der Beziehungsgestaltung auf der informellen Ebene hervorheben, die sie als Voraussetzung für eine effektive Zusammenarbeit ansehen.[217]

Eine Dozentin befürchtet eine Überforderung der Studienbegleiterin. Sie bezieht sich dabei vor allem auf die Items 2, 7, 8 und 14. *"Ich sehe hier die Gefahr der zu hohen Anforderungen an die Studienbegleiterin. Die Studenten ‚mit besonderen Bedürfnissen' kommen mit stärkerer persönlichen Prägung, mit größerer Eigeninitiative und mit einem Umfeld (Familie, Behinderung, Gastland), das stärker formt als nur Schule und Familie wie beim normalen Studiengang. Die Selbstorganisation dieser Gruppe ist ein bedeutender Faktor!"*

II. Frage:
Wie bewerten Sie die verschiedenen Aufgaben einer Studienbegleiterin im Hinblick auf die Lehrkräfte sowie im Hinblick auf die Vermittlung zwischen den Studentinnen und den Lehrkräften bzw. Gremien?

Alle vorgegebenen Items erreichen einen durchschnittlichen Wert von 4.00 bis 4.62. Das heißt, daß alle beschriebenen Aufgabenstellungen von beiden Seiten sehr hoch bewertet werden. Sowohl von den Studentinnen als auch von den Lehrkräften werden die Aufgaben, die für einen funktionierenden Studienverlauf notwendig sind, am höchsten bewertet:

Das Item „Die Studienbegleiterin koordiniert die Lehrangebote, Lehrmaterialien, Prüfungen sowie die Absprachen zwischen den Lehrkräften"

---

217 Unter Punkt 4.5. „Entwicklung eines Standardtyps von Studienbegleitung" wird zu klären sein, inwieweit die Erwartungen der Studentinnen, die sich auf die informelle Ebene richten, auf eine formelle zu übertragen sind.

liegt bei den Lehrkräften auf Rang 1 mit einem durchschnittlichen Punktwert von 4,58, wobei der Mittelwert bei den hauptamtlich Lehrenden sogar 4,75 Punkte beträgt. Im Vergleich dazu erreicht er bei den nebenamtlichen Lehrkräften „nur" 3.62 Punkte. Es ist zu vermuten, daß die Hauptamtlichen diese Funktion, die sie in Regelstudiengängen häufig selbst übernehmen müssen, als große Entlastung erfahren haben.[218]
Bei den Studentinnen erhält dieses Item den zweiten Rangplatz (4,59).

Abbildung 15

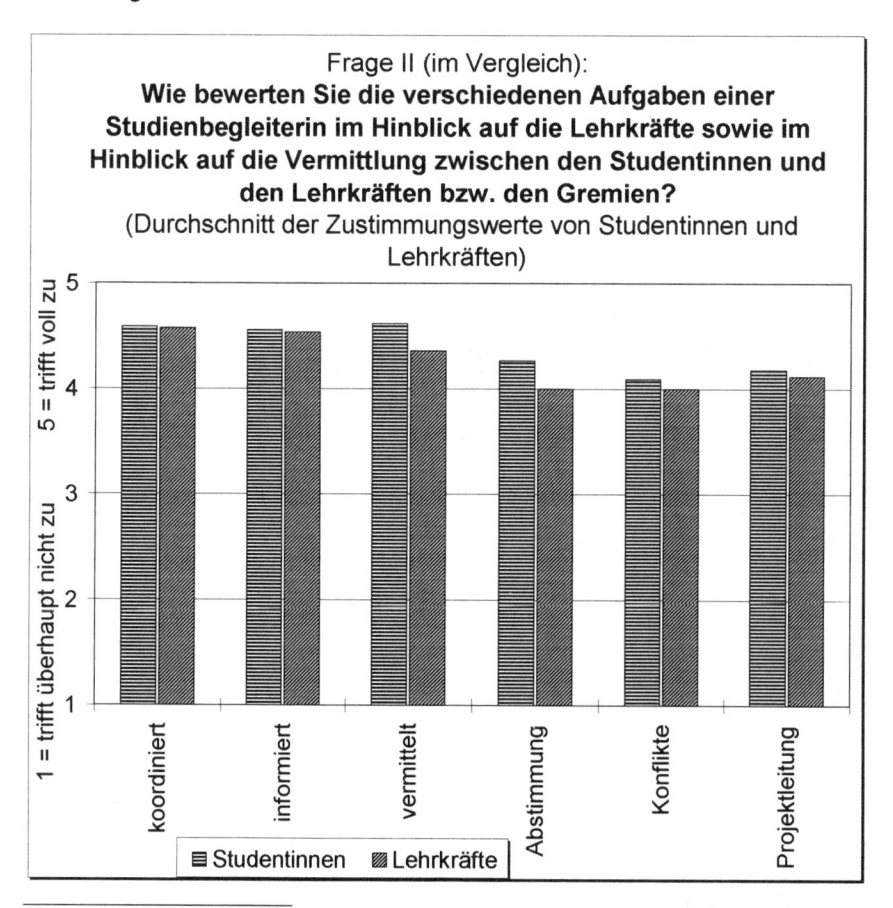

Frage II (im Vergleich):
Wie bewerten Sie die verschiedenen Aufgaben einer Studienbegleiterin im Hinblick auf die Lehrkräfte sowie im Hinblick auf die Vermittlung zwischen den Studentinnen und den Lehrkräften bzw. den Gremien?
(Durchschnitt der Zustimmungswerte von Studentinnen und Lehrkräften)

---
[218] In der Regel werden entsprechende Erwartungen nicht an nebenamtliche Lehrkräfte gerichtet.

Die Aufgabe der Information der Lehrenden über Studienverlauf, Praktikumserfahrungen, Gruppenprozeß und aktuelle Entwicklungen (Item 2) erhält bei den Lehrenden Rang 2 (4,54) und bei den Studentinnen Rang 3 (4,56). An erster Stelle steht bei den Studierenden das Item 3 „Die Studienbegleiterin vermittelt die Reflexionsergebnisse der Studentinnen an die Lehrkräfte." (4,62). Von den Lehrkräften wird es auf Platz 3 eingestuft (4,36).[219]

Abbildung 16

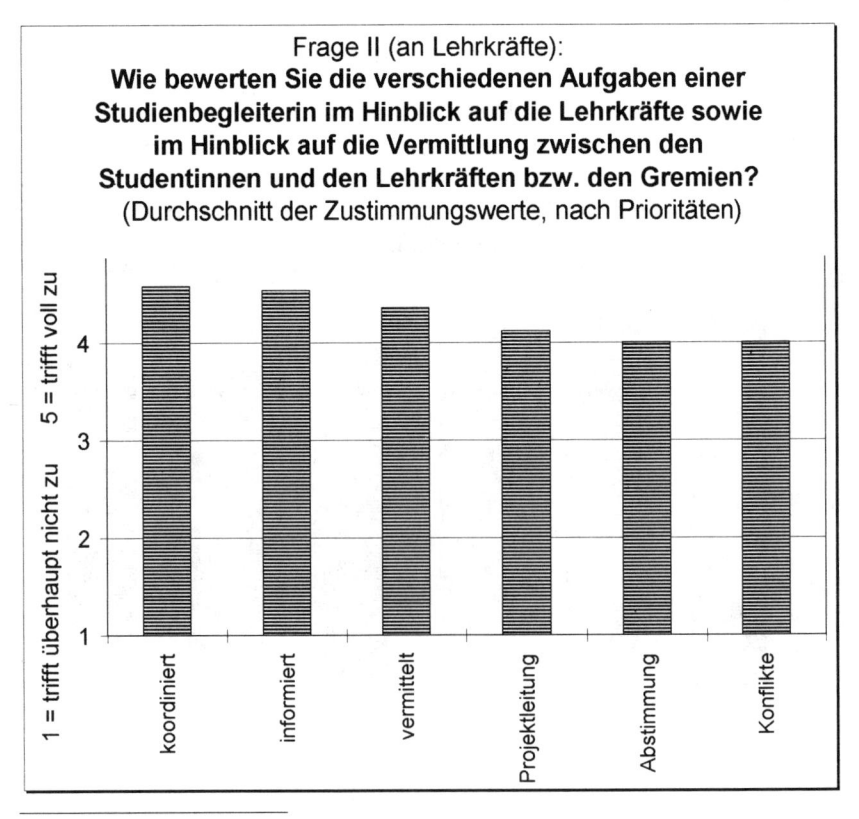

Frage II (an Lehrkräfte):
Wie bewerten Sie die verschiedenen Aufgaben einer Studienbegleiterin im Hinblick auf die Lehrkräfte sowie im Hinblick auf die Vermittlung zwischen den Studentinnen und den Lehrkräften bzw. den Gremien?
(Durchschnitt der Zustimmungswerte, nach Prioritäten)

---

[219] Am Ende jeder Präsenzphase wurden die Teilnehmerinnen des Modellstudiengangs aufgefordert, einzeln und in Kleingruppen, anhand eines Fragebogen Rückmeldungen zu den Inhalten, Methoden und zur Praxisrelevanz der einzelnen Lehrveranstaltungen zu geben. Diese Rückmeldungen wurden ausgewertet und den jeweiligen Lehrkräften zur Verfügung gestellt.

Die Studentinnen messen der Veranstaltungskritik (Feedback auf Lehrveranstaltungen) eine signifikant höhere Bedeutung bei als dies die Lehrkräfte selbst tun. Es ist zu vermuten, daß sie eine hohe Erwartung haben, daß ihre Kritiken und Verbesserungsvorschläge Berücksichtigung finden werden bei der zukünftigen Gestaltung von Lehrveranstaltungen. Sie sehen die Studienbegleiterin hier als ein ihr Anliegen verstärkendes Sprachrohr an.
"Die Studienbegleiterin war für uns die zentrale Vermittlerin zwischen den Lernenden und Lehrenden", so die Kommentierung einer Studentin.

Abbildung 17

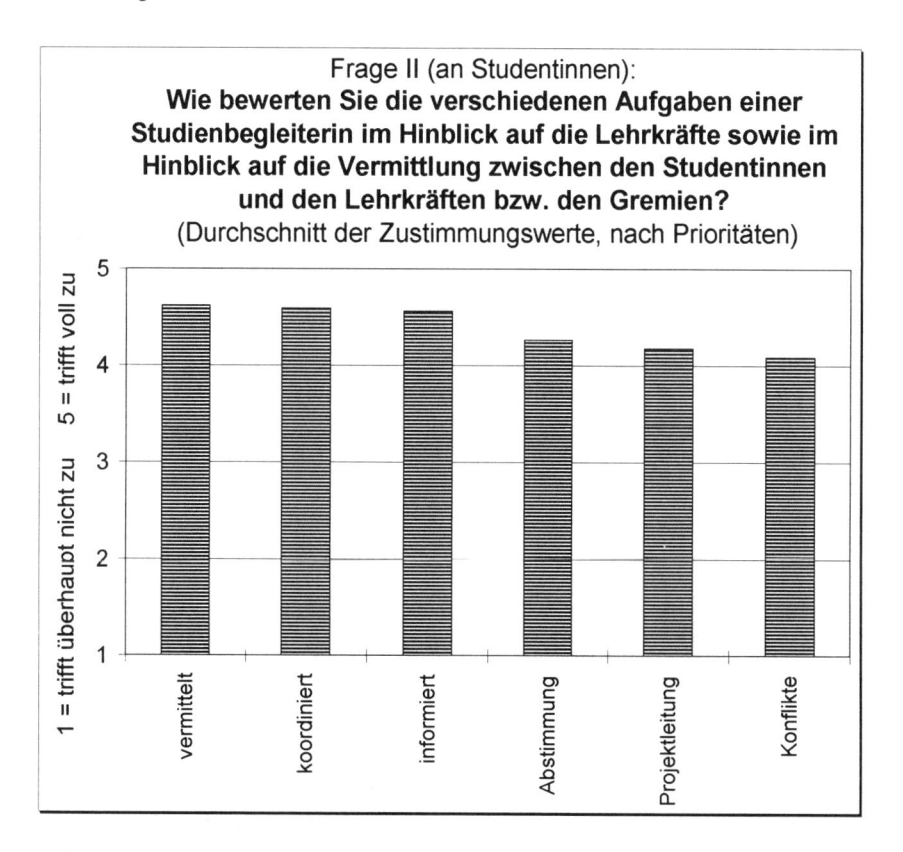

Frage II (an Studentinnen):
Wie bewerten Sie die verschiedenen Aufgaben einer Studienbegleiterin im Hinblick auf die Lehrkräfte sowie im Hinblick auf die Vermittlung zwischen den Studentinnen und den Lehrkräften bzw. den Gremien?
(Durchschnitt der Zustimmungswerte, nach Prioritäten)

Die direkte Vermittlungsfunktion der Studienbegleiterin - möglicherweise auch in konfliktiven Fällen - zwischen Studentinnen und Lehrkräften bzw.

Gremien wurde im Vergleich - bei insgesamt hoher Gesamtbewertung (s.o.) - etwas niedriger eingestuft.
Die Vermittlung zwischen Studierenden und Projektleitung wird von den hauptamtlich Lehrenden höher bewertet als von den nebenamtlichen Lehrkräften (4,25 : 3,29). Dieser Unterschied könnte vielleicht mit einer größeren Identifikation der Hauptamtlichen mit dem Gesamtprojekt erklärt werden.
Sowohl von den Studentinnen als auch von den Lehrenden werden die Aufgaben, die für einen funktionierenden Studienverlauf notwendig sind, am höchsten bewertet.

III. Frage:
Wie bewerten Sie die Aufgaben einer Studienbegleiterin im Hinblick auf koordinierende und administrative Aufgaben?

Die Antworten zu diesem Fragekomplex liegen auf der vorgegebenen Skala (1-5) zwischen durchschnittlich 3,74 und dem extrem hohen Wert 4,91.

Abbildung 18

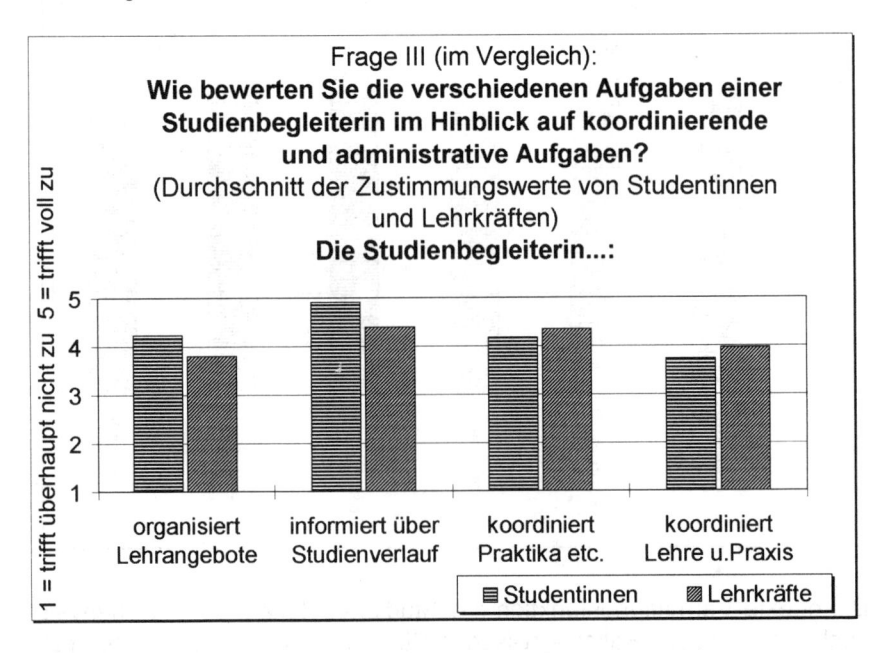

Frage III (im Vergleich):
Wie bewerten Sie die verschiedenen Aufgaben einer Studienbegleiterin im Hinblick auf koordinierende und administrative Aufgaben?
(Durchschnitt der Zustimmungswerte von Studentinnen und Lehrkräften)
Die Studienbegleiterin...:

Sowohl von den Studentinnen als auch von den Lehrkräften wird die Aufgabe der Information der Studentinnen über Studienverlauf/Studienanforderungen etc. als zentral angesehen, und zwar mit 4,91 Punkten bei den Studentinnen und 4.39 Punkten bei den Lehrenden.

Für die Lehrkräfte sind vor allem die koordinierenden Aufgaben von Bedeutung, die über die eigene Lehrtätigkeit hinausgehen: z.b. im Hinblick auf Praktika, Supervision und Kommunikation zwischen Hochschule und Praxisstellen.[220]
Die Lehrkräfte erfahren hier Entlastung bzw. auch wichtige Informationen zur Qualifizierung ihres Lehrangebotes.

Für die Studentinnen steht die Organisation der Lehrangebote an zweiter Stelle, gefolgt von der Koordination der Praktika, einschließlich Beratung und Supervision, sowie von der Verzahnung von Theorie und Praxis.

Die Studienbegleiterin nahm hier nach Einschätzung der Studentinnen wichtige Aufgaben wahr: *"Die von der Studienbegleiterin übernommene Organisation der Präsenzphasen, die Versorgung mit Unterkunft etc., die Betreuung und Begleitung im Eigenstudium verschafften uns Freiräume für das Studium".*

Vor dem Hintergrund der Mehrfachbelastungen der Studentinnen in Studium, Familie, Beruf und Ehrenamt ist die vorgegebene Studienorganisation mit festen Präsenzphasen, angeleitetem Eigenstudium und begleiteten Praktika, die das Zeitbudget der Familienfrauen berücksichtigt, eine spürbare Erleichterung. Selbst bei kurzen Anfahrten zum Hochschulort können Frauen mit Kindern - nicht zuletzt aus Gründen der Zeitökonomie - ein Regelstudium mit täglicher stundenweiser Anwesenheit in der Hochschule und Stunden des „Leerlaufs" zwischen den Veranstaltungen nicht bzw. nur schwer absolvieren. Die mit der Studienorganisation verbundene Vorgabe des Stundenplans wird bei allen Nachteilen und Tendenzen zur Verschulung von dieser Zielgruppe insgesamt sehr positiv gesehen.

Eine Lehrkraft vertritt die Meinung, daß die Aufgaben der Organisation der Lehrangebote und der Information über Studienverlauf bzw. Studienanforderungen in erster Linie dem/der Fachbereichsleiter/in zufallen sollten. Sie tritt für eine klare Abgrenzung der Verantwortlichkeiten ein. Eine weitere Lehrkraft äußert sich in ähnlicher Weise: *"Die Informationen*

---

220 vgl. Items 3 u. 4

über Studienverlauf, Studieninhalte und Anforderungen können m.E. nur begrenzt von der Studienbegleiterin gegeben werden. Es gehört zu den Pflichten der Lehrenden, die Inhalte und die Anforderungen in Übereinstimmung mit Studienordnung und Prüfungsordnung und den Beschlüssen der Fachschaft den Studenten mitzuteilen."

Wiederum eine andere Lehrkraft ergänzt die Aufgaben im Hinblick auf Praktika und Supervision: *"Die Studienbegleiterin hat die Praktika, Praxisbegleitung/Supervision nicht nur zu organisieren und zu koordinieren, sondern sie hat ggf. auch zu intervenieren und konsequent zu handeln."*

IV. Frage:
Gibt es aus Ihrer Sicht weitere wesentliche Aufgaben für eine Studienbegleiterin, die in den ersten drei Fragekomplexen nicht genannt wurden?

Diese Frage wurde von sechs Studentinnen und sieben Lehrkräften mit „ja" beantwortet.

Die ergänzten Aufgabenstellungen beziehen sich zum einen auf eine individuelle Wahrnehmung. Hier wird die Erwartung formuliert, daß die Studienbegleiterin die persönlichen Wertvorstellungen, Einstellungen und sozialen Umfeldbedingungen der einzelnen Studentinnen, also die jeweilige Persönlichkeits- und Lebensstruktur, im Blick hat. Zum anderen geht es um gemeinsame Interessen der studentischen Zielgruppe. Die Studentinnen benennen die Vorstellung, daß ihre gemeinsamen Bedürfnisse und Erwartungen von der Studienbegleiterin aufgegriffen werden und sie sich für deren Umsetzung stark macht. Es wird vorgeschlagen, daß die Studienbegleiterin an verschiedenen Lehrangeboten hospitierend teilnehmen soll, um im Prozeß der Gruppe nicht „draußen" zu sein.

Ein dritter Bereich der vorgeschlagenen Ergänzungen zielt auf die Planung, Evaluation und Fortschreibung der Konzeption bzw. der Entwicklung alternativer Modelle ab.

Schließlich wünschen sich die Studentinnen, daß die Studienbegleiterin Studienreisen koordiniert, Freizeiten organisiert und Humor in die Studienzeit einbringt.

Von einer Studentin wurde angemerkt: *„Meiner Meinung nach hätten Aufgaben aus den genannten Fragekomplexen umfassender und ziel-*

gruppengerichteter wahrgenommen werden können, wenn der Studienbegleiterin und uns Studentinnen Auftrag und Möglichkeiten der Funktion von Studienbegleitung von Anfang an klarer gewesen wären. Auch den Dozenten und Dozentinnen hat teilweise ‚die Gabe' gefehlt, die neue Form der Studienbegleiterin zu nutzen." Diese Aussage weist zum einen darauf hin, daß die Vorgaben für die Stelle nicht ausreichend waren und erst im laufenden Prozeß gestaltet wurden und signalisiert zum anderen die Notwendigkeit, Aufgabenstellung und Struktur einer neuen Stelle sehr differenziert zu beschreiben und für Information und Transparenz zu sorgen. Nur so sind ein effektiver Nutzen und vor allem auch Akzeptanz zu erreichen.

Darüber hinaus wünschen sich die Teilnehmerinnen des Modellstudiengangs eine Förderung von Themenstellungen, die die Rolle der Frau betreffen bzw. eine Reflexion der Frauenrolle anhand aktueller Prozesse in der Gruppe der Studentinnen.
Von den Lehrkräften wurden mehrere ergänzende Aufgabenstellungen benannt, die sich zum Teil mit an anderen Stellen geäußerten Erwartungen decken.
So wird gefordert, daß die Studienbegleiterin bereits am Auswahlverfahren geeigneter Bewerberinnen zu beteiligen sei. Wiederholt bzw. bekräftigt wird auch die notwendige Begleitung des gruppendynamischen Prozesses.
Als eine neue Aufgabe, wenn auch als Nebenaufgabe beschrieben, kommt die Hilfestellung bei der Organisation von Kinderbetreuung hinzu. Neu ist auch die Idee, Studentinnen früherer Kurse zu motivieren, sich an der Einführung von Studienanfängerinnen zu beteiligen.[221] Hierzu müßte dann eine entsprechende Begleitung organisiert werden.

Als ein wichtiger Aspekt wird die Einbindung in das Hochschulsystem gewertet. In diesem Zusammenhang wird auf die Notwendigkeit studiengangsübergreifender Kontakte hingewiesen. Die Studienbegleiterin sollte Kontakte zu den Studierenden und Lehrenden des Regelstudiums vermitteln und für eine angemessene Beteiligung der Studentinnen an den Kollegialorganen der Hochschule sorgen. Hinzu komme *„die Verdeutlichung der Funktion der beruflichen Interaktion mit der Verwaltung"*, da viele Aufgaben nur in Abstimmung und/oder in Kooperation mit der Verwaltung geschehen könnten.

---

221 vgl. Tutorentätigkeit, Pkt. 4.4.1.

Schließlich wird auf die Aufgabe der Öffentlichkeitsarbeit hingewiesen und vorgeschlagen, daß die Studienbegleiterin auch Außenkontakte zu anderen Hochschulen, Ministerien und Verbänden aufbauen bzw. pflegen sollte.

Diese ergänzenden Erwartungen von seiten der Lehrenden gehen zum Teil über die Möglichkeiten eines Modellprojektes hinaus. Sie beziehen sich vielmehr auf ein institutionalisiertes Studienangebot mit einer klaren Einbindung in das Hochschulsystem und mit vorhandenen Planungsperspektiven.

V. Frage:
Wie bewerten Sie die Unterstützung durch die Studienbegleiterin in den verschiedenen Phasen Ihres Studiums?[222]

Abbildung 19

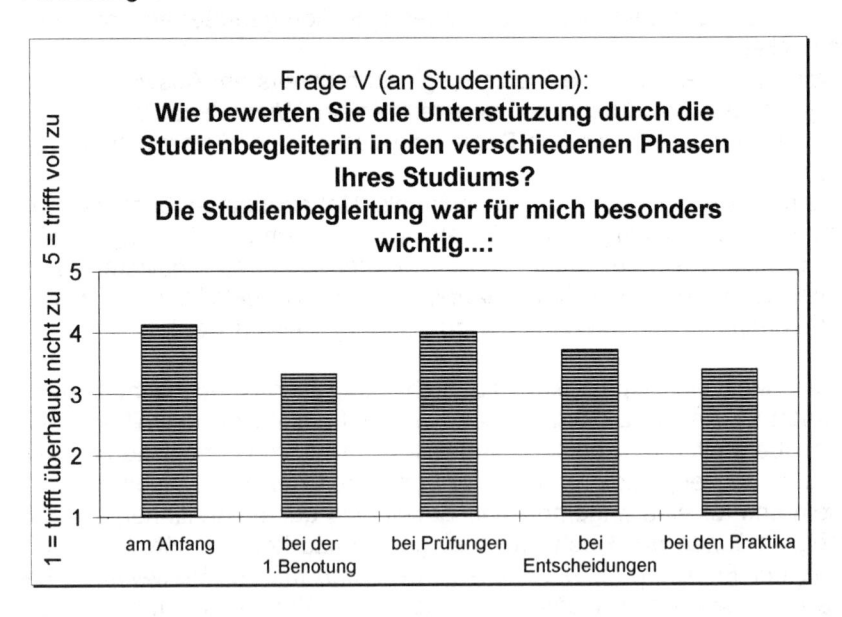

Phase	Wert
am Anfang	4.1
bei der 1. Benotung	3.3
bei Prüfungen	4.0
bei Entscheidungen	3.7
bei den Praktika	3.4

Frage V (an Studentinnen):
Wie bewerten Sie die Unterstützung durch die Studienbegleiterin in den verschiedenen Phasen Ihres Studiums?
Die Studienbegleitung war für mich besonders wichtig...:

(Skala: 1 = trifft überhaupt nicht zu, 5 = trifft voll zu)

Die Antworten zu dieser Frage erreichen auf der Skala von 1-5 Werte zwischen durchschnittlich 4.13 und 3.32. Das bedeutet, daß die Studien-

---

222 Diese Frage richtete sich nur an die Studentinnen.

begleitung in allen Phasen des Studiums als hilfreich und notwendig erachtet wurde.

Die größte Bedeutung hatte die Studienbegleiterin in der Anfangsphase (4.13). Dies verwundert nicht, da fast alle Studienanfänger/innen Orientierungs- und Umstellungsschwierigkeiten haben.

Eine Studentin des Modellprojekts sah die Situation so:
"Für die meisten von uns lag schulische Erfahrung lange Zeit zurück. Zum Gelingen eines guten Einstiegs und zur Bewältigung des Studiums hat die Studienbegleitung in hohem Maße beigetragen. Selbstvertrauen, Lernorganisation und Zeitmanagement waren aufzubauen."

An zweiter Stelle (4.0) folgen die Prüfungsphasen mit „Ernstcharakter". Die Zeit der Prüfungen stellt besonders hohe Anforderungen an die Studierenden, insbesondere auch an Familienfrauen, die nach jahrelanger Erziehungs- und teilweise auch Berufstätigkeit erstmalig wieder mit Prüfungssituationen konfrontiert werden. Die Studentinnen des Modellprojekts hatten zunächst Schwierigkeiten, ihre Leistungen einzuschätzen, so daß vor allem vor den ersten Prüfungen große Verunsicherungen zu beobachten waren und die Studentinnen nach Unterstützung suchten.

Auf Rang 3 folgt die Unterstützung durch die Studienbegleiterin in Entscheidungsphasen unter „Festlegungsdruck" (3.71). Gemeint sind sowohl Entscheidungen zwischen einzelnen Wahl(pflicht)fächern als auch die Wahl der Schwerpunkte im Hauptstudium. Hier waren zum einen grundlegende Informationen zu den inhaltlichen Fragestellungen der Schwerpunktbereiche gefordert wie auch eine individuelle Beratung im Hinblick auf eine spätere berufliche Spezialisierung.

Auch in den Praxisphasen des Studiums wird die Unterstützung durch die Studienbegleiterin als wichtig erachtet (3.39). Anfragen richten sich u.a. an eine Unterstützung bei der Auswahl der Praktikumsstellen, an Beratung in Konfliktsituationen und an Auswertungs- und Reflexionsgespräche. Von zentraler Bedeutung war auch die Hilfestellung bei der Auseinandersetzung mit der Rolle als Praktikantin. Die Studentinnen benötigten – vor allem in der ersten Praxisphase - Unterstützung beim Wechsel von der ehrenamtlichen in die berufliche Rolle.

Eine Studentin bestätigte: *"Zunehmende Identifikation mit dem Berufsbild der Sozialarbeiterin erlernten die Frauen vor allem durch Praktika und damit verbundene Praxisberatung und Supervision. In diesem Zusammenhang erwies sich die Einrichtung einer Studienbegleiterin als wichtiges Element. Individuelle Beratung, Reflexion und Unterstützung bei der Planung des Studiums, Begleitung der Praktika und der eigenen Weiterentwicklung konnten eingeholt werden."*

Es fällt auf, daß die – zum Zeitpunkt der Befragung - unter 50-jährigen Studentinnen die Bedeutung von Studienbegleitung sowohl in den Entscheidungsphasen als auch in den Praxisphasen für sich höher bewerten als die über 50-jährigen (4.15 : 2.91 bzw. 3.79 : 2,7). Es kann nur vermutet werden, daß die älteren Studierenden aufgrund ihrer großen Lebenserfahrung klare Vorstellungen über die inhaltliche Ausrichtung ihres Studiums hatten und ihre langjährige Tätigkeit in Feldern Sozialer Arbeit zu Sicherheit und Selbstbewußtsein im Hinblick auf die geforderten Praktika führte.

An letzter Stelle wird die Phase der ersten Benotung (Anfang des 3. Semesters) genannt (3.32).[223]

Neben den Phasen, die im Fragebogen angegeben waren, wurde von einzelnen Studentinnen noch die letzte Phase im Studienverlauf mit der Erstellung der Diplomarbeit und der Planung des Berufsanerkennungsjahres ergänzt. Auch hier haben sie die Unterstützung durch die Studienbegleiterin positiv empfunden.

Von einigen Studentinnen wird darauf hingewiesen, daß die Studienbegleiterin für sie auch in sogenannten Spannungsphasen zwischen Lehrenden und Lernenden, *„in Konfliktfällen oder bei Mißverständnissen"*, als hilfreich erlebt wurde.

Mehrere Studentinnen gaben darüber hinaus an, daß es für sie sehr wichtig war, daß sie sich auch in persönlichen Krisen und familiären Belastungssituationen an die Studienbegleiterin wenden konnten.

---

[223] Dies deckt sich nicht mit Beobachtungen der Studienbegleiterin, da in dieser Phase große Verunsicherungen und auch Neidgefühle festzustellen waren, die zu Unruhe in den informellen Untergruppen und auch in der Gesamtgruppe führten. Dieser Konflikt wurde wiederholt in der Großgruppe thematisiert. In Einzelgesprächen wurde versucht, die persönliche Erwartungshaltung im Hinblick auf Leistungsorientierung zu klären.

Eine Studentin, die die Studienbegleiterin "*als verläßliches Kontinuum*" während der gesamten Studienzeit - bis zur Diplomarbeit - erlebt hat, hebt das beruhigende und Sicherheit vermittelnde Gefühl hervor, sich um manche Dinge nicht selber kümmern zu müssen: „*Die von der Studienbegleitung übernommene Organisation der Präsenzphasen, die Versorgung mit Unterkunft und Verpflegung, die Betreuung im Eigenstudium verschaffte uns Freiräume für das Studium.*"
Für eine andere Studentin ist die positive Erfahrung mit der Stelle der Studienbegleiterin weniger an den Studienphasen festzumachen, sondern mehr am „*allgemeinen menschlichen Miteinander*".

Die Antworten lassen erkennen, daß eine Studienbegleitung über den gesamten Studienverlauf - mit je unterschiedlichen Aufgabenstellungen und Akzenten - als notwendig erachtet wird. Insbesondere in der Einstiegsphase ist ein sehr hoher Unterstützungsbedarf vorhanden.[224]

VI. Frage:
Um die Rolle einer Studienbegleiterin ausüben zu können, sind verschiedene Dimensionen inhaltlich/fachlicher und persönlicher Art von Bedeutung.

1.
Welche inhaltlichen/fachlichen Qualifikationen muß eine Studienbegleiterin mitbringen, um den Anforderungen gerecht zu werden?

---

[224] Die Ergebnisse von Hochschuluntersuchungen, z. B. des Interdisziplinären Zentrums für Hochschuldidaktik an der Universität Bielefeld, zeigen, daß sich in den ersten beiden Semestern entscheidet, ob ein Studium erfolgreich beendet wird oder nicht. Bei den Studierenden, die in der Regel erst in einem relativ hohen Semester abbrechen, wurde festgestellt, daß sie im ersten und zweiten Semester nicht „Fuß fassen" und zu einem zielgerichteten Studium finden konnten. (vgl. Webler, W.-D./Scharlau, I./Schiebel, B./Schams Esfand Abady, P., 1997)
Diese Erkenntnisse decken sich mit Erfahrungen in den Frauenstudiengängen an der KFH NW. Allerdings gelingt es hier, daß die betroffenen Studentinnen - mit Unterstützung der Studienbegleiterin - sehr früh in der Lage sind, ihre Studienprobleme zu benennen, und dann lernen, wie sie ihr Studium „in die Hand nehmen" können. Die wenigen Studentinnen, die in den Frauenstudiengängen bisher ihr Studium abgebrochen haben, haben diese Entscheidung, daß das gewählte Studium nicht ihren Eignungen und Vorstellungen entspricht, spätestens zum Ende des zweiten Semesters getroffen. So konnte sehr schnell eine Umorientierung erfolgen.

Für die Beantwortung dieser Unterfrage waren 13 Kategorien (siehe Abb. 20) aufgeführt, die angekreuzt werden konnten, wobei Mehrfachnennungen möglich waren. Darüber hinaus bestand die Möglichkeit, unter „Sonstige" zusätzliche Qualifikationen/Anforderungen zu benennen.

Abbildung 20

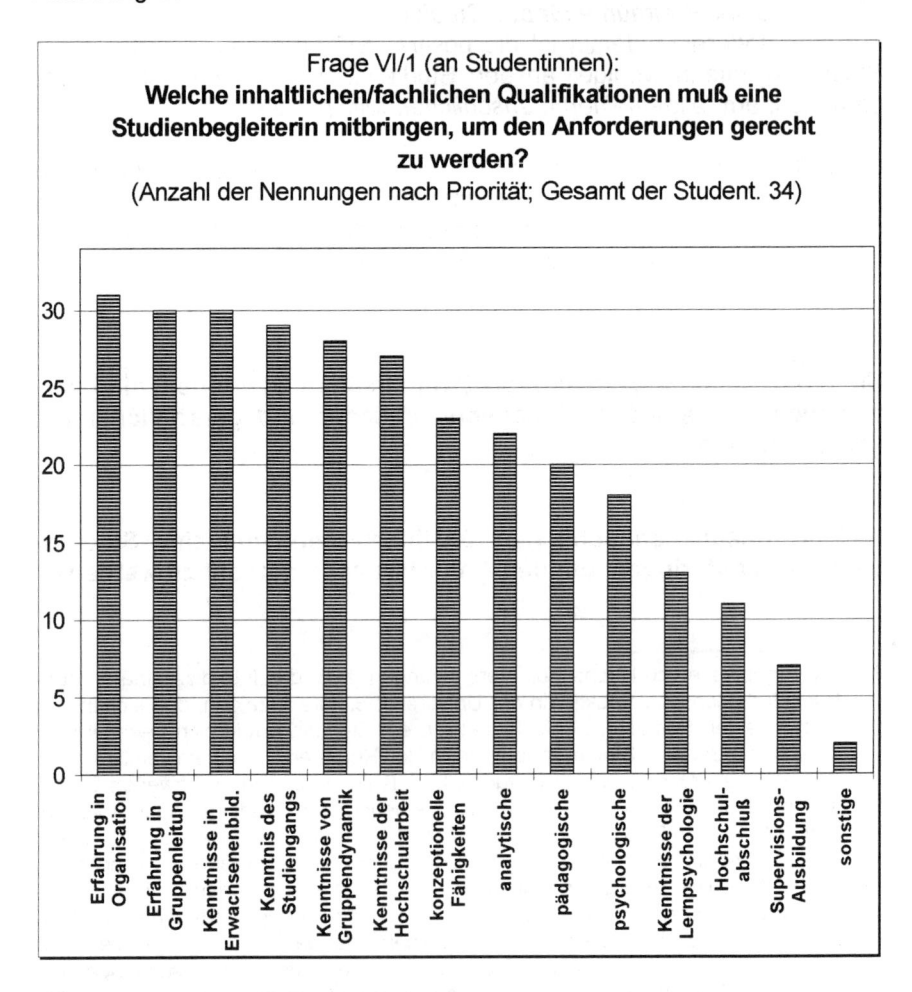

Frage VI/1 (an Studentinnen):
Welche inhaltlichen/fachlichen Qualifikationen muß eine Studienbegleiterin mitbringen, um den Anforderungen gerecht zu werden?
(Anzahl der Nennungen nach Priorität; Gesamt der Student. 34)

Von den Studentinnen wurde die „Erfahrung mit Organisationsaufgaben" am höchsten bewertet (31 Nennungen), dicht gefolgt von „Kenntnisse von Erwachsenenbildung" und „Erfahrung mit Gruppenleitung" mit jeweils 30 Nennungen und „Kenntnisse oder Erfahrungen sowohl in Bezug auf die Anforderungen des Studiengangs als auch auf die Praxis der Sozialarbeit" mit 29 Nennungen. Das Item „Kenntnisse von Gruppendynamik" erhält 28 Nennungen und das Item „Kenntnisse in der Struktur der Hochschularbeit" 27 Nennungen. Damit wird bestätigt, daß von einer Studienbegleiterin sowohl ausbildungsrelevantes Wissen und vor allem Fähigkeiten in der Bildungsarbeit mit Erwachsenengruppen als auch Kenntnisse administrativer Art gefordert sind.

Unter der Rubrik „Sonstige" werden noch Kenntnisse in der Einzelfallhilfe / Einzelberatung und Erfahrungen in der Mobilisierung von Ressourcen aufgeführt. Es werden Menschenkenntnis sowie ethische und moralische Grundhaltungen erwartet.

Von den Lehrkräften werden nahezu die gleichen Qualifikationen angekreuzt, nur in leicht veränderter Reihenfolge (siehe Abb. 21):

Rang 1:
Erfahrung mit Gruppenleitung (27 Nennungen);
Rang 2:
Erfahrung mit Organisationsaufgaben (25 Nennungen);
Rang 3:
Kenntnisse oder Erfahrungen sowohl in Bezug auf die Anforderungen des Studiengangs als auch auf die Praxis der Sozialarbeit (24 Nennungen);
Rang 4:
Kenntnisse von Erwachsenenbildung (23 Nennungen);
Rang 5:
Kenntnisse in der Struktur der Hochschularbeit und Kenntnisse von Gruppendynamik (jeweils 22 Nennungen).

Unter „Sonstige" ergänzen die Lehrkräfte noch *„Freude am Organisieren, an Konzeptentwicklung und Lehre"* sowie *„Kenntnisse **und** Erfahrungen in **praktischer** Sozialarbeit/Sozialpädagogik"*.

Auch bei den drei am niedrigsten bewerteten Kategorien gibt es erstaunliche Übereinstimmungen zwischen Studentinnen und Lehrkräften (siehe Abb. 22):

Auf dem letzten Rang liegt bei beiden Befragungsgruppen die Qualifizierung zur Supervisorin (7 Nennungen bei den Studentinnen und 5 Nennungen bei den Lehrkräften). Die Qualifikation „Kenntnisse der Lernpsychologie" kam bei den Studentinnen mit 13 Nennungen auf Rang 11 und bei den Lehrkräften mit 9 Nennungen auf Rang 12. Umgekehrt ist es bei der Qualifikation „Hochschulabschluß in Pädagogik/Psychologie oder Sozialwissenschaften", die bei den Studentinnen den 12. Platz mit 11 Nennungen und bei den Lehrenden den 11. Platz mit ebenfalls 11 Nennungen eingenommen hat.

Abbildung 21

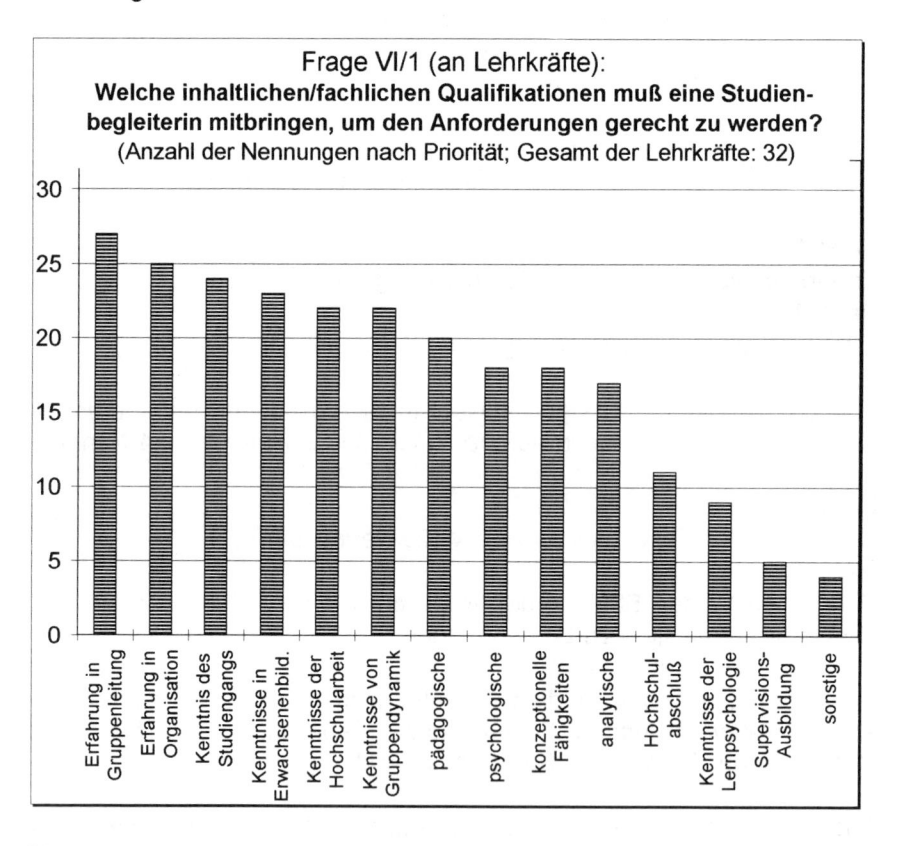

Frage VI/1 (an Lehrkräfte):
Welche inhaltlichen/fachlichen Qualifikationen muß eine Studienbegleiterin mitbringen, um den Anforderungen gerecht zu werden?
(Anzahl der Nennungen nach Priorität; Gesamt der Lehrkräfte: 32)

Qualifikation	Nennungen
Erfahrung in Gruppenleitung	27
Erfahrung in Organisation	25
Kenntnis des Studiengangs	24
Kenntnisse in Erwachsenenbild.	23
Kenntnisse der Hochschularbeit	22
Kenntnisse von Gruppendynamik	22
pädagogische	20
psychologische	18
konzeptionelle Fähigkeiten	18
analytische	17
Hochschulabschluß	11
Kenntnisse der Lernpsychologie	9
Supervisions-Ausbildung	5
sonstige	4

Diese niedrige Wertung ist allerdings irritierend. Es stellt sich die Frage, mit welchem Studium denn die gewünschten Kenntnisse erworben werden sollen, die von Lehrenden und Studierenden als fachliche Qualifikationen für die Ausübung der Tätigkeit einer Studienbegleiterin sehr hoch bewertet wurden (s.o.).[225]

Abbildung 22

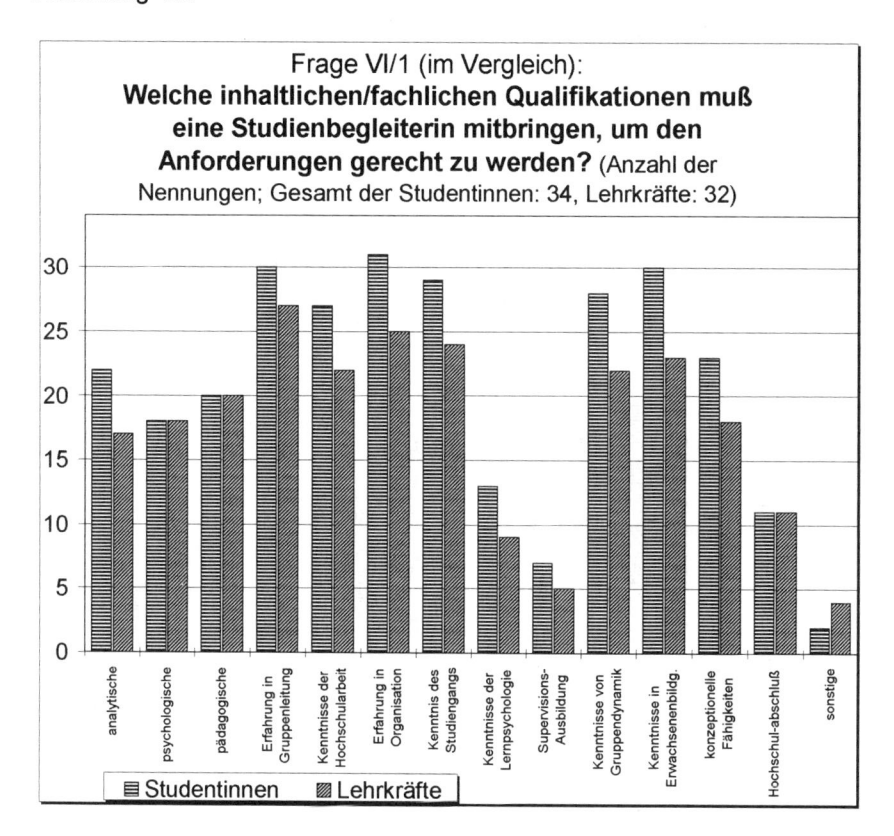

**Frage VI/1 (im Vergleich):
Welche inhaltlichen/fachlichen Qualifikationen muß eine Studienbegleiterin mitbringen, um den Anforderungen gerecht zu werden?** (Anzahl der Nennungen; Gesamt der Studentinnen: 34, Lehrkräfte: 32)

[Balkendiagramm mit Kategorien: analytische, psychologische, pädagogische, Erfahrung in Gruppenleitung, Kenntnisse der Hochschularbeit, Erfahrung in Organisation, Kenntnis des Studiengangs, Kenntnisse der Lernpsychologie, Supervisions-Ausbildung, Kenntnisse von Gruppendynamik, Kenntnisse in Erwachsenenbildg., konzeptionelle Fähigkeiten, Hochschul-abschluß, sonstige — Studentinnen und Lehrkräfte]

Trotz der benannten Irritation lassen die Antworten insgesamt darauf schließen, daß im Hinblick auf eine Hochschulausbildung primär eine pädagogische Ausrichtung gefordert ist mit praxisorientierten Elementen. Darüber hinaus werden Qualifikationen im zu begleitenden Fachgebiet benannt (evtl. Doppelqualifikation).
Auch Kenntnisse im Bereich Sozialmanagement haben einen hohen Stellenwert.

---

225 Dieses Ergebnis könnte natürlich auch so interpretiert werden, daß der formale Weg zu diesen Kenntnissen die Befragten nicht interessierte.

2.
Welche persönlichen Fähigkeiten muß eine Studienbegleiterin mitbringen, um den Anforderungen gerecht zu werden?

Für die Beantwortung dieser Unterfrage waren 16 Kategorien vorgegeben und ebenfalls die Möglichkeit der Ergänzung unter „Sonstige" vorgesehen.

Abbildung 23

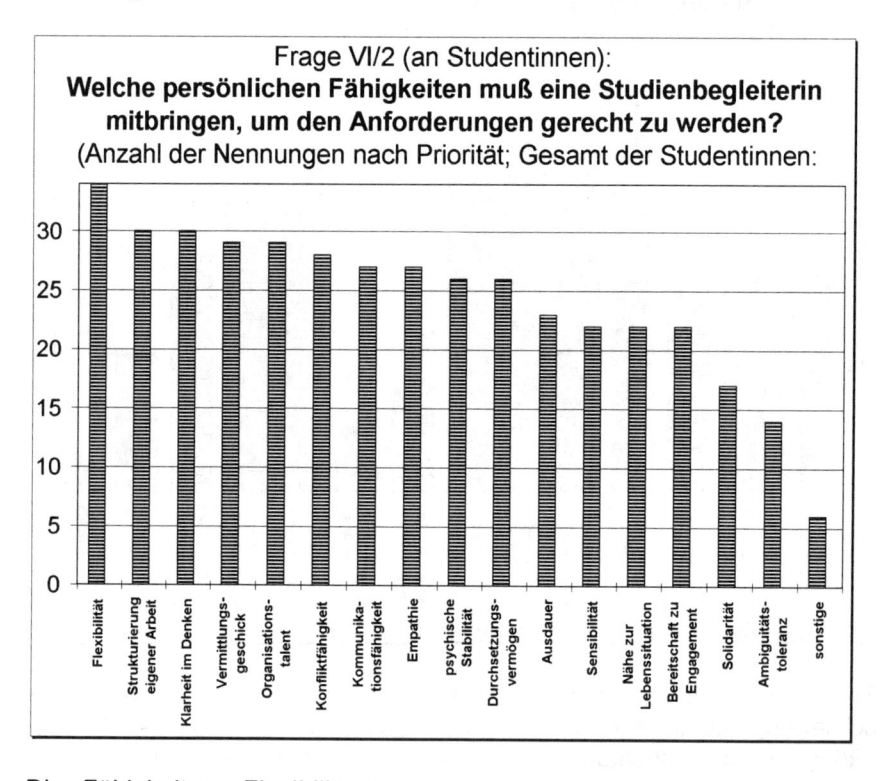

Frage VI/2 (an Studentinnen):
Welche persönlichen Fähigkeiten muß eine Studienbegleiterin mitbringen, um den Anforderungen gerecht zu werden?
(Anzahl der Nennungen nach Priorität; Gesamt der Studentinnen:

Die „Fähigkeit zur Flexibilität" wurde von den Studentinnen mit Abstand am höchsten bewertet (34 Nennungen). Es folgen „Gute Strukturierung der eigenen Arbeit" und „Klarheit im Denken und Handeln" mit jeweils 30 Nennungen. Ebenfalls hohe Bewertungen entfallen auf:
- Vermittlungs- und Verhandlungsgeschick sowie Organisationstalent: jeweils 29 Nennungen;
- Konfliktfähigkeit: 28 Nennungen;

- Kommunikationsfähigkeit sowie Empathie/Einfühlungsvermögen: jeweils 27 Nennungen;
- Durchsetzungsvermögen: 26 Nennungen.

Unter „Sonstige" werden von seiten der Studentinnen *„Empathie für die zu begleitende Gruppe"* und die *„Bereitschaft, sich auf die Gruppe und den Prozeß, der durchlebt wird, einzulassen"* benannt. Des weiteren werden Offenheit, Kontaktfreudigkeit, Optimismus und Balancefähigkeit ergänzt. Die Studienbegleiterin soll die Fähigkeit haben, immer wieder neu zu motivieren und *„Fels in der Brandung"* sein. Die Studienbegleitung sollte schließlich gleichen Geschlechts sein wie die zu begleitenden Studierenden.

Weniger als 20 Nennungen erhalten nur die Merkmale „Solidarität" (17 Nennungen) und „Ambiguitätstoleranz" (14 Nennungen).
Bei beiden Merkmalen ist allerdings im Nachhinein auch kritisch zu hinterfragen, inwieweit ihre Bedeutung im Kontext der Fragestellung erkennbar war. Eventuell hätte eine Erläuterung erfolgen müssen.[226]
Auch bei den Lehrkräfte nehmen sie die letzten Rangplätze ein.

Bei den Ergebnissen der Lehrkräfte (siehe Abb. 24) dominieren die folgende persönlichen Fähigkeiten:
- Konfliktfähigkeit, Organisationstalent sowie Kommunikationsfähigkeit: jeweils 26 Nennungen;
- Vermittlungs- und Verhandlungsgeschick sowie „Gute Strukturierung der eigenen Arbeit": jeweils 25 Nennungen und
- Flexibilität, Bereitschaft zum Engagement, sowie Psychische Stabilität: jeweils 23 Nennungen.

Unter „Sonstige" wurde die Fähigkeit, Ruhe zu bewahren und ausstrahlen zu können, ergänzt. Die Studienbegleiterin sollte Freude an der Arbeit mit Lernenden und an Organisations- und Koordinationsaufgaben haben. Von ihr wird eine intakte, kongruente Persönlichkeitsstruktur und *„Liebe zu Menschen"* erwartet.

Darüber hinaus soll sie die Fähigkeit besitzen, die „zweite" Frau zu sein, also die Fähigkeit zum Einfügen in hierarchische Strukturen. Sie soll in der Lage sein, *„... wie in der Sozialarbeit/Sozialpädagogik, zwei Mandate*

---

226 Darauf deuten gerade die Nennungen unter „Sonstige" hin.

zu übernehmen (Doppelmandat), und zwar in diesem Fall das der Leitung und das der Studentinnen".

Abbildung 24

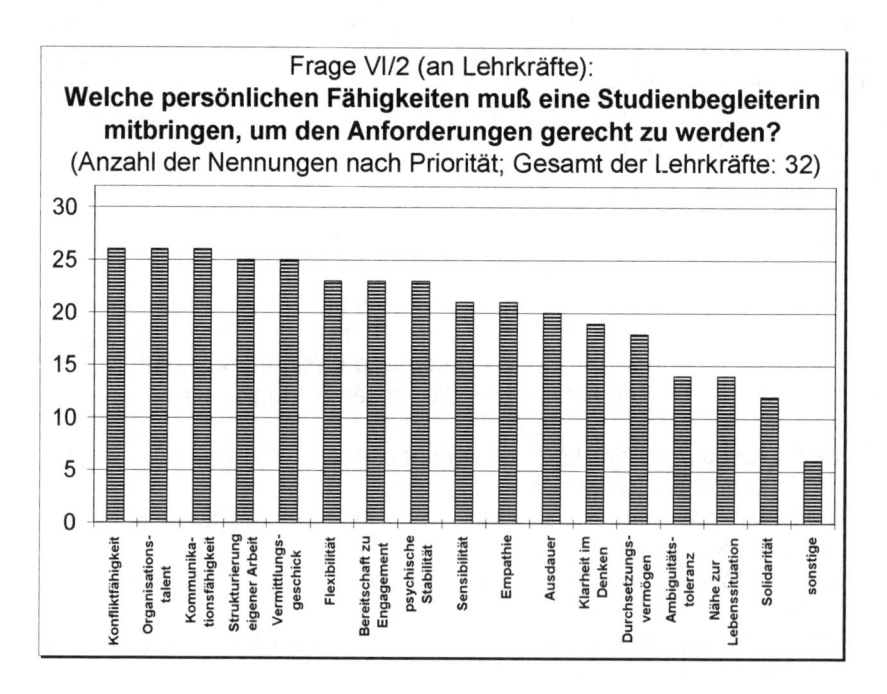

Frage VI/2 (an Lehrkräfte):
Welche persönlichen Fähigkeiten muß eine Studienbegleiterin mitbringen, um den Anforderungen gerecht zu werden?
(Anzahl der Nennungen nach Priorität; Gesamt der Lehrkräfte: 32)

Fähigkeit	Nennungen
Konfliktfähigkeit	26
Organisationstalent	26
Kommunikationsfähigkeit	26
Strukturierung eigener Arbeit	25
Vermittlungsgeschick	25
Flexibilität	23
Bereitschaft zu Engagement	23
psychische Stabilität	23
Sensibilität	21
Empathie	21
Ausdauer	19
Klarheit im Denken	18
Durchsetzungsvermögen	14
Ambiguitätstoleranz	14
Nähe zur Lebenssituation	12
Solidarität	12
sonstige	6

In der Gruppe mit den höchsten Wertungen gibt es sowohl auf Seiten der Studentinnen als auch bei den Lehrkräften hohe Übereinstimmungen (siehe Abb. 25), wobei die Bewertung der Studentinnen – bis auf eine Ausnahme: Item 10 „Bereitschaft zu Engagement" – durchweg höher liegt.

Es wird ein Idealbild entworfen, das zusammengefaßt neben fachlichen Kompetenzen - schwerpunktmäßig im pädagogischen Bereich - auch gute Hochschulkenntnisse und Fähigkeiten in der Administration sowie persönliche Qualifikationen wie vor allem Flexibilität, Vermittlungsgeschick, Kommunikations- und Konfliktfähigkeit, Empathie, Durchsetzungsvermögen, Klarheit im Denken und Handeln beinhaltet. Die Frage nach der Realisierbarkeit kann nur mit dem Hinweis beantwortet werden, daß das skizzierte Berufsprofil als Zielvorstellung zu verstehen ist.[227]

Abbildung 25

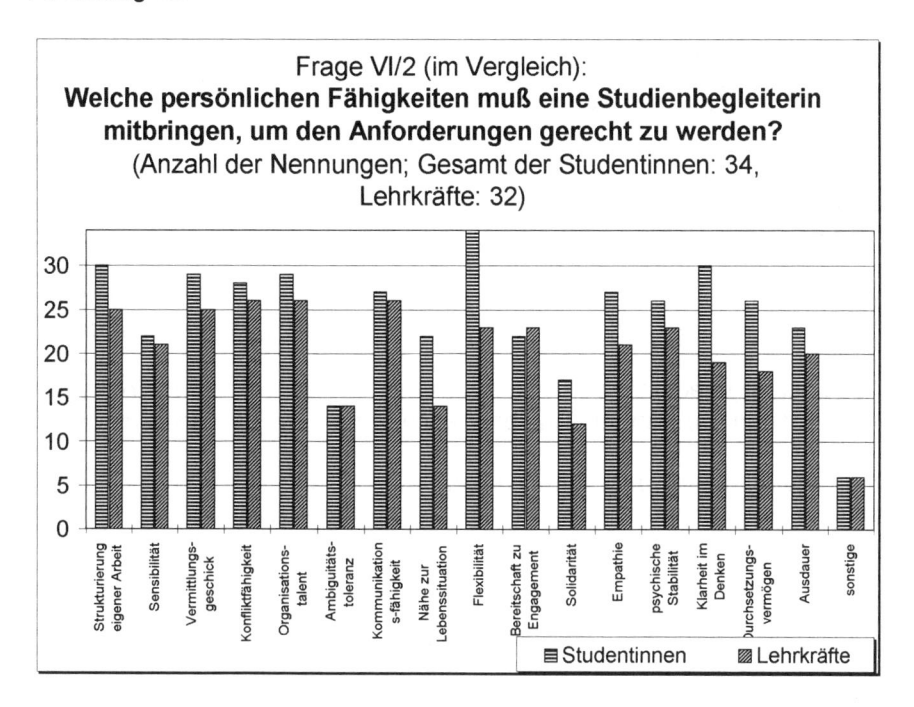

Frage VI/2 (im Vergleich):
Welche persönlichen Fähigkeiten muß eine Studienbegleiterin mitbringen, um den Anforderungen gerecht zu werden?
(Anzahl der Nennungen; Gesamt der Studentinnen: 34, Lehrkräfte: 32)

VII. Frage:
Halten Sie eine Studienbegleitung bei Regelstudiengängen an der Fachhochschule für sinnvoll, wenn Familienfrauen gefördert und aufgrund ihrer Besonderheiten unterstützt werden sollen?

Von nahezu allen Studentinnen (32 von 34) wird diese Frage mit „ja" beantwortet. Mehrerer Studentinnen verweisen auf ihre Antworten zu den vorangegangen Fragekomplexen der Untersuchung, die die Notwendigkeit der Funktion einer Studienbegleitung verdeutlichen.

---

227 Vielleicht wäre es zu einer schärferen Konturierung gekommen, wenn die Möglichkeiten des Ankreuzens begrenzt gewesen wären.

Darüber hinaus finden sich folgende Begründungszusammenhänge:
Die Notwendigkeit von Studienbegleitung für Familienfrauen auch in Regelstudiengängen wird begründet mit der besonderen Lebenssituation, die bisher an den Hochschulen zu wenig berücksichtigt worden ist. Die Aufgabe der Vereinbarkeit von Familie, Studium, Erwerbstätigkeit und ehrenamtlichem Engagement führt zu starken Belastungen. Lebensverändernde Ereignisse sowie Rollenveränderungen sowohl bei den Studentinnen selbst als auch bei den Familienangehörigen gehen häufig mit Konflikten einher, die der professionellen Unterstützung bedürfen. Probleme der Auseinandersetzung mit etablierten Rollen in Partnerschaft und Familie, der eigenen Identität als Frau und mit den Wert- und Normvorstellungen des sozialen Umfeldes müssen aufgearbeitet und zielgerichtet geklärt werden.

Durch die Unterstützung der Studienbegleiterin konnten Familienprobleme, Rollenkonflikte und Gruppenkonflikte reflektiert, gemildert und gelöst werden."
Auch sei zu beachten, daß Familienfrauen viel älter sind als die Regelstudierenden und Kommunikation zwischen den Generationen gefordert ist.
Die Studentinnen wünschen sich eine feste Anlaufstelle bzw. eine kompetente Ansprechpartnerin als Vermittlerin, Koordinatorin, Organisatorin und Fürsprecherin.

Gerade Frauen, *„denen es an Selbstbewußtsein und Durchsetzungsvermögen in einem für sie neuen und ungewohnten Lern- und Erfahrungsbereich fehle, könnten durch eine Studienbegleitung ermutigt und in ihrem Entschluß bestärkt werden"*.
Besonders zu Beginn des Studiums sehen sich die studierenden Mütter vor vielfältige Probleme gestellt. Vor allem im Hinblick auf ihre Befürchtung, das Studium abbrechen zu müssen, sehen sie in der Studienbegleitung eine "*große Hilfe*", die Rückhalt und Orientierung bieten kann.
"*Studienbegleitung ist sinnvoll, um Familienfrauen zu ermöglichen, das Studium vollständig abzuschließen und nicht wegen der Anforderungen, die Familienarbeit beinhaltet, das Studium frühzeitig aufzugeben.*" Studierende Frauen mit Familie/Kindern brechen erfahrungsgemäß häufiger das Studium ab als Studentinnen ohne Kinder.[228]

---

[228] Die Sonderauswertung der 13. Sozialerhebung des Deutschen Studentenwerkes zur Situation von Studierenden mit Kindern kommt zu dem Ergebnis, "daß sich der Studienverlauf von Studierenden mit Kindern weniger gradlinig gestaltet als der ihrer kinderlosen Kommilitonen; dies gilt sowohl in Hinblick auf den Wechsel

Die befragten Studentinnen begründen die Notwendigkeit einer Studienbegleitung auch damit, daß sie in der Schwierigkeit der Koordination von Studium und Familienarbeit Unterstützung brauchen. *"Die einzelne Studentin ist abhängig von guter Planung und problemarmer Bewältigung des Studienprozesses, um die Familiensituation nicht zu gefährden. Sie benötigt Hilfe zur Strukturierung und Problembewältigung während des Studiums, da sie neben dem Studium die unterschiedlichsten Rollenerwartungen erfüllen und koordinieren und dadurch öfter Kompromißlösungen für ihr Studium suchen, finden und organisieren muß."*

Als weitere Gründe führen die Studentinnen die Erleichterung der Organisation des Studiums, den Effekt der Zeitersparnis und das bessere Erkennen und Vermitteln von Schwierigkeiten an. *"Für Familienfrauen, die als RegelstudentInnen studieren, wäre eine Studienbegleiterin sehr hilfreich und zeit- und kräftesparend."* Die Familienfrauen könnten sich voll auf das Studium konzentrieren. „*Schließlich fühle frau sich auch eher verstanden.*" Belastungen könnten mitgeteilt und Klarheit und Entscheidungssicherheit geschaffen werden.

Die Antworten machen deutlich, daß für die befragten Studentinnen des Modellprojektes die Unterstützung durch eine Studienbegleitung für den Erfolg entscheidend ist. Sie biete Entlastung und Beratung, damit auch Familienfrauen die „Hürden" in einem Studium nehmen können.

Einige Studentinnen vertreten die Meinung, daß nicht nur studierenden Frauen mit Kindern, sondern allen Studierenden eine Studienbegleitung zur Verfügung gestellt werden sollte. *"Es sollte für alle Studierenden eine sehr gute Beratungsmöglichkeit gewährleistet werden. Ausnahmeregelungen sind dann nicht nötig."*
Familienfrauen benötigten höchstens eine intensivere Begleitung aufgrund starker Belastungen durch die Betreuung der Kinder und durch die Versorgung des Haushalts, aber auch aufgrund von Konflikten durch Rollenfestschreibungen und durch neue Rollenanforderungen. *"In vielen Bereichen könnte ich mir Studienbegleiter auch für 'normale' Studenten*

---

des Studiengangs als auch für einen erwogenen Studienabbruch sowie insbesondere für eine zeitweilige Unterbrechung des Studiums. Das Studium studierender Mütter ist, zumindest in bezug auf einen möglichen Studienabbruch sowie -unterbrechungen, häufiger Friktionen unterworfen als das der Studenten mit Kindern" (Kahle, 1993:79).
Durch ein gesteuertes Gruppenklima werde - so die Meinung der Teilnehmerinnen des Modellprojekts - das Durchhaltevermögen gesteigert.

vorstellen - bis hin zu Physikstudenten." Denn während der Studienzeit könnten Fragen und Krisen bei allen Studierenden auftreten, zu deren Beantwortung oder Lösung eine Studienbegleitung entscheidend beitragen könnte.

Eine andere Studentin geht davon aus, daß Hochschulen bzw. Fachhochschulen allen „*studentischen Minderheiten*" die Möglichkeit bieten sollten, das Studium entsprechend ihrer Bedürfnisse zu gestalten. *"Allen jedoch eine extra Studienbegleitung angedeihen zu lassen, hielte ich für übertrieben."*

Von den befragten Lehrkräften halten 22 von 32 eine Studienbegleitung bei Regelstudiengängen für sinnvoll. Dies sind über 68 Prozent.

Als Begründung wird angeführt, daß die besondere Rolle und die vielfältigen Belastungen von studierenden Familienfrauen ansonsten nicht wahrgenommen und deshalb im Hochschulsystem auch zu wenig berücksichtigt würden. Wegen der Rollenbelastung und -unsicherheit sowie der spezifischen Probleme der Studierenden, die sich aus der gleichzeitigen Anforderung von Familie und Studium ergeben, sei eine Ansprechpartnerin *"mehr als sinnvoll"*. *"Die Familienfrauen als Studentinnen bringen aus ihrer Biographie, dem sozialen Umfeld ihrer Familie und aus ehrenamtlicher Tätigkeit Erfahrungen und Fähigkeiten, vielleicht auch Blockierungen mit, auf die der normale Lehrbetrieb einer Hochschule nicht eingestellt ist."* *"Um in dieser besonderen Lebenssituation adäquates Lernen zu ermöglichen, insbesondere auch die Erfahrungen zu nutzen, bedarf es unbedingt der Beratung, Begleitung und Unterstützung."*

Die Studierfähigkeit der Familienfrauen müsse angesichts ihres diversifizierten Alltags und der Mehrbelastungen unterstützt werden, um eine hohe Abbruchquote zu verhindern. Die Studentinnen benötigten Hilfestellung bei der Prioritätensetzung zwischen Familie und Studium.

Der Wert der Studienbegleitung wird in dem „Mix" kognitiver und emotionaler Unterstützung gesehen. Zum einen sind Information, Beratung und Hilfestellung bei Studienaufbau und -organisation, Fächerauswahl, wissenschaftlichem Arbeiten, Umgang mit Prüfungsanforderungen sowie bei Schwerpunktsetzungen im Hinblick auf Berufsmöglichkeiten gefordert. Zum anderen wird auf die Notwendigkeit hingewiesen, die Motivation zu fördern und das Selbstbewußtsein zu stärken.

Die Studienbegleiterin stellt ein personales Angebot. Sie hilft, „persönliche" Einbrüche abzufangen. Darüber hinaus bietet sie Anregung und Unterstützung zur Gruppenbildung. Die „weibliche" Studienbegleitung wird als ein positives Modell für die Studentinnen beschrieben.

Im Hinblick auf die Lehrenden wird die Funktion der Beratung durch Hinweise auf praxisrelevante oder lebensnahe Themen betont.

Einige Lehrkräfte beschäftigt die Frage: *" Was passiert mit den Studenten/-innen, die dringend Beratung/Unterstützung benötigen, aber nicht zum **besonderen** Personenkreis gehören?"* Sie sind der Meinung, daß eine Studienbegleitung nicht nur Familienfrauen gewährt werden sollte. Deren ausschließliche Förderung verstoße gegen den Grundsatz der Gleichbehandlung, denn es gäbe auch Familienmänner in gleichen Situationen sowie Studierende ohne eigene Familie, die aber in ihrer Herkunftsfamilie mit gleichartigen Verpflichtungen, Aufgaben und Problemen belastet seien wie Familienfrauen. Das Angebot müßte dann entsprechend differenziert werden. Sie benennen das Problem der Kosten, hoffen aber, daß entsprechende Konzepte der Studienbegleitung für alle Studenten und Studentinnen entwickelt werden können.

Eine weitere Lehrkraft favorisiert in diesem Zusammenhang das *"amerikanische Modell"* der Betreuung von Studierenden, um die Funktion der Studienbegleitung auf *alle* Studenten und Studentinnen ausweiten zu können. Dies erfordere einen anderen Aufgabenkatalog für die Studienbegleitung. Die Mithilfe bei der Organisation der Lehrangebote würde sich dann auf die persönliche Auswahl des Lehrangebotes der zu begleitenden Studierenden beziehen. Geeignete haupt- oder nebenamtliche Lehrkräfte hätten eine (Lehr-)Verpflichtung für eine begrenzte Anzahl von Studierenden (etwa 5-8) während des gesamten Studiums.

Von einer Lehrkraft wurde sowohl *"ja"* als auch *"nein"* angekreuzt. Sie sieht die Notwendigkeit einer Studienbegleitung vor allem in der ersten Phase des Studiums gegeben. Mit dem weiteren Studienverlauf nimmt ihrer Meinung nach der Beratungs- und Betreuungsbedarf ab.

Die Antworten, die sich gegen die Einrichtung einer Studienbegleitung im Regelstudium aussprechen, verweisen zum einen auf die studentischen Beratungsstellen, die eine Begleitung absicherten und zum anderen darauf, daß die Ausweitung der Funktion der Studienbegleitung auf alle

Studenten und Studentinnen nicht realisierbar sei. Die Aufgaben müßten im Kollegium besprochen und - soweit leistbar - in der Studienberatung berücksichtigt werden.
Nur bei „Sonder"-Studiengängen sei eine Studienbegleitung unverzichtbar.

Mehrere Lehrkräfte befürchten auch Spaltungstendenzen in der Studentenschaft, da eine Studienbegleitung speziell für Familienfrauen auch als Bevorzugung wahrgenommen werden könnte. *"Die Spaltung in 'normale Studentinnen' und 'Familienfrauen' ist gar nicht hilfreich."* Die Familienfrauen im Regelstudiengang sollten in ihrer Lage selber Kompetenzen erwerben. Zu viel Förderung würde sie *„in ihrer Lage festhalten"*. Es bestehe die Gefahr der Entmündigung und Diskriminierung bzw. Stigmatisierung studierender Frauen.

Zusammenfassend läßt sich feststellen, daß die Frage nach dem Transfer des Modells der Studienbegleitung in Regelstudiengänge von fast allen Studentinnen und von der Mehrheit der Lehrenden befürwortet wird. Abgesehen von einem finanziellen Vorbehalt werden verschiedene konstruktive Vorschlägen gemacht, die bei einer Fortschreibung der Konzeption zu berücksichtigen sind.

VIII. Frage:
Angenommen, Sie hätten die Aufgabe, die Stelle einer Studienbegleiterin zu konzipieren. Wie sähe sie aus?
Haben Sie Ideen, wie diese Stelle im Vergleich zum Modellprojekt ausgebaut werden könnte?

Die Hälfte der Lehrkräfte (16 von 32) und 15 von 34 Studentinnen haben Ideen für eine Fortschreibung der Stelle der Studienbegleiterin aus dem Modellprojekt benannt bzw. noch einmal wichtige Aspekte aus dem Konzept des Modellprojektes bestätigt und ergänzt.

Die Studentinnen sind der Meinung, daß sich das Konzept für den Modellstudiengang bewährt hat und entsprechend fortgeführt werden sollte. *"Angelehnt an das praktische Modell, das ich kennengelernt habe, sollte eine ähnliche Form gefunden werden, vielleicht etwas ausgereifter, da ja nun Erfahrungen vorliegen."*

Weiterführende Vorschläge beziehen sich auf eine Ausweitung der Entscheidungsmacht. Als Beispiel wird das Bewerbungs- und Zulassungsverfahren benannt.
Es wird darüber hinaus vorgeschlagen, in den ersten Semestern Intensivkurse für wissenschaftliches Arbeiten anzubieten.

Uneinigkeit besteht im Hinblick auf die Durchführung von Lehrangeboten. Es gibt Stimmen, die ausdrücklich eigene Lehrangebote der Studienbegleitung wünschen, während sich andere deutlich gegen die Übernahme von Lehraufträgen aussprechen. Wie schon im ersten Fragekomplex deutlich wurde, ist hier die Gefahr von Rollenkonflikten zu beachten.

Die Studienbegleiterin sollte in erster Linie Anwältin der Studentinnen sein: *"Mehr Anwalt der Studentinnen als Seelsorger der Lehrenden."* Es müßten klare Absprachen getroffen werden, die es erleichtern, das „Doppelmandat" wahrzunehmen. Dies würde beispielsweise beinhalten, daß den Studierenden mit Studienbeginn die Aufgabenstellung der Studienbegleitung verdeutlicht und ihre Funktion transparent gemacht wird, damit das Angebot auch genutzt werden kann.

Des weiteren wird vorgeschlagen, regelmäßige Sprechstunden einzurichten und hierfür entsprechende räumliche Möglichkeiten zur Verfügung zu stellen.
Die Studienbegleiterin müsse Zeit haben, um als Ansprechpartnerin zu dienen. Es sollten zusätzlich *„persönliche"* Sprechzeiten angeboten werden.
Im Rahmen von Regelstudiengängen sollte es feste Termine für offene Sprechstunden geben.

Eine Studentin ist der Meinung, daß auch eine gut organisierte Fachschaft, zu der beispielsweise Familienfrauen oder Alleinerziehende gehören, für einen Regelstudiengang die nötige Hilfestellung geben könnte.[229]

Ähnlich wie bei den Studierenden wird auch von den Lehrkräften das Konzept des Modellstudiengangs bestätigt: *"Mir erscheint die Aufgabe in der bisherigen Weise bestens konzipiert. Ich erlebte die Rolle im Modell-*

---

229 vgl. Studienberatung durch die Fachschaften, Pkt. 4.3.3.4.

projekt als gut und hilfreich. Ich würde wieder eine ähnliche Form wie im Modellprojekt wählen."

Von den Lehrkräften wird eine feste Planstelle für Studienbegleitung an der Hochschule gefordert. Die Rolle der Studienbegleitung müßte klar umrissen und transparent sein im Hinblick auf Aufgaben, Kompetenzen und Zuordnung. Es sollte eine Konzentration auf organisatorische, beratende, unterstützende, vermittelnde und koordinierende Funktionen erfolgen. Es seien feste Kommunikationsstrukturen zur Gruppe der Studierenden sowie zur Gruppe der Lehrenden zu entwickeln.

Die Studienbegleitung sollte am Auswahlverfahren, an der Fortschreibung des Curriculums und an propädeutischen Angeboten beteiligt werden.

Verschiedene Lehrkräfte weisen darauf hin, daß die Aufgaben einer Studienbegleitung sehr zeitintensiv seien: *"Nach meiner Erinnerung war die Studienbegleiterin ein Teil der sehr straffen Struktur. Größere Spielräume und mehr Eigenständigkeit halte ich für sinnvoller. Als Modell für eine Berufs-/Familienfrau wäre sie dann m.E. attraktiver."* In diesem Zusammenhang wird vorgeschlagen, die Studienbegleitung durch Verantwortliche für Theorie-Praxis-Kontakte und für die Studienorganisation zu entlasten.

Einzelne Anmerkungen der Lehrenden beziehen sich darauf, daß die Studienbegleitung keine Lehrveranstaltung anbieten (s.o.) und als Supervisor/in ausgebildet sein sollte.

Die Anworten auf die achte Frage zeigen, daß sowohl die Studentinnen als auch die Lehrkräfte weitestgehend die Grundausrichtung des Konzeptes aus dem Modellprojekt unterstützen und für eine vergleichbare Fortführung plädieren.

IX. Frage:
War die persönliche Situation der Studienbegleiterin für Sie von Bedeutung?

Es wurde gefragt, ob es bedeutend war, daß die Studienbegleiterin:

1. Frau,
2. Familienfrau,

3. Pädagogin/Sozialpädagogin,
4. ehrenamtlich engagiert war.

Alle vier Kategorien standen in Verbindung mit den Charakteristika des Modellstudiengangs: Dieser Studiengang richtete sich an *Frauen*, speziell *Familienfrauen*, die *ehrenamtliches Engagement* nachweisen konnten und den Abschluß als Diplom - *Sozialarbeiterin* (*Sozialpädagogin*) anstrebten.

Während die Studentinnen vor allem das Frau- bzw. Familienfrausein der Studienbegleiterin unterstreichen, hat bei den Lehrkräften auch die Hochschulausbildung ein hohes Gewicht. Bei beiden Gruppen rangiert das ehrenamtliche Engagement an letzter Stelle (siehe Abb 26).

1. Frau:
   20 Nennungen bei den Studentinnen (Rang 1)
   14 Nennungen bei den Lehrkräften (Rang 1)

2. Familienfrau:
   16 Nennungen bei den Studentinnen (Rang 2)
   10 Nennungen bei den Lehrkräften (Rang 3)

3. Pädagogin:
   11 Nennungen bei den Studentinnen (Rang 3)
   12 Nennungen bei den Lehrkräften (Rang 2)

4. ehrenamtlich:
   5 Nennungen bei den Studentinnen (Rang 4)
   7 Nennungen bei den Lehrkräften (Rang 4)

Zusätzlich werden von den Studentinnen Merkmale der Berufstätigkeit und der Erfahrungen im sozialarbeiterischen Aufgabenfeld als wichtig benannt.

Ergänzt werden auch Engagement, Eindeutigkeit und Sachlichkeit im Handeln sowie eine klare Struktur. Zielgerichtetheit und Verantwortungsbewußtsein werden betont. Von Bedeutung sei darüber hinaus die fachliche und menschliche Nähe zu den Studentinnen gewesen und *"daß die Studienbegleiterin die persönliche, individuelle Lebenssituation der einzelnen Studentinnen im Blick gehabt hat"*. Eine weitere Studentin verdeutlicht, daß die Studienbegleiterin eine Frau gewesen sei, die mit der

Gruppe immer wieder die widersprüchlichen Anforderungen im Wissenschaftsbereich und im weiblichen Lebenszusammenhang analysierte und nach Lösungsmöglichkeiten suchte.

Nur für eine Studentin war die persönliche Situation ohne Bedeutung, für sie kam es mehr auf die persönlichen Fähigkeiten an.[230]

Abbildung 26

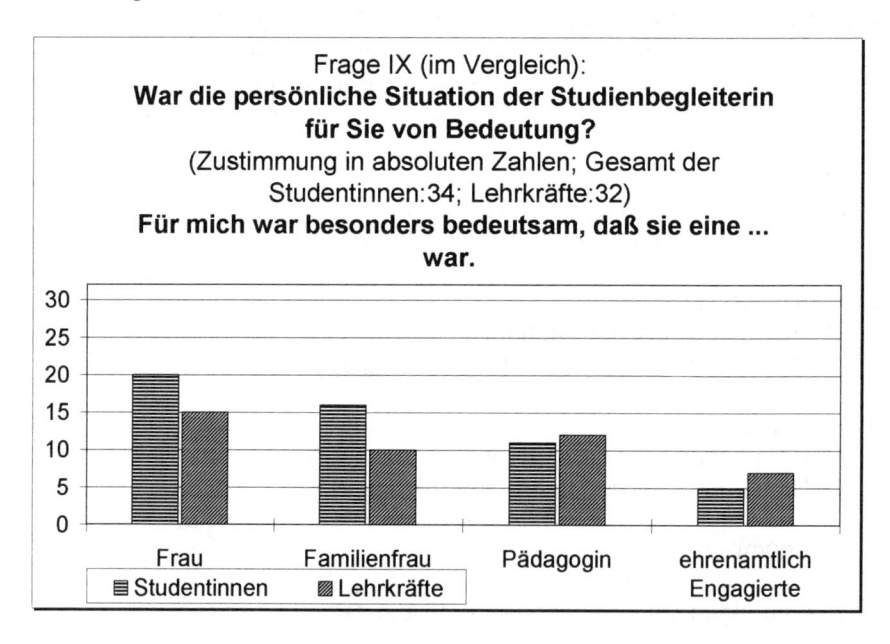

Frage IX (im Vergleich):
War die persönliche Situation der Studienbegleiterin für Sie von Bedeutung?
(Zustimmung in absoluten Zahlen; Gesamt der Studentinnen:34; Lehrkräfte:32)
Für mich war besonders bedeutsam, daß sie eine ... war.

	Frau	Familienfrau	Pädagogin	ehrenamtlich Engagierte
Studentinnen	20	16	11	5
Lehrkräfte	15	10	12	6

Auf Seiten der Lehrkräfte wird die Meinung vertreten, daß es selbstverständlich sei, *"daß eine Studienbegleitung für eine Gruppe, die ausschließlich aus Frauen besteht, eine Frau ist"*. Das Merkmal „Familienfrau" wird allerdings unterschiedlich bewertet. Während einige Lehrkräfte die Bedeutung dieses Merkmals unterstreichen, weisen andere auf die Gefahr der Spaltung unter Frauen hin.

Für die Lehrenden ist weiterhin bedeutsam gewesen, daß die Studienbegleiterin sich mit der Aufgabe identifizierte und zu *"ihrer Sache"*

---

230 vgl. Frage VI

machte. Sie sei fachlich, menschlich und persönliche kompetent. Wichtig sei auch ihre integrative und vermittelnde Funktion gewesen, die die Kommunikation zwischen Studentinnen und Lehrkräften förderte. Sie habe versucht, *"allparteilich"* zu sein.

Von mehreren Studentinnen und Lehrkräften wird auf die Antworten zur Frage VI,2 nach den persönlichen Fähigkeiten verwiesen und bekräftigt, daß *"die Studienbegleiterin dem in Punkt I genannten Aufgabenkatalog voll gewachsen war und den Idealanforderungen des unter Punkt II genannten Persönlichkeitsbildes weitgehend entsprach"*.
Sie bestätigen, daß die Studienbegleiterin eine wesentliche Unterstützung für die Studentinnen gewesen sei und sehr zum Erfolg beigetragen habe.

Insgesamt kann festgehalten werden, daß durch die persönliche Situation der Studienbegleiterin eine große Nähe zu den Studentinnen gegeben war, die die Wirksamkeit ihrer Tätigkeit - auch im Sinne von Modellernen - förderte.

X. Frage:
Welche Interessen soll die Studienbegleiterin Ihrer Meinung nach vertreten?

Diese letzte Frage zielt darauf ab, die Stellung der Studienbegleiterin innerhalb des Systems Hochschule zu verorten. Bereits an mehreren Stellen dieser Arbeit wurde auf (mögliche) Rollenkonflikte und die Wahrnehmung eines Doppelmandates aufmerksam gemacht.

Es wurde deshalb am Schluß des Fragebogens danach gefragt, ob die Studienbegleiterin eher auf seiten der Studierenden oder auf seiten der Lehrenden stehen soll, d.h. ob sie als „Anwältin der Studierenden" oder als „Assistentin der Lehrkräfte" bzw. als „Vermittlungsinstanz" einzuordnen sei.

Während die Studentinnen auf einer Skala von 1-5 die Studienbegleiterin primär als „ihre" Anwältin einordnen (4,59), soll die Studienbegleiterin nach Meinung der Lehrkräfte vorrangig als Vermittlungsinstanz in der Organisationsstruktur des Studiums/der Hochschule tätig sein (4,37) (siehe Abb. 27). Übereinstimmung besteht in beiden Gruppen darüber, daß ihre Hauptfunktion nicht in der Zuarbeit zu den Lehrenden bestehen kann (Differenz von ca. 2 Punkten zu den zuvor genannten Funktionen). Tabelle:

1. Anwältin:
   Rang 1 bei den Studentinnen mit 4,59 Punkten
   Rang 2 bei den Lehrkräften mit 4,07 Punkten

2. Assistentin:
   Rang 3 sowohl bei den Studentinnen (2,46) als auch bei den Lehrkräften (2,42)

3. Vermittlerin:
   Rang 1 bei den Lehrkräften mit 4,37 Punkten
   Rang 2 bei den Studentinnen mit 4,43 Punkten

Abbildung 27

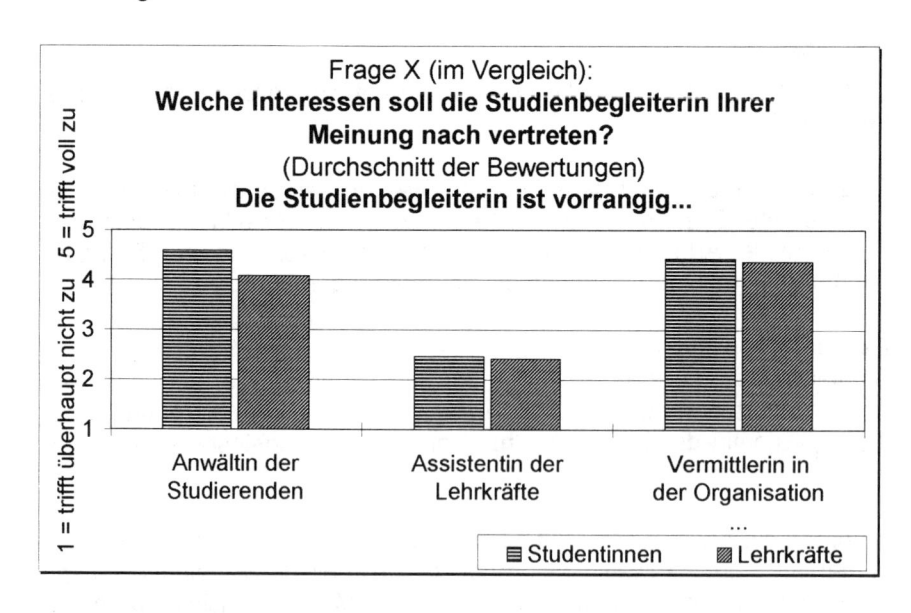

Frage X (im Vergleich):
Welche Interessen soll die Studienbegleiterin Ihrer Meinung nach vertreten?
(Durchschnitt der Bewertungen)
Die Studienbegleiterin ist vorrangig...

1 = trifft überhaupt nicht zu   5 = trifft voll zu

	Anwältin der Studierenden	Assistentin der Lehrkräfte	Vermittlerin in der Organisation
Studentinnen	~4,6	~2,4	~4,4
Lehrkräfte	~4,0	~2,4	~4,3

Einige Studentinnen erwarten von der Studienbegleiterin als „Anwältin der Studierenden" Unterstützung in Krisensituationen und Beratung bei der „Überwindung sozioökonomischer, sozialpsychologischer und systemischer Barrieren".

In weiteren einzelnen Anmerkungen der Studentinnen wird erwartet, daß "alle Interessen in Balance sein sollten" bzw. vorgeschlagen, die Funktion der Studienbegleitung auf eine gesellschaftspolitische Interessenvertretung zur Förderung der Frauenrolle auszudehnen.

Von einzelnen Lehrkräften wird die Funktion der Interessenvertretung abgelehnt: "Unter Studienbegleitung verstehe ich weder eine Anwalts-, noch Assistenz-, noch Vermittlungsinstanz. Begleitung heißt für mich:

- die Eigenkräfte der Studenten stärken,
- den Überblick auf die gesamte Gruppe und die Einzelnen behalten,
- Hilfestellung in Notfällen, aus größerem Informationsvorsprung und klaren Zielvorstellungen heraus, gewähren."

Es wird darauf aufmerksam gemacht, daß Interessenvertretung die Studienbegleiterin innerlich und äußerlich spalten, sie aushöhlen und wirkungslos machen werde.

Andere Lehrkräfte verdeutlichen, daß ihrer Meinung nach die Studienbegleitung eine Integrationsfigur sei und eine Mittlerfunktion ausüben müsse und nicht einseitig Anwältin der einen oder anderen Seite sein dürfe. "Sie muß über den 'Parteien' (Studenten, Dozenten, Verwaltung) stehen und auf einen Interessensausgleich (Mittlerfunktion) hinarbeiten. Sie sollte deshalb die Balance zwischen Distanz und Nähe gut zu handhaben wissen und in Problem- und Krisensituationen lediglich an Personen und Institutionen, die Hilfe geben können, weiterverweisen.
In keinem Fall sollte sie selbst Lehraufgaben oder Supervision/Beratung übernehmen."

Wichtig sei, daß die Studienbegleitung durch Selbst- und Kommunikationskompetenz ein gutes Studienklima schaffe.

Die Antworten der Lehrenden auf die letzte Frage sind teilweise widersprüchlich. Sie weisen auf die Gefahr von Rollenkonflikten hin. Bei der Entwicklung eines Konzeptes zur Studienbegleitung ist deshalb zu klären, welche Funktion die Studienbegleitung im System der Hochschule wahrnehmen soll. Wird die Studienbegleitung der Gruppe der Studierenden oder der Gruppe der Lehrenden zugeordnet oder gehört die „Ver-

mittlungsrolle" und die mit ihr verbundene Spagatsituation zum Konzept?[231]
Auch scheint es notwendig, das Verständnis von Interessenvertretung und Anwaltschaft eindeutig zu definieren.

Zusammenfassend kann von einer sehr hohen Akzeptanz der Funktion einer Studienbegleiterin im Modellprojekt gesprochen werden. Ihre Aufgaben werden als notwendig und förderlich für den Studienprozeß bewertet. Diese positive Einschätzung trifft durchgängig auf alle Aspekte zu, die mit der Befragung untersucht wurden. Sie ist unabhängig von den Variablen[232] Alter, Geschlecht, Hauptamtlichkeit/Nebenamtlichkeit und auch unabhängig von der Frage, über wieviele Semester sich die Lehrtätigkeit erstreckte.

Ihre positive Gesamtbewertung hat eine Studentin mit folgender Aussage zusammengefaßt: *"Die Studienbegleiterin war Vermittlung zwischen den Lehrenden und Lernenden. Sie war Ansprechpartnerin für Kopf, Herz, Lebensbezüge und Studiumbewältigung."*

Die Ergebnisse des Fragebogens sind Grundlage für die in Punkt 4.2. dieser Arbeit zu erstellende Systematisierung der Aufgaben von Studienbegleitung.

4.1.3. Erwartungen der Studentinnen des zweiten Frauenstudiengangs an der KFH NW

Ergänzend zu den Stellenbeschreibungen und der Befragung der am Modellprojekt beteiligten Studentinnen und Lehrkräfte werden an dieser Stelle noch die Ergebnisse einer kurzen Befragung der Teilnehmerinnen des zweiten Frauenstudiengangs an der KFH NW, Abteilung Aachen, vorgestellt.

Mit den Teilnehmerinnen des zweiten Frauenstudiengangs an der KFH NW, Abteilung Aachen, der als Folgeprojekt des Modellversuchs zu ver-

---
231 vgl. Pkt. 4.5.
232 Die Variable Alter bezieht sich auf die Studentinnen und die Lehrkräfte; die weiteren Variablen betreffen nur die Lehrenden.

stehen ist, wurde vor Beginn des Studiums im Sommersemester 1996 eine Eingangsbefragung durchgeführt. Auf die Frage nach den Erwartungen an die Studienbegleiterin - zu berücksichtigen ist, daß die Studentinnen zum Zeitpunkt der Befragung keinerlei Erfahrungen mit der Rolle einer Studienbegleiterin hatten und die Frage „offen", d.h. ohne Vorgabe von Kategorien formuliert war - wurden folgende Antworten[233] gegeben:

- Unterstützung in Konfliktsituationen;
- Hilfestellung bei Fragen, die das Lernen betreffen (Strukturierung des Lernstoffes, Aneignung von Lerntechniken, Auseinandersetzung mit theoretischen Konzepten, Theorie-Praxis-Fragen usw.);
- Beratung bei der Vorbereitung und Durchführung der Praktika;
- Stärkung der Motivation „durchzuhalten";
- Unterstützung, den eigenen Weg zu finden;
- Wahrnehmung als Studentin *und* als Familienfrau;
- Unterstützung bei zeitlich-organisatorischen Fragen;
- Unterstützung in fachlichen Fragen;
- Informationen (z.B. bei Fehlzeiten);
- Hilfestellung bei Fragen, die die Berufspraxis betreffen (z.B. Umgang mit Höhen und Tiefen);
- Hilfestellung, wenn das Studium nicht mit den eigenen Vorstellungen übereinstimmt.

4.2. Systematisierung der Tätigkeiten von Studienbegleitung nach inhaltlichen Aufgabenfeldern

In diesem Kapitel werden die beschriebenen Tätigkeiten der Studienbegleiterin nach folgenden inhaltlichen Aufgabenfeldern gegliedert:

- Aufgaben im Hinblick auf Beratung, Begleitung und Unterstützung der Studentinnen;
- Aufgaben im Hinblick auf die Lehrkräfte und Praxisfachkräfte sowie im Hinblick auf die Vermittlung zwischen den Studentinnen und den Lehrkräften/Praxisfachkräften;
- Aufgaben im Hinblick auf das System Hochschule.

---

[233] vgl. Genenger-Stricker, 1996: Die Reihenfolge entspricht der Häufigkeit der Nennungen.

Die neuen Erfahrungen und Anforderungen, die sich aus der Bestandsaufnahme ergebenen haben, werden auf das herauszuarbeitende Berufsbild hin neu gewichtet.

Bevor nun versucht wird, die Ergebnisse der Bestandsaufnahme aus den Stellenbeschreibungen und den Befragungen der Studentinnen und Lehrkräfte der Frauenstudiengänge an der KFH NW zusammenzufassen und zu systematisieren, werden noch zum Vergleich die Ergebnisse einer Untersuchung von Fricke/Grauer[234] angeführt. Diese Untersuchung von Fricke/Grauer ist nur bedingt vergleichbar, da sich die Fragestellungen auf Erwartungen an Lehrkräfte im Sozialwesen beziehen, während im Mittelpunkt dieser Untersuchung die Funktionen eines Studienbegleiters/einer Studienbegleiterin diskutiert werden sollen. Untersuchungen von studienbegleitenden Unterstützungsstrukturen, die einen direkten Vergleich ermöglichen könnten, liegen bisher leider nicht vor. Die Tendenzen, die in der Befragung von Fricke/Grauer deutlich werden, zeigen allerdings Notwendigkeiten auf, die auch für das Tätigkeitsfeld eines Studienbegleiters/einer Studienbegleiterin zu berücksichtigen wären.

Fricke/Grauer fragen in ihrer Untersuchung nach den Erwartungen der Studierenden im Hinblick auf „studienbegleitende Beratung". Unter „studienbegleitender Beratung" werden Fragen subsumiert, die festhalten, in welchen über die Lehrveranstaltungen hinausgehenden Bereichen (fachlich, persönlich, beruflich) Kontakte zu Lehrenden für wichtig gehalten werden. Die Fragen richten sich auf Bereiche, in denen Studierenden eine Betreuung/Beratung durch Lehrende hilfreich erscheint, z.B.:

- Studienaufgaben und Studienaufbau;
- fachwissenschaftliche Fragen und inhaltliche Probleme des Fachs;
- persönliche Lern- und Arbeitsschwierigkeiten;
- persönliche Probleme und Schwierigkeiten, die über das Studium hinausgehen;
- Hilfe und Unterstützung in berufspraktischen Fragen.

Fricke und Grauer kommen zu folgenden Ergebnissen:

Beratung und Betreuung in Fragen des Studienaufbaus und der Studienplanung halten 51.3% der Befragten für sehr wichtig, 36.3% stufen sie als etwas wichtig ein, 12.3% sehen sie als nicht wesentlich an. Diese

---

[234] vgl. Fricke/Grauer, 1994:95ff

Entwicklung ist - so Fricke/Grauer - relativ neu. Sie werten dies als Hinweis darauf, daß auch Studierende der Sozialpädagogik ihr Studium zunehmend unter Effizienz- und Ökonomiegesichtspunkten betrachten.
Eine noch zentralere Bedeutung wird von der Mehrzahl der befragten Studierenden der Betreuung in fachwissenschaftlichen Fragen beigemessen. Etwa drei von vier Befragten meinen, diese sei sehr wichtig, weitere 21.3% sehen sie als etwas wichtig an, nur eine beinahe verschwindende Minderheit (1.0%) mag der Beratung durch Lehrende bei inhaltlichen Problemen des Fachs keine Bedeutung zugestehen. Auch dieser Befund weicht - nach Fricke/Grauer - von Vergleichszahlen für andere Fachhochschulen und Universitäten in Richtung auf eine stärkere Betonung des Beratungsmotivs ab.

Beratende Hilfen durch Lehrende bei persönlichen Lern- und Arbeitsschwierigkeiten erachten 30.2% der Probanden und Probandinnen als sehr wichtig, etwa die Hälfte (50.6%) sieht sie als partiell wichtig an.
Einen geringen Stellenwert hat die Erwartung, auch bei persönlichen Problemen, die über das Studium hinausgehen, beraten zu werden. Lediglich 6.3% halten dies für sehr wichtig, 26,3% messen dem bedingte Wichtigkeit bei, die große Mehrheit der Befragten (67.4%) erachtet dies als nicht wesentlich.

Hilfe und Unterstützung bei berufspraktischen Fragen erwartet wiederum die Mehrheit der Interviewpartner/innen von den Lehrenden: 59.8% sehen sie als notwendig an, 35.9% gestehen ihr zumindest etwas Wichtigkeit zu, nur 4.3% sehen keinen Grund für ein entsprechendes Angebot.

Die fachliche und berufliche Beratung steht damit im Vordergrund studentischer Interessen. Wünsche nach intensiver Betreuung werden nachdrücklich akzentuiert. Demgegenüber scheint den meisten Befragten weniger an einer Betreuung durch Lehrende gelegen zu sein, wenn persönliche Probleme, besonders solche, die über das Studium hinausgehen, angesprochen sind. Studierende des Grundstudiums und „Langzeitstudierende" betonen insbesondere die Notwendigkeit von Beratung bei Studienaufbau und -planung. Die Angehörigen der höchsten Semestergruppe sind es, die Hilfestellungen bei persönlichen Lern- und Arbeitsschwierigkeiten erwarten, während die anderen Studierenden einer solchen Erwartung - von den Studienanfängern und -anfängerinnen einmal abgesehen - eher indifferent gegenüberstehen.[235]

---

235 vgl. Fricke/Grauer, 1994:95-99

Die Untersuchung von Fricke/Grauer bestätigt die Ergebnisse unserer Befragungen, daß grundsätzlich ein Bedarf an studienbegleitender Beratung besteht. Dabei ist zu unterscheiden zwischen einem hohen Beratungsbedarf, der sich ausschließlich bzw. vorwiegend an Lehrende richtet, z.B. Betreuung in fachwissenschaftlichen Fragen bzw. Unterstützung in berufspraktischen Fragen, und ein etwas niedrigerer Beratungsbedarf, der sich auf persönliche Probleme im Studium oder aber auch im privaten Bereich bezieht. In den Frauenstudiengängen werden diese Beratungserwartungen in persönlichen Fragen demgegenüber sehr hoch bewertet. Es ist davon auszugehen, daß Interesse an einer Unterstützung und Hilfestellung bei Problemen, die über das Studium hinausgehen, bei allen Gruppen von Studierenden, insbesondere aber bei Gruppen mit besonderen Bedürfnissen, vorhanden ist, die Adressaten und Adressatinnen dieser Erwartungen aber nicht Lehrende sein können, sondern nur Personen in der Hochschule, die keine bewertende Funktion in der Lehre innehaben, die das notwendige Vertrauensverhältnis behindern könnte.

Auf den sowohl bei Fricke/Grauer als auch in den Frauenstudiengängen deutlich gewordenen hohen Bedarf an Hilfestellung in Fragen des Studienaufbaus und der Studienplanung[236] muß von Seiten der Hochschule reagiert werden. Bei den vorhandenen Defiziten in der Studienfachberatung[237] stellt sich hier die Frage nach einer neuen Zuordnung bzw. Ansiedlung innerhalb des Systems Hochschule. Dieser Aspekt wird später bei der Konzeption der Stelle eines Studienbegleiters/einer Studienbegleiterin wieder aufgegriffen.

Nun ist anhand der Erkenntnisse aus den Stellenbeschreibungen und den ausgewerteten Befragungen eine Systematisierung / Zusammenfassung der Aufgaben eines Studienbegleiters / einer Studienbegleiterin zu erstellen. Sie dient als Grundlage für die in den nächsten Abschnitten des Kapitels vergleichend und ergänzend zu diskutierenden anderen Formen der Beratung und Unterstützung von Studierenden im Hochschulbereich.

Die Systematisierung erfolgt nach folgenden Gliederungspunkten:
I.
Aufgaben von Studienbegleitung im Hinblick auf Beratung, Begleitung und Unterstützung der Studentinnen

---

236 vgl. auch Pkt. 2.1.
237 vgl. 4.3.3.2.

II.
Aufgaben von Studienbegleitung im Hinblick auf die Lehrkräfte und Praxisfachkräfte sowie im Hinblick auf die Vermittlung zwischen den Studentinnen und den Lehrkräften/Praxisfachkräften

III.
Aufgaben von Studienbegleitung im Hinblick auf das System Hochschule.

zu I.:
Aufgaben von Studienbegleitung im Hinblick auf Beratung, Begleitung und Unterstützung der Studentinnen

Dieser erste Aufgabenkomplex[238], in dessen Mittelpunkt die direkte Begleitung der Studentinnen steht, läßt sich in zehn Felder untergliedern:

1. Unterstützung bei der Studienplanung

Die in der Studienbegleitung Tätigen informieren über Studienanforderungen, -aufbau und –verlauf. Sie begleiten und beraten die Studierenden kontinuierlich und individuell bei der Planung und Gestaltung der einzelnen Studienphasen – beginnend bei der Studienvorbereitung bis hin zum Studienabschluß. Vor allem in der Eingangsphase, in der Übergangsphase vom Grund- zum Hauptstudium und in der Prüfungsphase ist eine intensive Begleitung gefordert.

2. Propädeutische Hilfestellungen

Die in der Studienbegleitung Tätigen sorgen für eine studienvorbereitende Beratung mit dem Ziel, Studierende (mit besonderen Bedürfnissen) unter Kooperation der verschiedenen Beratungsträger rechtzeitig und umfassend über die Möglichkeiten und Schwierigkeiten eines Studiums zu unterrichten und zu beraten. Sie sind verantwortlich für die Einführung ins Studium, evtl. in Zusammenarbeit mit studentischen Tutoren und Tutorinnen. Sie organisieren Angebote zum wissenschaftlichen Arbeiten, unterstützen den Erwerb einer effektiven und systematischen Arbeitsweise und fördern die Entwicklung von Arbeitshaltungen.

---

238 Es lassen sich Parallelen zwischen den Aufgaben einer Studienbegleitung und den Ausbildungszielen von Sozialarbeit/Sozialpädagogik feststellen. So können beispielsweise die zehn skizzierten Aufgabenfelder den zu vermittelnden Zielsetzungen der Sach-, Sozial- und Selbstkompetenz zugeordnet werden.

3. Unterstützung von Studienmotivation und Studieneinstellung/-haltung

Die in der Studienbegleitung Tätigen ermutigen die Studierenden, sich den Herausforderungen des Studiums - bis zum Abschluß - zu stellen. Sie fördern eigenständige Problemerfassung und –lösung. Dies beinhaltet die Fähigkeit zu kontextuell-komplexem, zu analytisch-logischem und zu spekulativ-kalkulatorischem Denken sowie zu praktisch-pragmatischem Handeln.
Zu den Aufgaben von Studienbegleitung gehört die Unterstützung zu selbständigem, identitätsförderndem Lernen. Die Studierenden sollen zu Zielorientierung und Selbststeuerung im Studium befähigt werden. Studienbegleitung fördert darüber hinaus die Einbindung der Studienbemühungen in berufsethische, persönlichkeitsbildende und kompetenzerweiternde Dimensionen.

4. Beratung in fachlichen Fragen

Die in der Studienbegleitung Tätigen unterstützen den Lernprozeß in Bezug auf Inhalte und Methoden. Sie leiten die Gruppen- und Einzelreflexionen von Lehrveranstaltungen und Lernphasen und regen zur Formulierung weiterführender Inhalte und Erwartungen an.

5. Unterstützung der Praxisreflexion

Die in der Studienbegleitung Tätigen sind mitverantwortlich für die Begleitung und Auswertung der Praktika sowie für die Förderung der Prozesse, die Studierenden dazu verhelfen, ihre bisherigen Praxiserfahrungen auf eine beruflich qualifizierte Ebene zu heben und nach den Konsequenzen theoretischer Konstrukte für die berufliche Praxis zu fragen.

6. Unterstützung in berufspraktischen Fragen

Die in der Studienbegleitung Tätigen bieten Unterstützung in berufspraktischen Fragen. Sie geben Orientierungshilfe für Weg, Ziel und spätere Berufstätigkeit der Studierenden und bieten sich dabei – im günstigsten Fall – als Modell an. Zu den Aufgaben von Studienbegleitung zählen die Förderung sozialer Qualifikationen, die sich auf die innere Einstellung zum Beruf beziehen, und die Beratung der Studierenden in ihren Fähigkeiten und Fertigkeiten berufspraktischer Art. Veranstaltungsreihen zur Berufsorientierung bzw. Bewerbungstrainings in Zusammenarbeit mit der Berufsberatung der Arbeitsamtes sind anzuregen. Es ist ein wichtiges Anliegen von Studienbegleitung, darauf hinzuwirken, daß sich das Studium an den zukünftigen beruflichen Tätigkeitsfeldern, deren Strukturen und Anforderungsbedingungen orientiert.

7. Hilfestellung bei persönlichen Lern- und Arbeitsschwierigkeiten

Die in der Studienbegleitung Tätigen ermutigen die Studierenden mit dem Ziel, Selbstzweifel im Hinblick auf eigene Studienbeiträge/-leistungen abzubauen und wirken auf die Erhöhung von Streßresistenz und Mobilisierung individueller Ressourcen hin.

8. Förderung von Gruppenprozessen

Die in der Studienbegleitung Tätigen fördern konstruktive Gruppenprozesse. Ein akzeptierendes Gruppenklima und der Zusammenhalt der Gruppe sind von entscheidender Bedeutung. Sie bilden die Voraussetzung für eine angstfreie Entwicklung der einzelnen Studierenden und für gegenseitige Hilfestellung. Es sind besondere Kooperationsformen zu erproben, beispielsweise durch die Bildung von kleinen Lerngruppen, mit dem Ziel, isoliertes Lernen aufzubrechen und kooperative Lern- und Arbeitsmethoden wie Teamarbeit zu fördern, die für viele Arbeitsfelder, nicht nur in der Sozialen Arbeit, unerläßlich sind.
Bei Konflikten und gegensätzlichen Interessen soll die Studienbegleitung innerhalb der Studiengruppe vermitteln.

9. Förderung persönlicher Entwicklungsprozesse

Die Motivationsarbeit gehört zu den wichtigsten Aufgaben von Studienbegleitung. Sie erstreckt sich – mit unterschiedlicher Intensität - über die gesamte Studiendauer und muß sich an der individuellen Situation der Studierenden ausrichten. Hilfreich sind Angebote zur berufsbezogenen Selbsterfahrung; hierzu gehört auch die Auseinandersetzung mit der Geschlechterrolle.
Die in der Studienbegleitung Tätigen unterstützen die Entwicklung von Selbstvertrauen und den Erwerb psychischer Stabilität, indem die Studierenden in ihren erworbenen Kompetenzen gestärkt und ihre kommunikativen und schöpferischen Fähigkeiten gefördert werden.

10. Unterstützung bei persönlichen Problemen, die über das Studium hinausgehen

Die in der Studienbegleitung Tätigen geben Hilfestellung bei der Klärung von Identitätsfragen, indem beispielsweise Anpassungsstrategien an die neue Situation angeboten und Hilfestellungen bei der Bewältigung der neuen Rollenvielfalt gegeben werden. Im Einzelfall kann es auch notwendig sein, psychosoziale Hilfe und unter Umständen auch Krisenbewältigung anzubieten. Ist eine therapeutische Maßnahme angesagt, soll an Fachkräfte weitergeleitet werden.

zu II.:
Aufgaben von Studienbegleitung im Hinblick auf die Lehrkräfte und Praxisfachkräfte sowie im Hinblick auf die Vermittlung zwischen den Studentinnen und den Lehrkräften/Praxisfachkräften

Der zweite Aufgabenkomplex richtet sich primär an die haupt- und nebenamtlich Lehrenden sowie an die Fachkräfte der Praxis:

1. Unterstützung der Lehre

Die in der Studienbegleitung Tätigen kooperieren mit den beteiligten Lehrkräften. Sie koordinieren die Lehrangebote, Lehrmaterialien und Prüfungen und sorgen für die notwendigen Absprachen zwischen den Lehrkräften. Sie informieren die Lehrenden über aktuelle Entwicklungen im Studienverlauf, über Praktikumserfahrungen und den Prozeß in der Gruppe. Studienbegleitung vermittelt zum einen die Reflexionsergebnisse der Studierenden an die Lehrenden und bündelt zum anderen die Rückmeldungen der Lehrenden zur Formulierung weiterführender curricularer Überlegungen. Sie fördert die Abstimmung der jeweiligen Erwartungen zwischen Studierenden und Lehrkräften und vermittelt im Falle von Konflikten zwischen beiden Seiten.

2. Unterstützung von Praxiseinsätzen

Die in der Studienbegleitung Tätigen kooperieren mit den Praxis- und Supervisionsfachkräften. Sie koordinieren die Praktika und Supervisionen und vermitteln bei Konflikten zwischen Student/in und Praktikumsanleiter/in bzw. Supervisor/in. Es gehört zu den Aufgaben von Studienbegleitung, für die Lernanalyse und Reflexion der Praktikumserfahrungen zu sorgen.

4. Förderung der Theorie-Praxis-Verzahnung

Die in der Studienbegleitung Tätigen koordinieren die gegenseitigen Erwartungen von Praxis und Lehre.

zu III.:
Aufgaben von Studienbegleitung im Hinblick auf das System Hochschule

Der dritte Aufgabenkomplex zielt darauf ab, die Kommunikation aller am Studiengang Beteiligten zu gewährleisten.

1. Förderung von Austausch und Beratung im Fachbereich

Die in der Studienbegleitung Tätigen informieren die Fachbereichsleitung über Entwicklungen und Perspektiven im Studiengang. Sie sorgen für Information, Austausch und Beratung in den Konferenzen der Lehrenden und vermitteln bei Konflikten.

2. Kooperation mit dem Prüfungsamt

Die in der Studienbegleitung Tätigen gewährleisten die Absprachen mit dem Prüfungsamt. Sie koordinieren notwendige Sonderregelungen aufgrund der spezifischen Situation der Studierenden.

3. Zusammenarbeit mit dem Praktikantenbüro

Die in der Studienbegleitung Tätigen kooperieren mit dem Praktikantenbüro im Hinblick auf die Organisation der Praktika.

4. Förderung der Interessenvertretung der Studierenden

Die in der Studienbegleitung Tätigen unterstützen die Mitwirkung der Studierenden in den Selbstverwaltungsorganen und fördern die Integration in die (Gesamt-) Studentenschaft.

5. Verantwortung für Evaluation und Dokumentation

Die in der Studienbegleitung Tätigen sorgen für die Evaluation und Dokumentation des Studiengangs.

6. Unterstützung der Öffentlichkeitsarbeit

Die in der Studienbegleitung Tätigen kooperieren mit den Verantwortlichen für Öffentlichkeitsarbeit an der Hochschule.

4.3. Überschneidungen und Grenzen der Funktion von Studienbegleitung gegenüber Möglichkeiten und Funktionen von Supervision, (Psycho-)Therapie, Studienberatung und der Förderung der Gleichberechtigung von Frauen und Männern an Hochschulen

Es gibt zahlreiche Angebote von Beratung, Supervision und (Psycho-) Therapie, die innerhalb und außerhalb des Hochschulsystems Studierenden zur Verfügung stehen, z.B.:

- Sozialberatung
- Studienberatung
- Psychologische/Psychotherapeutische Beratung
- Beratung für Behinderte/chronisch Kranke
- Rechtsberatung
- Berufsberatung/Arbeitsvermittlung
- Jobvermittlung während des Studiums
- Ausbildungsförderung
- Darlehensvergabe
- Kinderbetreuung
- Wohnraumvermittlung

Im folgenden werden die Formen der Unterstützung herausgegriffen, die Überschneidungen mit dem neuen Berufsbild eines Studienbegleiters/ einer Studienbegleiterin aufweisen und Kooperationsmöglichkeiten anbieten. Gleichzeitig werden Unterschiede und Abgrenzungen aufgezeigt. Ziel ist es, das Qualifikationsniveau von Studienbegleitung zu verdeutlichen.

Zunächst werden Supervision und (Psycho)Therapie beschrieben, bevor dann auf den Hauptberatungsträger innerhalb des Hochschulsystems, die Studienberatung mit ihren Teilbereichen, eingegangen wird.

Abschließend wird noch kurz die Funktion einer Frauenbeauftragten an der Hochschule benannt, die zwar nicht in das klassische System von Betreuung und Beratung paßt, aber im Hinblick auf die Situation von Frauen an der Hochschule eine wichtige Anlaufstelle sein kann.

4.3.1. Supervision

Innerhalb der letzten 30 Jahre hat sich der Begriff „Supervision" in Deutschland in der Sozialen Arbeit eingebürgert. Er stammt aus den angelsächsischen Ländern und den Niederlanden, wo nach dem 2. Weltkrieg das sozialarbeiterische methodische Handlungsrepertoire weiterentwickelt und langsam von dort aus nach Deutschland importiert wurde.

Unter Supervision wird eine Beratungsform verstanden, die eine systematische Reflexion des beruflichen Handelns von Personen mit dem Ziel ermöglicht, Veränderungen im Erleben und Handeln zu erreichen.[239] Diese Form war zunächst fast ausschließlich im sozialen Bereich etabliert. Mittlerweile wird sie in vielen Berufsfeldern eingesetzt. Zielgruppen der Supervision sind heute Personen in Arbeitsfeldern, deren Hauptaufgabe die berufliche Gestaltung von Beziehungen zu anderen Menschen ist. Dazu zählen nicht nur die Angehörigen sozialer, therapeutischer, beratender, pflegerischer und im weitesten Sinne bildender Berufe, sondern auch Personen, die in ihren Arbeitsbereichen Leitungs- und Führungsfunktionen innehaben. Es gibt mittlerweile aber auch Supervision in Betrieben und Verwaltungen, die nichts mit Sozialarbeit/Sozialpädagogik, Therapie oder Beratung zu tun haben, in denen jedoch bei der kollegialen Beziehungsgestaltung am Arbeitsplatz Konflikte vorhanden sind, für die Lösungen gesucht werden, die die Arbeit insgesamt humaner und effektiver machen. Hier gilt weniger der Überwachungs- bzw. Aufsichtsaspekt - wie ursprünglich im angelsächsischen Bereich -, sondern die Supervisoren bzw. Supervisorinnen verstehen sich hier als Fachkräfte für Metakommunikation, die, von außerhalb kommend, neue Sichtweisen und Kommunikationsformen in das problematisierte System einführen.

Der Supervisand selbst ist - in den vielfältigen Zusammenhängen seines Berufsfeldes - der zentrale Ausgangspunkt für die Reflexion. Sein subjektives Erleben und Handeln ist der Bezugspunkt während des gesamten Supervisionsverlaufs. Ziel der Supervision ist es, dem Supervisanden zu einer anderen, für ihn neuen Sicht der von ihm erlebten Konflikt- bzw. Belastungssituation in der beruflichen Beziehungsgestaltung zu verhelfen. Hierdurch erhält er die Möglichkeit, Veränderungsvorstellungen zu

---

[239] vgl. Dt. Verein für öffentliche und private Fürsorge (Hrsg.): Fachlexikon der sozialen Arbeit, 1993:736

entwickeln und diese in berufliches Handeln umzusetzen, das der aktuellen Situation angemessenen ist.[240] Dabei sollen die Probleme im Kontext der individuellen, institutionellen und gesellschaftlichen Bedingungen reflektiert und der Supervisionsprozeß so gestaltet werden, daß die jeweilige Problemsicht in einem Kontinuum erscheint, welches sukzessiv diese verschiedenen Bedingungen erschließt.[241]

Im Mittelpunkt stehen die handelnden Berufsrollenträger/innen, also die Berufspersönlichkeiten und nicht die privaten Personen. Was gelernt wird, muß auf das berufliche Handeln rückbezogen sein.[242]

Supervision ist ein durch Kontrakt verbindlich geregeltes Lehr- und Lernverfahren, das durch Erfahrungslernen die Fachlichkeit und die Persönlichkeit der Supervisanden sowie die Koordinationsfähigkeit von Arbeitsgruppen kontrolliert und entwickelt, mit dem Ziel einer Verbesserung der Berufsrollenkompetenz und damit auch einer Steigerung der Effizienz der Arbeit.
Supervision setzt Freiwilligkeit voraus.

Neben der Supervision als Form der Beratung für Menschen mit beruflichen Problemen hat sich die Ausbildungssupervision als Begleitung während des Studiums und zur Berufssozialisation von Berufsanfängern und -anfängerinnen entwickelt.
Formen der Supervision sind Einzelsupervision, Gruppensupervision, Teamsupervision und kollegiale Supervision.

Es werden zwei Verfahrensweisen unterschieden: Diagnose und Intervention. Sie sollen den Erkenntnisprozeß initiieren und Lösungsmöglichkeiten entwickeln helfen. Supervisonsfachkräfte benutzen dabei Methoden verschiedenster Richtungen (systemisches Modell, Psychodrama, Neuro-Linguistisches Programmieren (NLP) u.a.). Es gibt einen breiten Markt an Angeboten. Das Erteilen von Supervision setzt eine qualifizierte Weiterbildung als Supervisor/in voraus.[243]

---

240 vgl. John u.a., 1980:102
241 vgl. Wittenberger, 1984
242 In der Supervision wird - im Gegensatz zur Therapie - mit den gesunden Anteilen gearbeitet. Therapeutische Probleme gehören nicht in die Supervision.
243 Durch die Gründung der Deutschen Gesellschaft für Supervision (DGSv) sind Standards für die Weiterbildung zum Supervisor/zur Supervisorin festgelegt worden.

Bezüge zwischen Supervision und Studienbegleitung ergeben sich dort, wo Supervision in Ausbildung und Berufseinführung als fachspezifische Lern- und Praxiskontrolle verstanden wird. Werden die Funktionen der Supervision mit den im vorangegangen Kapitel aufgeführten Aufgabenstellungen von Studienbegleitung verglichen, so ergeben sich zum einen Überschneidungen in der Unterstützung von Praxisreflexionen und berufspraktischen Fragen und zum anderen in der Förderung von Studienmotivation und Studienhaltungen sowie von persönlichen Entwicklungsprozessen. Nimmt man die Möglichkeit der Gruppensupervision hinzu, dann gibt es auch Berührungspunkte in der Förderung von Gruppenprozessen.

Der Schwerpunkt von Supervision liegt allerdings ganz eindeutig in einer methodisch gesicherten Betrachtung des beruflichen Handelns und hat vorrangige Bedeutung für den autonomen Berufsvollzug.

4.3.2. (Psycho-)Therapie

Therapie ist ein für die Wissenschaftsbereiche der Medizin, Psychologie und Psychiatrie gängiger Sammelbegriff, der alle Bemühungen umfaßt, Störungen und Leidenszustände aufzuheben oder zumindest zu lindern. Von Psychotherapie wird gesprochen, wenn Änderungen im Handeln eines Menschen aufgrund psychischer Einflüsse erzielt werden: "Psychotherapie ist die Einflußnahme mittels psychologischer Methoden auf Verhaltensweisen und Erlebenszustände, die beim Betroffenen Leidensdruck entstehen lassen und von ihm wie auch vom Therapeuten als behandlungsbedürftig angesehen werden (Ausnahme Zwangsbehandlungen)"[244]. Die Grenzen gegenüber Pädagogik und bestimmten Methoden medikamentöser Behandlung sind allerdings offen. Dennoch scheint es nach Dörner und Plog[245] sinnvoll, die Frage nach der Psychotherapie so zu formulieren: Lassen sich Änderungen der (Seelen-)Erlebnisse, Denkinhalte, Einstellungen, Gefühle, Handlungen eines Menschen mit gestörten Handlungen, mit kranker Seele durch psychische Einflußgrößen fassen? Wichtig ist dabei der psychosomatische Zusammenhang.

Die Leiden der Menschen, die sich in Psychotherapie begeben, sind entstanden durch Störungen während ihrer Entwicklung, in der Auseinan-

---

244 Matzat, 1993:753
245 Dörner/Plog, 1986:559

dersetzung mit sich selbst und den eigenen Bedürfnissen einerseits und den Forderungen der Umwelt (Familie und Gesellschaft) andererseits.[246]

Das Behandlungsziel ist die Gesundung. Es gilt, die Patienten von ihrem subjektiv empfundenen Leiden zu befreien. Kritische Psychotherapeuten bzw. Psychotherapeutinnen vertreten die Meinung, daß Psychotherapie nie Therapie sein kann, die einen Krankheitsprozeß heilt. "Sonst müßte es eine umschriebene Krankheit geben, die mit dem Ende der Psychotherapie zu Ende ist, wo dann das Kaputte, das Kranke heilgemacht wäre. Dies ist absurd, weil unhistorisch."[247] Sie gehen vielmehr davon aus, daß Psychotherapie so wirkt, daß die Patienten lernen, das, was sie erfahren, anders zu sehen und neu zu ordnen. Sie verstehen Psychotherapie als zu lernende Methode, sich und sein Handeln zu bedenken und zu ändern. Psychotherapie muß demnach aus der Abhängigkeit von der therapeutischen Fachkraft zur Selbsttherapie führen.

Die wichtigsten psychotherapeutischen Techniken sind heute neben der klassischen Psychoanalyse und ihren Varianten die klientzentrierte Gesprächspsychotherapie, die Verhaltenstherapie, die Gestalttherapie und die Gruppentherapie.

Der Therapiebegriff ist im Gesundheitssystem der Bundesrepublik mit zahlreichen rechtlichen Problemen behaftet, sofern Therapie nicht durch Mediziner/innen ausgeübt wird. Schwieriger als in der medizinischen Therapie ist nämlich neben den allgemein-definitorischen Problemen das Problem der therapeutischen Zielbestimmung, die Entscheidung über die jeweiligen Variablen der Therapie und schließlich die Frage der Erfolgskriterien für Therapie. Die Möglichkeit, therapeutische Aktivitäten oder heilkundliche Tätigkeiten auch im Bereich der Sozialen Arbeit zu etablieren, ohne daß ihre Ausübung weitgehend auf Mediziner/innen beschränkt ist, eröffnet sich durch das neue Psychotherapeutengesetz von 1997. Bislang wurden in der Sozialen Arbeit die unterschiedlichen Therapieformen mehr oder weniger ohne gesetzliche Fundierung angeboten und ausgeübt.

---

246 Es gibt auch Menschen, die einen Leidensdruck nicht zeigen, die sich nicht krank fühlen und dennoch von der Umwelt als Kranke eingestuft und als behandlungsbedürftig angesehen werden. Hier stellt sich für die therapeutischen Fachkräfte die Aufgabe, Bedingungen zu schaffen, daß die Betroffenen in ihrer Individualität akzeptiert werden und sich selbst akzeptieren.
247 Dörner/Plog, 1986:582

Für Studierende bieten die psychologischen/psychotherapeutischen Beratungsstellen mannigfaltige Hilfen für einzelne und Gruppen an.[248] Es sind immer dann Bezüge zwischen Psychotherapie und Studienbegleitung auszumachen, wenn es um die Persönlichkeitsentwicklung der Studierenden geht. Ist die Persönlichkeit gestört und muß mit den kranken Anteilen gearbeitet werden, ist therapeutische Hilfe angezeigt; steht die Stärkung und Mobilisierung von Ressourcen im Vordergrund, kann der Studienbegleiter/die Studienbegleiterin tätig werden. Überschneidungen gibt es demnach vorrangig in der Kategorie „Unterstützung in schwierigen Phasen aufgrund von Problemen, die über das Studium hinausgehen" und bei gravierenden persönlichen Lern- und Arbeitsstörungen.

4.3.3. Studienberatung

Die Studienberatung ist Aufgabe der Hochschule. Sie ist im Hochschulrahmengesetz[249] und in den entsprechenden Ländergesetzen verankert. Die Hochschule berät ihre Studierenden sowie die am Studium Interessierten in allen Fragen des Studiums. Die *allgemeine Studienberatung* wird zentral wahrgenommen und erstreckt sich auf die Unterrichtung über Studienmöglichkeiten, Studieninhalte, Studienaufbau und Studienanforderungen; sie umfaßt bei studienbedingten persönlichen Schwierigkeiten auch eine *psychologische/psychotherapeutische Beratung*. Die studienbegleitende *Fachberatung* unterstützt die Studierenden insbesondere in Fragen der Studiengestaltung, der Studientechniken und der Schwerpunkte des gewählten Studienganges. Sie soll Wege und Möglichkeiten aufzeigen, wie das gewählte Studium sachgerecht durchgeführt und ohne Zeitverlust abgeschlossen werden kann. Die studienbegleitende Fachberatung ist Aufgabe der Fachbereiche und der Lehrenden.

Darüber hinaus sollen die Fachschaften nach dem Hochschulgesetz zur Förderung aller Studienangelegenheiten beitragen. Dies geschieht durch *studentische Studienberatung*.

Die Hochschulen arbeiten auf dem Gebiet der Studienberatung mit den für die Berufsberatung und für die sonstige Bildungsberatung zuständigen Stellen zusammen.

---

248 vgl. Pkt. 4.3.3.2.
249 vgl. § 14 HRG

Bevor näher auf die einzelnen Formen der Studienberatung:

- allgemeine (oder zentrale) Studienberatung
- psychologische/psychotherapeutische Studienberatung
- Fachberatung
- studentische Studienberatung

eingegangen wird, sind kurz die aktuelle Situation und ihre Herausforderungen darzustellen.

Vor allem im politischen Raum wird während der letzten Jahre mitunter in recht allgemeiner Form darauf verwiesen, daß Studienberatung intensiviert werden müsse. Als Gründe werden benannt:

- hohe Zahl der Studienberechtigungen;
- Strukturveränderungen und steigende Anzahl der Ausbildungsangebote;
- zunehmende Differenzierung der Studiengänge;
- überlange Studiendauer an den Hochschulen;
- hohe Durchfallquote;
- häufiger Fachwechsel;
- Studienabbruch.

Auch die Tendenz der Bestimmungen im Hochschulrahmengesetz und in den entsprechenden Ländergesetzen zielt auf eine Verkürzung der Studienzeit und auf eine Verringerung der Belastung der Hochschulen. Bereits vor knapp zehn Jahren wurde politisch folgende Position vertreten: "Die Regierungschefs von Bund und Ländern erwarten, daß es zu einer konsequenten Kürzung der überlangen Studienzeiten durch weitere Anstrengungen von Bund, Ländern und Hochschulen ... kommt. Flankierend werden Bund und Länder im Rahmen ihrer verfassungsgemäßen Zuständigkeiten die Hochschulen in ihren Bemühungen unterstützen, die Bedingungen der Lehre zu verbessern, Studienanfänger und Studierende während ihres Studiums insgesamt besser zu betreuen. Die Zahl der Studienabbrecher soll verringert werden. Dies erfordert studienbegleitende Hilfen und Beratung zur Verbesserung der Studienorganisation mit dem Ziel einer Verkürzung der Studienzeiten; den Studierenden soll eine bessere Orientierung über die effiziente Organisation ihres Studiums ermöglicht werden. (...) Die Regierungschefs von Bund und Ländern befürworten ... bereits vor Aufnahme eines Hochschulstudiums eine bessere Orientierung der Studierwilligen über alle Möglichkeiten qualifizierter

Berufsabschlüsse und fordern jeden Hochschulzugangsberechtigten auf, die Aufnahme eines Studiums sorgfältig mit den anderen Möglichkeiten qualifizierter Berufsabschlüsse abzuwägen."[250]

Die Rektorenkonferenz hat daraufhin Anfang 1990 folgende Entschließung gefaßt: "Die gemeinsame Erklärung der Regierungschefs nennt zu Recht weitere Herausforderungen an die Hochschulpolitik, insbesondere ... die Verbesserung der Beratung vor Studienaufnahme und während des Studiums. Die WRK begrüßt diese Aussagen, weist aber darauf hin, daß auch hier ein verstärkter Mitteleinsatz unumgänglich ist, wenn die Ziele erreicht werden sollen. (...) Es gilt dies aber auch für die Ausstattung der Studienberatungsstellen, ..."[251]

Im Rahmen der vorgeschlagenen Maßnahmen zur Realisierung der Studienstrukturreform wird die Notwendigkeit der Orientierung vor Aufnahme des Studiums und im Studium, insbesondere in der Eingangsphase, betont. Unter anderem werden folgende Vorschläge gemacht:

- Qualitative Verbesserung und Intensivierung der Studien- und Berufsberatung;
- Ausweitung des Angebotes an orientierenden Veranstaltungen für Eingangssemester;
- Ausweitung und bessere Verknüpfung der allgemeinen und fachlichen Studienberatung;
- Unterstützung der Studierenden durch Mentoren und Mentorinnen;[252]
- gründliche Einführung in Studium und wissenschaftliches Arbeiten;
- Unterstützung der Studierenden in der Organisation des Studiums, z.B. durch Bildung von „Lerngruppen" und Einsatz von Tutoren und Tutorinnen[253].

---

250 Ergebnisprotokoll der Besprechung des Bundeskanzlers mit den Regierungschefs der Länder vom 21.12.1989 in Bonn; in: HRK (Hrsg.), 1991:7f
251 Entschließung der Plenarversammlung der Westdeutschen Rektorenkonferenz, Februar 1990; in: HRK (Hrsg.), 1991:8
252 Als Teil des Beratungssystems werden in Deutschland „Mentoren" bzw. „Mentorinnen" erst mit den neuen Hochschulgesetzen institutionell verankert. Es fehlen deshalb noch Erfahrungen, welche Rolle die je einzelnen Hochschullehrer/innen als verpflichtete Mentoren/Mentorinnen für ihre Studentengruppe einnehmen werden.
253 vgl. KMK u. HRK, 1993:7f

Die Hochschulrektorenkonferenz äußert sich in ihren Dokumenten zur Hochschulreform (1994/95): "... (es) stagniert der Ausbau der Studienberatungsstellen und ihre persönliche und sachliche Ausstattung seit längerer Zeit."[254] Nicht zuletzt das Eckwertepapier von 1993/94[255] und die Einrichtung von Sonderprogrammen zur Verbesserung von Lehre und Studium, insbesondere das Hochschulsonderprogramm III[256] von Bund und Ländern, sind Belege, daß selbst aus der Sicht der Verantwortlichen in der Bildungspolitik ein hoher Bedarf erkannt ist, der den Ausbau der Studienberatung und Studienfachberatung erforderlich macht.

Auch die Studierenden beklagen, daß der Beratungsbedarf wesentlich größer ist als das Beratungsangebot.[257] Sie fühlen sich häufig unzureichend informiert und zu wenig persönlich angesprochen. Die Effektivität und Qualität des Studiums können aber nur erhöht werden, wenn Beratungs- und Betreuungssysteme an der Hochschule in sehr erheblichem Umfang gestärkt werden.

4.3.3.1. Allgemeine oder zentrale Studienberatung

Die allgemeine oder zentrale Studienberatung[258] erfüllt fachbereichsübergreifende Beratungsaufgaben. Sie informiert und berät am Studium Interessierte, Studienbewerber/innen und Studierende in allen Fragen im Zusammenhang mit der Aufnahme und Durchführung eines Hochschulstudiums. Sie orientiert über Studienmöglichkeiten, -anforderungen und -aufbau, gibt Entscheidungshilfe bei der Studienfachwahl, informiert über Zulassungs- und Verfahrensfragen, berät bei Fragen wie Studienfachwechsel und Studienabbruch.[259] Teil der allgemeinen Studienberatung ist die psychologische/psychotherapeutische Beratung, die bei persönlichen Problemen (z.B. bei Kontaktschwierigkeiten, Arbeitsstö-

---

254 Hochschulrektorenkonferenz: „Die Studienberatung in den Hochschulen in der Bundesrepublik Deutschland", Dokumente zur Hochschulreform 1994/95:9
255 vgl. HRK (Hrsg.), 1994/95
256 Ebd.
257 vgl. Pkt. 2.1.
258 Ich werde der Einfachheit halber im folgenden nur noch von allgemeiner Studienberatung sprechen.
259 vgl. § 14 HRG

rungen, Studienängsten) psychologische Einzel- und Gruppenberatungen durchführt.[260]

Um die Ratsuchenden so umfassend wie möglich zu beraten und erforderlichenfalls weiter zu vermitteln, arbeitet die allgemeine Studienberatung eng mit anderen Einrichtungen innerhalb und außerhalb des Hochschulbereichs zusammen; insbesondere mit der (Studien-)Fachberatung, den studentischen Fachschaften der Fachbereiche und dem Studentenwerk.

Bezüge zwischen allgemeiner Studienberatung und Studienbegleitung gibt es in fast allen unter Pkt. 4.2. aufgeführten Kategorien. Der wesentliche Unterschied liegt aber darin, daß Studienbegleitung eine kontinuierliche, prozeßorientierte Begleitung mit vorwiegend präventiver Ausrichtung für eine überschaubare studentische Gruppe vom Zeitpunkt der Studienaufnahme bis zum Studienabschluß leistet, während die allgemeine Studienberatung - wie im Begriff schon deutlich wird - sehr allgemein berät und punktuell den einzelnen Ratsuchenden in den verschiedenen Phasen Hilfestellung anbietet bzw. weitervermittelt.

4.3.3.2. Psychologische/psychotherapeutische Beratung

In der psychologischen/psychotherapeutischen Beratungsstelle haben Studierende die Möglichkeit, über Probleme an der Hochschule und in der persönlichen Entwicklung, über Beziehungs- oder Arbeitsschwierigkeiten und über psychische und psychosomatische Störungen zu reden.

Das gegenwärtige Erscheinungsbild psychologischer / psychotherapeutischer Studienberatung an den Hochschulen ist, wie eine empirische Bestandsaufnahme zu Kontext, institutionellen Bedingungen und Aufgaben feststellt, durch einen breiten Fächer von differenzierten Beratungsangeboten geprägt.[261] Sie korrespondieren im wesentlichen mit den folgenden vier Tätigkeitsschwerpunkten:

- informative Beratung,
- personenzentrierte Beratung,

---
260 vgl. Pkt. 4.3.3.2.
261 vgl. Figge/Kaiphas/Knigge-Illner/Rott, 1993

- psychologische Beratung/Psychotherapie und
- psychiatrisch-psychotherapeutische Behandlung.

Hierfür wird jeweils eine breite Palette von Aktivitäten und Medien bereitgestellt, die von schriftlichem Informationsmaterial über verschiedene Formen von Einzelberatung[262] bis hin zu Workshops und zu Therapiegruppen reichen.
Ein wesentliches Merkmal dieser Angebotsvielfalt scheint darin zu liegen, daß jeweils kontextbezogene Problemlösungen angezielt werden.
Die Angebote sind als Reaktionen auf das Handlungsfeld Hochschule und darin wahrgenommene Defizite einerseits sowie aufgetretene subjektive Bedürfnisse der Studierenden andererseits zu betrachten.
Die theoretische psychologische Fundierung ist geprägt durch Methodenpluralismus. Als wichtigste Therapieformen sind zu nennen: Gesprächstherapie, Verhaltenstherapie, psychoanalytische Verfahren, Gestalttherapie, Psychodrama.
Das Prinzip dabei lautet, jeweils die Therapieform zu finden, die dem einzelnen Studenten/der einzelnen Studentin am besten und sinnvollsten helfen kann.

Merkmale der Angebote von psychologischer/psychotherapeutischer Beratung sind insbesondere:

- personenbezogene Lernprozesse;
- Strategien zum Umgang mit affektiv-dynamischen Prozessen: auf Streßerleben und Motivation bezogen;
- verhaltensbezogene Kompetenz: auf Kommunikation und auf soziales Verhalten bezogen;
- Fähigkeit zu Selbstorganisation und Autonomie.

Bezüge zwischen Studienbegleitung und psychologischer / psychotherapeutischer Beratung gibt es demnach in den Kategorien:

- Hilfestellung bei persönlichen Lern- und Arbeitsschwierigkeiten;
- Unterstützung von Studienmotivation und -haltungen;
- Förderung persönlicher Entwicklungsprozesse;
- Unterstützung bei persönlichen Problemen, die über das Studium hinausgehen.

---

262 Unter Umständen ist auch eine Weiterüberweisung erforderlich.

Während Studienbegleitung ihren Schwerpunkt auf Prävention legt, kommt psychologische/psychotherapeutische Beratung vor allem dann zum Tragen, wenn mit Hilfe anerkannter Therapieformen bestehenden psychischen Störungen und Belastungen entgegen zu wirken ist.[263]

4.3.3.3. Fachberatung

Die (Studien-)Fachberatung ist Aufgabe der Lehrenden in den Fachbereichen/Fakultäten. Sie unterstützt die Studierenden durch studienbegleitende Beratung vor allem in Fragen zur Gestaltung des Studiums, zu Inhalten, Anforderungen und Zielen von Studiengängen, bei methodischen und inhaltlichen Problemen und Entscheidungen im Hinblick auf die Wahl von Schwerpunktsetzungen und einer berufsorientierten Ausrichtung des Studiums.

Zur Koordination, Organisation und Entwicklung der Beratungsangebote benennen die einzelnen Fachbereiche „Beauftragte für Studienberatung". Ihr Aufgabengebiet umfaßt insbesondere die Koordinierung und Organisation der Fachberatung. Sie fungieren als Anlauf- und Beratungsstelle für die Studierenden des Fachbereichs. Sie sind auch zuständig, wenn es um die Planung und Durchführung fächer- und fachbereichsübergreifender Beratungsaufgaben geht. Dazu gehören beispielsweise Einführungs- und Orientierungsveranstaltungen. Sie sind Ansprechpartner/innen der allgemeinen Studienberatung.

Die Hochschulen sehen das Problem der Einführung und Anleitung vorwiegend fachspezifisch; sie setzten von Anfang an die Fähigkeit zu selbständigem Arbeiten voraus. Für die Anleitung zur Organisation und Planung selbständiger Arbeit unter lern- und motivationspsychologischen Gesichtspunkten fehlen meist die Zeit und das Verständnis.
Notwendige übergreifende Lernziele wären z.B.:

- Förderung der Selbständigkeit und Flexibilität des Arbeitsverhaltens;
- Überprüfung des eigenen Anspruchsniveaus, Relativierung der Selbstanforderungen;
- Sensibilisierung für die den eigenen Arbeits- und Lernprozeß beeinflussenden Faktoren;
- Kenntnis und Verfügbarkeit von zweckmäßigen Arbeitstechniken.

---

263 vgl. auch Pkt. 4.3.2.

In diesen Bereichen sind auch Bezüge zwischen Fachberatung und Studienbegleitung zu sehen. Sie liegen schwerpunktmäßig in der Unterstützung bei der Studienplanung, in der fachlichen und berufspraktischen Beratung.
Da emotionale und Motivationsfaktoren für das Arbeitsverhalten eine weitaus größere Bedeutung haben als arbeitsmethodische Probleme, käme der Studienbegleitung hier vornehmlich die Aufgabe zu, den Studierenden motivations- und lernpsychologische Einsichten zur besseren Planung und zum selbständigen Arbeiten zu geben. Außerdem könnte sie Anregungen zur Qualifizierung der Fachberatung geben, z.B. die Einrichtung und Begleitung von Examensgruppen oder auch Maßnahmen zur Berufsorientierung als ergänzender oder integraler Teil des Ausbildungsangebotes eines Fachbereichs.
Dies setzt eine entsprechende Einbindung von Studienberatung in den Fachbereich voraus.

Eine weitere spezifische Funktion, die Studienbegleitung in diesem Zusammenhang wahrnehmen könnte, wäre die Vermittlung zwischen allgemeiner und Fachstudienberatung. Dies könnte zu einer besseren Wahrnehmung der je eigenen Aufgaben führen und damit das Angebot für die ratsuchenden Studierenden optimieren.

4.3.3.4. Studentische Studienberatung

Die studentische Studienberatung wird von Fachschaften oder Initiativgruppen an den Fachbereichen/Fakultäten wahrgenommen. Sie bietet meist regelmäßige Sprechstunden an und führt gelegentlich auch Orientierungsveranstaltungen für Studienanfänger/innen durch.
Bezüge zwischen studentischer Studienberatung und Studienbegleitung ergeben sich vor allem in den Kategorien „Unterstützung bei der Studienplanung" und „Propädeutische Hilfestellungen". Speziell im Rahmen von Einführungsangeboten leistet die studentische Studienberatung einen wichtigen Beitrag. Ihre besondere Stärke liegt darin, eine große Nähe zu den Studierenden und ihren Fragestellungen zu haben. Die Hemmschwelle bei der Inanspruchnahme von Beratung ist deshalb sehr niedrig. Vor dem Hintergrund, daß die studentische Studienberatung einen hervorragenden Träger studentischen Erfahrungswissens darstellt, wäre es sinnvoll, Formen des Austauschs und der Kooperation mit der Studienbegleitung fest zu installieren.

4.3.4. Förderung der Gleichberechtigung von Frauen und Männern

Jede Hochschule hat bei der Wahrnehmung ihrer Aufgaben darauf hinzuwirken, daß Frauen und Männer in der Hochschule die ihrer Qualifikation entsprechenden gleichen Entwicklungsmöglichkeiten haben und die für die Frauen - Studentinnen und Mitarbeiterinnen - bestehenden Nachteile beseitigt werden.[264] Hierzu ist eine Frauenbeauftragte zu bestellen. Die Frauenbeauftragte ist von den zuständigen Stellen der Hochschule zu unterrichten, macht Vorschläge und nimmt Stellung in allen Angelegenheiten, die die Belange der Frauen in der Hochschule berühren. In den Hochschulgremien ist ihr Gelegenheit zur Information und beratenden Teilnahme zu geben. Die Frauenbeauftragte berichtet dem Senat über ihre Tätigkeit.

Bezüge zwischen Studienbegleiter/in und der Frauenbeauftragten sind immer dann gegeben, wenn es um die Förderung von Studentinnen geht. In Kooperation mit der Frauenbeauftragten können beispielsweise frauenspezifische Veranstaltungen angeboten und in den Selbstverwaltungsgremien strukturelle Veränderungen im Hinblick auf Gleichberechtigung gefordert werden. Die unter 4.2. aufgeführten Kategorien sind je einzelnen zu überprüfen, inwieweit sie dazu beitragen können, geschlechtsspezifische Probleme zu überwinden.

4.4. Auswertung vergleichbarer Modelle

In diesem Abschnitt des Kapitels werden verschiedene Modelle vorgestellt, in denen Teilbereiche des Aufgabengebietes eines Studienbegleiters/einer Studienbegleiterin konkretisiert werden. Die Modelle beziehen sich zum einen auf Tutorensysteme an englischen und amerikanischen sowie an deutschen Hochschulen, zum anderen auf das Beratungssystem für behinderte Studierende als ein Beispiel für eine Zielgruppe mit

---

264 vgl. hierzu die Ausführungen im Hochschulrahmengesetz, § 3 „Gleichberechtigung von Frauen und Männern": Die Hochschulen fördern die tatsächliche Durchsetzung der Gleichberechtigung von Frauen und Männern und wirken auf die Beseitigung bestehender Nachteile hin. Die Mitwirkung besonderer Beauftragter für diese Aufgaben regelt das Landesrecht.

besonderen Bedürfnissen und schließlich auf Unterstützungsstrukturen in Frauenprojekten der Aus- und Weiterbildung. Die einzelnen Modelle werden vorgestellt und mit der Funktion von Studienbegleitung verglichen.

4.4.1. Tutorenmodelle

Zunächst wird das Tutorensystem aus dem anglo-amerikanischen Bereich dargestellt, denn die Tutorials an angelsächsischen Colleges stellen das geschichtliche Vorbild für die Einrichtung von Tutorien an deutschen Hochschulen dar, die in einem zweiten Schritt beschrieben werden.

4.4.1.1. Tutorenmodelle aus dem anglo-amerikanischen Bereich

Der Begriff Tutor deckt sich in England und Deutschland nicht genau. Unter Tutor wird in England ein älteres Mitglied des College mit abgeschlossener Hochschulausbildung verstanden. Dieser Tutor ist verantwortlich für die persönliche und wissenschaftliche Entwicklung von circa zehn Studierenden. Diese Tätigkeit kann mit dem Begriff „persönlicher Tutor" umschrieben werden. Für jeden Studenten/jede Studentin gibt es die Verbindung mit einem persönlichen Betreuer/einer persönlichen Betreuerin als eine Art Vertrauensdozent/in, der/die auch in außerfachlichen Problemen (bis hin zu Geldnot und Beziehungsproblemen) zu beraten sucht.

Die persönlichen Tutoren/Tutorinnen haben eine Art Vater-/Mutterstelle an „ihren" Studierenden inne. Sie beraten sie in allen wissenschaftlichen, akademischen und persönlichen Fragen. Hier besteht die Möglichkeit, pädagogische Ziele, wie sie auch bei uns angestrebt werden, zu verfolgen, beispielsweise Lernmotivationen aufzubauen und den Studierenden zu helfen, ihren Platz in den verschiedenen Gruppen zu finden und zu behaupten. Die persönlichen Tutoren und Tutorinnen kümmern sich auch um die Studierenden im Falle von Krankheit und Unfall. Sollte es zu Schwierigkeiten zwischen Studierenden und Collegevorgesetzten oder

Universitätsprofessoren/-professorinnen kommen, stets werden sie helfend und vermittelnd tätig werden.

Dem sogenannten Supervisor obliegt die eigentliche tutoriale Lehrtätigkeit in einer Gruppe. Die Studierenden sind in kleinen und kleinsten Gruppen (Oxford und Cambridge z. B. 3-6 Teilnehmer/innen) einzelnen Dozenten und Dozentinnen[265] zugeordnet. Als Supervisor übernehmen sie die Aufgabe, die Arbeitsgebiete mit den Studierenden durchzuarbeiten[266], ihre Arbeit zu beraten, zu strukturieren und regelmäßig zu kontrollieren und auch sonst persönlichen und geselligen Kontakt zu ihnen zu halten.

„Tutorials evolve as work sessions to solve problems and difficulties. In these sessions teachers and students could meet together in smaller numbers and in a more informal manner than the lecture situation permits. The nature of the tutorial session varies from department to department probably the only common features being small groups and interaction between students and a tutor."[267]

So arbeiten in einem anderen Modell in Großbritannien beispielsweise viele Studierende ab dem zweiten Semester in einem Tutorium, für das sie zweimal in der Woche in Mentorengesprächen mit einem "fulltime"-Professor vorbereitet werden.
Oder in den USA gibt es an einigen Universitäten sowohl Professoren und Professorinnen für Theorie als auch für Praxis, für situativen Transfer. Darüber hinaus gibt es senior tutors, die das Geschehen im jeweiligen College auf höchster Ebene regeln. Ein Tutor for women ist eine Vertrauensperson für weibliche Studenten mit Anwaltsfunktion in Disziplinarfällen.

Das angelsächsische Tutorensystem stammt aus patriarchalischen Zeiten, korrespondiert mit einer autoritär-familialen Universitätsstruktur und setzt ein zahlenmäßig äußerst günstiges Verhältnis von Lehrenden und Lernenden voraus.

Es stellt sich die Frage, wie Tutorenmodelle oder auch Modelle eines Advisor- oder Mentorensystems nach englischen oder US-

---
265 evtl. auch Assistenten/Assistentinnen oder Doktoranden/Doktorandinnen
266 Der Stoff ist oft vorgegeben in Zusammenhang mit der „lecture" von Professoren bzw. Professorinnen.
267 Anderson, 1969:54

amerikanischen Vorbildern, in denen ein durch die gesamte Studienzeit begleitender Bezugsdozent bzw. eine Bezugsdozentin Ansprechpartner/in und Initiator/in von Phasen kritischer Studienbilanzierung ist und Veränderungsimpulse umzusetzen hilft, genutzt werden können im Hinblick auf die Beschreibung der Funktionen von Studienbegleitung. Die oft beklagte Dozentendistanz und die Anonymität des Lehrbetriebs könnten auf diesem Wege überbrückt werden.

4.4.1.2. Tutorenmodelle an deutschen Hochschulen

Zunächst ist auf die geschichtliche Entwicklung von Tutorenmodellen an deutschen Hochschulen einzugehen, dann die heutige Situation darzustellen und schließlich sind Schnittpunkte mit der Funktion von Studienbegleitung aufzuzeigen.

Die Anfänge in den 50er Jahren
Am Vorbild der angelsächsischen Colleges schloß die Bestellung von Tutoren und Tutorinnen in Studentenwohnheimen und -kollegs der 50iger Jahre in der Bundesrepublik Deutschland an. Diese sogenannten Wohnheimtutoren waren meist junge Wissenschaftler/innen und manchmal auch Hochschullehrer/innen, die das Vortrags-, Diskussions-, Kurs- und Kulturprogramm des Heimes in Zusammenhang mit dem Studium Generale organisierten und gleichzeitig auch für die individuelle Beratung da sein sollten. Mit dem Scheitern der Studium-Generale-Bewegung einerseits und schwindender Begeisterung für Wohnheimprogramme und Studienkollegs andererseits verlor dieser Tutoren-Typ an Interesse.

Daneben entstand eine neue Form von Tutorien, die sich erheblich von dem traditionellen angelsächsischen Modell des 19. Jahrhunderts, unterscheidet. Sie entstand als Gegenbewegung zur Massenuniversität unter dem Motto „Studenten helfen Studenten".

In Tübingen und Berlin entstanden die ersten Tutorenprogramme an deutschen Universitäten. Während am Tübinger Stift bereits nach 1945 die Studien- und Lebensgemeinschaft der Studierenden durch Tutoren gefördert wurde, sind an der Freien Universität Berlin - im Zusammenhang mit dem Studienbetrieb - erstmals 1959 Tutorengruppen unter Leitung von Studierenden höherer Semester eingerichtet worden. Ausgangspunkt für die zunehmende Tätigkeit studentischer Tutoren und Tutorinnen in der Bundesrepublik Deutschland war der Versuch, insbesondere Studierenden des ersten Semesters die Integration in die Universität zu erleichtern. Die Tutoren und Tutorinnen sollten den fünf bis zwölf Studierenden ihres Tutoriums vor allem bei der Überwindung der Schwierigkeiten beim Übergang von der Schule auf die Universität helfen. Ältere Studierende betreuten jeweils eine kleine Gruppe von jüngeren, besonders von Studierenden des ersten Semesters, erklärten organisatorische Fragen und gaben Hilfestellung bei der Überwindung praktischer Schwierigkeiten. Sie führten propädeutische Angebote durch. Sie gaben fachliche Orientierung und berieten in allen Fragen, die sich aus Orientierungsschwierigkeiten an der Hochschule und bei der Gestaltung des eigenen Studiums ergaben. Sie unterstützten die jüngeren Studierenden bei der Übernahme ihrer neuen sozialen Rolle als Student bzw. Studentin und ermöglichten im übrigen auch durch gesellige Unternehmungen soziale Kontakte.[268]

Tutorenprogramme als Teil von Hochschul- und Studienreform (1962-1972)
In der ersten Phase reformpolitischer Diskussion bis zum Erlaß strukturverändernder Hochschulgesetze (ab 1969/1970) standen strukturelle Fragen der Mitbestimmung in der Hochschule und innerhalb der Studienorganisation im Vordergrund. Im Zusammenhang damit wurden einige der fächerübergreifenden Ziele für Ausbildung und Studium formuliert, beispielsweise Kooperation, selbständiges kritisches Denken. Entsprechende allgemeine Reformkonzepte sahen das Studium in kleinen Gruppen unter Leitung von Tutoren und Tutorinnen als zentrale Arbeitsform an.[269] Tutorenarbeit, d.h. die Arbeit von Studierenden in kleinen Gruppen von maximal 15-20 Personen unter Leitung von älteren Studierenden[270], sollte gefördert werden. Das Hauptziel der in Lehrveranstaltungen integrierten Tutorien war die Entwicklung didaktischer Modelle

---

268 Als alternative Form des „studentischen Gemeinschaftslebens", insbesondere zu den schlagenden Verbindungen, hat die Ford Foundation für eine Anlaufphase das Tutorenprogramm an der FU Berlin gefördert.
269 vgl. Verband Deutscher Studentenschaften, 1962 und Wissenschaftsrat, 1966
270 Zuweilen wurden auch Doktoranden bzw. Doktorandinnen, d.h. im Sinne des Wissenschaftsrates „Studenten des Aufbaustudiums", im Sinne des Verbandes Deutscher Studentenschaften „Nachdiplomstudenten" als Tutoren und Tutorinnen eingesetzt. Vgl. Berendt, 1983:742

zur Auflösung großer Lehrveranstaltungen.[271] Das vom Wissenschaftsrat und vom Verband Deutscher Studentenschaften gleichermaßen anerkannte Studienziel „selbständiges, kritisches Denken durch Wissenschaft", das die Tutorenarbeit bestimmen sollte, ergab die Forderung nach Formen der Wissensvermittlung und des Lernens, die ein rein rezeptives Lernverhalten unmöglich machen sollten. Vielmehr war hinsichtlich der Gestaltung der Tutorenarbeit die Selbstbeteiligung der einzelnen Studierenden gefordert. Mit der Arbeit in kleinen Gruppen war die Möglichkeit der begleitenden individuellen Studienberatung verbunden, die den Studierenden Gesichtspunkte geben konnte, wie sie ihr Studium in eigener Verantwortung und selbständiger Planung sinnvoll gestalten können. So sollte eine Studienintensivierung und Studienzeitverkürzung erreicht werden, ohne daß das Studium im einzelnen reglementiert wurde.

Die einsetzenden theoretischen wie praktischen Anstrengungen zur Entwicklung von Tutorenprogrammen haben an den meisten Universitäten rasch die Einrichtung zahlreicher Tutorien bewirken können und haben in der Folge zur Institutionalisierung von Tutorenprogrammen in Hochschulgesetzen sowie Studien- und Prüfungsordnungen geführt.[272] In der weiteren Entwicklung bildeten sich auch Tutorien heraus, die bestimmten Lehrveranstaltungen zugeordnet waren oder von Studierenden vorgeschlagene Themen bearbeiteten, die in keiner Lehrveranstaltung behandelt wurden. Es folgten Tutorien im Rahmen von hochschuldidaktischen Reformprojekten[273] sowie „autonome" Tutorien zur Ergänzung des Lehrplans ohne Zuordnung zu einer Lehrveranstaltung. Besonders die letztgenannten Tutorien, aber auch jene innerhalb von Lehrveranstaltun-

---

271 vgl. Berendt, 1969; Eckstein/Bornemann, 1969
272 Teilweise in Anlehnung an diese Ansätze hat von 1968 bis 1972 die Stiftung Volkswagenwerk ein Tutorenprogramm ausgeschrieben, das wesentlich zur Ausbreitung beitrug: Es beteiligten sich 27 Hochschulen mit 20 verschiedenen Fachrichtungen. Bedingung war die Integration in das Grundstudienprogramm unter gemeinsamer Verantwortung von Dozenten/Dozentinnen, Assistenten/Assistentinnen, Tutoren/Tutorinnen und Studierenden. Die Kooperation zwischen diesen Gruppen erforderte eine regelmäßige Rückkopplung und Koordination. Die Stiftung Volkswagenwerk hatte dabei folgende Zielsetzungen:
- Verbesserung der Ausbildungssituation in den Massenfächern;
- Förderung des wissenschaftlichen Nachwuchses;
- Anregung von hochschuldidaktischen Experimenten.
273 Als Beispiele können Projektveranstaltungen, Berufspraxis-Veranstaltungen oder Orientierungseinheiten genannt werden.

gen, entwickelten inhaltliche „Gegenkonzepte" zum Lehrplan oder zu Lehrveranstaltungen.

Neben der Verbesserung der Ausbildungssituation in den Massenfächern, der Förderung des wissenschaftlichen Nachwuchses und der Anregung von hochschuldidaktischen Experimenten wurden vor allem folgende Zielen verfolgt:

- Demokratisierung von Hochschule und Unterricht;
- Effektivierung der Ausbildung;
- Überwindung von Integrationsschwierigkeiten der Studienanfänger/innen;
- Erprobung von Möglichkeiten der Kleingruppenarbeit im Hochschulbereich;
- Überwindung der rezeptiven Lernhaltung der Studierenden durch Formen der Beteiligung;
- Gewährleistung des Methodenpluralismus[274]
- Koordinierungsfunktion, Herstellung und Verbesserung der Kommunikation mit den Hochschullehrern/-lehrerinnen sowie der Hochschulverwaltung.

Im Hinblick auf die verschiedene Konzepte, die sich für die Tutorien abzeichneten, lassen sich zusammenfassend folgende Grundtypen benennen: das „sozialbezogene", das „lernplanergänzende" und „lehrveranstaltungsergänzende" bzw. „projektive" und „autonome" Tutorium. Tutorien waren Entlastungsfaktor für bestehende Lehrformen, Unterstützungsfaktor einer effizienzorientierten Hochschulreform, Experimentierfeld zur Entwicklung neuer Lernformen eines hochschuldidaktischen Reformmodells.

Tutorenprogramme nach 1969/70
In der zweite Phase nach 1969/1970 ist eine Verlagerung der Studienreformdiskussion auf inhaltliche Aspekte festzustellen. In den hochschulpolitischen Diskussionen wurden die verschiedenen Interessen und Widersprüche bei der Ausfüllung von Konzepten der Hochschul- und Studienreform offenkundig. Die Folgen der entstandenen Polarisierungen an den Hochschulen bestanden in Bezug auf Tutorenprogramme in einer stärkeren Kontrolle und Reglementierung durch Hochschulrahmengesetz, Landeshochschulgesetze, Verordnungen und Richtlinien wie dem

---

274 vgl. Huber, 1972; Marburger Autorenkollektiv, 1977

Beschluß der Ständigen Konferenz der Kultusminister der Länder in der Bundesrepublik Deutschland.[275]

Die neue Entwicklung war folgendermaßen gekennzeichnet: Die Betreuung von Studierenden des ersten Semesters in verschiedenen Arten von Tutorien erhielt Vorrang; Tutorien wurden grundsätzlich bestimmten Lehrveranstaltungen zugeordnet; die fachliche Verantwortung lag bei den betreuenden Hochschullehrern/-lehrerinnen. Die Möglichkeiten autonomer Tutorien im Sinne von „Gegenveranstaltungen" waren damit nicht mehr gegeben. Tutorien hatten nur noch eine die Lehrveranstaltung unterstützende und ergänzende Funktion.

Zentral koordinierte Tutorenprogramme existierten nur noch vereinzelt, hochschuldidaktische Studienreformprojekte mit Tutoren und Tutorinnen ließen sich allenfalls im Zusammenhang mit einzelnen Lehrveranstaltungen feststellen. Anstelle von studentischen Tutoren/Tutorinnen wurden zu Beginn der 80er Jahre wissenschaftliche Mitarbeiter/innen und studentische Hilfskräfte vorgesehen. Paritätisch besetzte Tutorenausschüsse bestanden nicht mehr.

Zur heutigen Situation von Tutorien an deutschen Hochschulen
Bis heute bestehen Tutorenprogramme vor allem im Bereich der Propädeutik. In vielen Hochschulen werden weiterhin Einführungsangebote für Studierende des ersten Semesters von studentischen Tutoren/ Tutorinnen durchgeführt. Die Bezeichnung Tutor/in ist allerdings nicht mehr so eindeutig gefaßt wie in den Jahren 1965 bis 1972. Teilweise findet sich auch die Bezeichnung Mentor/in. Als Tutoren/Tutorinnen werden teilweise auch Professoren/Professorinnen oder wissenschaftliche Mitarbeiter/innen bezeichnet, wenn sie Studierende des Erststudiums oder eines Aufbaustudiengangs - so etwa in Hannover im Rahmen des Aufbaustudiums Veterinärmedizin[276] - betreuen und beraten.

---
275 vgl. KMK, 1971: Richtlinien für die Durchführung der Tutorenprogramme der Länder
276 Die Bewerber/innen für dieses Aufbaustudium müssen sich spätestens nach Einreichung der Bewerbungsunterlagen im Einvernehmen mit der Kommission für das Aufbaustudium um einen Tutor/eine Tutorin (in der Regel Hochschullehrer/in) bemühen, der/die sich bereit erklärt, die Betreuung im Rahmen des Aufbaustudiums zu übernehmen. Die Tutoren/Tutorinnen nehmen die einzelnen Aufbaustudenten/-studentinnen in ihre Arbeitsgruppen auf und stellen nach Absprache mit ihnen das Thema für die wissenschaftliche Arbeit. Sie sind für die fachliche Betreuung bei der Anfertigung dieser Arbeit zuständig. Die Tutoren/Tutorinnen beraten die Aufbaustudierenden bei der Aufstellung ihrer Stu-

Ein weiteres Tutorenprogramm mit spezieller Ausrichtung soll noch erwähnt werden, und zwar den Tutor/die Tutorin im Rahmen von Studienberatung.

Am Otto-Suhr-Institut wurde bereits in der 60er Jahren ein wissenschaftlicher Tutor ausschließlich mit der Aufgabe der Studienberatung betraut. Heute finden wir Beratungstutoren/-tutorinnen an der Philipps-Universität in Marburg, hier wurde das Konzept neu entwickelt, sowie an der FU Berlin. Mit dem Einsatz von studentischen Beratungshilfskräften bzw. Beratungstutoren/-tutorinnen soll eine quantitative und qualitative Verstärkung und Verbesserung der Studienfachberatung und der Studienberatung an den Fachbereichen angestrebt werden. Hierdurch wird eine bessere Studienplanung und -durchführung durch die Studierenden gefördert und so ein Beitrag zum Abbau von Effizienzmängeln in der Studiengestaltung geleistet.

Abschließend noch einige Bemerkungen zur Funktion von *Tutorien in Studienreformprojekten*, in deren Mittelpunkt die kritische Reflexion der jeweiligen Fachwissenschaft sowie der Berufspraxis steht, auf die der Studiengang gerichtet ist. Mit der Einbeziehung von gesellschaftlichen Voraussetzungen und Folgen wissenschaftlichen und berufspraktischen Arbeitens ziehen solche Reformprojekte die Konsequenzen aus der Einsicht, daß das Ausbildungsziel zu kurz greift, wenn es vernachlässigt, daß die konkreten Ausprägungen sinnvollen Studien- und Berufsverhaltens eingebettet sind in einen gesamtgesellschaftlichen Zusammenhang, der Möglichkeiten und Grenzen bestimmt, und schaffen gleichzeitig die intellektuelle Basis für ein gesellschaftswissenschaftlich aufgeklärtes, wissenschaftlich fundiertes Berufshandeln. Impliziert die Ausbildung wissenschaftlichen Verhaltens im oben geschilderten Sinne Qualifikationen wie die Fähigkeit zur Entwicklung einer eigenständigen Fragehaltung sowie die Bereitschaft zu schöpferischer Tätigkeit, zu selbständiger Auseinandersetzung mit wissenschaftlichen Konzeptionen und den jeweiligen beruflichen Verwendungssituationen, so setzt dies die Bereitstellung von Lernsituationen voraus, in denen die Studierenden Gelegenheit zur Entwicklung selbstbestimmten Verhaltens haben.[277] Unter diesem Ge-

---

dienpläne und sorgen für geeignete Ausbildungsmöglichkeiten im Rahmen der fachbezogenen Tätigkeit. Widerruft der Tutor/die Tutorin in begründeten Fällen die Bereitschaft, den Aufbaustudenten/die Aufbaustudentin zu betreuen, so erlischt die Voraussetzung für die weitere Teilnahme am Aufbaustudium. Vgl. Studienordnung für das Aufbaustudium an der Tierärztlichen Hochschule Hannover.
277 dazu Bürmann/Huber, 1973:6f

sichtspunkt stellen studentische Kleingruppen, die durch einen Tutor/eine Tutorin betreut werden, im Idealfall einen Arbeitsschritt dar, in dem die Studierenden unter Anleitung des Tutors/der Tutorin lernen, ihre eigenen Lernprozesse in möglichst weitem Umfang selbst zu organisieren und selbst zu bestimmen.

Bis heute bestehen also sehr differenzierte Formen von Tutorenprogrammen an den Hochschulen. Sie reichen von Einführungstutorien über Tutorien für Examenskandidaten/-kandidatinnen wie beispielsweise an der Westfälischen Wilhelms-Universität in Münster, bis hin zu den genannten Aufbaustudiengängen.

Bewertet man die deutsche Entwicklung daran, ob es gelungen ist, das englische Tutorialsystem an deutschen Hochschulen einzuführen, dann ist festzustellen, daß diese Versuche häufig wenig Sinn machten und nicht selten in dem Mißverständnis gründeten, unter Tutoren und Tutorinnen Professorenersatz an überfüllten Hochschulen verstehen zu können. Dies liegt daran, daß Beratung und Betreuung immer noch nicht zu den selbstverständlichen Aufgaben von Hochschullehrern/-lehrerinnen gehören. An englischen Colleges halten es die Professoren und Professorinnen nicht für „unter ihrer Würde", Tutor bzw. Tutorin zu sein, und sie nehmen dieses Amt ernst. Das, was die angelsächsische Tradition vormacht, den Hochschullehrer/die Hochschullehrerin selbst als Tutor/in zu begreifen, ist bei uns fast völlig „unter den Tisch gefallen".

Auch wenn Tutorengruppen von jeher als eine besondere Form der Studienhilfe verstanden wurden, bleibt in der Literatur zu Tutorenmodellen an deutschen Hochschulen die Frage unbeantwortet, ob es, den angelsächsischen Vorbildern entsprechend, auch bei uns neben diesen in irgendeiner Form immer lehrbezogenen Tutorials auch noch den „persönlichen" Tutor bzw. die „persönliche" Tutorin als Ratgeber/in in allen persönlichen Problemen geben sollte. Die Aufgabe eines „persönlichen" Tutors/einer „persönlichen" Tutorin wäre beispielsweise im Modell der Studienbegleitung integriert. Dennoch ist festzuhalten, daß die an deutschen Hochschulen entwickelten Sonderprogramme ihren je eigenen Stellenwert haben und entsprechend zur Qualifizierung des Studiums beitragen.

Die Tutorenmodelle liefern viele Schnittpunkte mit der Funktion von Studienbegleitung. Die verschiedenen Argumente, die für Tutorenprogramme geltend gemacht werden, lassen sich auch auf die Arbeit eines Studienbegleiters/einer Studienbegleiterin mit einer Gruppe von Studierenden mit besonderen Bedürfnissen übertragen:

1.
Unter den wissenschaftlich systematischen Begründungen tritt besonders eine lerntheoretisch orientierte hervor.
Die Arbeit in kleinen Gruppen und die mit ihr verbundene begleitende, individuelle Studienberatung führen zur Überwindung einer rein rezeptiven Lernhaltung. Die Studierenden werden aktiver und sicherer. Die Lernmotivation wird gefördert, da die Diskussion der Arbeitsergebnisse in der Gruppe eine ständige Kontrolle und Selbstkontrolle ermöglicht und Anerkennung bringt.
Die Effizienz der Kleingruppenarbeit liegt in der kritischen Auseinandersetzung mit dem Stoff, im Nachfragen und im Ventilieren anderer Lösungsmöglichkeiten. Durch die Zusammenarbeit in kleinen Gruppen können Interesse und Lernerfolg wachsen. Kennzeichnend ist auch eine hohe Arbeits- und Lernmotivation aller Beteiligten.

2.
Die Gleichaltrigengruppe (die peer group) wird heute als eine der wichtigsten Quellen des Lernens angesehen.
Die Arbeit in kleinen Gruppen ermöglicht ein „studium exemplare", was unter anderem die Zuständigkeit für ein konkretes Problem zur Folge hat, arbeitsteiliges, kooperierendes Lernen wird möglich. Die Studierenden werden selbständiger, die Einsicht in Fragestellungen und Methoden wird gefördert, sie erwerben die Fähigkeit, mit neuen Problemstellungen fertig zu werden. Die Eigeninitiative zu sinnvollem und intensivem Studium wird geweckt.
Orientierungslosigkeit wird abgebaut.

3.
Über die Förderung des fachbezogenen Lernens hinaus wird den Tutorien mehr oder minder eine weitere Funktion, eine sozialpsychologische, zugeschrieben.
Die Tutorien tragen zur Verbesserung der horizontalen Kommunikation in der Universität, hier der Studierenden untereinander bei. Die Vereinzelung in der Massenuniversität wird aufgehoben, das Sachgespräch zwischen Lehrenden und Lernenden wird wieder möglich und qualitativ intensiviert, soziale Kontakte werden gefördert, es zeigt sich ein Demokratisierungseffekt.

4.
Durch die Arbeit in kleinen Gruppen wird die Leistung gesteigert, es werden bessere Lernerfolge und Prüfungsergebnisse erzielt, das Studium intensiviert und Studienzeitverkürzung erreicht.

5.
Die Tutorengruppen bieten den teilnehmenden Studierenden die Chance, einen kontinuierlichen und längerfristigen Kooperationszusammenhang aufzubauen.

6.
Tutoren als Selbstzweck: Gemeint ist, daß Tutorien die Chance zur Um- und Selbstorientierung geben und somit „Räume" zu einem Selbstfindungsprozeß sein können. Diese „Räume" sind zunächst Schonräume und ermöglichen:

- die Entwicklung und Stärkung des „selbstgesteuerten Lernens"[278],
- die Selbstfindung innerhalb der kleinen Gruppe, verbunden mit der „Entdeckung der Gruppe", d.h. ihren psychodynamischen Strukturen und Funktionen,
- die Entwicklung neuer Verhaltensweisen,
- die Entwicklung und Stärkung von intrinsischer Motivation und des Abbaus extrinsischer Motivationshilfen, die Herausforderung von Freude und Interesse an der Sache, das Entwickeln von forschendem, entdeckendem Lernen.

Diese Räume können aber auch Experimentierräume sein für selber zu findende Wissenschafts- und Berufseinstellungen. Das ist zweifellos nicht möglich ohne kritisches Sichverantworten. Die „Antworten" müssen dabei weitgehend selber gefunden werden; dieser Reflexionsprozeß kann (bestimmt nicht ausschließlich, aber in besonderer Weise) durch das "Tutorium als kleine Gruppe" unterstützt werden.

7.
Mit dem Tutorenprogramm bietet sich die Möglichkeit, die bisher als individuelle Unzulänglichkeit erfahrenen Konfliktsituationen zu generalisieren und Bezugsebenen für Identitätsbildungsprozesse für die Studierenden zu schaffen.

---

[278] vgl. Edelmann, 1994: 424f

Auch aus dem Postulat, Tutorien in Studienreformprojekten so anzulegen und zu organisieren, daß die Studierenden in ihnen Kenntnisse, Fähigkeiten und Fertigkeiten erwerben, die sie in die Lage versetzen, ihre eigenen Lernprozesse weitgehend selbst zu organisieren und inhaltlich zu bestimmen, lassen sich Anforderungen an die Funktion von Studienbegleitung ableiten, die allerdings jeweils kontextabhängig zu entwickeln sind, d.h. orientiert an der Struktur des jeweiligen Faches und an den personellen, finanziellen und organisatorischen Gegebenheiten.[279]

4.4.2. Beratungsangebote für spezifische Zielgruppen im deutschen Hochschulsystem

Beispiel: Behinderte Studierende

Im folgenden Abschnitt werden beispielhaft die Situation von behinderten Studierenden sowie das bestehende Betreuungsangebot für diese studentische Zielgruppe mit besonderen Bedürfnissen vorgestellt und die Grenzen und Parallelen zur Funktion von Studienbegleitung verdeutlicht.

Im Rahmen der 12. Sozialerhebung hat das deutsche Studentenwerk die Sonderauswertung "Behinderte und chronisch Kranke im Studium" in Auftrag gegeben. Ein wesentliches Ergebnis dieser Sonderauswertung[280] ist, daß der Anteil der Studierenden, die sich selbst als behindert oder chronisch krank bezeichnen, gut acht Prozent beträgt. 37% geben an, aufgrund ihrer gesundheitlichen Schädigung mittelgradig bis sehr stark im Studium beeinträchtigt zu sein.

Im folgenden beziehe ich mich auf die Ergebnisse dieser Sonderauswertung bzw. auf aktuelle Daten der 14. Sozialerhebung[281].

---

279 Ein weiteres Vorbild für Mentoren/Mentorinnen und Studienkollektive, auf das hier nicht weiter eingegangen werden kann, sind auch die sogenannten Seminargruppen an den Hochschulen der ehemaligen DDR - allerdings befreit von ideologischen Zwängen. In den neuen Bundesländern arbeiten die Seminargruppen z.T. sehr erfolgreich weiter.
280 Budde/Leszczensky, 1990
281 Bundesministerium für Bildung, Wissenschaft, Forschung und Technologie, 1995

Viele behinderte Studierende oder chronisch Kranke haben es im Studium schwerer als nichtbehinderte Studierende. Aufgrund der äußeren Bedingungen an den Hochschulen benötigen sie oftmals mehr Zeit für Organisation und Durchführung des Studiums. Aus dieser Situation heraus ist anzunehmen, daß ihr Studienverlauf nicht derart gradlinig ist wie der ihrer nichtbehinderten Kommilitonen und Kommilitoninnen. Bei der Betrachtung des Studienverlaufs von behinderten und chronisch kranken Studierenden einerseits und gesundheitlich nicht geschädigten Studierenden andererseits zeigen sich Unterschiede bei der Häufigkeit des Studiengangwechsels und insbesondere bei der Häufigkeit von Studienunterbrechungen. Aus dem Zusammenwirken dieser Faktoren ergeben sich deutliche Studienverzögerungen, insbesondere bei denjenigen gesundheitlich geschädigten Studierenden, die sich stärker im Studium beeinträchtigt fühlen. Im folgenden werden die Studiengangs- und Hochschulwechselquoten und die Quote der Studienunterbrechungen von Studierenden mit und ohne gesundheitliche Beeinträchtigungen vergleichend dargestellt (siehe Abb. 28).

Durch den weniger geradlinigen Studienverlauf überschreiten Behinderte und chronisch Kranke häufiger als gesundheitlich nicht beeinträchtigte Studierende die Förderungshöchstdauer nach dem BAföG. Sie werden daher für einen angemessenen zusätzlichen Zeitraum gefördert, soweit die Verzögerung auf die Behinderung zurückzuführen ist.[282]

Da Behinderte und chronisch Kranke zur Organisation und Durchführung ihres Studiums oftmals auf Hilfestellungen angewiesen sein können, spielt weiterhin auch die Akzeptanz von Kommilitonen/Kommilitoninnen für den Grad der gesundheitlichen Beeinträchtigung eine große Rolle. Von ihnen ist ein großes Maß an individueller Rücksichtnahme erforderlich, um die Offenheit im Umgang mit der gesundheitlichen Schädigung zu gewährleisten. Dieses soziale Umfeld wird maßgeblich durch die Größe des Fachbereichs bestimmt. Für viele behinderte und chronisch kranke Studierende ist es eine Hilfe, wenn das Studium in überschaubaren Gruppen durchgeführt werden kann und die Möglichkeit einer engen Betreuung durch die Lehrkräfte besteht. Je nach der Art der Behinderung und chronischen Krankheit müssen die Studierenden vor allem aber in den sogenannten Massenfächern verstärkt mit didaktischen oder kommunikativen Problemen rechnen. Auch durch die Anonymität der großen Veranstaltungen ist der soziale Rückhalt wesentlich geringer.

---

282 vgl. Budde/Leszczensky, 1990:9f

Abbildung 28:
Anteil der Studienunterbrechungen, Studiengang- und Hochschulwechsler/innen nach dem Grad der Beeinträchtigung[283]

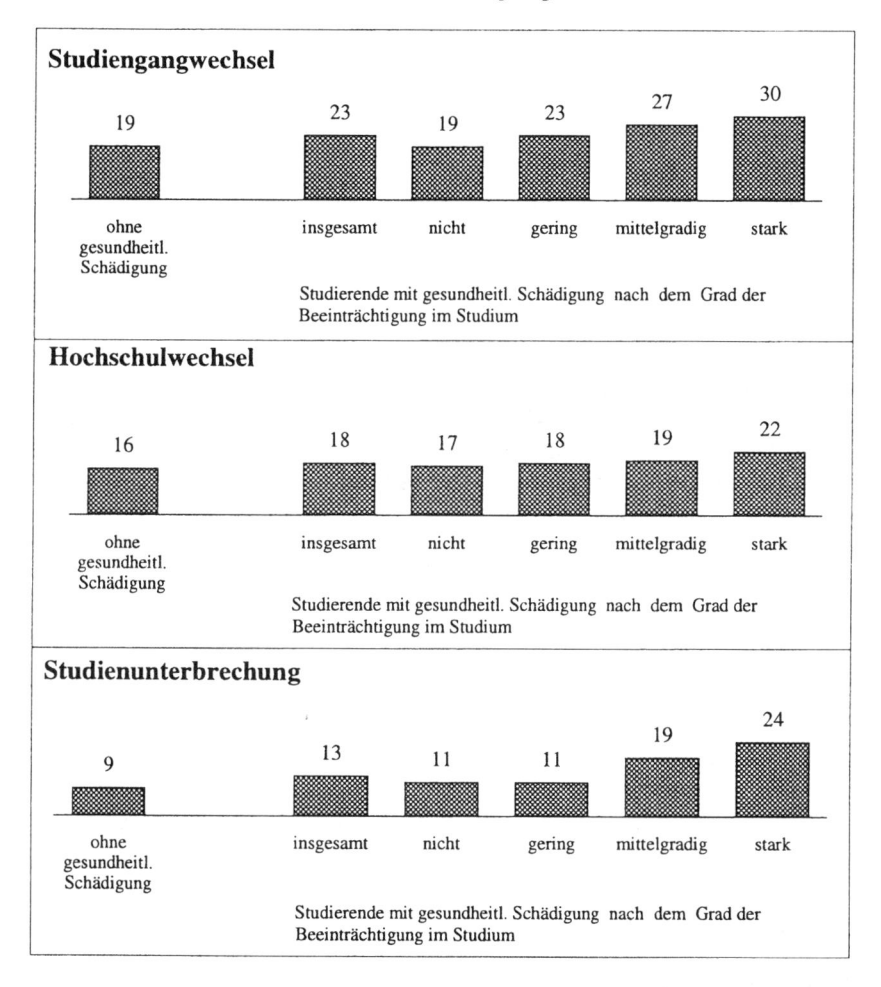

Studiengangwechsel

ohne gesundheitl. Schädigung	insgesamt	nicht	gering	mittelgradig	stark
19	23	19	23	27	30

Studierende mit gesundheitl. Schädigung nach dem Grad der Beeinträchtigung im Studium

Hochschulwechsel

ohne gesundheitl. Schädigung	insgesamt	nicht	gering	mittelgradig	stark
16	18	17	18	19	22

Studierende mit gesundheitl. Schädigung nach dem Grad der Beeinträchtigung im Studium

Studienunterbrechung

ohne gesundheitl. Schädigung	insgesamt	nicht	gering	mittelgradig	stark
9	13	11	11	19	24

Studierende mit gesundheitl. Schädigung nach dem Grad der Beeinträchtigung im Studium

Neben den grundlegenden Veränderung des sozialen Klimas an der Hochschule rangieren eine verbesserte Studien- und Sozialberatung sowie eine größere Unterstützung bei der Beschaffung des finanziellen Mehrbedarfs weit oben auf der Rangliste der gewünschte Veränderun-

---

283 DSW/HIS 14. Sozialerhebung, 1995:425

gen. Im Rahmen der 12. Sozialerhebung wurde den behinderten und chronisch kranken Studierenden auch die Frage gestellt, welche Veränderungen ihrer Auffassung nach zu einer Verbesserung ihrer Studiensituation führen würden. Die gesundheitlich beeinträchtigten Studierenden beklagen sich vor allem über das soziale Klima an den Hochschulen, über fehlende Mitmenschlichkeit, fehlende soziale Anteilnahme und Anonymität. Daneben wurde vor allem deutlich, daß sich die behinderten Studierenden eine "besser auf die Bedürfnisse behinderter oder chronisch kranker Studierender abgestellte Studien- und Sozialberatung" wünschen (32%)[284]. Auch die weiteren Wünsche sprechen zum Teil konkrete Themen möglicher Beratung an. "Größere Unterstützung bei der Beschaffung von Studienhelfern oder technischen Studienhilfen" wurde zum Beispiel von 14% der gesundheitlich Beeinträchtigten gewünscht.[285] Die aufgezeigten Ergebnisse weisen darauf hin, daß eine kompetente Beratung für behinderte Studierende von großer Bedeutung ist, um ein Studium erfolgreich durchführen zu können.

Nach § 2 Abs. 4 des Hochschulrahmengesetzes und nach den entsprechenden Bestimmungen der Hochschulgesetze der Länder gehört es zu den Aufgaben der Hochschulen, die besonderen Bedürfnisse behinderter Studierender zu berücksichtigen.

Der gesetzliche Auftrag entspricht dem Rechtsanspruch behinderter Menschen auf Chancengleichheit (Menschenrechtskonvention der Vereinten Nationen, Gleichheitsgrundsatz und Sozialstaatsprinzip des Grundgesetzes[286]) auch im Bereich der Hochschulausbildung. Er geht von dem Grundsatz aus, daß das Studium an einer Hochschule auch jedem behinderten Menschen offenstehen muß, der die dazu notwendigen Voraussetzungen und Fähigkeiten mitbringt.

Es liegen Empfehlungen der Kultusministerkonferenz vom 25.6.1982[287] und der damaligen Westdeutschen Rektorenkonferenz[288] vom 3.11. 1986[289] vor, die dazu dienen sollen, die Situation behinderter Studierender zu verbessern und die Praxis zu vereinfachen.

---

284 Budde/Leszczensky, 1990:11
285 Ebd.
286 Im Artikel 3 des Grundgesetzes heißt es: „Niemand darf wegen seiner Behinderung benachteiligt werden." Dieser Satz wurde erst relativ spät, nämlich mit der Gesetzesänderung vom 27.10.94, in das Grundgesetz eingefügt.
287 vgl. Empfehlung der KMK, Verbesserung der Ausbildung für Behinderte im Hochschulbereich, vom 25.06.1982, Akte II, 1.1, 1.2 und 1.3
288 heute Hochschulrektorenkonferenz
289 vgl. Grundsatzempfehlung zur Verbesserung der Ausbildung von Behinderten im Hochschulbereich der WRK vom 3.11.86

Die Hochschulen benennen Behindertenbeauftragte für die Studierenden. Diese sollen mit der Vielfalt möglicher Problemstellungen bei Studienbeginn und während des Studiums vertraut sein. Sie sollen Anliegen und Interessen der behinderten Studierenden kennen und innerhalb und außerhalb der Hochschule vertreten.

Die Behindertenbeauftragten sollten deshalb insbesondere:
- aufgeschlossen für die Situation und Probleme behinderter Menschen sein,
- pädagogische und psychologische Grundkenntnisse haben,
- Grundkenntnisse in behinderungsspezifischen medizinischen Zusammenhängen haben,
- Kenntnisse über den rechtlichen, verwaltungsmäßigen und organisatorischen Rahmen der Förderung, Betreuung und Unterstützung von behinderten Studierenden haben.

Die Behindertenbeauftragten haben im einzelnen folgende Aufgaben:
- Sie unterstützen die Studierenden bei studienbedingten und persönlichen Problemen.
- Sie arbeiten mit dem Lehrkörper, den Selbstverwaltungsgremien und anderen zuständigen Einrichtungen der Hochschule zusammen, um Lern-, Arbeits- und Prüfungsbedingungen zu schaffen, die die Belange behinderter Studierender berücksichtigen.
- So unterstützen sie die Studierenden bei der Vorbereitung und Planung ihres Studiums, bei spezifischen Arbeitsformen für Studium und Prüfung und durch Angleichung von Prüfungsbestimmungen an die Bedürfnisse behinderter Studierender.
- Sie sorgen für die Möglichkeit des regelmäßigen Erfahrungsaustausches innerhalb der Hochschule, z.B. in Form von Arbeitskreisen oder Interessengemeinschaften.
- Sie arbeiten mit den für Baumaßen zuständigen Abteilungen zusammen.
- Sie initiieren die Anschaffung einer Grundausstattung von apparativen, technischen und personellen Hilfen für behinderte Studierende.
- Sie wirken bei der behindertenspezifischen Ausstattung der zentralen wissenschaftlichen Dienstleistungseinrichtungen mit.
- Sie unterstützen die Studierenden bei der Studienfinanzierung und -förderung. Sie beraten beispielsweise über Möglichkeiten, individuelle, technische und personelle Hilfen über externe Kostenträger zu beschaffen.

- Sie regen im Bereich der Lehre spezifische Projekte an, die Probleme von behinderten Studierenden aufgreifen.
- Sie wirken bei Maßnahmen zur Integration an Hochschule und Hochschulort mit (z.b. Hochschulsport, Orientierungsveranstaltungen, Freizeiten und Wochenendseminare).
- Sie sorgen im Zusammenwirken mit den Kommunen in der Hochschulregion dafür, daß behinderte Studierende am gesellschaftlichen Leben teilnehmen können.
- Sie arbeiten mit anderen Hochschulen zum regionalen und überregionalen Erfahrungsaustausch zusammen.

Um die komplexen Aufgabenfelder wirkungsvoll wahrnehmen zu können, ist sowohl die institutionelle Verankerung in der Hochschule als auch die Zusammenarbeit mit Stellen und Personen innerhalb[290] und außerhalb der Hochschule von entscheidender Bedeutung: Die Behindertenbeauftragten sollten direkt der Hochschulleitung zugeordnet sein oder bei allen Angelegenheiten, die behinderte Studierende betreffen, einbezogen werden. Angesichts der umfangreichen und komplexen Aufgaben des/der Behindertenbeauftragten wird es notwendig sein, jedenfalls bei grösseren Hochschulen, auch zusätzliche Stellen und Sachmittel für eine hauptamtliche Wahrnehmung der Funktion des/der Behindertenbeauftragten bereitzustellen und dies auch bei der Aufstellung der Landeshaushalte zu berücksichtigen.

Wie die Ergebnisse der Sonderauswertung im Rahmen der 12. Sozialerhebung bzw. der 14. Sozialerhebung zeigen, sind diese Empfehlungen bisher nicht in ausreichendem Maße umgesetzt worden. Die Sondererhebung benennt deshalb folgende Notwendigkeiten:

Für die Gruppe von behinderten Studierenden müssen an allen Hochschulorten Beratungsstellen vorhanden sein, die mit den spezifischen Bedürfnissen behinderter Studierender vertraut sind. Das Netz der erst an wenigen Hochschulen vorhandenen Beratungsstellen sollte enger geknüpft werden. Darüber hinaus muß die Kompetenz der Berater/innen durch eine kontinuierliche Aus- und Weiterbildung gewährleistet werden, da die konkreten Studien- und Lebensbedingungen Veränderungen unterliegen und sich auch ständig neue Erkenntnisse darüber ergeben, wie behinderungsspezifische Probleme bewältigt werden können.[291]

---

290 z.B. zentrale Studienberatung
291 vgl., Budde/Leszczensky, 1990:12

Die Situation von behinderten Studierenden zeigt, daß ein hoher Bedarf an materieller und technischer Hilfe vonnöten ist, um ihre soziale Lage zu verbessern bzw. Studium und Alltag besser bewältigen zu können. Die Rahmenbedingungen sind Grundvoraussetzung, um speziell dieser Zielgruppe ein Studium zu ermöglichen. Darüber hinaus wird aber auch von den behinderten Studierenden ein Bedarf angemeldet, der auch für viele andere studentische Gruppen an der Hochschule von Interesse ist, nämlich ein verbessertes Studienklima und eine intensivere Beratung und Betreuung. In diesen Erwartungen zeigen sich Überschneidungen in der Funktion von Studienbegleitung.

So würde die Bildung fester Gruppen, die von einem Studienbegleiter/einer Studienbegleiterin unterstützt werden, dem Bedürfnis von behinderten Studierenden entgegenkommen, sozialen Rückhalt zu finden.

Die fehlende intensive Betreuung durch Lehrkräfte könnte ebenfalls durch die Studienbegleitung aufgefangen werden, soweit nicht fachspezifische Fragen im Vordergrund stehen. Vor allem in persönlichen Krisensituationen könnten die in der Studienbegleitung Tätigen zu wichtigen Ansprechpersonen werden.

Eine weitere zentrale Aufgabe von Studienbegleitung, nämlich Anwaltsfunktion für benachteiligte Studentengruppen zu übernehmen, ist sowohl innerhalb als auch außerhalb der Hochschule, beispielsweise gegenüber Verbänden, wahrzunehmen.

Im Hinblick auf die Lehre könnten Projekte mit integrativem Charakter angeregt werden, aber auch Veranstaltungen, die sich mit der gesellschaftlichen Situation von behinderten Menschen kritisch auseinandersetzen, insbesondere auch mit der Frage nach der Rolle im Arbeitsprozeß.

Aus diesen Überlegungen ergibt sich die Notwendigkeit, daß in der Diskussion um eine qualifizierte Unterstützung von Studierenden mit besonderen Bedürfnissen – nicht zuletzt aus Gründen der Chancengleichheit – die Aufgaben der Verbesserung der Studienberatung, -begleitung und -betreuung sowie die Einrichtung überschaubarer Studiengruppen vorrangige Bedeutung erhalten müssen.

4.4.3. Unterstützungsstrukturen in anderen Frauenprojekten der Aus- und Weiterbildung

Im folgenden werden drei Frauenweiterbildungsprojekte vorgestellt: die Dortmunder Frauenstudien, die Modellvorhaben der Katholischen Bundesarbeitsgemeinschaft für Erwachsenenbildung (KBE) und die Frauenakademie in Ulm.

Allen Maßnahmen gemeinsam ist die Zielperspektive, die spezifische Lebenssituation der Familienfrauen mit abnehmenden Familienpflichten bei der konzeptionellen Entwicklung der Weiterbildungsangebote zu berücksichtigen und Qualifikationen aus Familientätigkeit als curriculares Element von Weiterbildungsangeboten zu erproben.

Gemeinsam ist allen Projekten auch das Angebot einer pädagogischen Begleitung. Hieraus ergeben sich Anregungen für das zu entwickelnde Konzept von Studienbegleitung.

Diese drei Projekte sind nur Beispiele für die Vielzahl von Frauenweiterbildungsmaßnahmen, die in den letzten Jahren entstanden sind.[292]

Dortmunder FRAUENSTUDIEN[293]

Das weiterbildende Studium FRAUENSTUDIEN ist seit 1991 im Fachbereich Gesellschaftswissenschaften der Universität Dortmund etabliert. Vorausgegangen war eine mehrjährige Erprobung des Studienangebotes im Rahmen eines Modellversuchs, der mit der dauerhaften Einrichtung der FRAUENSTUDIEN erfolgreich abgeschlossen werden konnte.

Das weiterbildende Studium FRAUENSTUDIEN hält ein Angebot zur fachlichen Qualifizierung für die Frauenarbeit in Bildung, Beratung, Öffentlichkeitsarbeit und Politik bereit. Im Rahmen der gesetzlichen Bestimmungen des Landes Nordrhein-Westfalen über die wissenschaftliche

---

292 Im Unterschied zu den hier aufgeführten Projekten sind die Frauenstudiengänge an der KFH NW qualifizierte Ausbildungsangebote mit einem anerkannten Abschluß als Diplom-Sozialarbeiterin bzw. Diplom-Sozialpädagogin, die in ihrer Konzeption jedoch durchaus Überschneidungen mit den berufsbildenden und den weiterbildenden Ansätzen aufweisen.
293 vgl. Universität Dortmund, 1992:51ff

Weiterbildung an Hochschulen ist der Zugang für alle diejenigen möglich, die durch ihre Berufstätigkeit oder andere Formen gesellschaftlicher Praxis die Voraussetzungen für eine erfolgreiche Teilnahme erworben haben. Das Abitur ist für die Teilnahme an der wissenschaftlichen Weiterbildung nicht erforderlich.

Für die Zulassung zum weiterbildenden Studium FRAUENSTUDIEN werden Kompetenzen und Erfahrungen aus der Familienarbeit und aus ehrenamtlicher Arbeit gleichermaßen wie schulische und berufliche Qualifikationen berücksichtigt.

Das weiterbildende Studium FRAUENSTUDIEN ist ein systematisch aufgebautes, mehrsemestriges Studienangebot, das sich an Frauen richtet, die Praxiserfahrungen in der Frauenarbeit, in Familie, Beruf und Ehrenamt gewonnen haben und sich durch fachliche Vertiefung und wissenschaftliche Reflexion neue persönliche und berufliche Perspektiven in der Bildungsarbeit, der Beratung, der Öffentlichkeitsarbeit oder Politik erschließen wollen. Die FRAUENSTUDIEN qualifizieren für eine Frauenarbeit, die die Überwindung geschlechtsgebundener Benachteiligung und Diskriminierung anstrebt.

Die Studiendauer beträgt 5-6 Semester. Bei erfolgreichem Abschluß erhalten die Teilnehmerinnen ein Zertifikat mit dem Titel: „Referentin für Frauenfragen in Bildung, Kultur und Politik".

Absolventinnen des weiterbildenden Studiums sind vor allem als Referentinnen zu frauenspezifischen Themen auf Honorarbasis tätig. Vermehrt streben jedoch Frauen nach Abschluß des Studiums eine versicherungspflichtige Tätigkeit im Bereich der Frauenarbeit an. Die Kombination aus beruflicher, nebenberuflicher und universitärer Qualifikation in Form des weiterbildenden Studiums soll zunehmend diese Möglichkeiten eröffnen.

Verpflichtender Bestandteil der Frauenstudien ist in jedem Semester der Besuch eines Begleitseminars. Begleitseminare werden für jede Studiengruppe während der Regelzeit von fünf Semestern angeboten. Ihre Aufgabe ist es u.a., den Teilnehmerinnen Unterstützung bei der Orientierung an der Hochschule und bei der Studiengestaltung zu geben. Sie orientieren sich thematisch an den Fragestellungen der einzelnen Studienphasen.

Die Begleitseminare sind der einzige kontinuierlich-verpflichtende Bestandteil des Studiums. Sie werden für konstante Studiengruppen der einzelnen Studienjahre angeboten. Mit den Begleitseminaren ist eine hochschuldidaktische Form entwickelt worden, die der Zielgruppenorientierung wie auch dem Bezug zu den Praxisbereichen emanzipatorischer Frauenarbeit Rechnung tragen soll.

Im einzelnen haben die Begleitseminare folgende Aufgaben:

Studienbegleitung und Curriculumsevaluation
Unterstützung der Teilnehmerinnen bei der Orientierung an der Hochschule, bei der Studiengestaltung und Schwerpunktfindung; Evaluationsdiskussionen zu einzelnen Curriculumselementen; Entwicklung von Konzepten und Perspektiven der FRAUENSTUDIEN im Kontext von Frauenbewegung, Frauenpolitik und Frauenforschung.

Soziales Lernen, "networking" und Mitbestimmung
Durch die konstanten Gruppen ergeben sich intensives Kennenlernen, Erfahrungsaustausch und Möglichkeiten zur gegenseitigen Unterstützung, aber auch zur Kenntnisnahme unterschiedlicher Lebenszusammenhänge und Lebensentwürfe; des weiteren sind die Begleitseminare die Basis für die Mitbestimmung und Mitwirkung der Teilnehmerinnen an der Studienorganisation und –gestaltung.

Emanzipatorische Frauenarbeit
Vermittlung von Grundlagen einer Methodik/Didaktik der emanzipatorischen Frauenarbeit zu Themenbereichen wie Bildung und Lernen im weiblichen Lebenszusammenhang, Qualifikation und Qualifizierung von Frauen, Bedingungen, Chancen und Anforderungen beruflichen Handelns in der emanzipatorischen Frauenarbeit. In diesem thematischen Zusammenhang wird in den Begleitseminaren auch die Vor- und Nachbereitung der Praktika geleistet.

Darüber hinaus besteht ein ständiges Angebot an Studienberatung.

Zum Mitarbeiterinnenteam des Projektes gehören neben der Leiterin zwei Diplom-Pädagoginnen, die die mit der Durchführung verbundenen Aufgaben in enger Kooperation bei fachlich und organisatorisch unterschiedlichen Schwerpunkten wahrnehmen.

Katholische Bundesarbeitsgemeinschaft für Erwachsenenbildung (KBE)[294]

Die KBE hat im Auftrag des Bundesministeriums für Bildung und Wissenschaft das Modellvorhaben "Familientätigkeit als Baustein zur Weiterqualifikation in Beruf und Gesellschaft" (1985-1988) durchgeführt. Das Projekt wurde vom Institut für Entwicklungsplanung und Strukturforschung in Hannover wissenschaftlich begleitet. An der Konzeption und Erprobung der Modellveranstaltungen waren vier Mitgliedseinrichtungen der KBE beteiligt: das St. Jakobushaus in Goslar, der Katholische Deutsche Frauenbund (KDFB) in Köln, das Haus Mariengrund in Münster und die Katholische Familienbildungsstätte in Osnabrück. Die Ergebnisse des Modellversuchs wurden in einem Abschlußkolloquium im September 1988 in Münster öffentlich vorgestellt. Im April 1988 fand ein Symposium zum Thema "Zwischen Ehrenamt und Erwerbstätigkeit - Neue Beschäftigungsformen für Frauen" in Lingen-Holthausen statt.[295]
Im Projektansatz werden folgende Zielvorstellungen formuliert:

- Erkennen und Aufarbeiten der in Familientätigkeit erworbenen Fähigkeiten und bisher unbeachteten Begabungen;
- Orientierungshilfe für die (Neu-)Gestaltung der Lebensphase mit abnehmenden Familienaufgaben;
- Motivierung zu einer Umschulung oder Fortbildung;
- Entscheidung für eine Weiterführung der Familientätigkeit;
- Qualifizierung für ausgewählte außerhäusliche Tätigkeitsfelder.

Vier thematische Schwerpunkte wurden während einer 3-jährigen Projektzeit in insgesamt 16 Kursen mit mehr als 200 Teilnehmerinnen in den genannten vier Mitgliedseinrichtungen durchgeführt:

- Ökologie
- Leitung von Kursen und Gruppen in der Erwachsenenbildung
- Frauen entdecken neue Aufgaben in Kirche und Gesellschaft
- Frauen machen sich selbständig - Unternehmerinnen in Gewerbe, Produktion und Dienstleistung.

---

294 vgl. KBE, 1990:129ff
295 Angeknüpft wurde mit diesem Modellversuch an partiell schon vorhandene Wiedereingliederungs- und Fortbildungsprogramme für Familienfrauen, z.B. an den vom Deutschen Frauenring entwickelten Orientierungs- und Motivationskurs „Neuer Start ab 35", der den Anregungen der französischen Soziologin Evelyne Sullerot von 1976 folgt.

Exemplarisch werden zwei Angebotsreihen aus dem Gesamtprojekt erläutert, und zwar die Kurse der katholischen Bildungseinrichtung Haus Mariengrund in Münster und die Kurse der Katholischen Familienbildungsstätte Osnabrück.

In der katholischen Bildungseinrichtung Haus Mariengrund in Münster wurden folgende Kurse angeboten:

- Mitarbeit in der Erwachsenenbildung und
- Neue Aufgaben im sozialen Bereich bzw. Neue Aufgaben in Kirche und Gesellschaft für Frauen zwischen 35 und 50.

Die sozialpädagogisch-psychologische Begleitung durch die Projektmitarbeiterin diente dem Informationsfluß zwischen den Referentinnen, der Unterstützung eines akzeptierenden Gruppenklimas und konstruktiver Gruppenprozesse. Die Begleiterin war sozusagen die Hüterin der (Gruppen-)Disziplin und der Gruppenregeln. In Einzelfällen wurden auch längere Einzelberatungen durchgeführt.
Außerdem übernahm die Begleiterin die Koordination und auch die Hauptorganisation, soweit sie lernbereichsübergreifend war.
Wichtig war vor allem, daß die Projektmitarbeiterin als Ansprechpartnerin ständig anwesend war: "Der Kurs liefe andererseits Gefahr, eine Aneinanderreihung einzelner Veranstaltungen zu sein".[296]
Zu den Mitarbeiterinnen zählte neben den Fachreferentinnen eine Diplom-Pädagogin als Organisatorin und sozialpädagogisch - psychologische Kursbegleiterin.

Von der Katholischen Familienbildungsstätte Osnabrück wurden folgende Kurse bzw. Folgekurse angeboten:

- Frauen machen sich selbständig - Unternehmerinnen in Gewerbe, Produktion und Dienstleistung (Selbständigkeit)
- Leitung von Kursen - Mitarbeit in der Bildungsarbeit (Kursleitung)
- Frauen engagieren sich in Kirche und Gesellschaft für eine lebenswerte Umwelt (Ehrenamt)
- "Es ist noch keine Meisterin vom Himmel gefallen" (Teilnehmerinnen des Kurses "Leitung von Kursen")
- Ausgewählte fachspezifische Themen (Teilnehmerinnen des Kurses "Frauen machen sich selbständig").

---

296 KBE, 1988a:87

Aufgabe der Projektmitarbeiterin war es, den Kurs „Ehrenamt" zu leiten, alle Kurse zu koordinieren, zum Teil teilnehmend zu beobachten und sozialpädagogisch zu begleiten. Sie stand während der Durchführungsphase als wichtige Ansprechpartnerin für die Kursteilnehmerinnen zur Verfügung. Sie hat persönliche Schwierigkeiten bzw. Lernprobleme aufgegriffen bzw. abgefangen und die Frauen in ihrem Lernprozeß unterstützt.

Frauenakademie Ulm[297]

Das Projekt „Frauenakademie" besteht seit 1986 und ist ein Weiterbildungsangebot der Ulmer Volkshochschule. Es richtet sich an Frauen, insbesondere Familienfrauen bzw. Frauen nach Abschluß der Familienphase ab Mitte/Ende 20 bis Ende 60.
Zu den Zielsetzungen des Weiterbildungsangebotes gehören:

- Erweiterung der Sach-, Handlungs- und Kommunikationskompetenz;
- Erweiterung der Allgemeinbildung unter Einbezug frauenspezifischer Forschungsergebnisse;
- Erkennen der persönlichen Lebenssituation im Zusammenhang der gesellschaftlichen Bedingungen;
- Entwicklung von Kompetenzen zur Erleichterung des beruflichen Wiedereinstiegs bzw. der Teilnahme an berufsqualifizierenden Maßnahmen;
- Qualifizierung der Teilnehmerinnen für die Übernahme neuer Aufgaben und Tätigkeitsfelder im alten Beruf oder im nebenberuflichen oder ehrenamtlichen Bereich.

Das Seminar für Pädagogik der Universität Ulm ist für die Entwicklung der Konzeption und für die wissenschaftliche Begleitung der Frauenakademie verantwortlich.
Formale Zulassungsvoraussetzungen werden nicht gefordert. Die Studiendauer beträgt sechs Semester. Bei erfolgreichem Abschluß wird ein Frauenakademie-Zertifikat verliehen.

Zur pädagogischen Begleitung gehören individuelle Beratungsgespräche für Teilnehmerinnen, die Betreuung von Referaten und Abschlußarbei-

---

[297] vgl. Stadelhofer u.a., 1992

ten, Informationsveranstaltungen für die Teilnehmerinnen zum Grund- und Hauptstudium sowie zu den „Neue-Tätigkeitsfeld-Projekten".

Darüber hinaus fühlen sich die Mitarbeiterinnen zur „Praxis im Feld" verpflichtet. Das heißt, sie sind als Dozentinnen in der Frauenakademie tätig. Dies ermöglicht einerseits intensiven Kontakt mit den Teilnehmerinnen und dadurch einen Zugang zu ihren Fragestellungen und Problemen. Andererseits ermöglicht die reflektierte Tätigkeit als Dozentin auch Erkenntnisse über die Anforderungen an die Lehrenden und über geeignete Lehr- und Lernformen in diesem Frauenweiterbildungsprojekt.

Mitarbeiterinnen des Projektes sind die Leiterin (eine Akademische Oberrätin des Seminars für Pädagogik der Universität Ulm), die Projektberaterin (ein Professorin des Seminars für Pädagogik der Universität Ulm) und drei wissenschaftliche Mitarbeiterinnen (Diplom-Psychologin, Diplom-Pädagogin, Diplom-Geographin mit einem Beschäftigungsumfang zwischen 50 und 100 %).[298]

Wird die Durchführung der drei Modelle unter dem Gesichtspunkt der Funktion von pädagogischer Begleitung analysiert, ergeben sich folgende Erkenntnisse:

Familienfrauen, die ihr Leben verändern wollen, beispielsweise durch Weiterbildung, befinden sich in einer Situation der Verunsicherung sowie der persönlichen Neuorientierung. Sie suchen nach einem neuen gesellschaftlichen Status. Von daher stellt sich die Frage nach einer sozialpädagogischen Begleitung. Wie intensiv diese sein sollte, ist abhängig von der einzelnen Weiterbildungskonstellation und von der persönlichen Situation jeder einzelnen Teilnehmerin.

Eine integrierte sozialpädagogische und psychologische Betreuung wird mittlerweile grundsätzlich empfohlen.[299]

Für die Konzeption der Studienbegleitung scheinen folgende Aspekte der sozialpädagogischen Begleitung, wie sie in den drei Modellen beschrieben wurden, von Bedeutung:

---

298 vgl. Stadelhofer u.a., 1992:2
299 vgl. Hamburger Frauenarbeitskreis, 1989:88

1.
Die Einrichtung von Begleitseminaren als der zentrale Ort, der die Gruppe der Studierenden mit besonderen Bedürfnissen zunächst zusammenführt, gleichzeitig Erprobungsraum für neue Formen der Kooperation bietet und wo Interventionen der Studienbegleiterin im Hinblick auf selbständiges, identitätsförderndes Lernen erfolgen kann.

2.
Die Verpflichtung zur „Praxis im Feld", d.h. zur Lehrtätigkeit[300], um einerseits Kenntnisse über die (Lern-)Situation der Teilnehmerinnen zu gewinnen und andererseits curriculare Anforderungen zu erkennen. Hier stellt sich allerdings die Frage, inwieweit nicht die Lehrtätigkeit mit ihrer bewertenden Funktion das Vertrauensverhältnis zu den Teilnehmerinnen behindert.[301]

3.
Die ständige Präsenz der Begleiterin, die zum einen dem Kontakt und dem Informationsfluß zwischen den Lehrenden dient und damit die Kooperation fördert und zum anderen für die Teilnehmerinnen von Bedeutung ist, da eine ständige Ansprechpartnerin auch integrierende Funktion hat und damit wichtig ist zur Wahrung der Kontinuität und für einen befriedigenden Verlauf der Ausbildung.

4.5. Entwicklung eines Standardtyps von Studienbegleitung

In diesem Abschnitt geht es nun darum, vor dem Hintergrund der bisher diskutierten Erkenntnisse und Ergebnisse das Konzept von Studienbegleitung zu entwickeln. Ausgehend vom Selbstverständnis Sozialer Arbeit bzw. von der Perspektive des Empowerment-Konzeptes wird zunächst der Ansatz, die inhaltliche Ausrichtung des Konzeptes von Studienbegleitung, erörtert. In einem zweiten Schritt wird die Frage nach der Ansiedlung im (Fach-)Hochschulsystem und nach der Abgrenzung zu anderen Beratungsfunktionen gestellt. Es wird eine Einordnung der neuen Funktion Studienbegleitung in das Hochschulsystem versucht und schließlich die erforderlichen Kompetenzstrukturen bzw. das Qualifikati-

---
300 vgl. Frauenakademie Ulm, Stadelhofer u.a., 1992
301 vgl. Ergebnisse der Befragung im Modellprojekt, Pkt. 4.1.2.

onsprofil beschrieben. Die Erfassung von Kompetenzstrukturen beinhaltet neben der Darstellung formaler Voraussetzungen die Beschreibung, welche inhaltlichen Qualifikationen gefordert und welche persönlichen Rollenanforderungen erfüllt werden müssen.

4.5.1. Inhaltlicher Ansatz von Studienbegleitung

Ausgehend von der Nähe zu sozialpädagogischen/sozialarbeiterischen Zielsetzungen und Sichtweisen[302] und ausgehend vom vorhanden und veränderten Bedarf wird der inhaltliche Ansatz von Studienbegleitung als eine Facette von Lehre und Studium verdeutlicht. Ein wesentliches Merkmal des Konzeptes von Studienbegleitung ist die interne und externe Kooperation. Es wird im folgenden ein Kooperationsmodell vorgestellt und auf die institutionelle Bedeutung von Studienbegleitung eingegangen.

Soziale Arbeit richtet ihre Aufmerksamkeit auf Menschen in ihren jeweiligen Lebenssituationen. Dabei kennt sie mindestens zwei Gruppen von Zielvorstellungen: die eine betont „Hilfe zur Selbsthilfe"', „psychosoziale Emanzipation" oder „individuelle Autonomie". Sie folgt so tendenziell dem Bild eines kritischen, vernunftgesteuerten Menschen, der ein selbstbestimmtes Leben führen will - eine zentrale Hintergrundfigur europäischer, (sozial)philosophischer, ökonomischer und teilweise auch neuerer (sozial)pädagogischer Theorien. Andere Zielformulierungen wie „soziales Funktionieren", „Integration" oder gar „soziale Anpassung" und „Normalisierung" sehen den Menschen als sozialen Rollen- und Funktionsträger und vernachlässigen - auf dem Hintergrund eines holistisch-funktionalistischen Denkens, das von „sozialen Ganzheiten" ausgeht - die Frage nach Eigensinn, Selbstentfaltung, legitimem sozialen Protest und Dissidenz.

Vom betroffenen Menschen aus betrachtet geht es um Unterstützung bei der Erschließung von Ressourcen für eine individuelle oder kollektive Problemlösung. Diese Forderung schließt eine andere Zielsetzung Sozialer Arbeit mit ein, nämlich das Sichtbarmachen von Machtungleichgewichten und die Veränderung von (Macht-) Strukturen.

---

302 vgl. Ausführungen zum Empowerment-Konzept auf den folgenden Seiten

Die Zusammenschau und Verknüpfung beider Zielsetzungen erfordert eine Auseinandersetzung mit den widersprüchlichen Erwartungen an den Beruf - beschrieben als „doppeltes Mandat", als unauflösbaren Widerspruch zwischen Hilfe und sozialer Kontrolle, Integration versus Emanzipation, Normalisierung versus Ausgrenzung, als Verwaltung des Mangels versus Öffentlichwerden der gesellschaftlichen Ursachen des Mangels.

Die Aufgaben, die Sozialarbeiter/innen und Sozialpädagogen/-pädagoginnen übernehmen, stehen in engem Bezug zu den institutionellen Bedingungen und inhaltlichen Leitlinien des Trägers, bei dem sie tätig sind.

Struktur und Inhalt der Tätigkeit der Sozialen Arbeit bestimmt eine doppelte Verpflichtung: einerseits gegenüber dem Anspruch des institutionell-organisatorischen Handlungsrahmens und andererseits gegenüber dem fachlichen Selbstverständnis.

Es gilt, dieses Spannungsverhältnis zwischen dem Handlungsverständnis der Disziplin und den institutionellen Determinanten der Tätigkeit produktiv zu gestalten, das bedeutet, die kontextuellen Rahmenbedingungen nicht zu leugnen, sondern kritisch in den Blick zu nehmen, konstruktiv auszuschöpfen und gegebenenfalls auch zu verändern.

Sozialarbeiterische und sozialpädagogische Fachkräfte unterstützen Menschen, eine Balance zu finden zwischen ihren jeweiligen Bedürfnissen und Fähigkeiten und ihrer Umwelt mit deren jeweiligen Angeboten und Anforderungen.

Dabei sind sie einerseits bemüht, die Entwicklung, die Einstellungen und die Verhaltensweisen von Menschen zu fördern, zu stärken und zu verbessern, sie zur selbständigen und verantwortlichen Gestaltung ihres Lebens zu befähigen. Andererseits gehört es zu ihren Aufgaben, die Lebensbedingungen in der Umwelt der Betroffenen so zu gestalten und zu beeinflussen, daß die notwendigen Voraussetzungen und Bedingungen für Wachstumsmöglichkeiten vorhanden sind.

Im folgenden ist das Empowerment-Konzept vorzustellen, weil diese Perspektive in der Sozialen Arbeit grundlegende Aspekte bietet, die für das Selbstverständnis und die Aufgabenstellungen eines Studienbegleiters/einer Studienbegleiterin Orientierung geben können.

Es werden Fragen formuliert, die das Aufgabenfeld von Studienbegleitung betreffen und zu einer Weiterentwicklung der Funktionbestimmungen führen.

Das Empowerment-Konzept

Das Konzept des Empowerments beschreibt Prozesse einer aktiven Förderung. Es geht darum, Kontrollbewußtsein und Kontrolle über wichtige Bereiche des eigenen Lebens zu gewinnen oder wiederzugewinnen, Lebensräume zu gestalten und Teilhabe am öffentlichen und sozialen Leben zu ermöglichen. Empowerment meint dabei sowohl individuelle Prozesse als auch gemeinschaftliche Aktionen, beispielsweise von und in Gruppen, bis hin zu strukturellen Rahmenbedingungen, die gesellschaftliche Gestaltungsfähigkeit fördern.

Zunächst zum Begriff „Empowerment": "Empowerment meint alle Möglichkeiten und Hilfen, die es Menschen ermöglichen, Kontrolle über ihr Leben zu gewinnen und sie bei der Beschaffung von Ressourcen zu unterstützen."[303] Dem Empowerment-Konzept[304] liegen folgende Fragestellungen zugrunde: Unter welchen Bedingungen gelingt es Menschen, sich aus einer machtlosen Situation herauszuentwickeln, die eigene Stärke zusammen mit anderen zu erkennen und ihre Lebensbedingungen zumindest teilweise nach eigenen Vorstellungen zu gestalten? Wie werden solche und ähnliche Formen der Selbstorganisation gefördert, und welche Auswirkungen hat dies auf die beteiligten Menschen und Organisationen?
Das Konzept Empowerment untersucht und beschreibt demnach Prozesse, bei denen der Fokus nicht auf den individuellen Defiziten und den

---

303 Stark, 1993:41
304 Mir ist bewußt, daß das Konzept Empowerment zwar zum gegenwärtigen Zeitpunkt (noch) nicht den wissenschaftstheoretischen Anforderungen einer Theorie sozialen Handelns entspricht, für die ein hinreichendes Erklärungspotential für klar abgrenzbare Bereiche zu fordern wäre, noch bietet es ein definiertes Regelwerk für professionelles Handeln in bestimmten Problemfeldern. Der Blickwinkel auf individuelle und kollektive Fähigkeiten und Kompetenzen beinhaltet jedoch einen veränderten Blick auf professionelle Handlungsfelder, und die Empowermentperspektive ergänzt auch einige sozialwissenschaftliche und sozialpolitische Bereiche, die in den letzten Jahren für das Verständnis sozialen und gesellschaftspolitischen Handelns an Relevanz gewonnen haben - so den Bereich sozialer Netzwerke und soziale Unterstützung. Damit konstituiert sich eine professionelle Haltung, die als Grundlage für die Förderung von Partizipation in sozialen Kontexten verstanden wird.

Hilfsbedürftigkeiten liegt. Ziel ist vielmehr, die Stärken und Fähigkeiten von Menschen auch (und gerade) in Krisensituationen zu entdecken und zu entwickeln und ihre Möglichkeiten zu fördern, ihr eigenes Leben und ihre soziale Umwelt zu bestimmen und zu gestalten.[305]

Zu einigen zentralen Aspekten des Empowerment-Konzeptes:

Empowerment ist ein selbstorganisierter Prozeß.
Empowerment beschreibt als Prozeß eine Entwicklung von Individuen, Gruppen, Organisationen oder Strukturen, durch die die eigenen Stärken entdeckt und die soziale Lebenswelt nach den eigenen Zielen (mit)gestaltet werden kann. Empowerment wird damit als Prozeß der „Bemächtigung" von einzelnen oder Gruppen verstanden, denen es gelingt, die Kontrolle über die Gestaltung der eigenen sozialen Lebenswelt (wieder) zu erobern.
Zur Stabilisierung und Weiterentwicklung dieses Prozesses sind eine spezifische Form sozialer Unterstützung, eine fördernde Haltung durch Personen, eine Gruppe oder ein soziales Klima Voraussetzung. Kieffer[306] spricht in diesem Zusammenhang von "mentorship".

Für das Aufgabenfeld eines Studienbegleiters/einer Studienbegleiterin stellen sich folgende Fragen:
Wie werden Studierende (mit besonderen Bedürfnissen) befähigt, sich dahingehend zu entwickeln, ihre erworbenen Vorerfahrungen, Kenntnisse und Kompetenzen zu erkennen und selbstbewußt im Rahmen eines Studiums weiterzuentwickeln? Wie kann das Studium nach ihren Vorstellungen und Bedürfnissen mitbestimmend gestaltet werden, um schließlich zu einem professionellen Abschluß zu gelangen? Wie kann dieser Prozeß durch die eigene Studiengruppe bzw. durch förderndes Verhalten seitens der in der Studienbegleitung Tätigen aktiv unterstützt werden? Welche Konsequenzen ergeben sich für die Hochschule?

Empowerment ist eine Philosophie professioneller Unterstützungs- und Entwicklungsarbeit.
Im Empowerment-Konzept wird die Aufgabe von Professionellen darin gesehen, einen Prozeß zu ermöglichen und anzustoßen (ohne ihn zu domestizieren), durch den Personen innerhalb sozialer Systeme bestimmte persönliche, organisatorische und gemeinschaftliche Ressourcen ent-

---

305 vgl. Rappaport, 1985
306 vgl. Kieffer, 1984

decken können, die sie befähigen, größere Kontrolle über ihr eigenes Leben auszuüben und ihre Ziele zu erreichen. Damit kann Empowerment als professionelle Haltung, als Versuch verstanden werden, die sozialtechnologische „Reparaturmentalität" helfender Berufe zu überwinden.

Empowerment als Brennpunkt professioneller sozialarbeiterischer Bemühungen kann die Richtung der Fragestellungen und damit die Absicht oder die Haltung professionellen Handelns bestimmen. Damit wird die Frage nach der professionellen Identität und den Zielen, aber auch den Methoden professionellen Handelns gestellt.

Für das Aufgabenfeld eines Studienbegleiters/einer Studienbegleiterin stellt sich die Frage:
Wie können die Studierenden ermutigt werden, ihre Stärken zu entdecken und auszubauen und zielgerichtet ihr Studium zu verfolgen?

Empowerment verlangt einen veränderten Blick auf die Wirklichkeit.
Empowermentprozesse setzen Veränderungspotentiale auf der emotionalen, kognitiven und interaktiven Ebene frei. Zentrale Bestandteile dieser Veränderungen sind die aktive Gestaltung und Beeinflussung der unmittelbaren sozialen Umwelt und die Einmischung in sozialpolitische Zielsetzungen. Das Wachstum persönlicher und kollektiver Kompetenzen, emotionaler und kognitiver Komponenten des Selbstbewußtseins stellt das Besondere von Empowermentprozessen dar.

Allgemeiner gesagt, bedeuten Prozesse im Sinne von Empowerment die Transformation einer gegebenen Situation in eine neue Gestalt. Der Kontext einer Situation und das Bewußtsein dieses Kontextes, also die historische Entwicklung einer Person oder Gruppe, deren Status quo, die Indikatoren und Einflüsse der physikalischen und sozialen Umgebung und die Beziehung dieser Parameter zueinander spielen eine wichtige Rolle bei der Erfahrung dieses Transformationsprozesses. Dazu gehört auch die Veränderung der Wahrnehmung in bezug auf vermeintlich unabänderliche Gegebenheiten und eigene oder fremde Rollenzuweisungen. Zutrauen unterstützt Menschen in der Entfaltung ihrer Fähigkeiten und Potentiale. Eine wesentliche Grundlage von Empowermentprozessen ist daher "jene Transformation traditioneller Wahrnehmung, ein 'Gegen-den-Strich-bürsten' alltäglicher Routinen"[307].

---

307 Stark, 1993:42

Für das Aufgabenfeld eines Studienbegleiters/einer Studienbegleiterin stellt sich die Frage:
Wie kann in der Hochschule eine kritische Reflexion von bisherigen Rollen im privaten Bereich aber auch vom gesellschaftlichen Status (z.B. Stellung der Frau in Gesellschaft und Politik) angestoßen und eine aktive Auseinandersetzung mit der Übernahme neuer Rollen und den Konsequenzen für das soziale Umfeld angeregt werden?

Empowerment widersetzt sich entmündigender Hilfe.
Die Routine in der sozialen Arbeit setzt überwiegend immer noch bei der Zuschreibung von Defiziten an, die entweder individuell, teilweise als Schuldzuschreibung, oder über die Zuordnung zu einer sogenannten Randgruppe gegeben sind. Die Versorgung mit entmündigender Hilfe verschüttet die emanzipatorischen Kompetenzen und Kapazitäten der betroffenen Menschen. An diesen Klippen der „Hilfestellung" fordert das Empowerment-Konzept von den Professionellen, auf die dahinterliegenden Strukturen zu schauen und sich als Experten/Expertinnen zu fragen, welcher Art die Bedingungen sind, die Selbstbestimmung und Unabhängigkeit befördern. Es geht um die Herstellung von Selbstbewußtsein "im Sinne des Wissens um die eigene Geschichte, den eigenen gesellschaftlichen Ort und um die Verbesserung der eigenen Lage"[308].

Für das Aufgabenfeld von Studienbegleitung stellt sich die Frage:
Wie kann berufsbezogene Selbsterfahrung, die an den bisherigen Erfahrungen und Stärken der Studierenden ansetzt und die Entwicklung von Perspektiven in den Blick nimmt, im Studium verortet werden?

Empowerment braucht soziale Phantasie.
Empowermentprozesse erfordern Gemeinschaft, finden also im sozialen Kontext statt und sind nicht rein individuell bezogen, obwohl sie durchaus psychologische Auswirkungen auf Einzelpersonen haben. Sie erfordern das Erkennen eigener und gemeinschaftlicher Stärke - und eine daraus resultierende soziale Aktion.
Empowerment hat nicht bestimmte Ergebnisse zum Ziel. Ziel ist, einen Prozeß der Gestaltung und Gestaltbarkeit sozialer Lebensräume zu beginnen. Empowermentprozesse werden nicht automatisch durch Fachleute durchgeführt. Dennoch - und das interessiert aus einem professionellen und sozialpolitischen Blickwinkel heraus - gibt es Situationen oder Bedingungen, die diese Prozesse entweder fördern oder behindern. In

---

308 Diemer/Völker, 1981:72

der Analyse dieser fördernden oder behindernden Bedingungen erwächst ein wichtiges Betätigungsfeld professioneller Arbeit.

Für das Aufgabenfeld eines Studienbegleiters/einer Studienbegleiterin stellt sich die Frage:
Welche Formen sozialer Unterstützung können die Empowermentprozesse von Studierenden am besten fördern, wenn nicht das Erreichen des Examens mit möglichst guten Noten allein das Ziel der Studierenden ist, sondern die Studienphase an sich eine eigene Qualität hat, die es im Kontext bisheriger Lebensbezüge neu zu gestalten gilt und damit die Persönlichkeitsentwicklung im Rahmen des Studiums an Bedeutung gewinnt?

Empowerment spielt sich auf verschiedenen Ebenen ab.
Empowermentprozesse erzählen von Menschen und ihren Zusammenschlüssen, denen es gelungen ist, ihre eigenen Ressourcen und Stärken zu erkennen und diese in soziale Handlung umzusetzen. Kieffer[309] hat im Rahmen seiner Untersuchungen gemeinsame Dimensionen herausgefunden, die sich auch in anderen Empowermentprozessen wiederfinden:[310]

- Es entwickelt sich ein positives und aktives Gefühl des „In-der-Welt-Seins".
- Es entwickeln sich Fähigkeiten, Strategien und Ressourcen, um aktiv und gezielt individuelle und gemeinschaftliche Ziel zu erreichen.
- Es wird Wissen und Können erworben, die zu einem kritischen Verständnis der sozialen und politischen Verhältnisse und der eigenen sozialen Umwelt führen.

Diese Dimensionen lassen sich potentiell auf drei Ebenen feststellen: auf der individuellen, der Gruppen- und Organisationsebene und auf der strukturellen Ebene.

Für das Aufgabenfeld von Studienbegleitung stellen sich folgende Fragen:
Wie können auf der individuellen Ebene Studierende ermutigt werden, aus einer Situation der Unsicherheit, Gleichgültigkeit oder Lethargie her-

---

309 vgl. Kiefer, 1984
310 vgl. Rappaport et al., 1985; Florin/Wandersmann, 1990

aus zu beginnen, ihr Studium in die Hand zu nehmen, ihre Ressourcen zu entdecken und zu nutzen?
Welche Bedeutung hat die Gruppe für Studierende mit besonderen Bedürfnissen? Wie kann zur Entwicklung von stützenden Gruppenstrukturen beigetragen, und wie können kontinuierliche Auswertungs- und Mitgestaltungsmöglichkeiten zur Aktivierung und Solidarisierung genutzt und damit gleichzeitig die Studierenden zur Artikulation und Durchsetzung ihrer Interessen an Inhalt und Qualität des Studiums ermutigt werden? Welche Rolle spielen - auf struktureller Ebene - die Organe der Selbstverwaltung, und wie können Beteiligungsmöglichkeiten bei der Fortentwicklung von Curricula zum Aufbau eines positiven Selbstverständnisses der Studierenden beitragen?

Empowerment fördert den Blick über den Zaun.
Die Perspektive des Empowerment-Konzeptes hat potentiell eine weitreichende Bedeutung im sozialen Leben und in den gesellschaftlichen Zusammenhängen. Empowerment bezieht sich nicht auf bestimmte, eingegrenzte Störungsbilder oder definierte Handlungsfelder, sondern auf das Potential menschlichen Handelns in der Gemeinschaft und auf die Auswirkungen auf die einzelnen Personen, ihre sozialen Zusammenhänge, Institutionen und Strukturen. Die Analysen von Empowermentprozessen erfordern gleichermaßen eine interdisziplinäre Zugangsweise, in die entwicklungspsychologische und gruppendynamische Aspekte einfließen müssen, und den Rückgriff auf Erfahrungen der Organisationsentwicklung und auch klassischer sozialpsychologischer Forschungsfelder.

Für das Aufgabenfeld eines Studienbegleiters/einer Studienbegleiterin stellt sich die Frage:
Wie sind Neugier für die Wege, Ressourcen und Grenzen selbstorganisierten Handelns und die individuellen und gemeinschaftlichen Stärken, die Menschen dabei entwickeln können, über sozialarbeiterische/sozialpädagogische Handlungsbereiche hinaus auf das Feld der Studienbegleitung auszudehnen?

Die Funktionen von Sozialer Arbeit lassen sich wie folgt zusammenfassen:
Soziale Arbeit umfaßt ressourcenerschließende, beratende, erziehende, bildende, kritisch deutende, kulturell übersetzende, partizipationsfördernde, sozial vernetzende, interessenausgleichende oder –durchsetzende, ermächtigende wie machtbegrenzende und schließlich pla-

nend-organisierende, zuteilende, leitende, verhandelnde wie verwaltende Aktivitäten.[311]/[312] Vor dem Hintergrund des skizzierten Verständnisses von Sozialer Arbeit sollen nun die Prämissen des neuen Konzeptes von Studienbegleitung erörtert werden.

Wie bereits mehrfach aufgezeigt, steigt an den Hochschulen nicht nur der Bedarf an Beratung und Begleitung, sondern es sind neue Aufgaben hinzugekommen. Die Erwartungen der Studierenden an Studium und Beruf sind komplexer geworden und die Bedeutung von präventiver Hilfestellung nimmt zu, so daß innovative Modelle wie das der Studienbegleitung notwendig werden. Studienbegleitung ist sinnvoll nur als Teil oder als besonderer Pol der Lehre an Hochschule zu konzipieren.

Das Angebot der Studienbegleitung zielt auf die Verarbeitung des Weges durch die Hochschule, in dem sie das Augenmerk auf das persönliche „wie" dieses Weges richtet. Sie ist nicht Lehre im Sinne der Weitergabe eines wissenschaftlichen Fachwissens, sondern im Sinne von Erleichtern oder Unterstützen von persönlichen Zugängen zur Aneignung dieses Fachwissens.

Die Hochschulrektorenkonferenz[313] hält es für sinnvoll, mit Modellversuchen und Einzelprojekten im Überschneidungsfeld von wissenschaftlicher Lehre und persönlicher Entwicklung Formen zu erproben und zu entfalten, die Studierenden in dem „wie" ihrer dynamischen Wechselwirkung mit dem Studium in verbesserter Weise Hilfestellung und Unterstützung geben. Studienbegleitung kann so in spezifischer Weise an dem gemeinsamen Kern der Unterstützung von persönlich sinnhaftem und zugleich wissenschaftsorientiertem Studium arbeiten. Und wird die ursprüngliche Forderung der Hochschulreform nach Chancengleichheit dann auch auf die Studienbegleitung angewandt, dann müßte Studienbegleitung gerade denjenigen dienen, die durch ihre soziale Lebenssituation besonders auf Unterstützung angewiesen sind, also Studierenden mit besonderen Bedürfnissen.

Das Spannungsfeld, in dem Studienbegleitung an der Hochschule angesiedelt ist, liegt zwischen „individueller psychosozialer Beratung" und „Beratung der Institution", zwischen den Adressatengruppen „Studierende" und „Lehrende bzw. Verantwortliche in der Hochschule". Studienbegleitung steht im Konfliktfeld zwischen einer Beratung, die sich auf das

---
311 vgl. Staub-Bernasconi, 1994:442
312 Letztere werden neuerdings unter dem Stichwort ‚Sozialmanagement' zusammengefaßt.
313 vgl. Fachtagung der Hochschulrektorenkonferenz vom August 1990

Individuum, seine Interessen, Neigungen und Begehren konzentriert, und andererseits der von politischen Gremien geforderten Leitlinie, effizientes Studieren zu fördern.
Mit dem zu skizzierenden Verständnis von Studienbegleitung soll diese Polarisierung überwunden werden. Statt Störungen, Ängste, Probleme und Krisen einer besonders belasteten Teilgruppe sollen bei der Studienbegleitung nun Fähigkeiten und Fertigkeiten für ein aktives Studieren im Vordergrund stehen. Studienbegleitung soll im Sinne einer Entwicklungsförderung von Kompetenzen - Empowerment - begriffen werden und sich bewußt als Ressource für Ziele des institutionellen Kontextes ausweisen. Dabei wird der Kontext selbst zu einem Ziel der Intervention. Nestmann spricht von einem "notwendigen Perspektivenwechsel"[314]. Diskussionen "...lösen sich (mehr oder weniger) von lange dominierenden individuumzentrierten und kurativen Perspektiven und realisieren ... zunehmend Aufgaben der Entwicklungsförderung und der Prävention. Auch werden zunehmend größere ökologische wie soziale Systeme als zumindest gleichbedeutende Interventionsperspektive ... identifiziert".[315]

Voraussetzung einer solchen emanzipativen Richtung von Studienbegleitung ist, daß Merkmale einer Abgrenzung von der Psychotherapie stärker betont werden. Im Unterschied zur Psychotherapie soll Studienbegleitung weniger auf eine Beseitigung von Störungen, als auf die Entwicklung von Kompetenzen und auf die Optimierung von Handlungen in einem Aufgaben- und Anforderungszusammenhang bezogen werden. Die zentrale Frage einer auf Emanzipation ausgerichteten Studienbegleitung ist demnach die, wie eine Präsentation als kompetenzfördernde Ressource so gelingen kann, daß Studienbegleitung nicht die angestrebte Eigenständigkeit aufs Spiel setzt, sondern auf der Grundlage der eigenen personenbezogenen und nicht-linearen Wirklichkeitskonstruktion im institutionellen Kontext eigene Gestaltungsmöglichkeiten entfalten kann. Hier sind zwei Strategien zu berücksichtigen: die „Koppelung" an den institutionellen Kontext und die Definition von Kompetenzförderung nach bestimmten Kriterien.

„Koppelung" des Subsystems Studienbegleitung an seinen institutionellen Kontext: Das institutionell vorgegebene Ziel einer Effektivierung des Studiums wird bejaht, obwohl es sehr stark mit regulativen und restriktiven Vorstellungen verbunden sein kann. Als ein wichtiger ergänzender

---

314 Nestmann, 1994:81
315 Nestmann, 1988:110

Beitrag zur Erreichung dieses Ziels, der durch andere Ressourcen nicht geleistet werden kann, ist die Förderung von Schlüsselkompetenzen aktiven und eigenverantwortlichen Studierens. Dies muß so geschehen, daß die verschiedenen Beteiligten (Hochschulleitung, Lehrende, Studierende, Verwaltung) mit ihren jeweils partiellen Interessen darin für sich Vorteile erkennen können, damit der eigene Auftrag und Zuständigkeitsbereich der Studienbegleitung akzeptiert wird. In Anlehnung an Maturana[316] läßt sich diese Strategie als „Koppelung" der personenbezogenen Wirklichkeitskonstruktion des institutionellen Kontexts beschreiben. Gelingt eine solche Koppelung, dann wird Studienbegleitung nicht einseitig funktionalisiert, sondern kann die eigenen Standards ins Spiel bringen. Dabei verändern sich sowohl der Kontext - Fördermaßnahmen werden institutionalisiert - als auch das Subsystem „Studienbegleitung": es erweitert sein Tätigkeitsspektrum um Elemente der Zielorientierung und des Projektmanagements sowie um Methoden institutioneller Kommunikation und strukturbezogener Intervention. Im Sinne des Begriffs der „Koppelung" entsteht insgesamt ein neues System höherer Ordnung.

Voraussetzung für eine solche Strategie ist, daß Ziele und Interessen des Kontexts (und seiner verschiedenen Teilbereiche) analysiert und Aufgabenfelder von Studienbegleitung formuliert werden, die an Ziele dieses Kontexts „koppelbar" sind. Solche „Koppelungs"themen (z.B. „Förderung aktiven Studierens") sind Schnittstellen, an denen die verschiedenen Wirklichkeitskonstruktionen im Sinn einer besseren Zielerreichung einander ergänzen.

Elemente der eigenen Wirklichkeitskonstruktion ins Spiel bringen:
Auf der Grundlage der „Koppelung" geht es darum, wesentliche Elemente der Wirklichkeitskonstruktion von Studienbegleitung ins Spiel zu bringen: die strukturbezogene Bestimmung der zu fördernden Kompetenzen.

Kompetenzen sind grundsätzlich Kompetenzen-für-etwas und enthalten einen (zirkulären) Verweis auf einen Anforderungs- und Handlungskontext anregender oder hemmender Bedingungen. Kompetenzförderung bedeutet für Studienbegleitung deshalb auch und vor allem, den Kontext zum Ziel der Intervention zu machen. So sind im Rahmen der Studienbegleitung die Schlüsselkompetenzen nicht kontextunabhängig, sondern in Verbindung mit strukturverändernden Strategien zu fördern (Institutionalisierung der Maßnahmen, Aufbau einer kooperativen Struktur von Studienbegleitung).

---

316 vgl. Maturana, 1982

Ein weiterer Anspruch der Wirklichkeitskonstruktion von Studienbegleitung wird darin liegen, Kompetenzen so zu definieren und zu fördern, daß die Komplexität der Person berücksichtigt bleibt und diese nicht als „triviale Maschine" trainiert wird.[317]

Wenn Studienbegleitung ein eigenes Profil als Kompetenzförderung im institutionellen Kontext entwickelt, so hat dies sicherlich auch Konsequenzen für das Qualifikationsprofil. Im Zentrum steht dann nicht eine psychotherapeutische Ausbildung. Die Qualifikation besteht vielmehr aus einer Kombination von individuumzentrierten und gruppenbezogenen Kompetenzen (Beratung, Gesprächsführung, Gruppenmoderation) sowie Kompetenzen strukturbezogener Kommunikation und Intervention (Systemik, Organisationsentwicklung, Projektmanagement).[318] Die Notwendigkeit gruppenbezogener Kompetenzen hat sich auch im Modellprojekt erwiesen.[319] Für die Entwicklung eines Standardtyps von Studienbeglei-

---

317 Ähnlich äußert sich Sonntag für den Bereich der Personalentwicklung in Organisationen: "Intendiertes Ziel von Personalentwicklungsmaßnahmen ist ... nicht der ... Drill elementarer Fertigkeiten ..., vielmehr ist es die Gesamtpersönlichkeit des in einer Organisation tätigen Menschen." (Sonntag, 1992:6) So sind die Schlüsselkompetenzen aktiven Studierens nicht als normiertes Leistungsprofil, sondern als ein je individueller Stil des Umgangs mit Anforderungen auf der Grundlage allgemeiner Gesichtspunkte bestimmt. Die Fördermaßnahmen zielen nicht auf den bloßen additiven Erwerb „verfahrenstechnischer" Fertigkeiten ab, sondern bieten einen sozialen Rahmen der Auseinandersetzung mit interaktiven Aspekten und persönlichen Bedeutungen.
318 vgl. Chur, 1995:103-110
319 Von entscheidender Bedeutung für den Studienerfolg im Modellprojekt waren die Homogenität und der durch die Studienbegleitung geförderte Zusammenhalt der Gruppe.
Auch im Rahmen der weiter oben beschriebenen Tutorenprogramme wird der Arbeit in kleinen Gruppen ein hoher Wert beigemessen. Dies gilt insbesondere im Hinblick auf die Einübung in Kooperation, in wissenschaftliche Diskussion, in problemlösendes Verhalten sowie für die Realisierung allgemeiner Lernziele vor allem im affektiven Bereich und für die Weckung und Erhaltung der Motivation. Die Studienanfänger/innen müssen Verhaltensweisen entwickeln, die zu einer intrinsischen Lernmotivation und zu einem selbstverantworteten Lernprozeß führen. Die Tutorenarbeit zeigt, daß dieses Umlernen am ehesten in einem Selbstfindungsprozeß erreicht wird; darunter ist sowohl ein Reflexionsprozeß zu verstehen als auch ein Lernprozeß des Einübens und Erprobens von Verhaltensweisen, die einem emanzipierten Lernen adäquat sind. Aus lern- und sozialpsychologischen Gründen ist davon auszugehen, daß ein solcher Prozeß am günstigsten abläuft in einer kleinen Gruppe. Wichtig sind dabei die Sensibilisierung für Selbst- und Fremdwahrnehmung. Angestrebte Verhaltensweisen sollen sein:

tung stellt sich nun die Frage: Welche Funktion muß eine Studienbegleitung haben, die über die Vermittlung von Regelinformationen zum Studienablauf auf der einen Seite und eine rein persönlichkeits-zentrierte Beratung auf der anderen Seite hinausgeht und die auch im Zusammenhang mit studienorganisatorischen und studienorientierungsmäßigen Problemen steht sowie eine unterstützende Funktion für die Lehre übernimmt.

An dem skizzierten Ansatz der kooperativen Studienbegleitung sind wichtige Aspekte für ein eigenständiges Profil von Studienbegleitung diskutiert worden: die Loslösung vom psychotherapeutischen Leitbild und die Selbstdefinition als Kompetenzförderung, die Koppelung eigener Ziele an die Ziele des institutionellen Kontexts, die Verbindung von personenbezogenen und kontextbezogenen Interventionen sowie die Bestimmung der zu fördernden Kompetenzen nach nicht-linearen Kriterien. Mit einer professionellen Studienbegleitung kann somit den Hochschulen eine nicht kurativ orientierte, sondern präventive und entwicklungsfördernde Kompetenz geboten werden, die Studierende befähigen kann, ihre reale Lage zu antizipieren, ihre Interessen zu erkennen und offen einzubringen sowie Eigeninitiative zu entwickeln.

Vor diesem Hintergrund orientieren sich die Aufgaben für Studienbegleitung an:

- der Vermittlung von Studienzielen (Berufsidentität etc.);
- dem Angebot zur Um- und Selbstorientierung und (somit) an der Schaffung von Räumen, die einen Selbstfindungsprozeß fördern können;
- der Entwicklung und Stärkung des „selbstgesteuerten Lernens"[320];
- dem Abbau extrinsischer Motivationshilfe und an der Entwicklung und Stärkung von intrinsischer Motivation (Herausforderung von Freude und Interesse an der Sache) und damit von forschendem, entdeckendem Lernen;
- dem Angebot von Räumen für selber zu findende Wissenschafts- und Berufseinstellungen und
- der Förderung von kritischem Sichverantworten.

Kooperationsbereitschaft, soziales Verhalten, Fähigkeiten zur Selbstbestimmung der Lernziele, primäre Motivation.
320 vgl. Edelmann, 1994:424f

Diese Aufgaben sind je nach studentischer Zielgruppe und Studienrichtung zu konkretisieren und weiterzuentwickeln.

Zusammenfassend sollen an dieser Stelle noch einmal die vielfältigen Orientierungspunkte von Studienbegleitung aufgeführt werden:

Studienbegleitung arbeitet *gruppen-* und *personenorientiert*. Sie greift persönliche und gemeinschaftliche Probleme auf (*problemorientiert*). Sie vermittelt andererseits Wissenschaft, Studium und außerhochschulische Lebens- und Arbeitswelt. Mit einzelnen oder Gruppen von Studierenden zusammen werden Problemlösungs-, Verhaltens- und Verfahrensstrategien entwickelt, um Lernprozesse, Orientierung und Handeln günstig und angemessen zu gestalten. Ziel ist eine Minimierung der Belastungsfaktoren für die Person/die Personen aber auch für das Gemeinwesen Hochschule. Studienbegleitung eröffnet zudem das Lern- und Arbeitsfeld „Hochschule und Beruf", macht gesellschaftliche Räume und Institutionen persönlich zugänglich. Bezugspunkte sind über psychische Prozesse und Umstände hinaus Familie, Hochschule, Berufswelt. Studienbegleitung arbeitet *entwicklungsorientiert*. Sie dient der Entwicklung des persönlichen Potentials zum Studienerfolg und Berufseintritt. Studienbegleitung ist also nicht punktuell, sondern als Prozeß anzusehen, als Begleitung eines kontinuierlichen Entwicklungsprozesses, der mit der Studieneingangsberatung beginnt und mit Hilfen bei der Einmündung in den Arbeitsmarkt endet. Studienbegleitung arbeitet *ressourcenorientiert*. Sie orientiert sich an der Perspektive von *Empowerment*. Die mehr statische Erwartungshaltung der Beratungsträger, die von einem defizitären Ansatz ausgeht, wird im Idealfall durch eine dynamische Verhaltensweise ersetzt. Es wird nicht abgewartet, ob und bis die Ratsuchenden kommen, sondern der Studienbegleiter/die Studienbegleiterin geht auf sie zu.[321] Den Studierenden soll der Einsatz ihrer persönlichen Potentiale und Ressourcen ermöglicht und sie sollen zu Selbststeuerung und Autonomie befähigt werden. Studienbegleitung arbeitet damit auch *präventivorientiert*. Es werden Angebote entwickelt, die Schwierigkeiten im Studienalltag entgegenwirken und zur Verbesserung sowohl von subjektiven Kompetenzen als auch von protektiven Umweltbedingungen wie soziale Netzwerke beitragen. Kompetenz- und Realitätsorientierung verhelfen darüber hinaus zu praktisch erreichbaren Verhaltenszielen und erhöhen die Motivation. Studienbegleitung arbeitet *institutionsorientiert*. Dieser

---

321 vgl. Perspektive der aufsuchenden Sozialarbeit/Sozialpädagogik

Bereich befaßt sich mit dem Problem der Rückmeldung der Erfahrungen der Studienbegleitung[322] an die Institution.
Studienbegleitung hat das Ziel, die persönlichen mit den fachlichen, institutionellen und zukünftigen beruflichen Gesichtspunkten zu integrieren.

4.5.2. Zur Einordnung in das System Hochschule

Der Auftrag der Hochschule zur Verbesserung der Studiensituation kann nur durch eine sachgerechte Arbeitsteilung und Kooperation aller in diesem Feld Tätigen für Studierende effizient und realistisch eingelöst werden. Studienbegleitung ist hier eine Schnittstelle. Die „Fäden" müssen von der Studienbegleitung in alle beteiligten Bereiche gehen:

Abbildung 29:
Kooperationsverbund

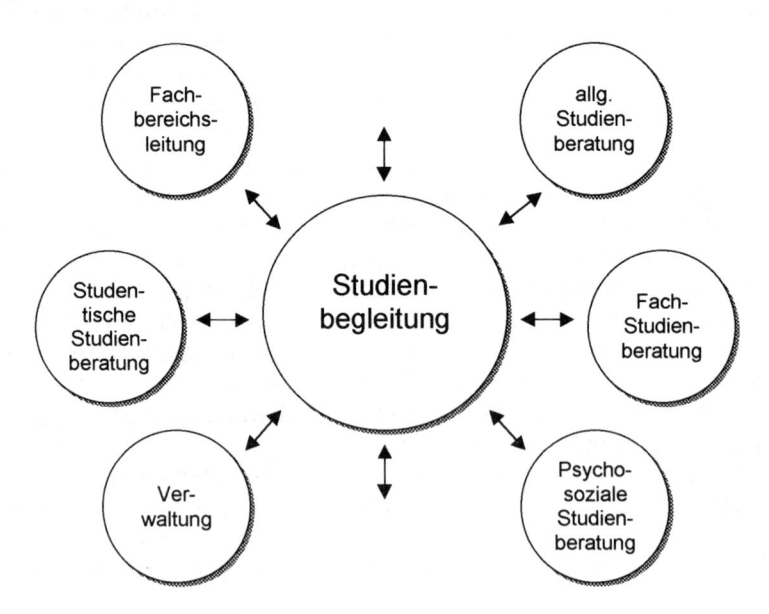

---

[322] Hierbei geht es um die Vermittlung von Problemen der Studierenden sowie ihren institutionellen Bedingungen in die verantwortlichen Hochschulgremien.

Eine wirksame Kooperation setzt voraus, daß eindeutig festgelegt ist, welche Aufgaben die Beratungseinrichtungen, Fachbereiche, Verwaltungseinheiten etc. haben.

Die Studienbegleitung müßte die Möglichkeit des Abrufs der Kommunikation in diese Bereiche hinein haben.

Kooperation ist nicht zuletzt auch deshalb wichtig, um zu verhindern, daß die einzelnen Studierenden nicht „departmentalisiert" werden.

Wichtig ist darüber hinaus, daß Studienbegleitung eine Aufgabe der Hochschule als Institution ist. Studienbegleitung muß deshalb ihre Tätigkeit nicht nur als Serviceaufgabe der Hochschule, sondern auch für die Hochschule verstehen. In der Studienbegleitung werden Schwierigkeiten und Probleme der Studierenden im Gesamtzusammenhang eines Studiums oder der Hochschule erst deutlich. Studienbegleitung sollte deshalb auch der Rückmeldung von Problemen in Studium und Lehre an der Hochschule dienen, z.B. in Form von Anforderungen an die Studienorganisation.
Sie liefert damit auch einen Beitrag zur Studienreform.

Im Dialog mit allen in der Hochschule Verantwortlichen gilt es, den Studierenden eine Bildung und Ausbildung zu vermitteln, die sie qualifiziert, unter sich rapide verändernden Anforderungen Verantwortung in der Gesellschaft zu übernehmen. Für die Einordnung der Funktion des Studienbegleiters/der Studienbegleiterin in das System Hochschule sind zwei Aspekte wichtig:

1. die Stellung des Studienbegleiters/der Studienbegleiterin innerhalb des Fachbereichs bzw. die institutionelle Verankerung und
2. das Kooperationssystem.

Wie bereits dargelegt, ist die Funktion von Studienbegleitung der Lehre im weiteren Sinne zuzuordnen. Die entsprechende und überschaubare Größe innerhalb der Hochschule sind demzufolge die Fachbereiche.

Bei der Funktion der Studienbegleitung handelt es sich nicht allein um eine Arbeitsbeziehung zwischen Student/in und Studienbegleiter/in, sondern um ein „Tetraeder-Verhältnis" zwischen: Studierenden - Lehrkräften – Fachberater/in und Studienbegleiter/in (siehe Abb. 30).

Abbildung 30:
Tetraeder: Studierende - Lehrende - Fachberater/in - Studienbegleiter/in

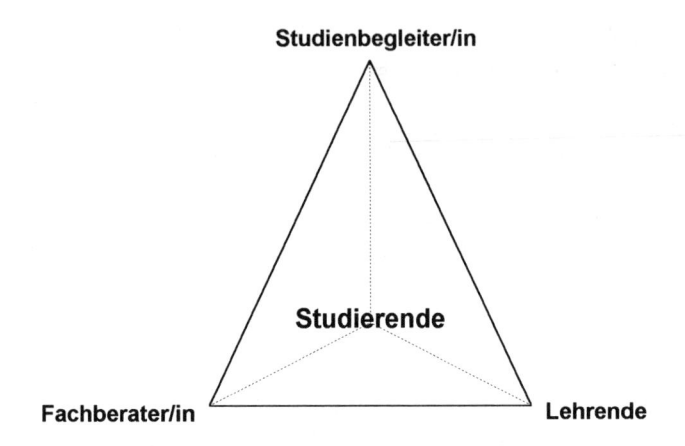

```
              Studienbegleiter/in
                    /|\
                   / | \
                  /  |  \
                 /   |   \
                /  Studierende \
               /  .·'   `·.  \
Fachberater/in /_____\ Lehrende
```

- *Lehrende im Fachbereich*
  Fachbereichsleiter/in
  Hochschulleitung/Verwaltung

- *Fachberatung*
  allgemeine Studienberatung
  psychosoziale Beratung

- *Studierende*
  studentische Studienberatung

- *Studienbegleiter/in*

  Über die Schiene Lehrkräfte verlängert sich der Arm bis zur Hochschulleitung / Verwaltung und über die Schiene Fachberater/in zur allgemeinen Studienberatung (einschließlich psychosozialer Beratungsstelle), die wichtige und notwendige Kooperationsebenen bilden. Die Studienbegleitung hat Vermittlungs- bzw. Verbindungsfunktion, sie stellt sozusagen eine Gelenkstelle dar. Der Studienbegleiter/die Studienbegleiterin entscheidet zum einen selbständig über Unterstützungsmaßnahmen, arbeitet mit den verschiedenen Ebenen in der Hochschule zusammen bzw. leitet im Einzelfall an zuständige Stellen weiter. Die Kontinuität des unterstützenden Angebotes stärkt die Wirksamkeit des Handelns und verankert fachliche Linien durch Reflexion.

Durch die gemeinsame Arbeitsebene, sozusagen das Gesamtprojekt, in dem jedem mitarbeitenden Teil seine spezielle Zuständigkeit zukommt, wird die wechselseitige Unterstützung im Kooperationsverbund der im Tetraeder aufgezeigten Schnittpunkte bzw. Beziehungspunkte zugunsten der Studierenden (mit besonderen Bedürfnissen) gefördert. Die Förderung der Studierenden ist die zentrale Zielrichtung aller Bemühungen.

Zur inhaltlichen und organisatorischen Koordination aller Maßnahmen zur Unterstützung der Studierenden muß sich eine Koordinierungskommission bilden, der alle Beteiligten (s.o.) angehören und die sich regelmäßig im Semester trifft. Die institutionalisierte Form der Zusammenarbeit garantiert die notwendige Verbindlichkeit.

Um dem Studienbegleiter/der Studienbegleiterin auch von seiten der Institution die nötige Information geben zu können, muß er/sie einen Zugang zu allen Entscheidungsgremien haben. Dort kann er/sie dann auch die an ihn/sie herangetragenen Anregungen und Erwartungen der Studierenden einbringen. Durch die so gewonnene Rückmeldung wird ein Beitrag zur Studienreform angeboten. Es ist sinnvoll, daß die in der Studienbegleitung Tätigen in Kommissionen, in denen Studienreform und Gestaltung der Ausbildung/Curriculumsentwicklung entschieden werden, mitarbeiten. Sie sollten deshalb (ungeachtet der organisatorischen, verwaltungsmäßigen Zuordnung) über den Fachbereichsleiter/die Fachbereichsleiterin der Hochschulleitung unterstellt werden und zu regelmäßigen Berichten in der Senatskommission für Lehre und Studium verpflichtet werden. Durch ständige Reflexion und Diskussion der Erfahrungen können so wichtige Anregungen zur Hochschul- und Studienreform eingebracht werden.

Darüber hinaus sind Außenkontakte zu anderen Hochschulen und Verbänden erforderlich.

Noch einige Anmerkungen zu möglichen Problemen, die sich aus der Mittler-, vielleicht auch „Zwitter"-Stellung des Studienbegleiters/der Studienbegleiterin ergeben können. Zum einen soll er/sie studentische Interessen verstärken (Anwaltsfunktion), zum anderen ist er/sie mitverantwortlich für die Lehre im weiteren Sinne und hat entsprechende Erwartungen des Lehrkörpers zu berücksichtigen. Die eigenen Erfahrungen in den Frauenstudiengängen an der KFH NW zeigen, daß sich die Studienbegleiterin vielfach in der Rolle der Mentorin und der Vermittlerin zwischen den (einzelnen) Studentinnen und dem Ganzen der Institution fühlt. Daraus ergeben sich widersprüchliche Anforderungen. Die damit einhergehenden Konflikte dürften nur lösbar sein durch eine eindeutige Rollendefinition im Einzelfall und Transparenz der Funktion und Ziele. Es muß auf jeden Fall ausgeschlossen sein, daß der Studienbegleiter/die Studienbegleiterin prüfend tätig wird. Aufgabenstellung und Struktur der Stelle von Studienbegleitung ist deshalb sehr differenziert zu beschreiben. Nur so sind ein effektiver Nutzen und vor allem auch die notwendige Akzeptanz zu erreichen. Der im Punkt 4.2. erarbeitete Aufgabenkatalog kann als Basis dienen, der dann aufgrund der Spezifika der studentischen Zielgruppe und der Spezifika des jeweiligen Fachbereichs mit den Beteiligten konkretisiert werden muß.

Im Hinblick auf die institutionelle Verankerung wird vorgeschlagen, den Studienbegleiter/die Studienbegleiterin dem Mittelbau zuzuordnen, d.h. er/sie hätte dann den Rang eines wissenschaftlichen Mitarbeiters/einer wissenschaftlichen Mitarbeiterin in der Lehre.
Dem wissenschaftlichen Mitarbeiter/der wissenschaftlichen Mitarbeiterin gegenüber ist nach § 53 HRG der Professor/die Professorin weisungsbefugt, dessen Aufgabengebiet er/sie zugewiesen ist. Sind die wissenschaftlichen Mitarbeiter/innen nicht dem Aufgabengebiet eines Professors/einer Professorin zugeordnet, kann die Weisungsbefugnis - laut Gesetzestext - auch anders geregelt werden. Sie kann Hochschulmitgliedern auch in ihrer Eigenschaft als Leiter/in einer Gliederung eingeräumt werden.
Die Ausführungen zeigen, daß es sinnvoll ist, die in der Studienbegleitung Tätigen der Fachbereichsleitung zuzuordnen bzw. über die jeweiligen Fachbereichsleiter/innen der Hochschulleitung zu unterstellen. Die in der Studienbegleitung Tätigen sind voll in die Lehr- und Personalstruktur der Hochschule zu integrieren. Weiter ist zu überlegen, wie die Funktion von Studienbegleitung als ein neues Element in die Studienreformbemühungen eingebaut und schließlich in Hochschulgesetze institutionalisiert werden kann.

Auf dem Weg dorthin muß es Grundsatz werden, jeden Reformschritt als Experiment zu begreifen, der in der Vorbereitung und der Durchführung von den daran Beteiligten diskutiert, bestimmt, getragen und evaluiert wird.

4.5.3. Erfassung von Kompetenzstrukturen bzw. Entwicklung eines Qualifikationsprofils

Wenn Studienbegleitung ein eigenes Profil als Kompetenzförderung im institutionellen Kontext entwickelt, so hat das auch Konsequenzen für das Qualifikationsprofil. Die Qualifikation muß dann aus einer Kombination von individuumzentrierten und gruppenbezogenen Kompetenzen, von Kompetenzen strukturbezogener Kommunikation und Intervention sowie von fachbezogenen Kompetenzen bestehen. Der Studienbegleiter/die Studienbegleiterin bedient sich demnach der Kenntnisse und des Wissens über

- Hochschul- und Beschäftigungssystem;
- Wissenschaftstheorie, (Sozial-)Pädagogik, Psychologie und Didaktik;
- Verlauf von Lernprozessen;
- Orientierungs-, und Entscheidungsabläufe;
- persönliche Krisen und Konflikte;
- Anwendung von Methoden der Beratung, d.h. Fähigkeiten/ Fertigkeiten im beratungsdidaktischen und psychosozialen Bereich;
- Konzepte der Erwachsenenbildung;
- Gruppenpädagogik (Gesprächsführung, Gesprächsmoderation) und Gruppendynamik;
- Methoden institutioneller Kommunikation;
- Organisationsentwicklung, Sozial- und Projektmanagement, Systemik.

Neben diesen funktionalen Kompetenzen sind persönlichkeitsorientierte Qualifikationen gefordert wie:

- Konfliktfähigkeit;
- Vermittlungs- und Verhandlungsgeschick;
- Kommunikationsfähigkeit;
- Flexibilität;
- psychische Stabilität;
- Sensibilität;
- Empathie;
- Bereitschaft zum Engagement.[323]

---

323 vgl. Ergebnisse der Befragung, Pkt. 4.1.

Zudem muß der Studienbegleiter/die Studienbegleiterin die außerhochschulischen Entwicklungen, die die Lebenssituation der Studierenden tangieren, im Blick haben. Günstig ist es, wenn die in der Studienbegleitung Tätigen aus denselben Lebenszusammenhängen wie die zu begleitenden Studierenden (Familienfrauen, ausländische Studierende u.a.) kommen, bzw. eine besondere Nähe zu ihrer Lebenssituation haben.[324]

Hier stellt sich die Frage nach Wirkungszusammenhängen. Im Modellprojekt hat das „Modellernen" eine wichtige Rolle gespielt. Deshalb muß die „modellierende Kraft" personenorientierter Lehr-/Lernprozesse beachtet werden.[325]

Formale Voraussetzung ist ein abgeschlossenes Hochschulstudium, vorrangig in Pädagogik (u.U. Sozialpädagogik mit Zusatzqualifikation) oder auch in Psychologie, und (mehrjährige) Berufserfahrung. Wünschenswert - wenn auch wahrscheinlich schwer zu realisieren - wäre ein zweites Hochschulstudium in dem Fachgebiet[326], das von den zu begleitenden Studierenden gewählt wurde (Doppelqualifikation). Davon ausgehend, daß die in der Studienbegleitung Tätigen den wissenschaftlichen Mitarbeitern/Mitarbeiterinnen im Fachbereich (Mittelbau) zugeordnet werden (s.o.), gelten die entsprechenden arbeits- und besoldungsrechtlichen Bestimmungen.

Zur Finanzierung dieser neuen Hochschulstelle ist noch zu bemerken:

Die bisherigen Ausführungen und die bereits gemachten Erfahrungen unterstreichen die Notwendigkeit und Sinnhaftigkeit der Funktion von Studienbegleitung. Deshalb empfiehlt sich eine organisatorische und finanzielle Absicherung. Für die neue Aufgabe von Studienbegleitung in den Fachbereichen wäre eine zweckgebundene Förderung vonnöten. Zwar stehen den Fachbereichen im Prinzip schon immer Mittel zur Verbesserung der Studiensituation zur Verfügung. Festzustellen ist allerdings, daß die Fachbereiche von diesen Möglichkeiten zur Bereitstellung von Kapazitäten nur sehr eingeschränkt Gebrauch machen, da die Vertretung anderer Interessen in der Regel stärker ist. Deshalb muß die Zweckbindung durch die Länder dauerhaft abgesichert werden.

---

324 vgl. Frage IX der Befragung
325 vgl. Mannzmann u.a., 1994:22
326 Möglich wäre auch ein Studienabschluß in einem benachbarten Fachgebiet.

Aufgrund der Entlastung, die Studienbegleiter/innen im Rahmen ihrer Tätigkeit auch Lehrenden bieten, so daß sich diese auf fachbezogene Inhalte konzentrieren können, wäre auch die Möglichkeit zu diskutieren, die Stelle eines/einer wissenschaftlichen Mitarbeiter/in für die Aufgaben der Studienbegleitung freizustellen und so die eventuell freiwerdenden prozentualen Anteile im Fachbereich zusammenzufassen. Dies käme einer Umverteilung und Neugewichtung vorhandener Stellenkapazitäten gleich.

Abschließend soll kurz zusammengefaßt werden, was ein Studienbegleiter/eine Studienbegleiterin leisten kann, bevor im nächsten Kapitel Transfermöglichkeiten diskutiert werden.

Was kann durch Studienbegleitung erreicht werden bzw. welche Ziele können mit der Einführung der neuen Funktion verfolgt werden?

Studienbegleitung integriert die persönlichen geistigen und sozialen Gegebenheiten mit den Lern- und Arbeitsprozessen im Studium, einer studienbezogenen Berufsorientierung und dem konkreten Berufseintritt sowie den kontextuellen Bedingungen. Sie berücksichtigt den Gesichtspunkt der Kontinuität des Lebens in Familie, Studium und Beruf. Sie stärkt die vorhandenen Ressourcen und bildet Kompetenzen aus in der Selbstexploration, der Studienorientierung und -entscheidung, der Studienpraxis, der beruflichen Zielbestimmung und -realisierung. Die Funktion von Studienbegleitung als Einheit von (Informations-)Vermittlung, persönlicher und institutioneller Beratung kann also durch die Erweiterung des persönlichen und beruflichen Studiengewinns und durch innere Verdichtung in der Hochschule darauf hinwirken, daß auf breiter Basis ein effektives, persönlich sinnhaftes, gut informiertes und orientiertes Studium angeregt und unterstützt wird. Das Lernen an der Hochschule wird durch die Verbesserung der Studienverlaufsergebnisse (u.a. mit studienzeitverkürzender Wirkung) nicht nur erfolgreicher, sondern auch erfüllter und emotional befriedigender. Dies gilt in besonderer Weise für Studierende mit besonderen Bedürfnissen, auf deren spezifische Situation die in der Studienbegleitung Tätigen gezielt eingehen können. Diese Arbeit wird entscheidend bestimmt durch die Parteinahme des Studienbegleiters/der Studienbegleiterin für die jeweilige Zielgruppe mit dem Ziel einer vorrangigen Förderung.

Durch ihre koordinierende Aufgabe trägt Studienbegleitung zu einer optimalen Nutzung der unterschiedlichen Kompetenzen im Hochschulbereich (z.B. Lehre und Beratungsträger) und durch eine klare Rollenabstimmung zu einem qualitativ verbesserten und auch kostengünstigeren Hochschulsystem bei. Mit der Förderung der Effizienz im Hochschulbereich wird gleichzeitig die Studienreform unterstützt.

5. Transfermöglichkeiten

Auf der Basis des „Erfolgsfaktors" Studienbegleitung bei der akademischen Ausbildung von Familienfrauen zu Sozialarbeiterinnen sollen Perspektiven entwickelt werden für die Übertragbarkeit von inhaltlichen und organisatorischen Grundelementen auf andere Fachbereiche / Studienrichtungen und auf andere studentische Zielgruppen. Zielsetzung muß sein, überall da, wo es besondere Studiengänge für bestimmte Zielgruppen gibt, die Funktion von Studienbegleitung zu installieren.

In weiteren Unterpunkten wird die Frage diskutiert, inwieweit einzelne Elemente des Modells der Studienbegleitung Eingang in Regelstudiengänge bzw. Part-time-Studiengänge finden können. In einem letzten Punkt werden Empfehlungen für die Einbeziehung in Studienreformbemühungen formuliert.

„Den" Studierenden bzw. „die" Studierende schlechthin gibt es nicht. Es muß bei der Formulierung von Anforderungen an Systeme der Studienbegleitung bedacht werden, daß die Anliegen (man denke nur an überwiegend berufstätige oder erziehende Studierende) unterschiedlich sind und zudem zwischen den Studienrichtungen divergieren. Diesen Anforderungen muß ein System der Studienbegleitung gerecht werden.

5.1. Perspektiven von Studienbegleitung für andere Fachbereiche/Studienrichtungen

Bleiben wir zunächst bei der studentische Zielgruppe der Familienfrauen, dann liegt es auf der Hand, daß sich das Modell der Studienbegleitung in einer vergleichbaren Hochschulausbildung für Frauen neben der Familientätigkeit auch in anderen Fachhochschul-Studiengängen als wichtiges Unterstützungssystem und notwendiges Instrument für den Studienerfolg erweisen kann und ähnlich gute Ausgangssituationen und Realisierungschancen hat.[327]

---

327 Es geht nicht allein um Studiengänge der Fachhochschulen, sondern auch um die Neuorientierung geeigneter Studienangebote der Universitäten.

Besonders zu nennen sind[328]:

- andere pädagogische Studiengänge, z.b. Heilpädagogik, Religionspädagogik, umweltpädagogische Studiengänge;
- ökotrophologische Studiengänge;
- Studiengänge des Gesundheitswesens (gesundheits- und sozialpflegerische Berufe);
- Studiengänge des Designs, der Gestaltung, der Architektur;
- Studiengänge der Gestaltung von Städtebau und Wohnungsbau.

An der KFH NW Abteilung Paderborn gibt es seit 1993 Überlegungen, einen Studiengang für Frauen in der nachfamiliären Phase zur Ausbildung als Gemeindereferentinnen (Diplom-Religionspädagoginnen) am Fachbereich Theologie einzurichten. Im Konzept, das sich an den Modellstudiengang anlehnt, ist eine Studienbegleiterin vorgesehen:

"Für die Studienbegleitung soll eine Religionspädagogin mit entsprechender beruflicher und wissenschaftlicher Zusatzqualifikation gewonnen werden. Zu ihren Aufgaben gehören Studienberatung, Begleitung der Teilnehmerinnen, Kooperation mit den Praxisstellen in Gemeinde und Schule, den PraxisbegleiterInnen, Koordination der Praktika, Organisation des Lehrangebotes in den Präsenzphasen, Sorge für die Bereitstellung der Lehrmaterialien und die Erstellung von Literaturlisten nach Absprache mit den DozentInnen, Dokumentation von Lehrmaterialien, Kontakte zu den Bistümern und dem Prüfungsamt des Fachbereichs Theologie."[329]

Die häufige Reduzierung auf Inhalte und berufliche Qualifizierung in den frauentypischen Bereichen Gesundheit, Frauen(bildungs)arbeit, Pädagogik bleibt eigentlich insgesamt defensiv. Versucht werden müßte, vermehrt in andere Bereiche vorzudringen: in „gebrauchswertorientierte" Tätigkeiten von Verbrauchs-, Ökologie- oder Produktberatung bzw. -management, in gewerblich-technische Berufsbereiche, oder sich die durch moderne Management-Konzepte eröffneten Möglichkeiten zu erschließen und damit Berufe einzubeziehen, in denen erst seit einiger Zeit sogenannte Schlüsselqualifikationen gefragt sind, die Frauen sozialisati-

---

328 vgl. Geißler, 1994:3
329 s. Beschluß der Fachbereichskonferenz „Theologie" der KFH NW, Abteilung Paderborn, vom 20.10.93

onsbedingt eher erwerben[330]. Auch wenn ein solcher Rückgriff auf „weibliche" Qualifikationen ambivalent zu bewerten ist, „da auch dies eine neue Form des alten Mechanismus der ‚Industriellen Reservearmee' ist"[331], könnte damit versucht werden, die Auswahl von Berufsmöglichkeiten zu erweitern.[332] Für das Konzept der Studienbegleitung bedeutet diese Ausdehnung auf andere Studiengänge eine Erweiterung des Qualifikationsprofils: Neben einem (sozial)pädagogischen Studienabschluß sollten fachspezifische Kenntnisse und nach Möglichkeit berufliche Erfahrungen im jeweiligen Studienfach vorliegen. Hinzu kommen eine intensive Auseinandersetzung mit der Einordnung der eigenen Rolle in gesellschaftliche Prozesse, eine stärkere Unterstützung in berufspraktischen Fragen (Berufs- bzw. Berufsfeldqualifizierung) und drittens die Förderung von Handlungsorientierung, Selbstbestimmung und sozialen Kompetenzen. Diese Ausrichtung wäre erst recht zu berücksichtigen in klassischen Männerdomänen.

Die Möglichkeiten frauenspezifischer Lehrangebote und Unterstützungsformen sind vor allem in bezug auf den Umgang mit neuen Technologien von Bedeutung. Hier fehlt es an Ermutigung und positiven Vorbildern. Deshalb gewinnt auch die Bedeutung des Modellernens an Gewicht. Vor allem in männertypischen Fächern fehlt es häufig an weiblichen Identifikationspersonen, so daß sich bei der Zielgruppe von Familienfrauen die Wirksamkeit weiblich beeinflußter Lehr-Lernprozesse erhöht. Hier könnte eine Studienbegleiterin wichtige Erfahrungsträgerin und einflußnehmender Faktor sein.

Die Übertragung dieses Modells auf Frauenstudiengänge in anderen Fachbereichen bietet sich nicht zuletzt auch aus finanziellen Gesichtspunkten an, weil wegen der kurzen Studienzeiten und der geringen Quote der Studienabbrecherinnen die Kosten für ein „Frauenstudium" - trotz zusätzlicher studiengangsspezifischer Kosten - unter dem Aufwand für Studienplätze in Regelstudiengängen bleiben.[333]

---

330 Beispiele für Schlüsselqualifikationen sind Kooperations- und Teamfähigkeit.
331 Walther, 1995:135
332 vgl. Frauenbildungs-Studiengang „Wirtschaftsfeld Haushalt/Ökologie" an der Technischen Universität Berlin. Dieser Studiengang, der 1991 abgeschlossen wurde und als solcher derzeit leider nicht angeboten wird, verfolgte das Ziel, Frauen zu qualifizieren, sich den innovativen Wirtschaftsbereich „Ökomarkt" als zukünftiges Unternehmensfeld zu erschließen.
333 vgl. Bock/Genenger-Stricker, 1994:45

5.2. Perspektiven von Studienbegleitung für studentische Adressatengruppen mit ähnlichen biographischen Merkmalen

Das Modell der Studienbegleitung gibt auch die Möglichkeit der Ausweitung auf andere Zielgruppen in besonderen Lebenslagen, da es sich nicht nur auf das Geschlecht oder auf die Mutterrolle stützt, sondern vor allem auf Strukturmerkmale wie Persönlichkeitsentwicklung, individuelle Erfahrungspotentiale sowie auf abschlußbezogene Leistungsorientierung.[334] Mit Blick auf eine bedürfnisorientierte Beachtung eines erweiterten Adressatenkreises sind beispielsweise neben Familienfrauen, Berufstätige, behinderte Menschen, Ausländer/innen und Aussiedler/innen zu nennen.

Seit 1951 finden in regelmäßigen Abständen Sozialerhebungen des Deutschen Studentenwerks statt, die vom Bundesministerium für Bildung, Wissenschaft, Forschung und Technologie finanziert und von der Hochschul-Informations-System GmbH in Hannover durchgeführt werden. Sie beleuchten neben den sozialen Rahmenbedingungen des Studiums (Zusammensetzung der Studentenschaft, Studiensituation, Studienfinanzierung, Erwerbstätigkeit und Wohnsituation) auch das soziale Umfeld einzelner studentischer Gruppen. So befaßte sich die Sonderauswertung im Rahmen der 12. Sozialerhebung des Deutschen Studentenwerks mit Behinderten und chronisch Kranken im Studium.[335] Die Sonderauswertung der 13. Sozialerhebung untersuchte die Studiensituation sowie die wirtschaftliche und soziale Lage der Studierenden mit Kindern.[336] Die Sonderauswertung der 14. Sozialerhebung hatte erstmals die soziale und wirtschaftliche Situation der ausländischen Studierenden in der Bundesrepublik Deutschland zum Thema. Hauptaufgabe der Sonderauswertungen ist es, Defizite im Bereich der Bedingungen für bestimmte studentische Gruppen aufzudecken, damit Handlungsoptionen erarbeitet werden können. Die Ergebnisse liefern Hinweise, in welchen Bereichen Maßnahmen notwendig sind, um eine gleichberechtigte Teilhabe am Hochschulsystem zu erleichtern.

---

334 vgl. Krause/Genenger-Stricker,1994:33
335 vgl. Pkt. 4.4.2.
336 vgl. Pkt. 2.3.

Im folgenden wird diskutiert, inwieweit das Modell der Studienbegleitung eine Maßnahme sein kann, die vor allem für Gruppen mit besonderen Bedürfnissen eine wichtige Unterstützungsfunktion bieten und einen Beitrag zu Partizipation und Gleichberechtigung leisten kann.

Zunächst ist jedoch auf die mögliche Gefahr einer „Stigmatisierung" des Adressatenkreises hinzuweisen. Falls das Instrument der Studienbegleitung nur bestimmten studentischen Gruppen zur Verfügung gestellt wird, kann sich bei den Regelstudierenden das Gefühl entwickeln, benachteiligt zu werden. Auf der anderen Seite fühlen sich die Studierenden mit besonderen Bedürfnissen in ihrer Sonderrolle nicht wohl. Dies kann sich negativ auf die Kommunikation zwischen beiden studentischen Gruppen auswirken und im ungünstigsten Falle auch zu Formen der Stigmatisierung führen. Deshalb ist es nicht zuletzt notwendig, den Austausch zu fördern und auf eine angemessene Mitwirkung in den Kollegialorganen der Hochschule zu achten.

Möglichkeiten der Übertragbarkeit des Modells Studienbegleitung auf weitere Adressatengruppen werden beispielhaft an der Gruppe der ausländischen Studierenden aufgezeigt. Zur Beschreibung dieses Kreises wird auf die Ergebnisse der genannten Sonderauswertung der 14. Sozialerhebung des Deutschen Studentenwerkes Bezug genommen.

In den letzten 20 Jahren (1975-1994) ist es zu einer Verdreifachung der Anzahl der ausländischen Studierenden gekommen. Die Gruppe der ausländischen Studierenden machte im Sommersemester 1994 7,6% aller Studierenden an deutschen Hochschulen aus. Doch ein sehr großer Teil von ihnen, über 40%, haben die Hochschulzugangsberechtigung in der Bundesrepublik Deutschland erworben. Bei ihnen kann davon ausgegangen werden, daß sie bereits einen großen Teil ihres Lebens- und Bildungsweges in Deutschland gegangen sind, daß sie ihre Eltern, ihren Lebensmittelpunkt ohnehin in Deutschland haben und nun auch in Deutschland studieren (= Bildungsinländer/innen). Die Zahl der ausländischen Studierenden im eigentlichen Sinne - das sind Studierende, die wegen eines Studienaufenthaltes für eine bestimmte Zeit nach Deutschland kommen - ist wesentlich geringer; er beträgt 4,3 % (= Bildungsausländer/innen). Die Sonderauswertung unterscheidet demzufolge zwischen Bildungsinländern/Bildungsinländerinnen und Bildungsausländern/Bildungsausländerinnen.

Abbildung 31:
Abgrenzung und Größe der drei wichtigen Gruppen unter ausländischen Studierenden 1994 in %[337]

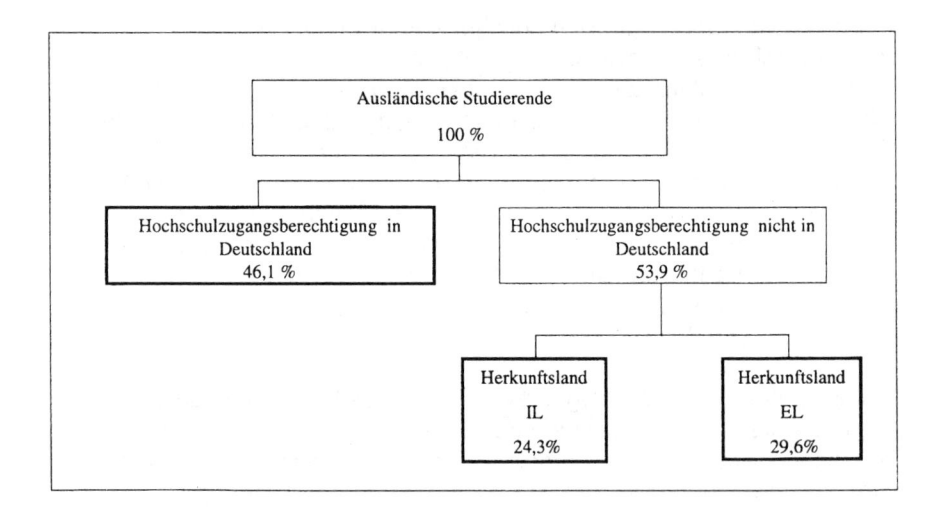

```
                    Ausländische Studierende
                           100 %
           ┌────────────────┴────────────────┐
Hochschulzugangsberechtigung in    Hochschulzugangsberechtigung nicht in
        Deutschland                          Deutschland
          46,1 %                               53,9 %
                                   ┌────────────┴────────────┐
                              Herkunftsland             Herkunftsland
                                   IL                        EL
                                  24,3%                    29,6%
```

Die Gruppe der Bildungsausländer/innen aus „Entwicklungsländern"[338] setzt sich aus Ländern Afrikas (21%), Asiens (29%) sowie Mittel- und Südamerikas (11%) zusammen. Immerhin 39% der Bildungsausländer/innen stammen aus europäischen „Entwicklungsländern" (siehe Abb. 32).

Die Gruppe der Bildungsausländer/innen aus Industrieländern setzt sich zu mehr als drei Vierteln aus europäischen, zu 15% aus asiatischen und zu 9% aus amerikanischen Industrieländern zusammen. (Anteile der wichtigsten Länder: Frankreich 13,8%, Griechenland 12,1%, USA 7%, Luxemburg 6,6%, Spanien bzw. Republik Korea 5,7%) (siehe Abb. 33).

---

337 DSW/HIS 14. Sozialerhebung, 1996:1
338 Im folgenden wird der Begriff „Entwicklungsländer" in Anführungszeichen gesetzt, um auf seinen diskriminierenden Charakter hinzuweisen.

Abbildung 32:
Ausländische Studierende (Bildungsausländer) aus Entwicklungsländern nach Herkunftsländern[339] in %

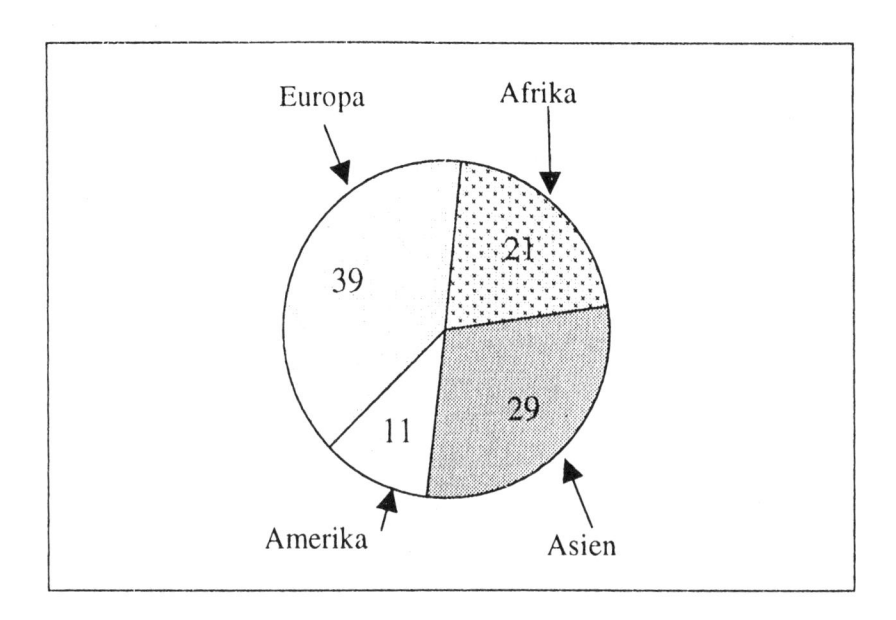

Europa: 39
Afrika: 21
Asien: 29
Amerika: 11

Im folgenden sind einzelne Aspekte der Einschätzung der Studiensituation durch die Bildungsausländer/innen zu benennen:
Nach der Qualität der Lehre befragt, vergeben knapp 40% der Studierenden aus „Entwicklungsländern" gute Noten für die Beratung und Betreuung durch die Lehrenden und für die Qualität der Vermittlung des Lehrstoffs. Am ungünstigsten fallen die Bewertungen für den Komplex „soziale Rahmenbedingungen" aus. Die Information über den Studiengang wie auch die Kommunikation unter Studierenden wird nur noch von 30% der Studierenden aus „Entwicklungsländern" für gut gehalten.

Im Gegensatz zur Bewertung der Studierenden aus den sogenannten Entwicklungsländern werden die sozialen Rahmenbedingungen von immerhin 40% der Studierenden aus Industrieländern für gut gehalten (mit Ausnahme des Aspekts „Information über den Studiengang": nur 31% der Studierenden werten mit „gut"). Demgegenüber schneidet die Kom-

---
339 DSW/HIS 14. Sozialerhebung, 1996:8

munikation unter Studierenden mit immerhin 41% zustimmender Urteile besser ab.

Damit wird deutlich, daß besonders die Integration der Bildungsausländer/innen aus „Entwicklungsländern" an deutschen Hochschulen verbesserungsbedürftig ist.

Abbildung 33:
Ausländische Studierende (Bildungsausländer/innen) aus Industrieländern nach Herkunftsländern[340] in %

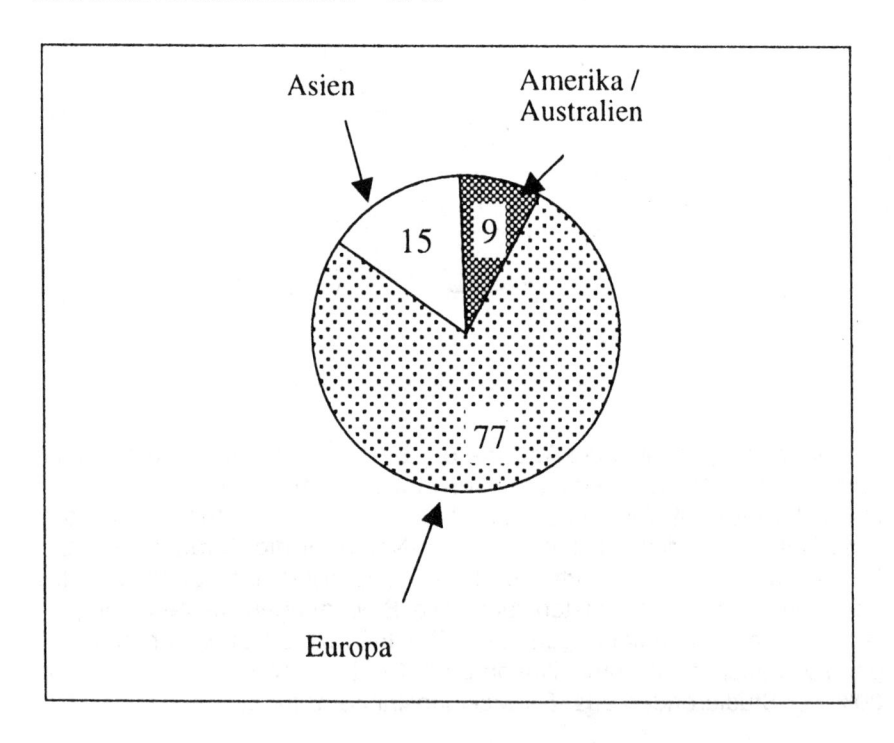

```
          Asien           Amerika /
                          Australien

                    15    9

                      77

                   Europa
```

In ähnlicher Weise wie bei den deutschen Studierenden sind viele der ausländischen Studierenden durch Erwerbstätigkeit neben dem Studium zeitlich belastet. Mit 7,5 Stunden liegen die Studierenden aus den Industrieländern knapp unter der durchschnittlichen zeitlichen Belastung der deutschen Studierenden von acht Stunden in der Woche, und Studie-

---

340 DSW/HIS 14. Sozialerhebung, 1996:9

rende aus den „Entwicklungsländern" liegen mit neun Stunden pro Woche deutlich darüber. Hinsichtlich der Studierenden aus den „Entwicklungsländern" kann allerdings festgestellt werden, daß der Zusatzaufwand für Erwerbstätigkeit weniger zu Lasten des zeitlichen Aufwands für Studienaktivitäten geht als bei den deutschen Studierenden, sondern eher zu Lasten der Freizeit. Die Zeiten für Studienaktivitäten und Erwerbstätigkeit addieren sich für Studierende aus „Entwicklungsländern" fast zu einer 48-Stundenwoche. Die Doppelbelastung durch Erwerbstätigkeit ist damit unangemessen hoch.

Der Vergleich zwischen Stipendiaten und „freien" Studierenden zeigt, daß sich Stipendiaten aus „Entwicklungsländern" fast voll und intensiv dem Studium widmen können (Erwerbstätigkeit: 2,9 Stunden pro Woche), während „freie" Studierende mehr als 10 Stunden pro Woche erwerbstätig sein müssen.

Die Gruppe der Vollzeitstudierenden mit hoher Erwerbsbelastung ist vergleichsweise groß unter Studierenden aus „Entwicklungsländern" (18,6%). Bedenklich ist auch der hohe Anteil von Teilzeit-Studierenden[341] (18,2%). Die Anteilswerte machen deutlich, daß das Ausländerstudium nicht durchgehend mit der an sich erwarteten Effizienz durchgeführt werden kann. Vor allem unter den Studierenden aus den sogenannten Entwicklungsländern kommt es in vielen Fällen zu einer Doppelbelastung, die sich letztlich nachteilig auf das Studium auswirken muß. Jeweils rund 53% der Studierenden aus Industrieländern und aus „Entwicklungsländern" verfügen über einen eigenen Verdienst, den sie zur Bestreitung der Lebenshaltungskosten einsetzen.

Für den Kontext von Studienbegleitung interessiert insbesondere auch die Einschätzung der Beratungssituation an den Hochschulen:

Die verschiedenen Beratungs- und Serviceangebote im Umfeld der Hochschulen werden zum Teil von den örtlichen Studentenwerken, von Einrichtungen der Hochschulen selbst oder von anderen Trägern angeboten. Die Studierenden sollten im Rahmen der Sozialerhebung eine Einschätzung darüber abgeben, inwieweit sie persönlich diese Angebote als wichtig erachten (siehe Abb. 34).

---

341 Bei Teilzeit-Studierenden beträgt das Studienpensum weniger als 25 Stunden in der Woche. (vgl. bmb+f: 14. Sozialerhebung, 1996:17)

Der Mittelwertvergleich zwischen den beiden Gruppen der Studierenden aus Industrieländern bzw. aus „Entwicklungsländern" zeigt nur sehr geringe Einschätzungsunterschiede: ausländische Studierende aus „Entwicklungs"- und Industrieländern nehmen in ähnlicher Weise das Beratungs- und Serviceangebot der Hochschule in Anspruch. Es werden jedoch fast alle Beratungsangebote von Studierenden aus „Entwicklungsländern" als etwas dringlicher angesehen:[342]

Von den ausländischen Studierenden aus den „Entwicklungs"- und Industrieländern wird mit Abstand die Studienberatung als der wichtigste Aufgabenschwerpunkt im Umfeld der Hochschule erachtet. Darin zeigt sich, wie wichtig diese Beratungsstelle für ausländische Studierende ist, bei der sie Hilfestellungen bei speziellen Studienproblemen bekommen können. Die Berufsberatung und Arbeitsvermittlung werden ebenfalls von beiden Gruppen als wichtig eingeschätzt. Vor allem für Studierende aus den „Entwicklungsländern" ist der Bedarf an einer Rechtsberatung im Umfeld der Hochschule recht groß. Dieses erscheint verständlich, da gerade für diese Gruppe Fragen hinsichtlich des Ausländerrechts, der Aufenthaltsbestimmungen und der Arbeitserlaubnis wichtig sind.

Erwähnenswert ist außerdem, daß ausländische Studierende aus den „Entwicklungsländern" nicht häufiger als z.B. Bildungsinländer/innen oder deutsche Studierende angeben, sich im Studium durch psychische Probleme beeinträchtigt zu fühlen. Dieser Hinweis ist insofern von Belang, da die Annahme verbreitet ist, daß ausländische Studierende, vor allem Studierende aus den „Entwicklungsländern", bei der Integration in die fremde Welt zum Teil psychisch überfordert würden („Kulturschock").

---

342 Vergleicht man die Mittelwerte zwischen Bildungsinländern/Bildungsinländerinnen und Deutschen, so zeigen sich auch hier nur geringe Einschätzungsunterschiede. Allerdings werden hier alle Beratungsangebote von Bildungsinländern/Bildungsinländerinnen als etwas dringlicher angesehen, und es kann angenommen werden, daß sie eine wichtige stützende Funktion einnehmen. Die Tatsache, daß trotz dieser geringfügigen Unterschiede Bildungsinländer/innen in ähnlicher Weise wie deutsche Studierende das Beratungs- und Serviceangebot der Hochschule in Anspruch nehmen, kann als ein wichtiger Hinweis auf die Integration der Bildungsinländer/innen an den deutschen Hochschulen bewertet werden.

Abbildung 34:
Einschätzung des Beratungs- und Serviceangebotes im Umfeld der Hochschule[343]

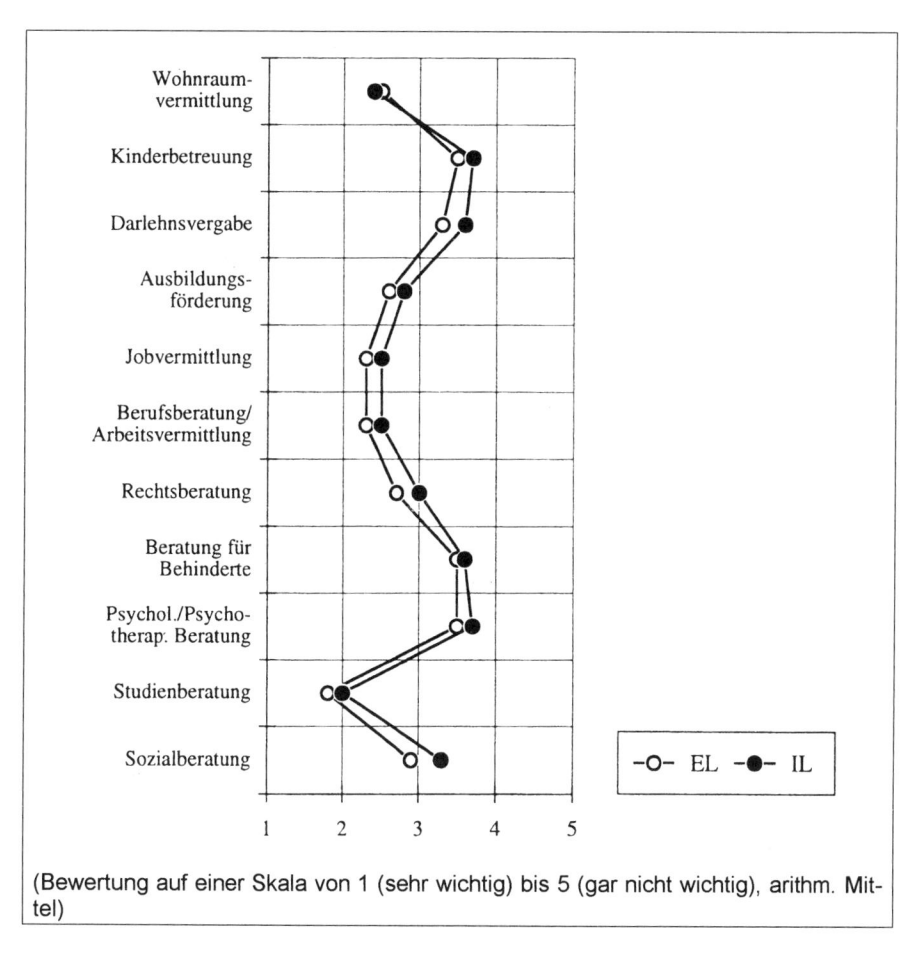

Wohnraumvermittlung	
Kinderbetreuung	
Darlehnsvergabe	
Ausbildungsförderung	
Jobvermittlung	
Berufsberatung/ Arbeitsvermittlung	
Rechtsberatung	
Beratung für Behinderte	
Psychol./Psychotherap. Beratung	
Studienberatung	
Sozialberatung	–O– EL –●– IL

1 2 3 4 5

(Bewertung auf einer Skala von 1 (sehr wichtig) bis 5 (gar nicht wichtig), arithm. Mittel)

Derzeitige bildungspolitische Idealvorstellungen gehen von einem Anteil von etwa 15 Prozent ausländischer Studierender aus.[344] Dieser Anteil

---

343 DSW/HIS 14. Sozialerhebung, 1996:25
344 „Deutschland soll ein im internationalen Vergleich attraktives Studienland sein." So äußerten sich der frühere Bundesbildungsminister J. Rütters und der Präsident des Deutschen Studentenwerks im April 1996. Vgl. Vorwort zur 14. Sozialerhebung, bmb+f, 1996

wird derzeit (s.o.) nicht annähernd erreicht. Zu gering ist offensichtlich die Attraktivität der Studiengänge an deutschen Hochschulen.

Es stellt sich hier die Frage, welche unterstützenden Aufgaben ein Studienbegleiter/eine Studienbegleiterin vor dem Hintergrund der beschriebenen Situation wahrnehmen könnte. Dabei darf es nicht nur um fachliche, sondern vor allem auch um eine persönliche Begleitung von ausländischen Studierenden gehen.

Im folgenden werden exemplarisch einige Unterstützungsmaßnahmen benannt, die dazu beitragen können, daß die ausländischen Studierenden in „ihren" Institutsräumen heimisch werden, sich in das eher unpersönliche deutsche Hochschulleben eingewöhnen und ihren Aufenthalt hier fruchtbar gestalten können:

- Informationen über Studienaufbau, -verlauf und -anforderungen;
- Hilfestellung beim Erlernen gewisser Arbeitshaltungen und Arbeitstechniken sowie rhetorischer Fertigkeiten;
- Ratschläge zur Gestaltung des Studiums, zur Anlage von wissenschaftlichen Arbeiten, etc.;
- Unterstützung in rechtlichen und behördlichen Angelegenheiten;
- Unterstützung in berufspraktischen Fragen, z. B. Berufsberatung in Zusammenarbeit mit dem Arbeitsamt;
- Förderung der Kooperation zwischen den verschiedenen Beratungs- und Serviceangeboten;[345]
- Vermittlung zwischen Lehrenden und Studierenden mit dem Ziel einer Verbesserung der fachlichen Beratung und Betreuung;
- Anregung zur Reflexion methodisch/didaktischer Fragen im Hinblick auf eine adressatenadäquate Vermittlung des Lehrstoffes;
- Förderung der Kommunikation zwischen ausländischen und deutschen Studierenden (z.B. Freizeitangebote, aber auch Seminare über kulturspezifische Fragestellungen);
- spezielle Gruppenangebote für ausländische Frauen[346].

Gerade die Auseinandersetzung mit interkulturellen und interreligiösen Fragen ist von besonderer Bedeutung vor dem Hintergrund zunehmender Internationalisierung im Hochschulbereich.

---

345 vgl. Stichwort: Koordinierungskommission, Pkt. 4.5.
346 Ausländische Frauen sind aufgrund religiöser und/oder kultureller Traditionen mit besonderen Schwierigkeiten konfrontiert.

Studienbegleitung ist zunächst Anlaufstelle für alle Fragen, die ausländische Studierende im Hinblick auf ihr Studium in Deutschland bewegen, und mit dieser Integrationsleistung ermöglicht sie den ausländischen Studierenden, mit größerem persönlichen Gewinn als auch reibungsloserem Studienerfolg zu studieren. Dies liegt sowohl im Interesse der Studierenden selbt als auch der Hochschule.
Darüber hinaus richtet sie sich sowohl an den Kreis der deutschen Studierenden als auch an den Kreis der Lehrenden, denn es geht auch um den Dialog mit anderen Kulturen. Er eröffnet die Chance, die eigenen Perspektiven auszuweiten. Das Verstehen und Sich-einfinden-Können ist ein Ziel, das hier von Studienbegleitung in enger Zusammenarbeit mit dem/der jeweiligen Auslandsbeauftragten an der Hochschule verfolgt wird, und das die Qualität von Studium, Lehre und Forschung fördert. Die Aneignung interkultureller Erfahrungen verbessert die Kompetenz in vielen Handlungsfeldern und dient der personellen Reifung.

Das Ausländerstudium stellt nicht zuletzt ein Element einer aktiven Friedenspolitik[347] dar. Internationale Kontakte leisten einen unverzichtbaren Beitrag zur Völkerverständigung und -versöhnung und sind ein wichtiger Teil politischer und sozialer Bildung.

Die skizzierten Möglichkeiten der Übertragbarkeit des Modells der Studienbegleitung auf den Adressatenkreis der ausländischen Studierenden müßten im Rahmen eines Projektes in der Praxis erprobt und evaluiert werden, um - wie im Modellstudiengang - Erfolgsfaktoren benennen zu können.
Ähnliche Entwürfe ließen sich für weitere studentische Gruppen mit besonderen Bedürfnissen entwickeln. Dabei wäre jeweils von der Analyse der je spezifischen Studiensituation sowie der sozialen Lage auszugehen. Die Entscheidung, ob eine Hochschule zur Unterstützung ihrer Studierenden bzw. bestimmter Gruppen von Studierenden die Stelle eines Studienbegleiters/einer Studienbegleiterin einrichtet, ist letztendlich abhängig von den jeweiligen hochschulpolitischen Zielsetzungen und Optionen.

---

347 Auf die Bedeutung von Begegnung und Zusammenarbeit von Menschen verschiedener Völker, Religionen und Kulturen für die Friedensarbeit hat F. Pöggeler in seinem Buch: Erziehung für die eine Welt hingewiesen: „..., - dies (ist) ein Weg zur Schaffung des Bewußtseins, in der ‚einen Welt' zu existieren." (Pöggeler, 190:11)

5.3. Vorschläge für die Übertragbarkeit des Modells der Studienbegleitung in Part-time-Studiengänge

Aufgrund der absehbaren Trends gesellschaftlichen Wandels, z.B.: Zunahme der Frauenerwerbsquote, weitere Individualisierung von Lebensläufen, anhaltende Tendenz zum Erwerb höherer Bildungsabschlüsse, weitere Um- und Weiterqualifizierungsinteressen, Vielfalt der Kulturen, Globalisierungstendenzen, die sich in der Studierwilligkeit sehr unterschiedlicher Bevölkerungsgruppen niederschlagen, läßt sich mit einer gewissen Sicherheit voraussagen, daß Nachfrage und Bedarf für Part-time-Studienangebote weiter anhalten und noch steigen werden.[348] Es ist vor allem eine Zunahme von berufsbegleitenden Studiengängen zu beobachten, da die Notwendigkeit wächst, Erwerbstätigkeit und Studium zu vereinbaren.

Dieser festzustellende Bedarf an Part-time-Studiengängen, der mit der veränderten sozialen Situation der Studierwilligen bzw. der Studierenden zu erklären ist, erstreckt sich nicht nur auf Studiengänge der Sozial- und Geisteswissenschaften, sondern verstärkt auch auf Ingenieur-Studiengänge.
Das Interesse von Studierenden an Part-time-Studiengängen belegen auch die Ergebnisse der Sozialerhebungen des Deutschen Studentenwerks.

Der Wissenschaftsrat[349] formulierte bereits 1991 in seinen Empfehlungen zur Entwicklung der Fachhochschulen in der 90er Jahren die Erfordernis, daß die Hochschulen der neuen Realität des Studiums und des „Studentseins" Rechnung tragen und neue Formen von Studienangeboten entwickeln müssen, die es ermöglichen, Berufstätigkeit und/oder Kindererziehung mit einem Studium zu vereinbaren. In seinen Thesen zur Hochschulpolitik geht der Wissenschaftsrat[350] davon aus, daß es bildungspolitisch einen Bedarf an organisierten „Teilzeitstudiengängen" gibt. Das Studienangebot der Fachhochschulen sollte fachlich erweitert und im Hinblick auf die Organisation des Studiums differenziert werden. Dazu gehörten auch „Teilzeitstudiengänge". Die deutschen Universitäten setzten bei der Organisation ihrer Studiengänge voraus, daß sich die

---

348 vgl. Bock/Genenger-Stricker, 1994:48
349 vgl. Wissenschaftsrat, 1991
350 vgl. Wissenschaftsrat, 1993

Studierenden voll ihrem Studium widmen. Im Ausland würden „Teilzeitstudiengänge" insbesondere für berufsorientierte, aber auch für kulturwissenschaftliche Studiengänge angeboten. Da es eine größere Zahl von Studierenden gibt, die an einer Kombination von Berufstätigkeit und Studium interessiert sind, sollten spezielle „Teilzeitstudiengänge" angeboten werden.[351]/[352]

Bei Part-time Studiengängen zeigt sich, daß nicht nur das Management aufwendiger ist (Organisation von Präsenzphasen und von Prüfungen, ständiger Informationsaustausch zwischen den Lehrenden), sondern daß darüber hinaus eine Studienprozeßführung/-lenkung und eine kontinuierliche Beratung notwendig sind.

Von Studierenden in Part-time-Studiengängen werden besonders hohe Organisations- und Integrationsleistungen erwartet. Nicht nur sind Alltag, Erwerbstätigkeit, Familie, Freizeit und so weiter mit den realen Studienanforderungen zu koordinieren, zusätzlich muß der Lehrstoff in Richtung einer neuen Berufsidentität und der Übernahme vielfältiger - teilweise sich widersprechender Rollen - optimal bearbeitet und integriert werden.

Dies zeigt, daß ein besonders hoher Bedarf an entsprechender Unterstützung und Beratung in Part-time-Studiengängen besteht. Es bietet sich deshalb an, die im Modellprojekt erprobte Funktion von Studienbegleitung in allen Formen von Part-time-Studiengängen zu installieren. Studienbegleitung könnte hier - quasi als institutionalisierte Kursbegleitung - zum einen Anliegen des sozialen Lernens an der Hochschule bearbeiten und zum anderen Hilfestellung zur konstruktiven Bewältigung individueller Situationen im Studium geben.

Aufgrund der besonderen Struktur von Part-time-Studiengängen[353] kann Studienbegleitung hier besonders effektiv - sowohl im Interesse der Studierenden als auch der Hochschule selbst - eingesetzt werden.

---

351 vgl. Wissenschaftsrat, 1993:34ff
352 Auch in der Erklärung von KMK und HRK zur Umsetzung der Studienstrukturreform (1993) findet sich die Forderung nach dem Ausbau von Part-time-Studiengängen.
353 Part-time-Studiengänge zeichnen sich beispielsweise durch feste Studiengruppen, Vorgaben von Studienzeiten usw. aus.

5.4. Überlegungen zur Übertragbarkeit des Modells der Studienbegleitung in Regelstudiengänge

Die Einrichtung der Funktion eines Studienbegleiters/einer Studienbegleiterin bietet sich primär für studentische Gruppen mit besonderen Bedürfnissen auf der einen Seite und für alle Formen von Kompaktstudien wie z.B. Part-time-Studiengängen an. Es spricht grundsätzlich allerdings nichts dagegen, diese Unterstützung auch allen Regelstudierenden zukommen zu lassen. Im Gegenteil, gerade an großen Hochschulen fällt den Studierenden die Orientierung schwer und sie benötigen persönliche und fachliche Beratung, um zu einem selbstbestimmten und zielgerichteten Studium zu finden. Die im Punkt 4.2. beschriebenen Aufgabenstellungen von Studienbegleitung zeigen vielfältige Förderungsmöglichkeiten auf. Die Erfahrungen des Modellstudiengangs wie auch der Tutorenarbeit könnten genutzt werden für die Konzeption fester Studiengruppen.

Zumindest scheint es aufgrund der aktuellen Studiensituation sinnvoll, die Studierenden durch einen Studienbegleiter/eine Studienbegleiterin während spezifischer Phasen ihres Studiums besonders zu begleiten: in der Eingangsphase, in der Übergangsphase vom Grundstudium zum Hauptstudium, in der Prüfungsphase, in der beruflichen Plazierungsphase.

Dies setzt die Bildung fester Gruppen voraus bzw. die Zuordnung einer bestimmten Anzahl von Studierenden zu einem Studienbegleiter/einer Studienbegleiterin.

Für die Hochschulreform stellt sich die Frage, wie auf die veränderte Studentenrolle auch in Regelstudiengängen reagiert werden kann. Faktoren wie Berufs- und Ehrenamtserfahrungen, ausbildungsrelevante Vorkenntnisse, höheres Durchschnittsalter, studienbegleitende Erwerbstätigkeit oder pragmatische und reflexive Studieninteressen verweisen auf die Notwendigkeit, mit neuen Studienstrukturen bzw. lerngruppenspezifisch variierenden Methoden auf eine veränderte Nachfrage einzugehen.[354] Angesichts der veränderten lernbiographischen, sozialen und interessensmäßigen Ausgangssituation von Studierenden gewinnen die studiengangsorganisatorischen und -didaktischen Implikationen des Modells Studienbegleitung sowie seine inhaltliche Ausrichtung[355] eine zunehmende Bedeutung auch für Regelstudiengänge.

---

354 Bock/Genenger-Stricker, 1994:47
355 vgl. Empowerment-Konzept (Pkt. 4.5.1.)

Offen bleiben muß hier die Frage, wie die im Entwurf des Hochschulrahmengesetzes vorgesehenen neuen Studiengänge, die mit den im angelsächsischen Bereich üblichen Abschlußgraden „Bachelor" und „'Master"' enden, von Studienbegleitung profitieren könnten.

5.5. Empfehlungen für die Studienorganisation und Hochschulreform

Artikel 12 Grundgesetz sowie Paragraph 27 HRG eröffnen und garantieren die individuelle Freiheit des Einzelnen, über seinen Bildungs- und Berufsweg selbst zu entscheiden. Gesellschaft, Staat und Hochschulen müssen dies respektieren und davon ausgehen, daß immer neue gesellschaftliche Gruppen eine qualifizierte akademische Ausbildung suchen. Es ist dem Umstand Rechnung zu tragen, daß die „Halbwertzeit" vermittelten Wissens ständig kleiner und damit die Notwendigkeit lebenslangen Lernens allgemein mehr und mehr anerkannt wird.

Auf der anderen Seite wird - bei knapper werdenden Finanzmitteln und angesichts eines zunehmenden Konkurrenzbewußtseins auch im tertiären Bildungsbereich - in einem Europa der Zukunft im Wettbewerb die flexible, die diskussionsfreudige, die praxis-, berufs- und zukunftsorientierte Hochschule gefragt sein. Die überschaubare Alma mater muß dabei das Modell der Zukunft sein.

Die demographischen Entwicklungen werden dieser Vorstellung einer „überschaubaren Alma mater" entgegenkommen. Denn bis zum Jahr 2020 soll sich die Zahl der Schüler/innen halbieren und damit wird sich auch die Zahl der Studierenden reduzieren.[356]

In dieser Situation sind die Hochschulen in besonderem Maße herausgefordert, für den Hochschulbereich studienfreundliche, bedürfnisbezogene Studienbedingungen zu schaffen. Wie die bisherigen Ausführungen zeigen, kann das Modell der Studienbegleitung hier einen entscheidenden Beitrag leisten, vor allem für studentische Gruppen mit besonderen

---

[356] Wobei zu beachten ist, daß sich die Zahl der Studierenden nicht ausschließlich an demographischen Entwicklungen orientiert.

Bedürfnissen[357] und in neuen Formen der Studienorganisation wie beispielsweise in Part-time-Studiengängen. Durch diese Öffnung wird zum einen ein gesellschafts- und bildungspolitischer Bedarf aufgegriffen. Darüber hinaus beinhalten die neuen Aufgaben auch die Chance eines innovativen Anstoßes, der für den Grundauftrag der Hochschule (Lehre, Forschung, Aus- und Weiterbildung) fruchtbringend sein kann.

Eine kurze Studiendauer und geringe Abbrecherquoten führen schließlich auch zu günstigen Gesamtkosten, auch wenn durch die Studienorganisation bedingte spezifische Zusatzkosten entstehen. Deshalb muß es im Interesse der Hochschulen liegen zu überlegen, wie das Modell der Studienbegleitung in die Studienreformbemühungen einbezogen werden kann. Denn es unterstützt die von den Hochschulen verfolgten Zielsetzungen von Profilschärfung und Bündelung der Ressourcen.

Einzelne Maßnahmen können allerdings nur eine partielle Wirkung haben. Deshalb sollen an dieser Stelle abschließend einige Vorschläge aufgeführt werden, wie darüber hinaus auf das vorgefundene Lern- und Sozialverhalten von Studierenden mit dem Ziel einer Verbesserung reagiert werden könnte, das vielfach – wie oben beschrieben - durch folgende Stichworte zu charakterisieren ist: Isolation, individualistische Lernhaltung, Konkurrenzdenken, unterentwickeltes Sozialverhalten; Autoritätsabhängigkeit und die Unfähigkeit, Fremdautoritäten zu ersetzen; Orientierungsunsicherheit gegenüber dem gewählten Fach, dem Stoff und den Methoden sowie gegenüber dem Beruf und gegenüber dem Selbstverständnis der Wissenschaft; Zugrundeliegen eines falschen Rationalitätsbegriffs, also ein Leugnen von Emotionalität im Lernprozeß.

Hierzu folgende Thesen:

1. These
Statt weiterhin die oben beschriebenen Verhaltensweisen zu reproduzieren - mit dem Ergebnis der fachorientierten, angepaßten „Akademiker/innen" - müßte den Studierenden des erstens Semesters Gelegenheit gegeben werden, sie in Frage zu stellen, abzubauen und durch solche Verhaltensweisen zu ersetzen, die zu einer intrinsischen Lernmotivation und einem selbstverantworteten Lernprozeß führen.

---

[357] Die Sonderauswertungen des Deutschen Studentenwerkes (s.o.) machen auf studentische Gruppen aufmerksam, für die Maßnahmen zu ergreifen sind, um eine gleichberechtigte Teilhabe am Hochschulsystem zu erleichtern.

Dieses Umlernen könnte am ehesten in einem Selbstfindungsprozeß erreicht werden, darunter ist sowohl ein Reflexionsprozeß zu verstehen als auch ein Lernprozeß des Einübens und Erprobens von Verhaltensweisen, die einem emanzipierten Lernen adäquat sind.

2. These
Aus lern- und sozialpsychologischen Gründen ist davon auszugehen, daß ein solcher Prozeß am günstigsten abläuft in einer kleinen Gruppe. Voraussetzung zum Abbau der oben beschriebenen Verhaltensweisen ist dabei die Sensibilisierung für Selbst- und Fremdwahrnehmung.

3. These
Angestrebte Verhaltensweisen sollen sein:
Kooperationsbereitschaft, soziales Verhalten, Fähigkeiten zur Selbstbestimmung der Lehrziele, primäre Motivation.

4. These
Darüber hinaus müßten sich die Lehrkräfte in einem höheren Maße als studienorganisierend begreifen. Durch Gespräche, durch häufige Kontakte zwischen Studierenden und Lehrkräften könnte eine Orientierung der Studierenden stattfinden. Denn diejenigen, das belegen die benannten Untersuchungen, die in engerem Kontakt mit ihren Lehrkräften stehen, sind in einem weitaus höheren Maße in der Lage, ihre Studienanforderungen zu überschauen, ihr Studium zu strukturieren und es selbständig zu gestalten.

5. These
Das deutsche Hochschulsystem ist gekennzeichnet von einer auffallenden Einförmigkeit des Angebots an Studiengangstypen, was deren Struktur angeht. Hier wäre ein Nachdenken über Angebotsvarianten, die auf die persönlichen Lebensumstände von Studierenden Rücksicht nehmen, vonnöten.
Am weitesten fortgeschritten ist in diesem Zusammenhang die Entwicklung von Part-time-Studiengängen. Darüber hinaus ist nach weiteren Wegen zu suchen, die die Differenzierung in der Studentenschaft - die bisher übersehen wurde - mit einer Differenzierung der Studiengangsstrukturen in einen möglichst großen Einklang bringen.

6. These
Eine besondere Herausforderung dürfte darin liegen, den möglichen Verengungen von Wahrnehmungs- und Handlungsmustern, wie sie sich

in eher verwertungsorientierten Lernerwartungen eines Teils der Studentenschaft bzw. in „Verschulungs"-tendenzen auf der Angebotsseite widerspiegeln, eine durch wissenschaftspropädeutische Lernmöglichkeiten und selbstevaluative Maßnahmen gestützte Relativierung entgegenzusetzen.

7. These

Zur Verbesserung der Qualität der Lehre als Chance zur Selbstreflexion und um die Studierenden stärker an der Gestaltung des Ausbildungsangebotes zu beteiligen, sollte eine studentische Veranstaltungskritik obligatorisch werden.

Diese Vorschläge sind nicht konkurrierend zur Funktion eines Studienbegleiters oder einer Studienbegleiterin zu sehen. Im Gegenteil: sie ergänzen und fördern ihre Wirksamkeit. Auf die aktuelle Studiensituation kann nicht mit Einzelmaßnahmen reagiert werden.
Nur ein integratives Konzept kann zur Verbesserung der Studienqualität beitragen.

6. Schlußwort

Abschließend werden noch einige Gedanken formuliert, die sich von den Ideen von Humboldts ableiten:
Die Wissenschaftler/innen erzeugen in der ihnen eigentümlichen Weise Wissen über die Welt. Die wechselseitige interpretative Weitergabe dieses Wissens geschieht in Lehre und Studium. So komplex die Vermittlungen auch immer sind, so berühren sie in diesem Prozeß die persönliche Entwicklung und haben in ihr auch Ausgangspunkte.
Es handelt sich hierbei zwar um persönliche Entwicklungen, sie sind aber nicht private, also dem Raum der Hochschule entzogene Prozesse, sondern haben teil an ihrer inneren Existenz. Zu Beginn der Reform der Universitäten im deutschsprachigen Raum - also in der Wende vom 18. zum 19. Jahrhundert - richtete sich das Interesse von Humboldts, des herausragenden preußischen Bildungsplaners und -gestalters, auf diesen Vermittlungszusammenhang. Wilhelm von Humboldt sah die hauptsächliche Aufgabe des Hochschullehrers in dem Begleiten und Unterstützen solcher "schaffenden Kräfte", im "Einsehen der Wissenschaft"[358]. Von Humboldt blickt in seinem Begriff des forschenden Lehrens und Lernens als freie Geistestätigkeit auf die Verschränkungen von subjektivem Sinn und wissenschaftlicher Objektivität. Von dieser Blickrichtung aus bestimmt er in seiner berühmten Schrift "Die innere und äußere Organisation der höheren wissenschaftlichen Anstalten"[359]. Genau an dieser Stelle - der Verbindung von Subjektivität und persönlicher Entwicklung in und mit dem Studium - könnte das dargelegte Konzept von Studienbegleitung seinen Gegenstand haben.

Es kann vielleicht noch weitergehend gefragt werden, ob in einer Zeit, in der die Bewußtheit der interpretativen Funktion der Wissenschaft als eine Form der Welterfahrung zunimmt und nicht nur in den Sozial- und Geisteswissenschaften, sondern auch in den Naturwissenschaften Objektivität und Intersubjektivität nur in vielfältigen hermeneutischen Brechungen, Relativierungen und Vernetzungen denkbar werden, sich vielleicht die Modernität des Humboldtschen Konzeptes akademischer Lehre erst zu erweisen beginnt. Diese Frage näher zu untersuchen oder gar zu beantworten, kann hier nicht geleistet werden, sie weist jedoch auf die Vielgestaltigkeit dessen, was Studium heute ist.

---

358 von Humboldt 1964a:170
359 von Humboldt 1964b

Hat man diese Komplexität der tertiären Bildungsprozesse vor Augen, so kann - in Erweiterung der begrenzten Gesprächsmöglichkeiten mit Hochschullehrern und Hochschullehrerinnen im Rahmen von Lehrveranstaltungen und Prüfungen - das Konzept der Studienbegleitung im Verbund mit den verschiedenen Formen der Studienberatung als Versuch gewertet werden, dieser Unterstützung auch in den modernen Hochschulen eine konkrete Chance und Gestalt zu geben.

Das Konzept „Studienbegleitung" trägt dazu bei, Betreuung und Lehre in neuer Weise zu integrieren und kann damit als eine Antwort auf die Herausforderung, Wege zur Verwirklichung des alt-neuen Humboldtschen Bildungsideals zu beschreiten, verstanden werden. Es wäre ein wichtiger Weg, um die Defizite in der Wahrnehmung der Lebenswelt der Studierenden seitens der Hochschulen abzubauen.

Daraus ergibt sich die Notwendigkeit einer fachlich-inhaltlichen, hochschul- und bildungspolitischen Zusammenarbeit mit Hochschulen, Verbänden und Ministerien mit dem Ziel, Studienbegleitung auch über einzelne Modellprojekte hinaus zu fördern, sowie die Bedingungen für die Übertragbarkeit der Ergebnisse auf andere Hochschulen zu prüfen und nach Möglichkeit zu verbessern.

7. Anhang

Fragebögen:

Fragen zur Person: Studentinnen

1. Tragen Sie bitte Ihr Geburtsjahr ein:

   _____

2. Geben Sie bitte (durch einfaches Ankreuzen) an, ob Sie die Zulassung zum Studium über die Fachhochschulreife bzw. allg. Hochschulreife oder über die Einstufungsprüfung erlangt haben:

   Fachhochschulreife / allg. Hochschulreife............ []

   Einstufungsprüfung.. []

3. Geben Sie bitte an, wieviele Kinder Sie haben:

   _____ Kinder

4. Geben Sie bitte an, wie alt Ihr jüngstes Kind zu Beginn Ihres Studiums war:

   _____ Jahre

5. Geben Sie bitte an (durch einfaches Ankreuzen), wer während Ihres Studiums die Hauptverantwortung für die Erziehung der Kinder trug:

   Sie selbst............... []
   Ihr Partner............. []
   Sie gemeinsam mit
   Ihrem Partner......... []
   Eltern oder sonstige
   Familienangehörige.. []

Fragen zur Person: Lehrkräfte

1. Geben Sie bitte (durch Ankreuzen) Ihr Geschlecht an:

    weiblich...... []
    männlich..... []

2. Tragen Sie bitte Ihr Geburtsjahr ein:

    _____

3. Geben Sie bitte das Fach/die Fächer an, das/die Sie im Frauenstudium gelehrt haben.

    _____
    _____
    _____

4. Geben Sie bitte an, ob Sie als hauptamtliche Lehrkraft der KFH NW oder im Rahmen eines Lehrauftrages im Frauenstudium tätig waren:

    als hauptamtliche Lehrkraft der KFH NW............... []
    als Lehrbeauftragte... []

5. Tragen Sie bitte ein, über wieviele Semester sich Ihre Lehrtätigkeit im Frauenstudium erstreckte:

    _____ Semester

Fragebogen für die Studierenden und Lehrkräfte im Modellprojekt zur Ausbildung von Frauen zur Diplom-Sozialarbeiterin neben der Familientätigkeit

I. Wie bewerten Sie die verschiedenen Aufgaben einer Studienbegleiterin in Bezug auf Beratung, Begleitung und Unterstützung der Studentinnen?

	trifft voll und ganz zu				trifft über- haupt nicht zu

1. Die Studienbegleiterin ermutigt die Studentinnen, sich den Herausforderungen des Studiums - bis zum Abschluß - zu stellen.. 5   4   3   2   1

2. Die Studienbegleiterin fördert das Selbstbewußtsein und die Entwicklung psychischer Stabilität............................ 5   4   3   2   1

3. Die Studienbegleiterin unterstützt die Entwicklung von Arbeitshaltungen... 5   4   3   2   1

4. Die Studienbegleiterin berät die Studentinnen bei der Planung und Gestaltung des Studiums und der Prüfungen einschl. Diplomarbeit an den drei Lernorten Hochschule - Familie - Praxis.. 5   4   3   2   1

5. Die Studienbegleiterin ist mitverantwortlich für die Begleitung und Auswertung von Praktikumserfahrungen (z.B. Praktikumsberichte)............................... 5   4   3   2   1

6. Die Studienbegleiterin bietet Unterstützung im Lernprozeß in Bezug auf Inhalte und Methoden............................ 5   4   3   2   1

7. Die Studienbegleiterin hilft bei individuellen Lern- und Arbeitsschwierigkeiten.................................. 5   4   3   2   1

8. Die Studienbegleiterin gibt Hilfestellung bei Selbstbestimmung und Zielorientierung im Studium....................... 5   4   3   2   1

9. Die Studienbegleiterin begleitet und unterstützt die Studentinnen während schwieriger Phasen aufgrund von Problemen, die über das Studium hinausgehen.................. 5   4   3   2   1

10. Die Studienbegleiterin hilft bei der Klärung von Identitätsfragen, die sich aus den neuen Rollenerwartungen für die Studentinnen ergeben........................ 5   4   3   2   1

11. Die Studienbegleiterin gibt Anregungen zur Auseinandersetzung mit der Frauenrolle............................ 5   4   3   2   1

12. Die Studienbegleiterin übernimmt Lehraufträge............... 5   4   3   2   1

	trifft voll und ganz zu			trifft überhaupt nicht zu

13. Die Studienbegleiterin stärkt die Studentinnen in ihren Fähigkeiten und Fertigkeiten berufspraktischer Art............ 5 4 3 2 1

14. Die Studienbegleiterin fördert ein akzeptierendes "Gruppenklima" und konstruktive Gruppenprozesse.......... 5 4 3 2 1

15. Die Studienbegleiterin vermittelt innerhalb der Studiengruppe bei gegensätzlichen Interessen (Interaktion zwischen Studentinnen bzw. zwischen studentischen Untergruppen).. 5 4 3 2 1

16. Die Studienbegleiterin fördert die Einbindung der Studienbemühungen in berufsethische, persönlichkeitsbildende und kompetenzerweiternde Dimensionen........... 5 4 3 2 1

17. Die Studienbegleiterin sucht Kontakte zu den Studentinnen auf der informellen Ebene, um eine gemeinsame Arbeitsbasis zu schaffen.. 5 4 3 2 1

18. Die Studienbegleiterin bietet Orientierungshilfe für Weg, Ziel und spätere Berufstätigkeit der Studentinnen............ 5 4 3 2 1

II. Wie bewerten Sie die verschiedenen Aufgaben einer Studienbegleiterin im Hinblick auf die Lehrkräfte sowie im Hinblick auf die Vermittlung zwischen den Studentinnen und den Lehrkräften bzw. Gremien?

	trifft voll und ganz zu			trifft überhaupt nicht zu

1. Die Studienbegleiterin koordiniert die Lehrangebote, Lehrmaterialien, Prüfungen sowie die Absprachen zwischen den Lehrkräften... 5 4 3 2 1

2. Die Studienbegleiterin informiert die Lehrenden über Studienverlauf, Praktikumserfahrungen, Gruppenprozeß und aktuelle Entwicklungen.. 5 4 3 2 1

3. Die Studienbegleiterin vermittelt die Reflexionsergebnisse der Studentinnen an die Lehrkräfte........................ 5 4 3 2 1

4. Die Studienbegleiterin vermittelt zwischen Studentinnen und Lehrkräften bei der Abstimmung der jeweiligen Erwartungen... 5 4 3 2 1

5. Die Studienbegleiterin vermittelt im Falle von Konflikten zwischen Studentinnen und Lehrkräften....................... 5 4 3 2 1

6. Die Studienbegleiterin vermittelt zwischen Studentinnen und Projektleitung bzw. Projektgremien....................... 5 4 3 2 1

III. Wie bewerten Sie die Aufgaben einer Studienbegleiterin im Hinblick auf koordinierende und administrative Aufgaben?

	trifft voll und ganz zu			trifft überhaupt nicht zu
1. Die Studienbegleiterin organisiert die Lehrangebote............	5	4	3	2	1
2. Die Studienbegleiterin informiert die Studentinnen über Studienverlauf/Studienanforderungen etc......................	5	4	3	2	1
3. Die Studienbegleiterin koordiniert Praktika sowie Praxisbegleitung/Supervision..	5	4	3	2	1
4. Die Studienbegleiterin koordiniert die gegenseitigen Erwartungen von Praxis und Lehre.....................................	5	4	3	2	1

IV. Gibt es aus Ihrer Sicht weitere wesentliche Aufgaben für eine Studienbegleiterin, die in den ersten 3 Fragekomplexen nicht genannt wurden?
(bitte ankreuzen:)
nein []

ja []

Wenn ja, welche?

Die folgende Frage V. richtet sich nur an Studentinnen:

V. Wie bewerten Sie die Unterstützung durch die Studienbegleiterin in den verschiedenen Phasen Ihres Studiums?

	trifft voll und ganz zu			trifft überhaupt nicht zu
Die Studienbegleiterin war für mich besonders wichtig:					
1. in der Anfangsphase (1.u.2. Sem.) mit Einstieg, Kennenlernen, Umstellungen.........................	5	4	3	2	1
2. in der Phase der ersten Benotung (Anfang des 3. Semesters) mit Leistungsanforderungen, Bewertungen, Konkurrenzerfahrungen.................................	5	4	3	2	1
3. vor und während der Prüfungsphasen (5.u.6. Sem.) mit "Ernstcharakter"........................	5	4	3	2	1

	trifft voll und ganz zu				trifft überhaupt nicht zu
4. in Entscheidungsphasen, z.B. Schwerpunktstudium (4. Sem.), unter "Festlegungsdruck"................................	5	4	3	2	1
5. in den drei Praktikumsphasen mit konkreten Erfahrungen/Erlebnissen, besonders im Hinblick auf die Unterscheidung zwischen ehrenamtlicher und professioneller Tätigkeit..................	5	4	3	2	1

6. darüber hinaus in folgender Phase:

VI. Um die Rolle einer Studienbegleiterin ausüben zu können, sind verschiedene Dimensionen inhaltlich/fachlicher und persönlicher Art von Bedeutung.
(bitte ankreuzen; Mehrfachnennungen sind möglich:)

1. Welche inhaltlichen/fachlichen Qualifikationen muß eine Studienbegleiterin mitbringen, um den Anforderungen gerecht zu werden?

- analytische Fähigkeiten..................................... []
- psychologische Qualifikationen......................... []
- pädagogische Qualifikationen........................... []
- Erfahrung mit Gruppenleitung............................ []
- Kenntnisse in der Struktur der Hochschularbeit.................. []
- Erfahrung mit Organisationsaufgaben................ []
- Kenntnisse oder Erfahrungen sowohl in Bezug auf die Anforderungen des Studiengangs als auch auf die Praxis der Sozialarbeit....................... []
- Kenntnisse der Lernpsychologie........................ []
- Supervisionsausbildung...................................... []
- Kenntnisse von Gruppendynamik..................... []
- Kenntnisse von Erwachsenenbildung................ []
- konzeptionelle Fähigkeiten................................ []
- Hochschulabschluß in Pädagogik, Psychologie oder Sozialwissenschaften................................ []
- Sonstige: _____

2. Welche persönlichen Fähigkeiten muß eine Studienbegleiterin mitbringen, um den Anforderungen gerecht zu werden?
- gute Strukturierung der eigenen Arbeit............. []
- Sensibilität.. []
- Vermittlungs- und Verhandlungsgeschick......... []
- Konfliktfähigkeit.. []
- Organisationstalent.. []
- Ambiguitätstoleranz... []
- Kommunikationsfähigkeit................................. []
- Nähe zur Lebenssituation der Studentinnen..... []

- Flexibilität... []
- Bereitschaft zu Engagement................................. []
- Solidarität... []
- Empathie/Einfühlungsvermögen............................. []
- psychische Stabilität... []
- Klarheit im Denken und Handeln............................ []
- Durchsetzungsvermögen....................................... []
- Ausdauer/Durchhaltevermögen.............................. []
- Sonstige: _____

VII. Halten Sie eine Studienbegleitung bei <u>Regelstudiengängen</u> an der Fachhochschule für sinnvoll, wenn Familienfrauen gefördert und aufgrund ihrer Besonderheiten unterstützt werden sollen?
(bitte ankreuzen:)
nein []
ja []

Warum?

VIII. Angenommen, Sie hätten die Aufgabe, die Stelle einer Studienbegleiterin zu konzipieren. Wie sähe sie aus? Haben Sie Ideen, wie diese Stelle im Vergleich zum Modellprojekt ausgebaut werden könnte?

IX. War die persönliche Situation der Studienbegleiterin für Sie von Bedeutung?
(bitte ankreuzen)

Für mich war besonders bedeutsam, daß die Studienbegleiterin

1. eine Frau war................................... []

2. Familienfrau war.............................. []

3. Pädagogin/Sozialpädagogin war....... []

4. ehrenamtlich engagiert war.............. []

5. (sonstiges:)_____
   _____war.

X. Welche Interessen soll die Studienbegleiterin Ihrer Meinung nach vertreten?

Bitte bewerten Sie die folgenden Aussagen:

	trifft voll und ganz zu				trifft überhaupt nicht zu

Die Studienbegleiterin ist vorrangig...

1. Anwältin der Studierenden... 5   4   3   2   1

2. Assistentin der Lehrkräfte... 5   4   3   2   1

3. Vermittlungsinstanz in der Organisationsstruktur des
   Studiums/der Hochschule... 5   4   3   2   1

4. (sonstiges)_____

Herzlichen Dank für Ihre Mühe!

Marianne Genenger-Stricker

Die vollständigen Ergebnisse der statistische Auswertung der einzelnen Fragebögen können über die Katholische Fachhochschule Nordrhein-Westfalen, Abteilung Aachen, Robert-Schuman-Straße 25, 52066 Aachen, angefordert werden.

8. Literatur

Akademie für Jugendfragen (Hrsg.), 1979: Supervision im Spannungsfeld zwischen Person und Institution. Münster

Anderson, J., 1969: Study Methods - A Practical Guide. Sydney

Arbeitsgemeinschaft für Hochschuldidaktik e.V. (AHD), 1994: Qualifizierung der Lehre. Braunschweiger Erklärung des AHD-Vorstandes. Braunschweig

Atteslander, P., 1993: Methoden empirischer Sozialforschung. 7. Auflage. Berlin/New York

Balardi, N., 1994: Der Beitrag supervisorischer Kompetenz zur Sozialarbeitswissenschaft - Metatheoretische Überlegungen. In: Wendt, W. R., 1994: Sozial und wissenschaftlich arbeiten - Status und Positionen der Sozialarbeitswissenschaft. Freiburg

Bargel, T./Bürmann, J., 1977: Hochschulsozialisation und Studienreform - Erfahrungsberichte und Reflexionen über die Bedeutung des Sozialisationskonzeptes in der Hochschuldidaktik. Blickpunkt Hochschuldidaktik 44. Hamburg

Bathke, G.-W., 1991: Hochschulstudenten im Spannungsfeld des gesellschaftlichen Umbruchs. In: Kinder und Jugendliche aus der DDR. Jugendhilfe in den neuen Bundesländern. Reporttexte. Berlin

Bau-van der Straeten, B., 1990: Modellstudiengang zur „Ausbildung von Frauen zur Diplom-Sozialarbeiterin neben der Familientätigkeit". Ergebnisse einer Teilnehmerinnenbefragung. Vervielfältigtes Manuskript. Köln

Bayerisches Staatsministerium für Arbeit und Sozialordnung/Deutsches Jugendinstitut/Katholische Arbeitnehmerbewegung Süddeutschland (Hrsg.), 1994: „Auf den richtigen Blickwinkel kommt es an" - Familienkompetenzen nutzen - Möglichkeiten der Verwertbarkeit in der Arbeitswelt. München

Bayerisches Staatsinstitut für Hochschulforschung und Hochschulplanung, 1994: Schindler, G.: Studentische Einstellungen und Studienverhalten. Bd. 35. München

Beck-Gernsheim, E., 1983: Vom "Dasein für andere" zum Anspruch auf ein Stück "eigenes Leben". Individualisierungsprozesse im weiblichen Lebenszusammenhang. In: Soziale Welt, Sonderband 2, 307-340

Beck-Gernsheim, E., 1998: Was kommt nach der Familie? Einblicke in neue Lebensformen. München

Becker, E., (Hrsg.), 1983: Reflexionsprobleme der Hochschulforschung. Beiträge zur Theorie- und Methodendiskussion. Blickpunkt Hochschuldidaktik 75. Weinheim/Basel

Berendt, B.,1983: Tutor – Tutorenprogramm. In: Huber, L. (Hrsg.): Ausbildung und Sozialisation in der Hochschule. Enzyklopädie Erziehungswissenschaft. Bd. 10. Stuttgart, 742-745

Berendt, B., 1972: Das "Berliner Tutorenmodell" - Musterbeispiel für die Krise der Universität in der Reform oder gescheitertes Reformexperiment. Berlin

Berendt, B., 1969: 18 Jahre Tutorenarbeit an der Freien Universität Berlin. Blickpunkt Hochschuldidaktik 3. Hamburg

Berger, P./Luckmann, T., 1969: Die gesellschaftliche Konstruktion der Wirklichkeit. Eine Theorie der Wissenssoziologie. Stuttgart

Bertram, B., 1993: "Nicht zurück an den Kochtopf" - Aus- und Weiterbildung in Ostdeutschland. In: Helwig, G./Nickel, H. M. (Hrsg.): Frauen in Deutschland 1945-1992. In: Schriftenreihe der Bundeszentrale für politische Bildung. Bd. 318. Bonn

Biscioni, R., 1978: Ein neues Ausbildungsmodell für Soziale Arbeit mit Einzelnen, Familien und Gruppen. Zürich

Bock, U.,/Braszeit, A./Schmerl, C. (Hrsg.), 1983: Frauen an den Universitäten. Zur Situation von Studentinnen und Hochschullehrerinnen in der männlichen Wissenschaftshierarchie. Frankfurt/New York

Bock, T./Genenger-Stricker, M., 1991/92/93: Modellversuch des Landes Nordrhein-Westfalen an der Katholischen Fachhochschule NW. „Studiengang zur Ausbildung von Frauen zur Diplom-Sozialarbeiterin neben der Familientätigkeit". Erster, zweiter und dritter Zwischenbericht. Köln

Bock,T./Genenger-Stricker, M., 1994: Modellversuch des Landes Nordrhein-Westfalen an der Katholischen Fachhochschule NW. „Studiengang zur Ausbildung von Frauen zur Diplom-Sozialarbeiterin neben der Familientätigkeit". Schlussbericht. Köln

Bock, T., 1994: Ressourcen aus Familienarbeit und gesellschaftlichem Engagement in der Ausbildung zur Diplom-Sozialarbeiterin. Beitrag zum Symposium: Familienorientierung des Bildungssystems. Veranstaltet von der Hochschul-Informations-System GmbH in Hannover. Vervielfältigtes Manuskript. Hannover

Bock, T., 1993: Ehrenamtliche Tätigkeit im sozialen Bereich. In: Fachlexikon der sozialen Arbeit. Hrsg. vom Dt. Verein für öffentliche und private Fürsorge. Frankfurt, 253-256

Bock,T./Lowy,U.A., 1975: Lehrplanentwicklung für Sozialarbeiter und Sozialpädagogen. Hrsg. von der Katholischen Fachhochschule Nordrhein-Westfalen. 2. Auflage. Freiburg

Bonß, W., 1994: Die Soziologie in der Gesellschaft. In: Görg, C. (Hrsg.): Gesellschaft im Übergang. Perspektiven kritischer Soziologie. Darmstadt, 88-106

Bottler,J. (Hrsg.), 1993: Standpunkte: Wirtschaftslehre des Haushalts. Baltmannsweiler

Branahl, U./Reinisch, H./Zechlin, L., 1977: Tutorien im Rahmen von Studienreformprojekten. Heft 14 der Reihe „Hochschuldidaktische Stichworte". Hrsg. vom Interdisziplinären Zentrum für Hochschuldidaktik der Universität Hamburg. Hamburg

Brückner, M., 1993: Frauen und Sozialmanagement. 2. Auflage, Freiburg

Budde, H.-G./Leszczensky, M., 1990: Behinderte und chronisch Kranke im Studium. Ergebnisse einer Sonderauswertung im Rahmen der 12. Sozialerhebung des Deutschen Studentenwerks im Sommersemester

1988 (Zusammenfassung). Hrsg. von der Hochschul-Informations-System GmbH in Hannover. Kurzinformation A 5/90. Hannover

Bürmann,I./Huber,L., 1973: Curriculumsentwicklung im Hochschulbereich. Heft 2 der Reihe „Hochschuldidaktische Stichworte". Hamburg

Bundesministerium für Bildung, Wissenschaft, Forschung und Technologie (Hrsg.), 1998: Das soziale Bild der Studentenschaft in der Bundesrepublik Deutschland. Vorbericht zur 15. Sozialerhebung des Deutschen Studentenwerks. Bonn

Bundesministerium für Bildung, Wissenschaft, Forschung und Technologie (Hrsg.), 1996: Die wirtschaftliche und soziale Lage der ausländischen Studierenden in Deutschland. Ergebnisse der 14. Sozialerhebung des Deutschen Studentenwerks. Bonn

Bundesministerium für Bildung und Wissenschaft (Hrsg.), 1995: Das soziale Bild der Studentenschaft in der Bundesrepublik Deutschland. 14. Sozialerhebung des Deutschen Studentenwerks. Bonn

Bundesministerium für Familie, Senioren, Frauen und Jugend (Hrsg.), 1998: Frauen in der Bundesrepublik Deutschland. Bonn

Bundesministerium für Familie und Senioren (Hrsg.), 1994: Familien und Familienpolitik im geeinten Deutschland - Zukunft des Humanvermögens. 5. Familienbericht. Bonn

Bundesministerium für Bildung und Wissenschaft (Hrsg.), 1993: Die Fachhochschulen in der Bundesrepublik Deutschland. Schriftenreihe: Grundlagen und Perspektiven für Bildung und Wissenschaft. Bd. 37. Bonn

Bundesministerium für Bildung und Wissenschaft (Hrsg.),1992: Studierende mit Kindern. Antwort der Bundesregierung auf eine große Anfrage. Bonn

Bundesministerium für Bildung und Wissenschaft (Hrsg.), 1992: Kinderbetreuung und Weiterbildung. Bonn

Bundesministerium für Bildung und Wissenschaft (Hrsg.), 1992: Das soziale Bild der Studentenschaft in der Bundesrepublik Deutschland. 13. Sozialerhebung des Deutschen Studentenwerks. Bonn

Bundesministerium für Bildung und Wissenschaft (Hrsg.), 1989: Das soziale Bild der Studentenschaft in der Bundesrepublik Deutschland. 12. Sozialerhebung des Deutschen Studentenwerks. Bonn

Bund-Länder-Kommission für Bildungsplanung und Forschungsförderung, 1991: Modellversuch zur Studienberatung. Bericht über eine Auswertung. Bonn

Callies, H., 1994: Organisationsformen des Studiums. Wie familienfreundlich ist bzw. kann das Studium sein? In: Hochschul-Informations-System GmbH (Hrsg.): Symposium zur Familienorientierung des Bildungssystems in Hannover. Ergebnisse aus den Foren. Hannover

Chur, D., 1995: Beratung als Kompetenzförderung. In: System Familie. 8. Jg., H.2, 103-110

Comelli, G., 1985: Training als Beitrag zur Organisationsentwicklung. Handbuch der Weiterbildung für die Praxis in Wirtschaft und Verwaltung. Bd.4. München/Wien

Deutscher Bundestag, 1993: Antwort der Bundesregierung auf die große Anfrage von Abgeordneten zum Thema: Studierende mit Kindern. Drucksache 12/3491. Bonn

Deutscher Bundestag, 1993: Plenarprotokoll der 137. Sitzung am 4.2.93, Nr.12: Diskussion zum Thema: Studieren mit Kind. Bonn

Deutscher Bundestag (Hrsg.), 1980: Frau und Gesellschaft (II). Bericht 1980 der Enquete-Kommission und Aussprache 1981 im Plenum des Deutschen Bundestages. In: Zur Sache 1/81: Themen Parlamentarischer Beratung. Bayreuth

Deutscher Bundestag (Hrsg.), 1977: Frau und Gesellschaft. Zwischenbericht der Enquete-Kommission des Deutschen Bundestages. In: Zur Sache 1/77: Themen Parlamentarischer Beratung. Stuttgart

Deutscher Verein für öffentliche und private Fürsorge (Hrsg.), 1997: Fachlexikon der sozialen Arbeit. 4. Auflage. Stuttgart/Berlin/Köln

Deutscher Verein für öffentliche und private Fürsorge (Hrsg.), 1993: Fachlexikon der sozialen Arbeit, 3. Auflage. Frankfurt

Deutsches Studentenwerk, 1993a: Chancengleichheit für Studierende mit Kindern an den Hochschulen nicht verwirklicht. Pressemitteilung vom 26.2.1993. Bonn

Deutsches Studentenwerk, 1993b: Dokumentation der Fachtagung "Spielräume schaffen". Bonn

Deutsches Studentenwerk, 1993c: Behinderte Studieren. Praktische Tips und Informationen der Beratungsstelle für behinderte Studienbewerber und Studenten des Deutschen Studentenwerks. 4. Auflage. Bonn

Deutsches Studentenwerk (Hrsg.), 1993d: Studienbedingungen behinderter Studierender an den Hochschulen der Bundesrepublik Deutschland. Bonn

Dewe, B./Ferchhoff, W./Scherr, A./Stüwe, G., 1996: Sozialpädagogik, Sozialarbeitswissenschaft, Soziale Arbeit? Die Frage nach der disziplinären und professionellen Einheit. In: Puhl, R. (Hrsg.): Sozialarbeitswissenschaft. Neue Chancen für theoriegeleitete Soziale Arbeit. Weinheim/München, 111-125

Dewe, B./Scherr, A., 1992: Gesellschafts- kulturtheoretische Bezugspunkte einer Theorie Sozialer Arbeit. In: Neue Praxis, 20. Jg., H. 2, 124-142

Dewe, B./Ferchhoff, W., 1987: Abschied von den Professionen oder die Entzauberung der Experten? Zur Situation der helfenden Berufe in den 80er Jahren. In: Archiv für Wirtschaft und Praxis der sozialen Arbeit, 23. Jg., H.3, 147-182

Dewe, B./Ferchhoff, W./Peters, F./Stüwe, G., 1986: Professionalisierung, Kritik, Deutung. Soziale Dienste zwischen Verwissenschaftlichung und Wohlfahrtsstaatskrise. Frankfurt/Main

Dewe,B./Ferchhoff, W./Radtke, F.-O., 1992: Das Professionswissen von Pädagogen. In: dies. (Hrsg.): Erziehen als Profession. Zur Logik professionellen Handelns in pädagogischen Feldern. Opladen, 70-91

Dewe, B./Ferchhoff, W./Scherr, A.Stüwe, G., 1995: Professionelles soziales Handeln. Weinheim/München

Diemer, N./Völker, W., 1981: Im freien Flug übers Handgemenge. Über Selbsthilfe und Vergesellschaftung im Reproduktionsbereich. In: Widersprüche, 1/81, 71 ff

Diplom-Prüfungsordnung. Verordnung zur Regelung der Diplomprüfung für die Studiengänge der Fachrichtung Sozialwesen an Fachhochschulen und für entsprechende Studiengänge an Universitäten – Gesamthochschulen – im Lande Nordrhein-Westfalen. Gesetz- und Verordnungsblatt für das Land Nordrhein Westfalen – Nr. 39 vom 30. Juli 1982. Düsseldorf

Dörner, K./Plog, U., 1986: Irren ist menschlich. 3. Auflage. Bonn

Dohmen, G., 1996: Das lebenslange Lernen. Leitlinien einer modernen Bildungspolitik. Hrsg. vom Bundesministerium für Bildung, Wissenschaft, Forschung und Technologie. Bonn

Eckstein, B./Bornemann, E., 1969: Arbeit mit kleinen Studentengruppen. Blickpunkt Hochschuldidaktik 4. Hamburg

Edelmann, W., 1994: Lernpsychologie. 4. Auflage. Weinheim

Ehrhardt-Kramer, A., 1993: Frauen in Leitungsfunktionen im sozialen Bereich. In: Brückner, M. (Hrsg.): Frauen und Sozialmanagement. 2. Auflage. Freiburg, 20-32

Engelke, E., 1996: Soziale Arbeit als wissenschaftliche Disziplin. Anmerkungen zum Streit über eine Sozialarbeitswissenschaft. In: sozialmagazin, 21. Jg., H. 7-8, 42-54

Engelke, E., 1993: Soziale Arbeit als Wissenschaft. Eine Orientierung. 2. Auflage. Freiburg

Engler, S., 1993: Fachkultur, Geschlecht und soziale Reproduktion. Eine Untersuchung über Studentinnen und Studenten der Erziehungswissenschaft, Rechtswissenschaft, Elektrotechnik und des Maschinenbaus. Weinheim

Erikson, E.H., 1970: Identität und Lebenszyklus. Frankfurt

Erler, M., 1993: Soziale Arbeit. Ein Lehr- und Arbeitsbuch zu Geschichte, Aufgaben und Theorie. Weinheim/München

Eyferth,H./Otto,H.U./Thiersch,H. (Hrsg.), 1986: Handbuch zur Sozialarbeit/Sozialpädagogik. 2. Auflage. Neuwied/Darmstadt

Fachhochschule Frankfurt (Hrsg.), 1989: Dokumentation zur Lebens- und Studiensituation studierender Mütter und Väter am Fachbereich Sozialpädagogik. Ergebnisse einer Fragebogenaktion. Frankfurt

Fatke, R./Hornstein, W., 1987: Sozialpädagogik - Entwicklungen, Tendenzen und Probleme. In: Zeitschrift für Pädagogik, 33. Jg., H. 5, 589-593

Ferchhoff, W./Kurtz, T., 1998: Professionalisierungstendenzen der Sozialen Arbeit in der Moderne. In: Neue Praxis, 28. Jg., H. 1,12-26

Fesel, V./Rose, B./Simmel, M. (Hrsg.), 1992: Sozialarbeit - ein deutscher Frauenberuf. Kontinuitäten und Brüche im 20. Jahrhundert. Pfaffenweiler

Feser, H./Müller-Daehn, S./Schmitz, U., 1989: Familienfrauen im mittleren Alter. Lebenssituation und Zukunftsperspektiven. Forschungsbericht. Schriftenreihe des Bundesministers für Jugend, Familie, Frauen und Gesundheit. Band 247.1. Stuttgart

Figge,P./Kaiphas,W./Knigge-Illner, H./Rott, G., 1993: Psychologische Studienberatung an deutschen Hochschulen. Empirische Studie zu Kontext, institutionellen Bedingungen, Aufgaben. Schriftenreihe der Bergischen Universität Gesamthochschule Wuppertal. Wuppertal

Florin,P./Wandersmann,A., 1990: An introduction to citizen participation, voluntary organizations, and community development: insights for Empowerment through research. In: American Journal of Community Psychology, 18/90, 41 ff

Frankenberger, T./Schön, B./Tewes-Karimi, M., 1989: Studentinnen mit Kindern zwischen Emanzipation und Anpassung an die weibliche Normalbiographie. In: Schön, B. (Hrsg.): Emanzipation und Mutterschaft. Erfahrungen und Untersuchungen über Lebensentwürfe und mütterliche Praxis. Weinheim/München

Frauenbüro der Universität Hohenheim (Hrsg.), 1993: Studieren mit Kindern. Hohenheim

Frauenbüro der Universität Hohenheim (Hrsg.), 1993: Schwangerschaft, Kinder und Wissenschaft. Hohenheim

Freidson, E.,1975: Dominanz der Experten. Hrsg. von Rohde, J. München/Berlin/Wien

Freund, M., 1997: "Und was hab' ich dann davon?": Frauenstudien an der Universität. Weiterbildung für Frauen in und nach der Familienphase. Bielefeld

Fricke, W./Grauer, G., 1994: Hochschulsozialisation im Sozialwesen. Entwicklung von Persönlichkeit. Studienbezogene Einstellungen. Berufliche Orientierungen. In: Hochschul-Informations-System GmbH (Hrsg.): HIS-Hochschulplanung. Bd. 105. Hannover

Gängler,H./Rauschenbach,Th., 1996: Sozialarbeitswissenschaft ist die Antwort. Was aber war die Frage? In: Grunwald,K. / Ortmann,F. / Rauschenbach,Th. / Treptow,R. (Hrsg.): Alltag, Nicht-Alltägliches und die Lebenswelt. Beiträge zur lebensweltorientierten Sozialpädagogik. Weinheim/München, 157ff

Geißler, C., 1994: Frauenrelevante Hochschulkonzepte und arbeitsmarktpolitische Perspektiven. In: Bock,T./Genenger-Stricker,M.: Modellversuch des Landes Nordrhein-Westfalen an der Katholischen Fachhochschule NW. „Studiengang zur Ausbildung von Frauen zur Diplom-Sozialarbeiterin neben der Familientätigkeit". Schlußbericht. Köln

Genenger-Stricker, M./Zwicker-Pelzer, R., 1998: Zwischenbericht zum 1. Frauenstudiengang an der Katholischen Fachhochschule NW, Abteilung Aachen. Vervielfältigtes Manuskript. Aachen

Genenger-Stricker, M., 1996: Ergebnisse der Eingangsbefragung des 1. Frauenstudiengangs an der KFH NW, Abteilung Aachen. Vervielfältigtes Manuskript. Aachen

Genenger-Stricker, M., 1996: Empirische Untersuchung zum Berufsprofil einer Studienbegleiterin im Modellprojekt zur „Ausbildung von Frauen zur Diplom-Sozialarbeiterin neben der Familientätigkeit" an der KFH NW. Vervielfältigtes Manuskript. Aachen

Genenger-Stricker, M., 1993: Befragung der am Modellprojekt zur „Ausbildung von Frauen zur Diplom-Sozialarbeit neben der Berufstätigkeit" beteiligten Studentinnen, Lehrkräfte, Praxisanleiter/innen und Supervisor/innen. Vervielfältigtes Manuskript. Köln

Gesetz über die Fachhochschulen im Lande Nordrhein-Westfalen (Fachhochschulgesetz - FHG) in der Fassung vom 3.8.1993, in: Gesetz- und Verordnungsblatt für das Land Nordrhein-Westfalen - Nr.52 vom 23. September 1993

Giesecke, H., 1966: Gesellschaftliche Faktoren des sozialpädagogischen Bewußtseins. In: Mollenhauer, K. (Hrsg.): Zur Bestimmung von Sozialpädagogik und Sozialarbeit in der Gegenwart. Weinheim

Göhler, M., 1989: Kinder - Küche - Kwalifikation! Zur Lebens- und Studiensituation studierender Mütter. In: Schön, B. (Hrsg.): Emanzipation und Mutterschaft. Erfahrungen und Untersuchungen über Lebensentwürfe und mütterliche Praxis. Weinheim/München

Göhler, M./Scholz, W.-D., 1989: Zwischen Küche und Hörsaal. Zur Situation studierender Mütter. Ergebnisse einer Untersuchung über die Situation studierender Mütter an der Universität Oldenburg. Oldenburg

Gofman, E., 1967: Sigma. Über Techniken der Bewältigung beschädigter Identität. Frankfurt

Goldschmid, B./Goldschmid, M. L, 1979.: Peer Teaching in Higher Education. In: Higher Education. 5/1976, 9 ff

Gottschalch, W., 1980: Studienbeginn als Identitätskrise. In: Wolscher, K. (Hrsg.): Studentenleben. Reinbek bei Hamburg, 124-138

Griesbach, H./Leszczensky, M., 1993: Studentische Zeitbudgets - empirische Ergebnisse zur Diskussion über Aspekte des Teilzeitstudiums. Hrsg. von der Hochschul-Informations-System GmbH. Hannover

Großmann, W., 1989: Studium mit Kind - nur eine Notlösung? Eine Befragung Studierender mit Kindern an der Universität Dortmund. In: Schön, B. (Hrsg.): Emanzipation und Mutterschaft. Erfahrungen und Untersuchungen über Lebensentwürfe und mütterliche Praxis. Weinheim/München

Großmann, W., 1993: Studierende mit Kindern - Vortrag auf einer Fachtagung des Deutschen Studentenwerks über "Probleme und Lösungsvorschläge zur Verbesserung von Studium und Elternschaft". Kassel

Grundgesetz für die Bundesrepublik Deutschland. In: Bundesgesetzblatt, Teil III, Gliederungsnummer 100-1, zuletzt geändert durch Gesetz vom 3. Nov. 1995 BGBl. I S. 1492

Grunwald,K./Ortmann,F./Rauschenbach,Th./Treptow,R. (Hrsg.), 1996: Alltag, Nicht-Alltägliches und die Lebenswelt. Beiträge zur lebensweltorientierten Sozialpädagogik. Weinheim/München

Haines, E., 1990: Zeitbudgetdaten für die Frauen- und Familienpolitik. In: Schweitzer, R.von/Ehling, M./Schäfer, D. u.a.: Zeitbudgeterhebungen. Ziele, Methoden und neue Konzepte. Stuttgart, 107-128

Hamburger Arbeitskreis Frauen - Weiterbildung - Erwerbstätigkeit,1989: Weiterbildung für Frauen. In: Berufliche Wiedereingliederung von Frauen als Aufgabe von Gesellschaft und Weiterbildung. Hrsg. vom Landesinstitut für Schule und Weiterbildung NRW. Soest, 86-89

Hamburger, F., 1995: Zeitdiagnose zur Theoriediskussion. In: Thiersch, H./Grunwald, K. (Hrsg.): Zeitdiagnose Sozialer Arbeit. Weinheim / München, 10-26

Haupert, B., 1995: Vom Interventionismus zur Professionalität. Programmatische Überlegungen zur Gegenstandsbestimmung der Sozialen Arbeit als Wissenschaft, Profession und Praxis. In: Neue Praxis, 25. Jg., H.1, 32-55

Heil, F. E./Scheller, R (1984) Psychologische Beratung. In: Schmidt L. R. (Hrsg.) Lehrbuch der Klinischen Psychologie. Stuttgart, 390-411

Hertig, M., 1975: Probleme und Methoden der Psychotherapieforschung. München

Herlyn, I./Vogel, U., 1988: Familienfrauen und Individualisierung. Eine Literaturanalyse zu Lebensmitte und Weiterbildung. Weinheim

Heublein, U., 1994: Kinderbetreuung und Hochschule. In: Hochschul-Informations-System GmbH (Hrsg.): Symposium: Familienorientierung des Bildungssystems. Ergebnisse aus den Foren. Hannover, 4

Hochschul-Informations-System GmbH (Hrsg.), 1995: Symposium: Familienorientierung des Bildungssystems. Dokumentation. HIS-Kurzinformation A 6/95. Hannover

Hochschul-Informations-System GmbH, 1994: Ergebnisspiegel 1993. Hannover

Hochschulrahmengesetz vom 26.1.76 (BGBl. I S. 185), in der Fassung der Bekanntmachung vom 9. April 1987 (BGBl. I S. 1170), zuletzt geändert durch Artikel 1 des Gesetzes vom 20. August 1998 (BGBl. I S. 2190)

Hochschulrektorenkonferenz/Deutsches Studentenwerk (Hrsg.), 1997: Zusammenarbeit von Beratungseinrichtungen für Studierende. Fachtagung der Hochschulrektorenkonferenz und des Deutschen Studentenwerkes am 18./19. März 1996 in Bonn. Beiträge zur Hochschulpolitik 2/1997. Bonn

Hochschulrektorenkonferenz (Hrsg.), 1995: Die Studienberatung in den Hochschulen in der Bundesrepublik Deutschland. Dokumente zur Hochschulreform 1994/95. Bonn

Hochschulrektorenkonferenz (Hrsg.), 1994: Qualität von Studium und Lehre: Schritte zur Umsetzung des HRK-Konzeptes "Zur Entwicklung der Hochschulen in Deutschland". Fachtagung der Hochschulrektorenkonferenz am 9.Juni 1993 in Bonn. Dokumente zur Hochschulreform 91/1994. Bonn

Hochschulrektorenkonferenz/Ständige Konferenz der Kultusminister der Länder in der BRD (Hrsg.), 1993: Umsetzung der Studienstrukturreform. Stellungnahme der Kultusministerkonferenz vom 2.7.93 und der Hochschulrektorenkonferenz vom 12.7.93. Bonn

Hochschulrektorenkonferenz (Hrsg.), 1991: Perspektiven der Studienberatung. Fachtagung der Hochschulrektorenkonferenz vom 22.-24.8.1990 in Konstanz. Dokumente zur Hochschulreform 70/1991. Bonn

Hofemann, K./Loviscach, P./Schulte-Altedorneburg, M., 1993: Die Qualität der Ausbildung muß verbessert werden. In: Soziale Arbeit, 42. Jg., H. 4, 127-129

Holm-Hadulla, R., 1994: Psychotherapeutische Beratung und Behandlung von Studierenden im Rahmen einer Psychotherapeutischen Beratungsstelle. In: Psychotherapie, Psychosomatik, Medizinische Psychologie, 44 Jg., H.1, 15ff

Hondrich, O., 1994: Totenglocke im Elfenbeinturm. In: "Der Spiegel", H. 6, 1994, 34-37

Huber, L., 1972: Ziele und Aufgaben von Tutoren. Hochschuldidaktische Stichworte 1. Hamburg

Huber, L., 1991: Sozialisation in der Hochschule. In: Hurrelmann, K./Ulich, D.: Handbuch der Sozialisationsforschung. 4. Auflage. Weinheim/Basel, 417-441

Huber, L. (Hrsg.), 1983: Ausbildung und Sozialisation in der Hochschule. Enzyklopädie Erziehungswissenschaft. Handbuch und Lexikon der Erziehung. Bd.10. Stuttgart

Humboldt, W. von, 1964a: Der Königsberger und der Litauische Schulplan. In: Humboldt, W. von: Schriften zur Politik und zum Bildungswesen. Werke Bd. IV. Darmstadt, 168-195

Humboldt, W. von, 1964b: Über die innere und äußere Organisation der höheren Wissenschaftlichen Anstalten in Berlin. In: Humboldt, W. von: Schriften zur Politik und zum Bildungswesen. Werke Bd. IV. Darmstadt, 253-266

Hurrelmann, K./Ulich, D. (Hrsg.), 1991: Handbuch der Sozialisationsforschung. 4. Auflage. Weinheim/Basel

Institut für Entwicklungsplanung und Strukturforschung (Hrsg.), 1993: Lebenslagen - Lebensräume - Lebensqualität. Aspekte der Entwicklung des Humanvermögens. Bd. 154. Hannover

Janicke, C., 1995: Qualifikationsmodell Frauenstudium. Qualifikation ehrenamtlich tätiger Familienfrauen im Modellstudiengang zur „Ausbildung von Frauen zur Diplom-Sozialarbeiterin neben der Familientätigkeit" an der KFH NW. Vervielfältigtes Manuskript. Köln

Janicke, C., 1994: Mütter studieren - Qualifikationsmodell Frauenstudium. In: Siedschlag, C.: Campus-Mütter: Eine Veröffentlichung zur Situation der Studierenden mit Kindern. Fribourg, 41-47

Jarvis, P., 1990: An International Dictionary of Adult and continuing Education. London

Jers, N. (Hrsg.), 1991: Soziale Arbeit gestern und morgen. Festschrift zum 75jährigen Bestehen der katholischen Ausbildungsstätte für Sozialarbeit und Sozialpädagogik in Aachen. Aachen

John, R./Fallner, H., 1980: Handlungsmodell - Supervision – Beratung. Mayen

Kähler, H. D./Schulte-Altedorneburg, M., 1995: Blockaden bei der Studienreform oder „Des Kaisers neue Kleider". In: Soziale Arbeit, 44. Jg. H. 1, 2-13

Kahle, I., 1993: Studierende mit Kindern: Die Studiensituation sowie die wirtschaftliche und soziale Lage der Studierenden mit Kindern in der Bundesrepublik Deutschland. Ergebnisse der Sonderauswertung der 13. Sozialerhebung des Deutschen Studentenwerkes im Mai 1991. Hrsg. von der Hochschul-Informations-System GmbH: Hochschulplanung Bd. 97. Hannover

Kahle, I./Schaeper, H., 1991: Bildungswege von Frauen. Vom Abitur bis zum Berufseintritt. Hrsg. von der Hochschul-Informations-System GmbH. Hannover

Kalusche, K./Sack, L., 1969: Erfahrungsbericht über das Übungsgruppenmodell am II. Mathematischen Institut. In: Blickpunkt Hochschuldidaktik, H. 3, Berendt, B.: 18 Jahre Tutorenarbeit an der freien Universität Berlin. Hamburg

Katholische Bundesarbeitsgemeinschaft für Erwachsenenbildung (Hrsg.), 1990: Familientätigkeit als Baustein zur Weiterqualifikation in Beruf und Gesellschaft - Entwicklung und Erprobung von berufsbezogenen Weiterbildungsangeboten für Familienhausfrauen. Integrierte Ergebnisse. Vervielfältigtes Manuskript. Bonn

Katholische Bundesarbeitsgemeinschaft für Erwachsenenbildung/Institut für Entwicklungsplanung und Strukturforschung (Hrsg.), 1988a: Familientätigkeit als Baustein zur Weiterqualifikation in Beruf und Gesellschaft. Kursmodelle. Bonn/Hannover

Katholische Bundesarbeitsgemeinschaft für Erwachsenenbildung/Institut für Entwicklungsplanung und Strukturforschung (Hrsg.), 1988b: Familientätigkeit als Baustein zur Weiterqualifikation in Beruf und Gesellschaft. Materialien. Bonn/Hannover

Katholische Bundesarbeitsgemeinschaft für Erwachsenenbildung/Institut für Entwicklungsplanung und Strukturforschung (Hrsg.), 1988c: Familientätigkeit als Baustein zur Weiterqualifikation in Beruf und Gesellschaft. Dokumentation von 2 Tagungen. Bonn/Hannover

Katholische Fachhochschule Nordrhein-Westfalen, Abteilung Paderborn, 1993: Beschluß der Fachbereichskonferenz Theologie vom 20.10.93. Paderborn

Katholische Fachhochschule Nordrhein-Westfalen (Hrsg.), 1997: Rahmenstudienordnung für die Studiengänge des Fachbereichs Sozialwesen. Köln

Katholische Fachhochschule Nordrhein-Westfalen, 1995: Stellenbeschreibungen der Studienbegleiterin. Aachen/Köln

Katholische Fachhochschule Nordrhein-Westfalen, 1987: Antrag auf Förderung des Modellversuchs „Studiengang zur Ausbildung von Frauen zur Diplom-Sozialarbeiterin neben der Familientätigkeit" an den Minister für Wissenschaft und Forschung des Landes NW. Köln

Katholische Fachhochschule Nordrhein-Westfalen (Hrsg.), 1985: Einstufungsprüfungsordnung vom 6.12.85. Köln

Keddi, B./Kreil, M., 1994: Weibliche Eigenständigkeit – Balanceakt zwischen Unabhängigkeit und Bindung. In: Seidenspinner, G. (Hrsg.): Frausein in Deutschland. Aktuelle Themen, Perspektiven und Ziele feministischer Sozialforschung. Weinheim/München, 17-34

Kendall, K.A., 1986: Social Work education in the 1980s: accent on change. In: Intern. Social Work, 29, 1, 15-28

Kernberg O. F., 1981: Objektbeziehungen und Praxis der Psychoanalyse. Stuttgart

Kersting, H. J., 1992: Kommunikationssystem Supervision. Aachen

Kersting, H. J./Krapohl, L./Leuschner, G., 1988: Diagnose und Intervention in Supervisionsprozessen. Aachen

Kettschau, I. (Hrsg.), 1996: Absolventinnen der Dortmunder Frauenstudien in der beruflichen und politischen Praxis. Münster

Kettschau, I./Bruchhagen, V./Steenbuck, G., 1993: Frauenstudien: Qualifikationen für eine neue Praxis der Frauenarbeit. Pfaffenweiler

Kettschau, I., 1993: Qualifikationen im weiblichen Lebenszusammenhang. Begrenzung oder Entfaltung? In: Kettschau, I./Bruchhagen, V./Steenbuck, G.: Frauenstudien: Qualifikationen für eine neue Praxis der Frauenarbeit. Pfaffenweiler

Kettschau, I./Bruchhagen, V./Steenbuck, G., 1992: Abschlußbericht zum Modellversuch "Entwicklung und Erprobung eines Curriculums zur Wissenschaftlichen Weiterbildung von Familienfrauen" an der Universität Dortmund. Dortmund

Kettschau, I./Methfessel, B. (Hrsg.), 1991: Hausarbeit - gesellschaftlich oder privat? Entgrenzungen - Wandlungen - alte Verhältnisse. Hohengehren

Kettschau, I., 1991: Haushaltsqualifikationen und weibliches Arbeitsvermögen im Spannungsfeld privater Aneignung und beruflicher Verwertung. In: Kettschau, I./ Methfessel, B. (Hrsg.), 1991: Hausarbeit - gesellschaftlich oder privat? Entgrenzungen - Wandlungen - alte Verhältnisse. Hohengehren, 141-164

Keul, J., 1992: Studieren mit Kind - Kinderbetreuung durch Elterninitiativen. Tübingen

Kieffer, Ch., 1984: Citizen empowerment: A developmental perspective. In: Rappaport, J./Swift, C./Hess, R. (eds.): Studies in Empowerment: Steps towards understanding and action. New York

Kieper-Wellmer, M., 1993: Supervision: Fremd und vertraut zugleich. In: Brückner, M.: Frauen und Sozialmanagement. 2. Auflage. Freiburg, 66-88

Kietzell, D.v., 1992: Praxisorientierung: Selbstverständlich, mißverständlich. In: Evangelische Fachhochschule Hannover, Fachbereich Sozialwesen (Hrsg.): Annäherung an eine Sozialarbeitswissenschaft - das Lernbereichskonzept und Anmerkungen. Hannover, 36-46

Klunker, Ch. J., 1918: Fürsorgewesen. Einführung in das Verständnis der Armut und Armenpflege. Leipzig

Knigge-Illner, H./Kruse, O. (Hrsg.), 1994: Studieren mit Lust und Methode. Weinheim

Kohli, M., 1991: Lebenslauftheoretische Ansätze in der Sozialisationsforschung. In: Hurrelmann, K./Ulich, D. (Hrsg.): Handbuch der Sozialisationsforschung. 4. Auflage. Weinheim/Basel, 303-317

Köpper, S., 1996: Lebenswege, Bildungs- und Berufsbiografien von Absolventinnen der Frauenstudien. Eine qualitative Studie. In: Kettschau, I.: Frauen-Studien. Absolventinnen der Dortmunder Frauenstudien in der beruflichen und politischen Praxis. Münster

Konegen-Grenier, Ch., 1995: Erwartungen aus der Berufspraxis an die Studienreform. In: Ministerium für Wissenschaft und Forschung des Landes Nordrhein-Westfalen (Hrsg.): Qualität der Lehre. Düsseldorf, 223-228

Konrad, F.-M., 1993: Sozialarbeit und Pädagogik. Der Versuch einer historischen Klärung. In: Soziale Arbeit, 42. Jg., H.6, 182-189

Kossolapow, L./Mannzmann, A., 1992: Kunst und Kreativität als Ausbildungsanteile für künftige Sozialarbeiter/innen. In: Archiv für Wissenschaft und Praxis der sozialen Arbeit. Hrsg. vom Dt. Verein für öffentliche und private Fürsorge. 23. Jg., H.4, Frankfurt, 221-235

Kraimer, K., 1994: Die Rückgewinnung des Pädagogischen. Aufgaben und Methoden sozialpädagogischer Forschung. Weinheim/München

Krause, B./Genenger-Stricker, M., 1994: Impulse. Studieren mit Kindern. Modellstudiengang "Ausbildung von Frauen zur Diplom-Sozialarbeiterin neben der Familientätigkeit". Hrsg. von der Projektgruppe FRAUENSTUDIUM KFH NW. Düsseldorf

Krause, J./von Olberg, H.-J., 1991: Die Arbeit an sozialen Problemen zum Beruf machen. In: Archiv für Wissenschaft und Praxis der sozialen Arbeit. Hrsg. vom Dt. Verein für öffentliche und private Fürsorge, 22. Jg., H. 4, Frankfurt, 237-258

Kriesten, A., 1989: Skizzen zum Verhältnis von Sozialarbeit und Forschung, In: Fachblatt des Schweizerischen Berufsverbandes diplomierter SozialarbeiterInnen und ErzieherInnen (Hrsg.): Sozialarbeit, 21. Jg., H. 7/8, 22-30

Krisam, R., 1982: Curriculum Sozialarbeit und Sozialpädagogik in Nordrhein-Westfalen. Opladen

Krüger, H. ./Steinmann, I./Stetefeld, G./Polkowski, M./Haland-Wirth, T., 1986: Studium und Krise. Eine empirische Untersuchung über studentische Belastungen und Probleme. Frankfurt/New York

Kultusministerkonferenz (Hrsg.), 1982: Empfehlung der Kultusministerkonferenz: Verbesserung der Ausbildung für Behinderte im Hochschulbereich vom 25.6.1982. Akte II, 1.1, 1.2, u. 1.3. Bonn

Kultusministerkonferenz (Hrsg.): Sammlung der Beschlüsse der KMK der Länder in der Bundesrepublik Deutschland. Loseblattsammlung. Neuwied-Darmstadt

Kultusministerkonferenz (Hrsg.), 1973: Beratung in Schule und Hochschule. Beschluß vom 14.9.1973. Bonn

Kultusministerkonferenz (Hrsg.), 1971: Richtlinien für die Durchführung der Tutorenprogramme der Länder. In: Bundesanzeiger 23 (1971), Nr. 197, S. 3ff.

Laermann, K.-H., 1995: Rede des Bundesministers für Bildung und Wissenschaft anläßlich des Fachsymposiums "Studieren mit Kindern – Wiedereinstiegsmöglichkeiten für Frauen im Hochschulbereich" am 27.5.1994 in der Katholischen Fachhochschule Nordrhein-Westfalen in Köln. In: Bock, T./Genenger-Stricker, M.: Modellversuch des Landes Nordrhein-Westfalen an der Katholischen Fachhochschule NW. „Studiengang zur Ausbildung von Frauen zur Diplom-Sozialarbeiterin neben der Familientätigkeit". Schlußbericht. Köln (ohne Seitenangabe)

Landau, K./Deist, H./Stübler, E. (Hrsg.), 1984: Bewertung der Arbeit im Haushalt. München

Landesinstitut für Schule und Weiterbildung (Hrsg.), 1989: Berufliche Wiedereingliederung von Frauen als Aufgabe von Gesellschaft und Weiterbildung. Dokumentation des XVIII. Soester Weiterbildungsforums. 1. Aufl., Soest

Laudau, K./Deist, H./Stübler, E. (Hrsg.), 1984: Bewertung der Arbeit im Haushalt. München

LeCroy, C. W./Ashford, J. B.,1993: A Framework for Analyzing Knowledge Utilization in Social Work Practice. Journal of Sociology and Social Welfare, Vo.10,1993:3-17

Leszczensky, M./Ostertag, M.,1994: Ergebnisspiegel 1993. Hrsg. von der Hochschul-Informations-System GmbH. Hannover

Leszczensky, M/Schröder, M., 1994: Bildungswege von Frauen in den neuen Ländern. Vom Abitur bis zum Beruf. Hrsg. von der Hochschul-Informations-System GmbH. Hannover

Leszczensky, M./Filaretow, B., ohne Jahresangabe: Hochschulstudium in der DDR. Statistischer Überblick. Hrsg. von der Hochschul-Informations-System GmbH. Hannover

Leube, K., 1981: Praxisbezüge in der Ausbildung. In: Projektgruppe Soziale Berufe (Hrsg.): Sozialarbeit: Ausbildung und Qualifikation. Expertisen I. München, 120-144

Lissner, A./Süssmuth, R./Walter, K., 1991: Frauenlexikon. Wirklichkeiten und Wünsche von Frauen. Freiburg

Löckenhoff, U., 1993: Studieren mit Kind in Freiburg. Hrsg. von der Frauenbeauftragten der Freiburger Hochschulen und des Studentenwerks. Freiburg

Löckenhoff, U./Deutel, B., 1994: Studierende Mütter an Fachhochschulen für Sozialwesen. Bestandsaufnahme zur Verbesserung der Situation studierender Mütter. Hrsg. vom Kontaktstelle für praxisorientierte Forschung e.V. an der Evangelischen Fachhochschule Freiburg. Forschungs- und Projektbericht 1/94. Freiburg

Lowy, L./Bloksberg, L. M./ Walberg, H. J., 1971: Integrative Teaching and Learning in Schools of Social Work. New York

Maier, K., 1995: Berufsziel Sozialarbeit/Sozialpädagogik. Hrsg. vom Kontaktstelle für praxisorientierte Forschung e.V. an der Evangelischen FH Freiburg. Forschungs- und Projektbericht 4/95

Maier, K., 1992: "Problemberuf" und "Zukunftsberuf". Arbeitsmarktchancen und Berufseinmündung von Fachhochschulabsolventen der Studiengänge Sozialarbeit/Sozialpädagogik. Freiburg

Maier, K., 1992: Soziale Lage - Studienerfolg - Berufseinmündung von Studierenden an kirchlichen Fachhochschulen für Sozialwesen. Forschungs- und Projektbericht 5/92. Freiburg

Maier, K., 1990: Absolventen kirchlicher Fachhochschulen auf dem Arbeitsmarkt. Freiburg

Mannzmann, A./Krause, J./von Olberg, H.-J., 1994: Berufliche Neuorientierung und fachliche Weiterqualifikation. Eine Untersuchung der Startbedingungen von Studienanfängern des Fachbereichs Sozialwesen der Fachhochschule Münster. Vervielfältigtes Manuskript. Münster

Mannzmann, A./Krause, J./von Olberg, H.-J., 1995: Bericht der wissenschaftlichen Begleitung. In: Bock, T./Genenger-Stricker, M., 1994: Modellversuch des Landes NW an der Katholischen Fachhochschule NW. „Studiengang zur Ausbildung von Frauen zur Diplom-Sozialarbeiterin neben der Familientätigkeit". Schlußbericht. Köln

Mannzmann, A./Krause, J./von Olberg, H.-J., 1993a: Neue Berufschancen durch ein Studium der Sozialarbeit/Sozialpädagogik. Eine Untersuchung der Startbedingungen von Studierenden des grundständigen und des tätigkeitsbegleitenden Studiengangs an der Fachhochschule Berlin-Karlshorst. Vervielfältigtes Manuskript. Münster

Mannzmann, A./Krause, J./von Olberg, H.-J., 1993b: Neue Studienchancen nach der Wende - Sozialarbeit/Sozialpädagogik an der Fachhochschule Potsdam. Eine Untersuchung der Startbedingungen von Studierenden des grundständigen Studiengangs. Vervielfältigtes Manuskript. Münster

Mannzmann, A./Krause, J./von Olberg, H.-J.,1992: Motive und Perspektiven des Studiums der Sozialarbeit. Eine Untersuchung der Startbedingungen von Studenten der FH Düsseldorf. Vervielfältigtes Manuskript. Münster

Mannzmann, A./Krause, J./von Olberg, H.-J., 1991: Von der Sozialarbeit zum Beruf des Sozialarbeiters. Ein Vergleich von Startbedingungen von Fachhochschulstudenten. Vervielfältigtes Manuskript. Münster

Marburger Autorenkollektiv, 1977: Leitfaden für die Tutorenarbeit. Didaktische Materialien für die Arbeit in studentischen Arbeitsgruppen. Blickpunkt Hochschuldidaktik 42. Hamburg

Maturana, H., 1982: Erkennen: Die Organisation und Verkörperung von Wirklichkeit. Braunschweig

Matzat, J.,1993: Psychotherapie. In: Dt. Verein für öffentliche und private Fürsorge (Hrsg.): Fachlexikon der sozialen Arbeit. 3. Auflage. Frankfurt, 753-754

Mayer, Ch. u.a. (Hrsg.), 1993: Mädchen und Frauen. Beruf und Biografie. DJI-Materialien. Genf

McDonald-Schlichting, U./von Spiegel, H. (Hrsg.), 1990: Wissenschaftliche Ausbildung mit Praxisbezug?! Zur Veränderung der Fachhochschulstudiengänge Sozialwesen. Eine Untersuchung der Abschlußarbeiten eines Fachbereiches Sozialwesens in der Zeit von 1971-1987. Bielefeld

Meiswinkel, P./Rottkord-Fuchtmann, H., 1994: Wie bringen Frauen Kinder und Wissenschaft unter einen Hut? Wuppertal

Merten, R., 1996: Zum systematischen Gehalt der aktuellen Debatte um eine autonome "Sozialarbeitswissenschaft". In: Puhl, R. (Hrsg.): Sozialarbeitswissenschaft. Neue Chancen für theoriegeleitete Soziale Arbeit. Weinheim/München, 82-99

Mertens, D., 1974: Schlüsselqualifikationen. Thesen zur Schulung für eine moderne Gesellschaft. In: Mitteilungen aus der Arbeitsmarkt- und Berufsforschung. 7. Jg., H.1, 36-43

Metz-Göckel, S., 1994: Studium - Familie oder Familie - Studium. Zwei sich widersprechende Lebenskonzepte? In: Hochschul-Informations-System GmbH (Hrsg.): Symposium: Familienorientierung des Bildungssystems. Ergebnisse aus den Foren. Hannover, 2

Ministerium für Wissenschaft und Forschung des Landes Nordrhein-Westfalen: Schreiben vom 4.7.96 an die KFH NW mit statistischen Angaben zu den Studierenden und Lehrenden an den Fachhochschulen und Universitäten in Nordrhein-Westfalen in den Fachbereichen Sozialwesen bzw. Erziehungswissenschaften. Düsseldorf

Ministerium für Wissenschaft und Forschung des Landes Nordrhein-Westfalen (Hrsg.), 1995a: Studium im Wandel - Studierende im Wandel. Studienalltag und studentisches Leben. Düsseldorf

Ministerium für Wissenschaft und Forschung des Landes Nordrhein-Westfalen (Hrsg.), 1995b: Qualität der Lehre - Studienreform. Düsseldorf

Ministerium für Wissenschaft und Forschung des Landes Nordrhein-Westfalen (Hrsg.), 1994 : Exmatrikulierte in Nordrhein-Westfalen im Wintersemester 92/93. Düsseldorf

Mollenhauer, K., 1994: Sozialpädagogische Einrichtungen. In: Lenzen, D. (Hrsg.): Erziehungswissenschaft. Ein Grundkurs. Reinbek bei Hamburg, 447-473

Mollenhauer, K., 1988: Erziehungswissenschaft und Sozialpädagogik/Sozialarbeit oder das "Pädagogische" in der Sozialarbeit / Sozialpädagogik. In: Sozialwissenschaftliche Literaturrundschau, 11. Jg., H. 17, 53-58

Mühlum, A., 1994: Zur Notwendigkeit und Programmatik einer Sozialarbeitswissenschaft. In: Wendt, W.R. (Hrsg.): Sozial und wissenschaftlich arbeiten. Status und Position der Sozialarbeitswissenschaft. Freiburg, 41-74

Mühlum A., 1981: Sozialpädagogik und Sozialarbeit. Eine vergleichende Darstellung zur Bestimmung ihres Verhältnisses in historischer, berufspraktischer und theoretischer Perspektive. Frankfurt

Müller, B., 1987: Sozialpädagogisches Handeln. In: Eyfert, H./Otto, H.-U./Thiersch, H. (Hrsg.): Handbuch zur Sozialarbeit/Sozialpädagogik. 2. Auflage. Neuwied/Darmstadt, 1045-1059

Müller, C.W., 1988: Wie Helfen zum Beruf wurde. 2 Bde. Weinheim/Basel

Münch, W., 1996: Teamsupervision verlustig? In: Berker, P. u.a. (Hrsg.): Supervision. Zeitschrift für berufsbezogene Beratung. H. 29/1996. Frankfurt, 8-11

Natorp, P., 1907: Gesammelte Abhandlungen zur Sozialpädagogik. Stuttgart

Nave-Herz, R., 1997: Die Geschichte der Frauenbewegung in Deutschland. 5. Auflage. Bonn

Nestmann, F., 1988: Beratung. In: Hörmann, G./Nestmann, F. (Hrsg.): Handbuch der psychosozialen Intervention. Opladen, 101-113

Nestmann, F., 1994: Beratung. In: Asanger, R./Wenninger, G. (Hrsg.): Handwörterbuch Psychologie. Weinheim, 78-84

Nezel, I., 1984: Das Problem des Praxisbezuges von Ausbildungen für soziale Berufe. In: Cassée, P./Christen, H. et al. (Hrsg.): Betrifft: Sozialpädagogik in der Schweiz. Bern, 465-480

Niemeyer, Ch., 1992: Entstehung und Krise der Weimarer Sozialpädagogik. In: Zeitschrift für Pädagogik, 38. Jg., H.3, 437-453

Ostner, I./Schmidt-Waldherr, H., 1983: Arbeit und weiblicher Lebenszusammenhang. In: Mayer, Ch. u.a. (Hrsg.): Mädchen und Frauen. Beruf und Biografie. DJI-Materialien. Genf

Panzacchi-Loimeier, C./Hirmer, A., 1991: Studieren mit Kind. Projektbericht zu einer Studie an der Universität Bayreuth. Bayreuth

Pöggeler, F., 1990: Erziehung für die eine Welt. Plädoyer für eine pragmatische Friedenspädagogik. In: Pöggeler, F. (Hrsg.): Studien zur Pädagogik, Andragogik und Gerontagogik. Bd. 3. Frankfurt/Bern/New York/Paris

Pöggeler, F. (Hrsg.), 1971: Erwachsenenbildung im Wandel der Gesellschaft. Von der Volksbildung zur Education permanente. Frankfurt

Pöggeler, F., 1970: Der Mensch in Mündigkeit und Reife. Eine Anthropologie des Erwachsenen. 2. Auflage. Paderborn

Prange, K., 1991: Pädagogik im Leviathan. Ein Versuch über die Lehrbarkeit der Erziehung. Bad Heilbrunn/Obb.

Pühl, H., 1990: Handbuch der Supervision. Berlin

Rappaport, J., 1985: Ein Plädoyer für die Widersprüchlichkeit. Ein sozialpolitisches Konzept des Empowerments anstelle präventiver Ansätze. In: Verhaltenstherapie und psychosoziale Praxis, H. 2/85, 257 ff

Rappaport, J./Seidman, E./Toro, P., 1985: Collaborative research with a mutual-help organization. In Social Policy, 15/85, 12 ff

Rauschenbach, Th., 1992: Soziale Arbeit und soziales Risiko. In: Rauschenbach, Th./Gängler, H. (Hrsg.): Soziale Arbeit und Erziehung in der Risikogesellschaft. Neuwied/Berlin, 25-60

Reich, A., 1996: Hochschulrahmengesetz - Kommentar - Hochschulrecht des Bundes. Bd 2. 5. Auflage. Bad Honnef

Riemann, I., 1985: Soziale Arbeit als Hausarbeit. Frankfurt

Rohde, B., 1989: Sozialpädagogische Hochschulausbildung. Eine vergleichende Untersuchung von Studiengängen an Fachhochschulen und wissenschaftlichen Hochschulen. In: Europäische Hochschulschriften: Reihe 11: Pädagogik. Bd. 379. Frankfurt

Rose, B., 1992: In der Hauptsache ist der Sozialpädagoge eine Frau. In: Fesel, V./ Rose, B./Simmel, M. (Hrsg.): Sozialarbeit – ein deutscher Frauenberuf. Pfaffenweiler

Sachße, Ch., 1986: Mütterlichkeit als Beruf. Sozialarbeit, Sozialreform und Frauenbewegung 1871-1929. Frankfurt

Sahle, R. 1987: Gabe, Almosen, Hilfe. Fallstudien zur Struktur und Deutung der Sozialarbeiter-Klient-Beziehung. Opladen

Santos-Dodt, M., 1995: Was raten Sie denn? Umgang mit Zeit und Ressourcen in der systemisch orientierten Studierendenberatung. In: System Familie. 8. Jg., H.2., 95-102

Scherr, A., 1996: Was können und sollen SozialpädagogInnen können? Über die Schwierigkeit, ein klares Profil sozialpädagogischen Wissens und Könnens zu entwickeln. In: Der pädagogische Blick, 5. Jg., H.1, 14-25

Scherpner, H. (Hrsg.),1974: Theorie der Fürsorge. Göttingen

Schindler, G., 1994: Studentische Einstellungen und Studienverhalten. Hrsg. vom Bayerischen Staatsinstitut für Hochschulforschung und Hochschulplanung. München

Schmidtbauer, W., 1992: Supervision: Die Arbeit in Institutionen. In: ders.: Wie Gruppen uns verändern. München, 318-330

Schön, B./Frankenberger,T./Tewes-Karimi, M., 1990: Gratwanderungen. Eine Studie über Studentinnen mit Kindern. Weinheim

Schön, B. (Hrsg.), 1989: Emanzipation und Mutterschaft - Erfahrungen und Untersuchungen über Lebensentwürfe mütterlicher Praxis. Weinheim/München

Schweitzer, R. von, 1993: Die personale und soziale Theorie des haushälterischen Handelns und Grundfragen der Ökologie. In: Bottler, J. (Hrsg.): Standpunkte: Wirtschaftslehre des Haushalts. Baltmannsweiler

Schweitzer, R. von/Ehling, M./Schäfer, D. u.a., 1990: Zeitbudgeterhebungen. Ziele, Methoden und neue Konzepte. Stuttgart

Simmel-Joachim, M., 1992: Frauen in der Sozialen Arbeit - Eine Mehrheit als Minderheit. In: Fesel, V./Rose, Simmel, M. (Hrsg.): "Sozialarbeit - ein deutscher Frauenberuf". Pfaffenweiler, 109-122

Simmel, M., 1981: Alice Salomon: Vom Dienst der bürgerlichen Tochter am Volksganzen. In: Jahrbuch der Sozialarbeit. 4. Reinbek bei Hamburg, 369-402

Simmel, M., 1980: Erziehung zum Weibe. Frankfurt

Simmel, M., 1979: In der Hauptsache ist der Sozialpädagoge eine Frau. In: Jahrbuch der Sozialarbeit. 3. Reinbek bei Hamburg, 39-47

Skiba, E. G., 1969: Der Sozialarbeiter in der gegenwärtigen Gesellschaft. Eine empirische Untersuchung zum sozialen Fremdbild des Fürsorgers. Weinheim

Sonntag, K., 1992: Personalentwicklung. In: Sonntag, K. (Hrsg.): Personalentwicklung in Organisationen. Psychologische Grundlagen. Methoden und Strategien. Göttingen, 3-6

Sperling, E./Jahnke, J. (Hrsg.),1974: Zwischen Apathie und Protest. Studentenprobleme und Behandlungskonzepte einer ärztlichen-psychologischen Beratungsstelle. Bd. 1. Bern

Stadelhofer, C./Krätschmer, Ch./Kühne-Vieser, K./Riske, A., 1992: Vorbereitung auf neue Aufgaben und Tätigkeitsfelder für Frauen in und nach der Familienphase. In: Reihe „Weiterbildung mit Frauen" des Seminars für Pädagogik der Universität Ulm. Ulm

Stark, W., 1993: Die Menschen stärken. Empowerment als eine neue Sicht auf klassische Themen von Sozialpolitik und sozialer Arbeit. In: Blätter der Wohlfahrtspflege - Deutsche Zeitschrift für Sozialarbeit. 140. Jg., H. 2, 41-44

Statistisches Bundesamt (Hrsg.), 1997: Datenreport 1997. Zahlen und Fakten über die Bundesrepublik Deutschland. 2 Auflage. Bonn

Statistisches Bundesamt, 1994: Datenreport 1994. Zahlen und Fakten über die Bundesrepublik Deutschland. Bonn

Staub-Bernasconi, S., 1995: Systemtheorie, soziale Probleme und soziale Arbeit. Bern/Stuttgart/Wien

Staub-Bernasconi, S. 1994: Soziale Arbeit. In: Stimmer, F. (Hrsg.) : Lexikon der Sozialpädagogik und der Sozialarbeit. München/Wien

Staub-Bernasconi, S. 1989: Soziale Arbeit und Ökologie 100 Jahre vor der ökologischen Wende. Ein Vergleich der theoretischen Beiträge von Jane Addams (1860-1935) und Wolf Rainer Wendt (1982). In: Neue Praxis. 19. Jg., H. 4, 283-309

Staub-Bernasconi, S. 1986: Soziale Arbeit als eine besondere Art des Umgangs mit Menschen, Dingen und Ideen. Zur Entwicklung einer handlungstheoretischen Wissensbasis Sozialer Arbeit, In: Sozialarbeit, 18. Jg., H. 10, 2-71

Steenbuck, G., 1996: Absolventinnen der Frauenstudien in der beruflichen und politischen Praxis – Eine empirische Untersuchung. In: Kettschau, I.: Frauen-Studien. Absolventinnen der Dortmunder Frauenstudien in der beruflichen und politischen Praxis. Münster

Stichweh, R., 1996: Professionen in einer funktional differenzierten Gesellschaft. In: Combe, A./Helsper, W.: Pädagogische Professionalität. Untersuchungen zum Typus pädagogischen Handelns. Frankfurt, 49-69

Stichweh, 1994: Wissenschaft, Universität, Profession. Soziologische Analysen. Frankfurt

Stichweh, R., 1992: Professionalisierung, Ausdifferenzierung von Funktionssystemen, Inklusion. Betrachtungen aus systemtheoretischer Sicht.

In: Dewe, B./Ferchhoff, W./Radtke, F.-O. (Hrsg.): Erziehen als Profession. Zur Logik professionellen Handelns in pädagogischen Feldern. Opladen, 36-48

Stiegler, B., 1992: Vom gesellschaftlichen Umgang mit den Qualifikationen von Frauen. Eine Kritik des herrschenden Qualifikationskonzeptes. Hrsg. vom Forschungsinstitut der Friedrich-Ebert-Stiftung. Bonn

Stiftung Volkswagenwerk (Hrsg.), 1971: Tutorenprogramm - Information, Diskussion. Loseblattsammlung. Hannover

Strauss, A., 1968: Spiegel und Masken. Die Suche nach Identität. Frankfurt

Strotzka, H. (Hrsg.), 1978: Psychotherapie: Grundlagen, Verfahren, Indikationen. 2. Auflage. München/Wien

Sünker, H. (Hrsg.), 1995: Theorie, Politik und Praxis Sozialer Arbeit. Bielefeld

Tenorth, H.-E., 1994: Interne Referenzen, externe Obligationen – Muster der Selbstthematisierung in der Sozialpädagogik. Vervielfältigtes Manuskript. Berlin

Thiersch, H., 1994: Sozialpädagogik und Erziehungswissenschaft. Reminiszenzen zu einer hoffentlich bald überflüssigen Diskussion. In: Krüger, H.-H./Rauschenbach, Th. (Hrsg.): Erziehungswissenschaft. Die Disziplin am Beginn einer neuen Epoche. Opladen, 131-146

Thiersch, H./Grunwald, K. (SRG.), 1995: Zeitdiagnose Sozialer Arbeit. Weinheim/München

Thiersch, H./Rauschenbach, Th., 1984: Sozialpädagogik/Sozialarbeit: Theorie und Entwicklung. In: Eyferth, H./Otto, H.U. (Hrsg.): Handbuch Sozialarbeit/Sozialpädagogik. Neuwied, 984-1015

Tierärztliche Hochschule Hannover (Hrsg.): Aufbaustudium - Studien- und Prüfungsordnung. Vorlesungsverzeichnis, Sommerstudienhalbjahr 1998. Hannover

Tillmann, J., 1995: Sozialarbeitswissenschaft als Basis der Curriculumsentwicklung. In: Soziale Arbeit. 44. Jg., H. 9-10, 317-324

Tuggener, H., 1971: Social Work - Versuch einer Darstellung und Deutung im Hinblick auf das Verhältnis von Sozialarbeit und Sozialpädagogik. Weinheim/Basel

Universität Dortmund (Hrsg.), 1992: Abschlußbericht zum Modellversuch "Entwicklung und Erprobung eines Curriculums zur wissenschaftlichen Weiterbildung von Familienfrauen". Dortmund

Vahsen, F. G., 1996: Sozialarbeit auf dem Weg zur Sozialarbeitswissenschaft? Einige Anmerkungen zur Debatte. In: Sozialmagazin, 21. Jg., H. 10, 36-42

Vahsen, F. G. (Hrsg.), 1992: Paradigmenwechsel in der Sozialpädagogik. Bielefeld

Vahsen, M., 1994: Studieren mit Kind. Düsseldorf

Verband Deutscher Studentenschaften, 1962: Studenten und die neue Universität. Bonn

Walser, K., 1976: Frauenrolle und soziale Berufe - am Beispiel von Sozialarbeit und Sozialpädagogik. In: Neue Praxis. 6. Jg., H. 1, 3-12

Walther, C., 1995: Frauenstudien: wissenschaftliche Weiterbildung für Frauen. Alsbach

Webler, W.-D./Scharlau, I./Schiebel, B./Schams Esfand Abady, P., 1997: Lehr- und Studienbericht für die Hochschule für Wissenschaft und Politik Hamburg. Hamburg

Weigand, W., 1996a: Teamsupervision - ein verschwommener Begriff (Thesen). In: Berker, P. u.a. (Hrsg.): Supervision. Zeitschrift für berufsbezogene Beratung. H. 29/96, 5. Frankfurt

Weigand, W., 1996b: Teamarbeit und ihre Supervision. In: Berker, P. u.a. (Hrsg.): Supervision. Zeitschrift für berufsbezogene Beratung. H. 29/96, 15-24. Frankfurt

Wendt, W. R. (Hrsg.), 1994: Sozial und wissenschaftlich arbeiten - Status und Positionen der Sozialarbeitswissenschaft. Freiburg

Wendt, W. R., 1989: Hundert Jahre "Sozialpädagogik". Erinnerungen an ihre politischen Anfänge. In: Soziale Arbeit, 38. Jg., H. 5, 158-164

Wendt, W. R. (Hrsg.), 1985: Studium und Praxis der Sozialarbeit. Stuttgart

Westdeutsche Rektorenkonferenz (Hrsg.), 1986: Grundsatzempfehlung zur Verbesserung der Ausbildung von Behinderten im Hochschulbereich vom 3.11.86. Bonn

Winch, P., 1966: Die Idee der Sozialwissenschaft und ihr Verhältnis zur Philosophie. Frankfurt

Wingen, M.:, 1997: Familienpolitik - Grundlagen und aktuelle Probleme. In: Schriftenreihe der Bundeszentrale für politische Bildung. Bd. 339. Bonn

Winkler, M., 1988: Eine Theorie der Sozialpädagogik. Stuttgart

Wissenschaftsrat, 1995: Fachstudiendauer an Fachhochschulen. Prüfungsjahr 1992. Köln

Wissenschaftsrat, 1993: 10 Thesen zur Hochschulpolitik. Berlin

Wissenschaftsrat, 1991: Empfehlungen zur Entwicklung der Fachhochschulen in der 90er Jahren. Köln

Wissenschaftsrat (Hrsg.), 1986: Empfehlungen zur Struktur des Studiums. Köln

Wissenschaftsrat, 1966: Empfehlungen zur Neuordnung des Studiums an den Wissenschaftlichen Hochschulen. Tübingen

Wittenberger, G., 1984: Supervision. In: Eyferth, H./Otto, H. U./Thiersch, H. (Hrsg.): Handbuch zur Sozialarbeit/Sozialpädagogik. 1. Auflage. Neuwied/Darmstadt

Zeller, S., 1987: Volksmütter. Düsseldorf

Zierau, J., 1994: Familienqualifikationen als Baustein zur Weiterqualifizierung in Beruf und Gesellschaft. In: Bayerisches Staatsministerium für Arbeit und Sozialordnung/Deutsches Jugendinstitut/Katholische Arbeitnehmerbewegung Süddeutschland (Hrsg.): „Auf den richtigen Blickwinkel kommt es an" - Familienkompetenzen nutzen - Möglichkeiten der Verwertbarkeit in der Arbeitswelt. München, 21-28

Zierau, J. u.a., 1991: Möglichkeiten zur aus- und fortbildungsverkürzenden Anerkennung von Familienarbeit. In: Schriftenreihe BMFJ. Bd 2. Stuttgart 1991

Zieris, E., 1994: Zur Situation Studierender mit Kindern. In: Siedschlag, C. (Hrsg.): Campus-Mütter: Eine Veröffentlichung zur Situation der Studierenden mit Kindern. Fribourg, 30-40

Zimmermann, D. A., 1994: Familienkompetenzen: Qualifikationspotential für den Arbeitsmarkt? In: Bayerisches Staatsministerium für Arbeit und Sozialordnung / Deutsches Jugendinstitut / Katholische Arbeitnehmerbewegung Süddeutschland (Hrsg.): „Auf den richtigen Blickwinkel kommt es an" - Familienkompetenzen nutzen - Möglichkeiten der Verwertbarkeit in der Arbeitswelt. München, 29-33

Zimmerman, M., 1990: Towards a theory of learned hopefulness: A structural model analysis of participation and empowerment. In: Journal of Research in Personality. 24/90, 71ff

Zipf, M., 1992: Kinderbetreuung an Hochschulen. Eine Bestandsaufnahme. In: Fachhochschule Wiesbaden (Hrsg.): Veröffentlichungen aus Lehre, angewandter Forschung und Weiterbildung. Bd.20. Wiesbaden

Studien zur Pädagogik, Andragogik und Gerontagogik

Herausgeber: Franz Pöggeler

Band 1 Dieter P. J. Wynands: Die Herausbildung des Lehrerstandes im Rheinland während des 19. Jahrhunderts. 1989.

Band 2 Claudia H. Roesch: Das Bild des Kindes in der deutschsprachigen Lyrik nach 1945 unter besonderer Berücksichtigung der 70er und 80er Jahre. Eine Untersuchung zur pädagogischen Anthropologie. 1989.

Band 3 Franz Pöggeler: Erziehung für die eine Welt. Plädoyer für eine pragmatische Friedenspädagogik. 1990.

Band 4 Franz Pöggeler (ed.): The State and Adult Education. Historical and Systematical Aspects. 1990.

Band 5 Günter Heumann: Die Entwicklung des allgemeinbildenden Schulwesens in Nordrhein-Westfalen (1945/46 – 1958). Ein erziehungsgeschichtlicher Beitrag. 1989.

Band 6 Auguste Maria Löhrer: Entwicklungstendenzen in Biologiebüchern der Realschule seit Ende des Zweiten Weltkriegs. 1990.

Band 7 Reinhard Dräbing: Der Traum vom "Jahrhundert des Kindes". Geistige Grundlagen, soziale Implikationen und reformpädagogische Relevanz der Erziehungslehre Ellen Keys. 1990.

Band 8 Kurt Neumann: Sonnenberg - Entstehung und Entwicklung einer Bildungseinrichtung im Kontext gesellschaftlicher Defizite und bildungspolitischer Chancen. 1990.

Band 9 Hubert Henz: Bildungstheorie. 1991.

Band 10 Manfred Geuting: Planspiel und soziale Simulation im Bildungsbereich. 1992.

Band 11 Franz Pöggeler (Hrsg.): Bild und Bildung. Beiträge zur Grundlegung einer pädagogischen Ikonologie und Ikonographie. 1992.

Band 12 Robert Küppers: Der Pädagoge Leo Weismantel und seine "Schule der Volkschaft" (1928 bis 1936). 1992.

Band 13 Franz Pöggeler: Bildungsunion im vereinten Deutschland. Perspektiven einer grundlegenden Reform. 1992.

Band 14 Dieter P. J. Wynands (Hrsg.): Geschichte der Lehrerbildung in autobiographischer Sicht. 1993.

Band 15 Inge Schippan: Elternkreise drogengefährdeter und drogenabhängiger Jugendlicher. Entstehung und Entwicklung einer Selbsthilfebewegung. 1993.

Band 16 Regina Oertel: Berufliche Qualifizierung von Frauen am Beispiel einer überbetrieblichen, gewerblich-technischen Umschulung. 1993.

Band 17 Katarina Ceković: Der Beitrag Rudolf Reuters zur Theorie und Praxis der Erwachsenenbildung. 1994.

Band 18 Walter Leirman: Four Cultures of Education. Engineer – Expert – Communicator – Prophet. 1994.

Band 19 Monika Chatty (Hrsg.) / Franz Hargasser (Hrsg.): Vom Jahrhundert der Kinder zum Jahrhundert der Alten? Versuch einer Ortsbestimmung der Erziehungswissenschaften beim Übergang vom 20. zum 21. Jahrhundert. 1994.

Band 20 Ursel Schmitz: Bildungspolitische Entwicklung des Sprachenproblems in Belgien. 1994.

Band 21 Peter Jarvis / Franz Pöggeler (Eds.): Developements in the Education of Adults in Europe. 1994.

Band 22 Walter Leirman: Quatre Cultures en Education. Expert, Ingénieur, Prophète, Communicateur. 1994.

Band 23 Hedwig Wassenberg: Von der Volksschullehrerin zur Volkslehrerin. Die Pädagogin Hedwig Dransfeld (1871-1925). 1994.

Band 24 Ingeborg Schultheis: Zur Problematik der eigenständigen Mädchenbildung. Stellungnahmen des Vereins katholischer deutscher Lehrerinnen in der Zeit von 1885-1985. 1995.

Band 25 Franz Pöggeler (Ed.): National Identity and Adult Education. Challenge and Risk. 1995.

Band 26 Eric Bockstael (Ed.): Handicap and Politics. 1995.

Band 27 Jurij Jug / Franz Pöggeler (Eds.): Democracy and Adult Education. Ideological Changes and Educational Consequences. 1996.

Band 28 Herbert Otte: Lernschwierigkeiten und Lernmotivationen von Erwachsenen in der kaufmännischen Weiterbildung an Volkshochschulen. 1996.

Band 29 Franz Pöggeler (Hrsg.): Erwachsenenbildung als Brücke zu einem größeren Europa. 1996.

Band 30 Ko Hoon Park: Erziehung und Leben koreanischer Kinder in Deutschland. Eine empirische Untersuchung. 1996.

Band 31 Ludwig Kerstiens: Lebensfragen – Antwortsuche – Impulse zum Nach-Denken. Autobiographische Problemerschließung als Methode der Erwachsenenbildung. 1996.

Band 32 Walter Peters: Lehrerausbildung in Nordrhein-Westfalen 1955-1980. Von der Pädagogischen Akademie über die Pädagogische Hochschule zum Aufbruch in die Universität. 1996.

Band 33 Lee-Whan Ahn: Von der tugendhaften zur gebildeten Frau. Kontinuität und Wandel in Frauenbildung Koreas um die Wende vom 19. Jahrhundert zum 20. Jahrhundert – eine Untersuchung unter frauenemanzipatorischem Aspekt. 1997.

Band 34 Dieter P. J. Wynands: Elementarbildung während der Industrialisierung. Das Volksschulwesen der Stadt Aachen von 1814 bis 1924. 1997.

Band 35 Bastiaan van Gent: Lessons in Beauty. Art and Adult Education. 1997.

Band 36 Danny Wildemeersch / Matthias Finger / Theo Jansen (eds.): Adult Education and Social Responsibility. Reconciling the irreconcilable? 1998.

Band 37 Dušan M. Savićević: Adult Education: From Practice to Theory Building. 1999.

Band 38 Martha Friedenthal-Haase (ed.): Personality and Biography: Proceedings of the Sixth International Conference on the History of Adult Education. Vol. I: General, Comparative and Synthetic Studies. Vol. II: Biographies of Adult Educators from Five Continents. 1998.

Band 39 Björn Willi Paape: Grundlagen der Umschulung. Eine Form beruflicher Weiterbildung. 1998.

Band 40 Karl Pütz: Die Beteiligung von Ausländern an der Weiterbildung im Rahmen von Volkshochschulkursen. Eine empirische Studie unter besonderer Berücksichtigung der Volkshochschule der Stadt Aachen. 1998.

Band 41 Heribert Felten: Erlebnispädagogik als Möglichkeit zur Kompensation von Verhaltensdefiziten. Dargestellt an Beispielen aus der ästhetischen Erziehung. 1998.

Band 42 Wilhelm Koch-Bode: Prälingual Gehörlose im Alter. 1999.

Band 43 Franz Hargasser: Was uns zum Menschsein befähigt. Dispositionen als Grundlage einer integralen pädagogischen Anthropologie. 1999.

Band 44 Carol A. Pandak: Rebuilding Civil Society: Nonformal Adult Education and Voluntary Organizations – The Hungarian Experience. 1999.

Band 45 Anita Klapan: Lernen im Schülerheim. Grundlagen der Internatspädagogik. 1999.

Band 46 Marianne Genenger-Stricker: Erfolgsfaktor Studienbegleitung. Zur Funktion institutioneller Betreuung und Beratung Studierender am Beispiel eines Part-time-Studiengangs für Familienfrauen. 2000.

Wissensgrundlagen für die Bildungspolitik

Beiträge einer OECD-Konferenz in Maastricht vom 11. bis 13. September 1995

Frankfurt/M., Berlin, Bern, New York, Paris, Wien, 1997. 233 S., zahlr. Abb.
Bildungsforschung internationaler Organisationen.
Herausgegeben von Wolfgang Mitter und Ulrich Schäfer, Deutsches Institut für Internationale Pädagogische Forschung, im Auftrag des Bundesministeriums für Bildung, Wissenschaft, Forschung und Technologie. Bd. 15
ISBN 3-631-32894-X · br. DM 48.–*

In den entstehenden Systemen des lebenslangen Lernens ist das Wissen zum entscheidenden Faktor geworden. Die bisherige Arbeit des CERI hat deutlich gemacht, daß politische Entscheidungsträger sachdienliche Forschung und Entwicklung im Bildungsbereich brauchen, um den Kurs der Bildungspolitik festzulegen. In dieser Veröffentlichung wird allerdings Wert darauf gelegt, daß die Politik auch andere Formen der Wissensgrundlagen zu Rate ziehen muß als nur die Forschung und Entwicklung, wie zum Beispiel die Schulaufsicht und Indikatorensysteme, beide sowohl auf nationaler als auch auf internationaler Ebene. Will man eine breitere Palette von Wissensgrundlagen nutzen, kommt eine wichtige Rolle den „Vermittlern" zu, die die notwendige Kommunikation und die gegenseitige Befruchtung zwischen Wissensproduzenten, Entscheidungsträgern und Praktikern fördern. In den lernenden Volkswirtschaften und Wissensgesellschaften der Zukunft wird es in vielerlei Hinsicht von größerer Bedeutung sein als heute, diesen Prozeß der Produktion, Vermittlung und Anwendung verschiedener Wissensformen weiter zu klären und besser zu verstehen.

Aus dem Inhalt: Verhältnis und Vermittlung von Bildungsforschung (Wissensproduzenten) und Bildungspolitik (Wissenskonsumenten) · Bildungsindikatoren · Länderberichte (Australien, Frankreich, Niederlande, Schweden, USA) · Sektorale Analysen (Primarbereich, Sekundarbereich, Tertiärbereich)

Frankfurt/M · Berlin · Bern · New York · Paris · Wien
Auslieferung: Verlag Peter Lang AG
Jupiterstr. 15, CH-3000 Bern 15
Telefax (004131) 9402131
*inklusive Mehrwertsteuer
Preisänderungen vorbehalten